U0459550

四川省哲学社会科学研究"十三五"规划中华文化单列重大项目（批准号：SC20ZDZW008）结项鉴定"优秀"成果

新思与新质

巴蜀文化在中华文明转型中的作用研究

刘平中———著

光明日报出版社

图书在版编目（CIP）数据

新思与新质：巴蜀文化在中华文明转型中的作用研
究 ／ 刘平中著 . -- 北京：光明日报出版社，2024.7.
ISBN 978 - 7 - 5194 - 8142 - 1

Ⅰ. K871.34

中国国家版本馆 CIP 数据核字第 2024SN8287 号

新思与新质：巴蜀文化在中华文明转型中的作用研究
XINSI YU XINZHI：BASHU WENHUA ZAI ZHONGHUA WENMING
ZHUANXING ZHONG DE ZUOYONG YANJIU

著　　者：刘平中

责任编辑：许　怡　　　　　　责任校对：王　娟　乔宇佳
封面设计：中联华文　　　　　　责任印制：曹　净

出版发行：光明日报出版社
地　　址：北京市西城区永安路 106 号，100050
电　　话：010-63169890（咨询），010-63131930（邮购）
传　　真：010-63131930
网　　址：http：// book. gmw. cn
E － mail：gmrbcbs@ gmw. cn
法律顾问：北京市兰台律师事务所龚柳方律师

印　　刷：三河市华东印刷有限公司
装　　订：三河市华东印刷有限公司
本书如有破损、缺页、装订错误，请与本社联系调换，电话：010-63131930

开　　本：170mm×240mm
字　　数：287 千字　　　　　　印　　张：16
版　　次：2024 年 7 月第 1 版　　印　　次：2024 年 7 月第 1 次印刷
书　　号：ISBN 978 - 7 - 5194 - 8142 - 1
定　　价：95.00 元

版权所有　　翻印必究

前　言

　　巴蜀山水瑰丽多姿，天府之国、"陆海"之乡神奇、神秘、神妙，同是滋养巴蜀文明的文心沃土，传承巴蜀精神道脉的天然载体。巴蜀文化的发展繁荣离不开神奇俊异的巴山蜀水的历史涵养，离不开千百年来巴蜀先民继往开来的开新创造。左思在《蜀都赋》中曾云："江汉炳灵，世载其英。"① 指出了雄、险、秀、幽的巴蜀的独特自然地理环境与巴蜀人文学术历久弥新、人才产出代不乏人的密切联系。业师谭继和研究员在总结巴蜀地脉、水脉与文脉之间的互联互动、同体共生的独特关系时说："巴蜀是山川俊美的天府风光胜地，巴蜀是秀冠华夏的英杰伟人和文化巨人之乡。"② "优越的'天府'生产方式与'俗不愁苦，人多工巧'的闲适生活方式，成为巴蜀文脉基本性质及其展现面貌的决定性因素。"③ 指出巴蜀自然山水名胜、独特的生产与生活方式，与巴蜀人文之间气韵相通、"学脉"相系的内在联系。巴蜀山水不但孕育了一代又一代的俊彦硕学，铸就了辉煌的精神文化，而且不断延续巴蜀独有的精神道脉、传递巴蜀人文精神的活态文化基因。巴蜀文化悠久独立的始源、独立不迁的人文个性和丰富的历史内涵，使之成为多元一体的中华文明不可或缺的重要组成部分，"是祖国文化宝库中有着独特地位的一颗明珠"④。对巴蜀文化进行高层次研究，首先，需要从文化根脉谱系、内涵特征的角度，探究巴蜀文化是什么样的问题；其次，从中华文明大转型大发展的角度，客观评价巴蜀文化在其中的历史作用、地位与贡献，明了巴蜀文化怎么样的问题；最后，需要从现实的角度，探究巴蜀文化如何"活在当下"，解决巴蜀文化"再出发"怎么办的问题。

---

① 萧统. 文选：第 1 册［M］. 张启成，徐达，等译注. 上海：上海古籍出版社，1986：274.
② 谭继和. 巴蜀文脉［M］. 成都：巴蜀书社，2006：76.
③ 谭继和. 巴蜀文脉［M］. 成都：巴蜀书社，2006：93.
④ 张在德，唐建军. 中国地域文化通览：四川卷［M］. 北京：中华书局，2014：14.

一、何为巴蜀文化

对作为学术概念的"巴蜀文化"一词，有必要做进一步的梳理与界定。"巴蜀文化"作为概念，最初是以考古学名词的方式被提出来的。郭沫若、徐中舒、顾颉刚、卫聚贤为"巴蜀文化"作为科学命题的正式提出做了不少贡献。此后，林向、胡昭曦、谭继和、段渝、黎小龙等学人从巴蜀文化的内涵、外延及历史价值、特征、地位、所属空间范围、演进历程等角度，做了相应的概括界定，涉及面非常广，又各有侧重，成果颇为丰硕。"巴蜀文化"从最初作为考古学概念面世，经过数十年的发展与演进，内涵被不断丰富，外延被不断扩大，业已成为覆盖社会、历史、地理、考古、民族等多个领域，涵摄巴蜀古、今，被赋予文化自觉、自强多重历史维度的新概念。

文化作为人化自然的结果，是一定社会政治、经济、历史、地理、科技的产物，有其自身发展、形成、演变的历史过程与时代特点，涉及物质、精神、制度、心理和习俗多方面，涵盖地域、民族、社会、历史多个领域。据统计，有关什么是文化、什么是文明等问题，相关界定多达六七百种。就什么是文化以及如何界定文化，殊难形成共识，亦很难做出明确的界定。这在学界是不争的事实。从这个意义上说，对巴蜀文化进行全面、规范且让学界满意的界定，客观上存在相当大的难度，确乎不太可能。一方面，人们对巴蜀文化的认识，随着研究的不断深入，对其概念的界定必将是一个渐进的过程，不可能一蹴而就；另一方面，文化本身是一个多义词，原可从民族学、社会学、历史学、心理学等多角度进行界定。站在不同的学科视角定义巴蜀文化，必然各有侧重与偏好，这是巴蜀文化作为概念至今在学界无法形成共识的主要原因。我们认为，在吸取前人研究成果的基础上，将巴蜀文化概念的界定向前推进则是有可能的，也是有必要的。笔者以谭继和师关于巴蜀文化概念的界定为基础，紧扣构成巴蜀文化概念的主体、客体两大要素，立足巴蜀文化的历史演进脉络、地域范围、内涵特征、个性与价值意义等实际，对巴蜀文化概念尝试做进一步的界定。

广义的巴蜀文化，是指巴蜀地区历代先民进行生产劳动，改造自然与进行自我改造和革新所取得的成果的总和。

狭义的巴蜀文化，是指以四川盆地为中心，兼及周边相邻区域且风俗略同区域，以盆地汉族为主体亦包括盆周各少数民族在内的，从古及今的巴蜀人生产、生活、生存方式、精神面貌与文化意识的总和。从物质层面看，巴蜀文化主要以城市、交通、航运和水利工程为代表；从精神层面看，巴蜀文化主要以易学、文学、史学、佛道与科技成就为最高；从心理、习俗层面看，则有开敏巧慧、奇幻浪漫、富于想象创造等诸多特点;从行为习性层面考察,则有"俗不愁苦"、"尚滋味,好辛香"、闲适优游、"不知饥馑"、"好文刺肌"等生活情调与方式。这既是巴蜀文化发展延续至今我们必须重点关注的实际对象,也是巴蜀文化研究者需要着力从理论上解决的问题。

需要说明的是,就文化与文明的关系而言,同样存在多种争论,可以分成三类:一是认为文化与文明属于并无直接联系的学术专有名词,二是认为"文明"与"文化"同义,三是"文化"与"文明"都是人化自然的结果。前者是动态的存在,后者是静态的存在。① 我们认为,文化是人类所特有的形象,是人之所以为人的根本标志,是人在改造自然和自我改造中所创造的一切成果的总和。文明是文化发展到一定阶段的产物,是"扩大化了的文化,是提高了的文化,是最高的文化分类"②。故本研究不对巴蜀文化与巴蜀文明做特别的区分,而是根据行文实际需要,做相应的选择。

梳理巴蜀文化的根脉谱系,分析总结其价值与内涵,是全面认识与深入理解巴蜀文化根脉特质的前提。巴蜀文化的根脉谱系、价值内涵,主要体现在以下几方面:

巴蜀文化是多元一体的中华文化的重要源头与独特组成部分,是中华广域共同体中一支最独特的地域性文化,是中华民族命运共同体中个性最为鲜明的地方文化。巴蜀之境是巴蜀文明永恒的故乡,最初是从独特的江源文明开始的。历经千百年的发展积累,最终形成以成都、重庆为中心圈层,具有鲜明特色的城市社会和乡村社会文明形态。位于盆地底部以成都为中心的田园农耕文明,具有静谧与封闭的柔美特点;伴水而生的重庆古典城市工商文明,则有冲出盆地、勇于对外开放以及灵动、豁达等特性。正如谭继和师所言,这种动与静、开放与封闭的有机结合,既是巴蜀文化的根本特性,也是巴蜀文化与众不同的历史个性。巴蜀水系以江源文明为主线,以岷江、嘉陵江、涪江以及金沙江流域为走廊,在巴蜀境内建构了"扇状"的文化辐射通道,成为巴蜀境内盆地与盆周文化互动与交流的重要载体,有助于扩大巴蜀文化外向拓展的眼界与范围。巴蜀社会、经济和文化的发展繁荣,是与巴蜀水脉文明密不可分的。大禹治水,就是从岷江开始的。《尚书·禹贡》所谓"岷山导江,东别为沱",即指顺应岷江西北高东南低的山势走向导引江水,借助人工分流的方式将江水往东南方向

---

① 史革新.中国文化通史(晚清卷)[M].北京:北京师范大学出版集团,2019:总序 4-5.

② 谭继和.巴蜀文化研究的现状与未来[J].四川文物,2002(2):16.

分流。这是大禹因势利导，治理岷江水患，变水害为水利的经验与智慧总结，也是江源文明的重要历史特点，对后世水文明的发展影响至深至广。此后，经过古蜀五祖之一的鳖灵决玉垒山和凿金堂峡、李冰首创都江堰无坝自流引水灌溉工程体系、文翁穿湔江、诸葛亮治理都江堰以及唐末高骈改道府河等工程，不断扩大和完善这一水利灌溉系统工程，造就了天府之土与"陆海"之乡千百年来"水利蓄殖其国""扬一益二""秀冠华夏"为代表的巴蜀农耕文明，成就了成都平原"水旱从人，不知饥馑""市张列肆，货贿山积"的物质基础。

巴蜀文化一向具有不断吸收和接纳外来文化又不断输出新见、新思与新质的传统。张仪仿秦都咸阳城规制建设成都城、郫都和邛都，将中原城郭文明精髓引入巴蜀，奠定了巴蜀城市发展的历史发展趋势。特别是他依自然之态制定的龟城走向的城市布局，奠定了成都城市历史发展的基本态势，造就了中国"城不改址三千载，址不更名两千五"的城市历史奇观。蜀郡太守文翁倡言风教，"以儒化蜀"，建石室储才，由是蜀中大化，史称"蜀学比于齐鲁"①。文翁"以儒化蜀"有力促进了巴蜀文化融入中原主流文化圈的进程，为巴蜀文化输入了以经学为内核的文化特质与基因。如汉之"王褒、严遵、扬雄之徒，文章冠天下"，唐之陈子昂、李白，宋之"三苏父子"，明之杨慎，皆系名副其实的一代文坛"宗祖"。故刘咸炘在《蜀学论》中说："蜀独尚文，载记特备。"② 充分表明了中原儒学在巴蜀本地化发展后的蓬勃生机与卓越表现，表明巴蜀文脉与学脉延绵不绝、代不乏人的文化传统，文翁"以儒化蜀"的治蜀措施与创举、"巴蜀文宗"产出的特有形象，既彰显了巴蜀文脉的主体风貌和内在精神特质，也再现了巴蜀文脉历久弥新、硕果累累的历史成就与伟大贡献。

巴蜀人文具有"重仙"与好《易》的历史传统。古往今来，巴蜀一向有"重仙"的传统，如古蜀王蚕丛、柏濩与鱼凫，"此三代皆神化不死，……其民亦颇随王化去"③。杜宇魂化杜鹃，开明氏升天做了开明兽，都是蜀人仙化传说的历史表现。重视仙化，除了在《蜀王本纪》《华阳国志》等文献中有记载，在三星堆、鱼凫王城和金沙遗址等考古材料中亦有一定的体现。如三星堆考古发掘中，就有鹰头杜鹃、人面鸟身、人身鸟足、鱼凫勺把、玉琮羽人和太阳神鸟等带有"羽化飞仙"文化基因的考古物件证据。这些跨越千年的神异形象，既是不同历史时期蜀人借助飞鸟形象实现其羽化飞升、得道成仙思想的具体表

---

① 常璩. 华阳国志新校注 [M]. 刘琳，校注. 成都：四川大学出版社，2014：118.
② 刘咸炘. 推十书增补全本：戊辑：第2册 [M]. 上海：上海科学技术文献出版社，2009：494.
③ 李昉. 太平御览 [M]. 夏剑钦，王巽斋，校点. 石家庄：河北教育出版社，1994：123.

现，也是巴蜀仙道文化的重要思想源头，体现了蜀人奇幻浪漫、富于想象力以及勇于超越自然、社会与自我的思维传统，成为后世道教仙学的重要思想来源。如东汉张陵在蜀中创立天师正一道，借助的正是蜀中既有的仙道文化传统与习俗。巴蜀仙道与天数、历法不断融合、不断演变，对巴蜀《易》学的发展产生了影响。严君平、扬雄的"太玄学"，袁天罡、李淳风等人的卜算、阴阳之学，代表了巴蜀仙学、道学与《易》学糅合的特点。《易》学是蜀学的重要组成部分，亦是其重要特色。二程所谓"《易》学在蜀"，即指此意。《易》学富于思辨的特性与崇尚变化、变易等特点，非常适合蜀人多思善变、富于浪漫想象的思维传统；而《易》之象数之学、卜卦之术，又与蜀人重巫术、信鬼神的习俗暗合，故《易》学于"蜀为特盛"，名家辈出。如汉代赵宾、严君平、扬雄、任安，唐代李鼎祚，宋代谯定、冯时行，明代来之德等，都是蜀中名垂史册的《易》学大师级人物。刘咸炘曾总结评价说："大易之传，蜀为特盛。……易学在蜀，如《诗》之有唐矣。"① 指出了蜀中《易》学的突出历史地位与独特贡献。

四川盆地特殊的地形地貌结构，历史地形成了以盆地汉族为主体并辐射盆周少数民族的独特文化结构空间。"围绕盆地汉族巴蜀文化这根主线，形成有主体核心并兼容四方、开放性强的 14 个世居民族特色文化和谐共融的分布格局。"② 在巴蜀文化圈内，它们以汉族文化为中心，不同民族文化互相借鉴又互相影响，形成了主体凸出、包容和谐的共生性文化。绚丽多姿、充满生机活力的少数民族文化，赋予了巴蜀文化无限的生机与活力。奇异的少数民族风情，绚丽多姿的民族服饰，充满智慧的民族百工技艺，各具特色的歌舞表演，形式多样的民族文学、音乐、舞蹈与故事，充实了巴蜀文化的内涵，彰显了巴蜀文化的鲜明个性与文化活力。比如，藏历新年与唐卡、羌族的羌笛与羌绣、彝族的火把节与赛装节、土家族的吊脚楼与转角楼，藏族的《格萨尔王传》与羌族的"释比经典"、彝族的毕摩史诗等，充分表现了不同民族人民的聪明与智慧，也彰显了巴蜀文化自身构成的多样性与多元性。巴蜀盆地与盆周文化互鉴互动、多元一体的历史构成与多姿多彩的鲜明个性，随着巴蜀文化自身发展的不断丰富与完善，成为巴蜀文脉发展延续的主要方式。

巴蜀具有重经典之学、"大在文史"的学术旨趣与传统。蜀儒治经，素有尊

---

① 刘咸炘. 蜀学论 [M] //刘咸炘. 推十书增补全本：戊辑：第 2 册. 上海：上海科学技术文献出版社，2009：493-494.
② 张在德，唐建军. 中国地域文化通览：四川卷 [M]. 北京：中华书局，2014：18.

经崇实与积极探求义理相结合的传统。以经解经、经史互证、文史互彰是巴蜀文脉传承的重要方式。汉儒张叔、扬雄等人治经，既重文字训诂，也重视经义探求与学术创新，扬雄《太玄》即是这方面的典型代表。南宋著名的川籍理学大家张栻、魏了翁等人师弟子相传，秉承汉代以来的治经传统，传承孔孟道统，兼及尊德性与道问学之优长，创建了独具特色的鹤山学派。刘咸炘在《蜀学论》中总结说："赵宋之世，士习空粗，南轩、鹤山光大程、朱。而张既详说二子，魏更简删九疏。"① 张栻所著《易说》《论语解》《孟子说》诸书在探求义理的同时，于文字音义论说亦颇翔实。魏了翁删减《周易》《尚书》《毛诗》等"九经"，"删削注疏极密"而保留大量汉儒的传注，有益于后学，故"近儒宝之"。既注重探求经典义理，又重视经典文本传统的治学方法，成为宋代蜀儒治学的主要特点，深刻影响了后世巴蜀治经者的治学价值取向。蜀中史学渊源有自，名家辈出。扬雄《蜀纪》、谯周《巴志》、陈寿《三国志》、常璩《华阳国志》，皆是名冠史林的巨著。常璩所谓"蜀之为国，肇于人皇，与巴同囿"，正好表现了历代蜀人对巴蜀历史的独特认知与巴蜀文脉的独特解读。刘咸炘在《蜀学论》中说："隋前成书仅存十数，蜀得其二。陈、常接步，道将体超于赵晔，承祚词亚乎班固。"② 充分肯定了常璩、陈寿在中国史家中的重要地位。又说："盖唐后史学莫隆于蜀，而匪特两宋掌故之所存。"③ 表现了蜀中史学在唐宋之际的突出地位。巴蜀先贤以光耀家邦文化学术为己任，广收博采，"辑录所见蜀中旧闻，载之简册"，主动承担起"继前志而补前缺"，继承蜀学重史、著史传统的重任，对恢复蜀中文献典籍之藏，延续巴蜀"学脉"，传续、发扬巴蜀人文精神做出了积极贡献。"蜀儒文章冠天下""文宗自古出巴蜀"。李白以"剑壁门高五千尺，石为楼阁九天开"，盛赞剑门之雄奇；陆游以"二十里中香不断，青羊宫到浣花溪"，称颂成都的美景花香；清代诗人何明礼以"夔门穿一线，怪石插流横。峰自云中出，舟从地底行"④，描绘船过夔门的险峻独特的情形。巴蜀前贤借助巴蜀山水的雄关津渡与美景风情，感物言志，遣兴抒怀，表达了对家乡山水人文的敬仰与热爱之情。通过对巴蜀文化历史样貌的勾勒，内涵脉络的梳

---

① 刘咸炘. 蜀学论 [M] //刘咸炘. 推十书增补全本：戊辑：第2册. 上海：上海科学技术文献出版社，2009：495.

② 刘咸炘. 蜀学论 [M] //刘咸炘. 推十书增补全本：戊辑：第2册. 上海：上海科学技术文献出版社，2009：494.

③ 刘咸炘. 蜀学论 [M] //刘咸炘. 推十书增补全本：戊辑：第2册. 上海：上海科学技术文献出版社，2009：494.

④ 李调元. 蜀雅：第19卷 [M] //李调元. 函海. 嘉庆六年刻本.

理总结，为从更高层次的视角，对巴蜀文化的内涵特征、价值地位进行理论的
概括提炼，奠定了基础。

巴蜀文化具有鲜明而多样的特征。一方面，须立足巴蜀文化发展形成的自
然、历史与社会传统，对巴蜀文化自身发展的历程、规律进行分析总结、做理
论提升，以展示巴蜀文化客体性特征；另一方面，必须对不同时期，不同观点、
不同立场的巴蜀文化研究者们的主体性认知进行总结提炼，以展示巴蜀文化的
主体性特征。

立足巴蜀文化生成的自然、生态环境、历史条件、社会传统，充分吸取先
贤有关研究成果，在梳理巴蜀文化的谱系结构与分析其内涵性质的基础上，从
主、客体两大角度，对巴蜀文化的内涵特征进行概括与总结。从文化的客体性
进程的角度分析总结，可知巴蜀文化具有"兼容并包的'洄水沱'效应"、"追
求'大一统'的向心力"、"'引起中华革命先'的自觉担当意识"、对立又和谐
的自洽共同体等主要特征。从文化的主体性进程的角度分析总结，可知巴蜀文
化具有"天地人一体的宇宙观""奇幻浪漫的思维模式""'水润天府'的经验
智慧""崇文尚教的治术策略"等主要特征。如此，有助于提纲挈领，重点把握
有关巴蜀文化研究最基本的、根源性的问题；有助于从多视角、多维度与多向
度透析巴蜀文化个性化的、标志性的特征；有助于彰显巴蜀文化发展演进的历
史根脉与时代主轴；有助于避免因笼统评价造成的认知上的模糊、含混与零碎；
有助于客观评价其独特的历史作用地位。这是我们在巴蜀文化研究视角和方法
上又一新的尝试。

二、巴蜀文化有何独特作用地位

巴蜀文化源远流长、内涵丰富，但它在中华文明历史进程中到底处于何种
位置、做出过何种贡献，至今缺乏应有的评价。由于巴蜀文化不断发展演进、
内涵不断丰富、涉及面愈加宽广，在有限的范围内对这一问题进行评判，显然
不能求全责备，亦不可"眉毛胡子一把抓"，而是要紧扣重点、特点，主抓根脉
特质，提纲挈领、举重若轻地解决这一难题。

学者们认为，"文化自身有很强的传承性和相对的独立性"①。学界从文化
的性质和中外文化关系的发展态势角度出发，对中华文化主要做了两种分类：
一是将中华文化史分为古代社会文化、封建社会文化和近代文化；二是分为自

---

① 史革新．中国文化通史：晚清卷［M］//北京：北京师范大学出版集团，2019：总序
13.

远古迄汉代、自汉代迄明末、自明末迄新中国成立前。

前者从历史发展视角出发划分文化史的发展阶段，后者注重从文化的融合转型视角划分文化史的发展阶段。虽各有侧重，但都关注到了中华文化史的阶段性发展这一主题。根据这一理论，郑师渠先生将中国文化史进一步细分为六个时期：先秦、秦汉、魏晋南北朝至隋唐五代、辽宋西夏金元、明清（前）、近代。① 其中，秦汉被视作中国大一统文化的关键成长期，以儒家思想为核心的多民族统一的文化发展格局由此一直延续到有清一代，对中华民族的发展繁衍产生了深远而重要的影响。唐宋是中华文化的高峰与鼎盛期。唐代文化彰显了中华文化的博大格局、恢宏气度与强大影响力。宋代文化则体现了以"变故"与"革新"为特质的人文批判精神与觉醒意识，在中国社会文化史上占有显著地位。近代是中国文化转型和谋求复兴的时期，民主和科学成为中华文化所追求的共有核心价值与共同目标。

巴蜀文化作为区域文化，自有其发生、发展与演进的历史过程，有其独特的个性特质，但其发展演进始终不可能脱离中华文化发展的历史进程与轨道，离不开中华文化的浸润与滋养。因此，把巴蜀文化发展演进历程置于中华文化的总体进程中进行考察分析，成为研究者必须遵循的一大准则。基于此，本研究据谭继和师在《巴蜀文化研究的现在与未来》中关于巴蜀文化"六大发展阶段"② 的部分观点，吸收他在《天府文化系列丛书·总序》中有关天府文化"六大发展阶段"③ 的部分观点，同样将巴蜀文化的发展历史划分为六大阶段：

古巴蜀农桑渔猎文明起源和形成阶段→秦汉魏晋时期巴蜀农桑文明发展到"优越秀冠"阶段→唐宋时期巴蜀农商经济大发展、文化大繁荣阶段→元明清时期巴蜀文化由精英转型为城乡市民文化阶段→近代巴蜀文化由古典形态向近代转型阶段→新中国、新时期、新时代 70 年巴蜀文化开创历史新面貌打开新格局阶段。为提纲挈领地凸显巴蜀文化的发展演进主体脉络、核心价值、内涵及其在中华文明发展演进中的独特作用地位，我们选择把巴蜀文化置于中华文明的"三次重大转型的时期"——秦汉大一统文化关键长成期（前 221—266）、唐宋文化高峰鼎盛期（618—1279）和由古典形态向近代化转型时期（1840—1949）的时空坐标中，对巴蜀文化独特的历史作用地位与价值贡献进行聚焦式的观照、

① 史革新. 中国文化通史：晚清卷［M］//北京：北京师范大学出版集团，2019：总序14-21.
② 谭继和. 巴蜀文化研究的现在与未来［J］. 四川文物，2002（2）：20-21.
③ 谭继和. 天府文化系列丛书［M］//刘平中. 锦江书院与"石室流风". 成都：四川大学出版社，2021：总序1-7.

称量与评判，以解释巴蜀文化为什么是多元一体中华文明中不可或缺的重要组成部分，为什么说巴蜀文化具有与众不同、别具一格的鲜明个性与气质特征。这两项巴蜀文化研究必须回答的基础性与根本性问题，充分展现了巴蜀文化作为地方文化中的一支在多元一体的中华文明共同体形成、演进中的独特历史面相、精气神韵与特殊贡献。有助于展示巴蜀文化与其他地域文明之间互动互鉴、相辅相成的重要关系，凸显中华文明多元一体、共同进步的历史发展总规律与总特点，并为客观地认识和评价其他地域文化的历史贡献与价值地位提供必要的参考。

三、巴蜀文化如何"活在当下"

从本质上说，促进巴蜀文化的现代转型与高质量跨越发展，离不开中华文化伟大复兴这一历史前提。如何推进巴蜀文化在新时代的伟大复兴，如何加速巴蜀文化高质量跨越式发展，离不开对巴蜀文化如何在实现中"活态"传承，以及如何创造性转化与创新性发展等根本问题的系统谋划与深度思考，尤其需要今人不断贡献新思与新质。我们认为，既要分析总结巴蜀文化的发展演进历史、经验智慧，也要勇于探索与大胆地展望未来。知己知彼、秀外慧中，须在保护中传承，在发展中实现超越。放眼巴蜀文化的当下与未来，可以说根在保护，重在传承，魂在创新，志在超越，标准在于高质量与个性化。针对我们十余年来在巴蜀文化理论研究中的所思、所得与所悟，以及有关巴蜀文化"活态"传承实践中的所见、所闻与经验教训，立足现实，展望未来，坚持理论与实践相结合，以文化与科技的融合发展、巴蜀历史文化资源的"活态"保护传承、巴蜀文旅融合的新向度与维度为重点对象，就新时代背景下巴蜀文化以何种方式、何种面目"活在"当下的问题做进一步的深入探讨与系统性谋划，就如何"活态"性保护传承、如何促进其创造性转化与创新性发展的方向、路径、重点、策略与步骤，进行理论与实践、历史与现实、主体与客体相结合的探究，并据实提出相应的建议与措施，以期巴蜀文化能更好地"活在当下"，精彩纷呈而行稳致远地"再出发"。

目 录
CONTENTS

第一章

巴蜀文化的始源、根脉与特质

第一节　巴蜀文化的独立始源

巴蜀之地，"介南北之间，折文质之中，抗三方而屹屹，独完气于鸿蒙"①。剑门关之雄奇，夔门之激越，江汉之炳灵，岷峨之俊秀，是陆游眼中"天下之绝观"胜景。独特的盆地构造和扇形水系等地理结构与自然生态环境，造就了巴蜀人文灵异多姿、勇于超越的性格，养育了一代又一代的巴蜀英才，铸就了巴蜀独特的精神气度与神韵，构建了巴蜀"文化与学脉"自洽相融的结构谱系，成为推动巴蜀文化继往开来、历久弥新、不断超越的无尽源泉与内在动力。

一、巴蜀独特的地理环境

（一）盆地构造

巴蜀之地以盆地造型著称于世。四川盆地位于青藏高原向长江中下游平原的过渡地带，地处西南内陆腹心。东接湘鄂长江之地，南邻云贵高原，西依青藏高原和横断山脉，北近秦岭，与黄土高原相望。境内地势呈西高东低走势，高低悬殊颇大，地形主要由山地和丘陵、平原盆地和高原构成，地质结构复杂。若以龙门山脉—峨眉山—大凉山为界，四川盆地大致可划分为东、西两大部分。盆地西部大致以广元、雅安、叙永和奉节四点连线为界，构成发育完整、周延无缺的菱形大盆地，总面积约 26 万平方千米。它是中国盆地中形态最典型、纬度最南、海拔最低的盆地，也是中国和世界上人口集聚密集的区域。盆地底部低平，海拔 250—750 米，面积约 16 万平方千米。盆地内以龙泉山、华蓥山为界，分为川西冲积平原、盆中丘陵和川东平行岭谷三部分。龙泉山以西的冲积平原，河渠水网密布，土壤肥沃，气候宜人，雨量充沛，物产丰富，人口稠密，

---

① 刘咸炘. 推十书［M］//刘咸炘. 推十书：增补全本. 上海：上海科学技术文献出版社，2009：493.

古称"天府之土""华阳之地"，是巴蜀文明形成和兴起的中心。

盆中丘陵区介于龙泉山与华蓥山之间，地势低矮，嘉陵江、涪江、渠江斜灌其间，地形较为破碎，以方山丘陵、小块平地为主，已开辟出梯田、台地，适宜种植，是四川粮食、经济作物的主产区。川东平行岭谷由华蓥山、中山铜锣山和东山明月山、精华山、黄草山等一系列东北至西南走向的二十余平行褶皱山脉、丘陵台地排列而成，其中，丘陵、平坝交错分布，岭谷相对高度多在500米左右，山地陡而狭，岭间河谷狭长。山岭间的谷地宽而缓，降水量丰富，无霜期长。农业耕作条件随地形高低变化有较大差异。

盆地四周环绕着青藏高原、大巴山、华蓥山、云贵高原，山地海拔多在1000—3000米之间，面积约10万平方千米。它们是盆地的天然屏障，也是盆地与邻接地区的天然分界线。盆周北缘和东北缘分别是米仓山和大巴山，两山之北为汉水河谷盆地，其北面的秦岭为我国气候的自然分界线。

盆地东缘为川鄂交界的巫山山脉，长江横贯其间，经夔门奔流而出，东流入海，是典型的山峡地貌。盆地东南缘为武陵山脉，山间为施南盆地，属于湖北之境。盆地南缘从奉节至叙永、屏山、宜宾，正南为娄山山脉，横亘其外为云贵高原。西南缘为大小凉山，山外为宁南高原。西缘为岷山、龙门山、邛崃山、夹金山、大相岭，山外为青藏高原东麓和横断山脉南端。盆地独特的"四塞"结构，使它在相当长的历史时期自成独立的地理单元，这一方面造成了盆地文化的封闭性，形成巴蜀人独立的文化性格；另一方面又激发了盆地文化冲破阻碍，勇敢外向的历史传统，铸就了巴蜀文化兼容包并、勇于开放创新的显著特点。

川西高原与高山峡谷的地形地貌极其复杂。西面为横断山脉，有沙鲁里山、大雪山、大凉山和邛崃山，其中大雪山主峰贡嘎山，高7556米，是四川第一高峰。西北部为甘孜——阿坝川西北高原，位于"世界屋脊"青藏高原东南部。发源于岷山高原的岷江，古称"江原"，是氐羌文化较早发展起来的地方，也是古蜀文化的来源之一。由大雪山、邛崃山和大凉山等组成的南北横断山脉，是农区和牧区的分界线。西部和东部的地形、地貌、植被、农业以及民族、文化、习俗、节庆也以此为界，西部呈现出与东部以汉族文化为主体的别样的少数民族文化特征，对促进巴蜀文化库的多样性发展具有重要作用。

（二）扇形水系

巴蜀境内计有大小河流1400多条，除西北松潘的白河、黑河流入黄河外，其余河流均流入长江。主要河流可分为岷江、沱江、嘉陵江、金沙江、乌江五大水系。东部盆地所有水系呈扇形分布，分别由南、北两个相对的方向流入四川盆地，最后注入长江；西部山地高原区的水系多由西北流向东南，成平行状态分布。这是由四川西高东低的地势走向和盆地四周高山环拱的结构形态所共同决定的。巴蜀水脉的特征，主要以岷江水系、嘉陵江流域、沱江水系、金沙江流域和乌江为代表。

岷江是长江上游水量最大的支流，发源于岷山南麓，由北向南流经茂县、汶川、都江堰、彭山、眉山、乐山等地，在穿过成都平原后，在乐山汇聚大渡河（古称沫水）和青衣江，流至宜宾后再与从青海南来的金沙江（古称马湖水）汇合，流入长江。在宜宾流域的长江又被称作川江。川江东流，至泸州与从成都平原来的沱江相汇后流入长江。岷江古称"江原"，在唐代以前一直被认为是长江的源头。在成都，人们建有"江渎庙"祭祀"大江之神"①，岷江被蜀人称作"大江"。后经明人徐霞客（1587—1641）实地考察，证实金沙江才是长江的正源。岷江全长约为670千米，灌溉面积多达27000平方千米，自古就有航运、舟楫、灌溉之利，尤其是都江堰水利工程深刻地影响着蜀人的生存和发展，因此在他们眼里，只有岷江才是"长江江源"，是创造巴蜀文化的"源头活水"。

嘉陵江流经甘肃、陕西、四川省和重庆市，是长江支流中长度次于汉水、流量仅次于岷江的重要支流，流域面积的70%在四川省、重庆市境内。嘉陵江主要有东、西两个源头。西源白水河（古称羌水），出自甘南西倾山，至青川流入四川境内，至广元汇入西汉水。东源西汉水（古称漾水），出自甘南嶓冢山，经陕西略阳进入四川境内，东、西两源在陕西省略阳县白水镇汇合后，南向经阳平关进入四川。在广元昭化，与西来的白龙江汇合，由西北向东南贯穿盆地中部。自阆中经武胜，在合川与渠江（古称潜水）、涪江（古称涪水）汇合，南下经重庆注入长江。嘉陵江是古代联系川陕的重要通道，溯江而上，可以达到陕、甘陇右之地；沿江而下，可通荆襄、江淮之地，是巴蜀北上南下的重要水脉航运与商贸通道。

沱江源头较多，主要由两个大系组成：一系为发源于九顶山南麓的德阳河、石亭河、鸭子河，古代总称之为雒水；另一系由源自都江堰的柏条河、蒲阳河组成。五条河汇合后流向赵家渡，经由成都平原北部穿过龙泉山的金堂峡，流出成都平原。赵家渡以下，始称沱江，古称淯水，全长500多千米。沱江流至泸州后汇入长江。入唐以后，沱江下游地区井盐业发展繁荣，单产冠甲巴蜀的"富义井"即在沱江流经的富顺境内，因而沱江又是著名的"川盐济楚"的主

---

① 常明，杨芳灿．祀庙·成都府［M］//嘉庆四川通志．嘉庆二十一年刻本．

航道。

金沙江流域范围较广，除其主流、最大支流雅砻江以及雅砻江的支流安宁河外，还包括松麦河、水落河、鲜水河、理塘河等重要支流。从文化区域板块考察，金沙江流域主要由以西昌为中心的邛海文化区、以攀枝花市为中心的笮海文化区、云南大理的洱海文化区以及昭通的千顷池文化区组成，并影响辐射到滇池、玉溪三湖文化区。

乌江（古称延江或黔江）发源于贵州境内的乌蒙山东麓，有南、北两大源头。流经思南、沿河等地，横贯贵州中部和东北部，在黔西市汇合后称乌江，经酉阳、彭水、武隆后，在涪陵注入长江。乌江是长江上游南安最大的支流，也是四川境内南向流入长江的重大河流。《元和郡县图志·江南道·黔州》记载，乌江"自牂牁河北历播、费、思、黔等州，北注岷江"①。因此，乌江不仅是黔与巴蜀的重要航运通道，也是汉族与黔中少数民族重要的文化、商贸交流走廊。

从空间分布看，巴蜀境内各大水系分别从南、北两个方向向盆地汇集，最终汇入长江，冲出夔门，东流而去，呈现出"万流归宗"入大海的特点，这是形成巴蜀人文强大凝聚力、向心力和强大冲击力的主要环境因素，体现了巴蜀文化凝聚力与辐射力相互交织与并存的双重特性。巴蜀自古伴水而生，因水而兴，"水润天府"成为四川盆地人文形成发展的主要特征。岷江流域基本上是蜀人居住的所谓"三蜀"（蜀郡、广汉郡和犍为郡）文化区；嘉陵江流域主要是巴人居住的所谓"三巴"（巴郡、巴东和巴西）文化区；而沱江流域是巴人文化和蜀人文化的交互与融合区；金沙江流域则是西南地区的民族文化走廊，至今是我国多民族集聚和杂居之地，是多民族文化、商贸的重要交流带，亦是最具多民族文化民族特色的走廊之一。

巴蜀盆周"四塞"高山的"内封闭"与盆地江河穿谷切岭、激越奔腾的"外开敞"联为一体的独特自然生态环境结构，同雄、险、幽、秀的巴山蜀水神品一道，共同造就了巴蜀静穆与灵动、封闭与开放、凝聚与多变、拼搏与优游相与为一、互动互补的人文性格与特征。巴蜀文化是多元一体的中华文明起源和形成的重要摇篮，亦是多元一体的中华文明中最具鲜明个性与特质的重要组成部分。

---

① 李吉甫. 元和郡县图志［M］//纪昀，永瑢，等. 文渊阁四库全书：第468册. 台北：台湾商务印书馆股份有限公司，2008：497.

二、巴蜀传说社会文化体系

（一）古巴君长

1. 板楯蛮

巴是一个古老的民族。据《华阳国志·巴志》记载，巴地居住着濮、賨、苴、共、奴、獽、夷、蜑、廪君蛮以及被称作"丹山之巴""太昊之巴"等族群，他们都被称作巴人。巴人主要由姬姓的华夏后裔、濮人系统、越人系统和土著的"丹山之巴"四大族群组成。

属于华夏后裔的主要是"宗姬之巴"、奴人和"太昊之巴"。在殷商甲骨文中，曾有高宗武丁之妻妇好进军沔水，臣服巴人的记载。这是关于巴人华夏族群来源的最早历史证据。巴人曾参与周武王的伐纣战争，史称"巴师勇锐，歌舞以凌殷人，前徒倒戈"①，世称"武王伐纣，前歌后舞也"，可见武王伐纣，巴人的确立下了汗马功劳。武王伐纣取得胜利后，封其宗姓于巴，建立巴子国，以拱卫西周王朝南方疆土，这是"宗姬之巴"的主要来源。奴人即卢人，来源于今山西境内，曾参与武王伐纣，据称是华夏族首领舜的后裔。"太昊之巴"据说源于太昊后裔的一支族群，长期在巴地活动。

賨人又称板楯蛮，本属于濮人系统。之所以把賨人称作板楯蛮，是因为他们以木板作盾牌，作战极其勇敢，所以"板楯"成为他们的族称。汉初，他们因帮助汉高祖刘邦平定三秦有功，汉高祖给予板楯蛮罗、朴、昝、鄂、度、夕、龚七大姓不输赋税的优待，其余姓氏也仅仅"岁出賨钱口四十"而已，因为板楯蛮仅需向西汉朝廷缴纳象征性的賨钱，因此他们又被称作"賨民"。西汉以后，賨人演化为板楯蛮的族称。板楯蛮长期居住于嘉陵江、渠江流域和重庆东部的长江流域，今宣汉县罗家坝遗址所在的渠江流域，正是先秦板楯蛮的中心集聚区。《华阳国志·巴志》记载："长老言，宕渠盖为故賨国，今有賨城、卢城。"② 他们在此建立"賨国"，筑有"賨城"，但其实际活动范围远不止此，如今云阳县境内，就曾出土"汉归义賨邑侯"金印，说明云阳曾是他们的势力活动范围。板楯蛮精于酿酒、铸造青铜器、编织和制陶，如秦昭王曾与他们订立友好条约，云："秦犯夷，输黄龙一双。夷犯秦，输清酒一钟。"③ 将"清酒"作为"外交"输送的礼品，从一定程度说明他们酿制的"清酒"的确很美味也

① 常璩. 华阳国志新校注 [M]. 刘琳，校注. 成都：四川大学出版社，2015：6.
② 常璩. 华阳国志新校注 [M]. 刘琳，校注. 成都：四川大学出版社，2015：47.
③ 常璩. 华阳国志新校注 [M]. 刘琳，校注. 成都：四川大学出版社，2015：13.

很有品质。郦道元《水经注》中记载的名酒"巴乡清"，实际上就是板楯蛮所酿"清酒"之一种。板楯蛮尚武，他们善于铸造钺、剑、矛、镞等青铜兵器，其中尤以呈柳叶形的巴式剑最为著名。板楯蛮主要以渔猎为生，因此大多精于射猎，史称他们"专以射虎为事"。如秦昭王时，有白虎在秦、蜀、巴、汉等地为害百姓，就有巴地朐忍（今重庆市云阳县）的板楯蛮廖仲药、何射虎、秦精等人应秦昭王之募，专门制作白竹弩射杀白虎，为民除害，并得到了昭王奖赏。此后，"专事射虎"就成为板楯蛮的一大重要生活习俗。

2. 廪君蛮

属于百濮中的蜑人支系。《后汉书》引《世本》说，其先世居巫地，故又被称作"巫蜑之裔"。《后汉书·南蛮西南夷列传》记载，廪君蛮本有巴氏、樊氏、瞫氏、相氏、郑氏共五个大姓，皆出于武落钟离山（今湖北长阳土家族自治县西）。钟离山有赤、黑两穴，巴氏居住在赤穴，其余四姓皆居住在黑穴。巴氏子务相在与其他四姓"掷剑于石穴""乘土船以浮江"等比赛中获胜，成为五姓共有的首领。务相在统一其他四族之民后，乘土船从夷水进入鄂西夷水（今清江流域）的盐阳，在射杀盐阳女首领"盐水女神"后占领了盐阳之地。在拥有渔盐之利后，务相遂于清江岸边建"夷城"为都城，自称为五大姓的君主廪君。据说廪君死后，其魂魄世世代代化为白虎，其族人认为白虎饮用人血，遂有廪君蛮"以人祠焉"的文化传统。

板楯蛮居于川北渝水流域，以射杀白虎为事；廪君蛮居于鄂西清江流域，以白虎为图腾，崇拜白虎是他们的重要习俗。同为巴人的板楯蛮和廪君蛮在对待白虎问题上表现出完全不同的态度，正是二者不同文化信仰与习俗在日常生活中不同表现的结果。这在汉唐时期的史书中也有一定表现，如《后汉书·南蛮西南夷列传》就为板楯、廪君分别立传；在《隋书·地理志》《舆地纪胜·涪州》等书中，板楯蛮和廪君蛮都是自成一族的，以突显二者完全不同的族属与信仰。

（二）古蜀五祖

1. 蚕丛氏

蜀的本义，据《说文》记载，指的其实是蚕。古蜀人以栽桑养蚕为业，最早可追溯到"人皇"时代。《华阳国志·蜀志》记载："蜀之为国，肇于人皇，与巴同囿。"① 据《初学记》引《春秋纬》认为，古代先民历经天皇时代、地皇时代和人皇时代。《华阳国志》所谓"人皇"系"天、地、人"三皇之一。人

---

① 常璩. 华阳国志新校注［M］. 刘琳，校注. 成都：四川大学出版社，2015：97.

皇时代有兄弟九人，他们分九州为九囿，巴、蜀即属于九囿中的"一囿之国"。这是关于"蜀国"最早的传说。到了黄帝时代，黄帝之子迎娶蜀山氏之女生子高阳（即颛顼），高辛氏封其庶子于蜀，历夏、商、周三代，均为侯伯。蜀曾参与武王伐纣，并因功受封。中原黄帝部族与蜀山氏的联姻，带来了缫丝和养蚕的技术，栽桑养蚕也在蜀地兴起。蚕丛氏承蜀山氏之后成为同时代较为先进的族群，蚕丛氏之名进而代替了蜀地固有的蜀山氏之名。"禹生西羌""禹生石纽"是古已有之的历史记载，任乃强先生从大禹出生地与生平事迹推断，认为："他（大禹）就是蚕丛氏阶段出生在蚕丛氏地域的人。"① 指出了蜀地作为华夏人文始祖孕育养成之地的重要历史地位。《华阳国志》所谓"周失纲纪，蜀先称王"，正是说周朝已经失去对封国的有效管理，蜀侯成为最先称王者。这个最先称王的蜀侯就是蚕丛。《华阳国志》说："周失纲纪，蜀先称王。有蜀侯蚕丛，其目纵，始称王。死，作石棺、石椁，国人从之。故俗以石棺椁为纵目人冢也。"② 据此，任乃强先生推断："蚕丛氏据有岷江上游的时间，与中原的唐尧、虞舜、夏禹之世相当，可能延续至殷、周之交。"③ 蚕丛"纵目"，这是他最显著的面目特征，这在三星堆出土的凸目面具中已有所体现。可以说，纵目成为蚕丛氏文化的一大重要标记。蚕丛死后，用石制的棺椁埋葬，这是蚕丛一族不同于其他古蜀部族墓葬的显著特点。《华阳国志》《太平御览》等书记载，蚕丛与古蜀的柏濩、鱼凫均数百岁，神化不死，其民众随王化去。我们知道，任何人都不可能在世上连续生存数百岁，上述有关各古蜀王皆数百岁之说，充分表明，蚕丛、柏濩、鱼凫是古蜀三个不同的氏族，蚕丛、柏濩、鱼凫是氏族称号而不是三个人的名字。只不过这些古蜀国的后世继任者均以开国者之称号作为国号而已。换句话说，无论蚕丛也好，柏濩、鱼凫也好，均不是对某一个蜀王的专称，而是关于某个王朝或氏族的"共名"，是某一特定时期古蜀王朝氏族的独特文化标记。蚕丛氏部族居住在岷江上游一带，在今茂县、汶川、理县境内，发现了不少战国前后的石棺墓，特别是在茂县叠溪的岩石上，至今保存有"蚕陵"字样的一块石刻。任乃强先生考证认为："蚕丛氏是自此处发迹的。"④ 从文化学的角度似乎可以说，岷江上游的"茂汶盆地"，的确是蚕丛部族曾经生活繁衍的地方。

---

① 任乃强. 四川上古史新探 [M]. 成都：四川人民出版社，2019：63.
② 常璩. 华阳国志新校注 [M]. 刘琳，校注. 成都：四川大学出版社，2015：99-100.
③ 任乃强. 四川上古史新探 [M]. 成都：四川人民出版社，2019：65.
④ 任乃强. 四川上古史新探 [M]. 成都：四川人民出版社，2019：66.

2. 柏濩、鱼凫与渔猎时代

有关柏濩的文献记载很少，目前仅能判断他是古蜀五祖之一。一般认为柏濩在蚕丛氏之后，有国"数百岁"，处于采集经济向渔猎经济的过渡时代。柏濩所处时代蜀民数量较少。今人段渝认为，"柏濩可能是原居于今都江堰市'灌口''观坂'一带的土著"①。

鱼凫是柏濩之后又一代蜀王，处于从渔猎向农耕转化发展的时期。据《华阳国志·蜀志》关于"田于湔山，忽得仙道"的记载，可见早期的鱼凫时代还没有完全脱离渔猎这种生活方式。在鄂西、川东和成都平原，均有关于鱼凫、鱼腹的传说与古地名，这些地名主要在岷江——长江沿岸出现，正是鱼凫之民沿岷江渔猎生活状态的文化反映。据唐人卢求在《成都记》中的记载，鱼凫时代的王都在今都江堰市聚源镇境内，考古学家曾在都江堰的芒城遗址中，发现了距今4500—4300年前的水稻硅酸体，说明鱼凫时代晚期，成都平原已开始出现了稻作农业并已有一定程度的发展。古蜀人关于其先世的历史传说，仅在《蜀王本纪》《华阳国志》中有零星记载，且大多属于神异之说。如《蜀王本纪》记载："蜀王之先，名蚕丛。后代名曰柏濩（一作灌），后者名曰鱼凫。此三代各数百岁，皆神化不死，其民亦颇随王化去。"②有关三代蜀王与其民"皆神化不死"的记载，说明古蜀部族与其他民族的古代先世传说一样，均存在历史与神化的糅杂。蚕丛、柏濩和鱼凫这样的蜀王顺序排列，并非是指三代蜀王是先后第处的个人，而是代表三个部族的首领。历代蜀王之间不是简单的并列，而是彼此间有一个相互交错又前后衔接的关系。蚕丛、柏濩和鱼凫所处时代，大约相当于中原夏、商、西周之世。这与上述考古发现的情况是比较一致的。

3. 杜宇教民务农

大约在商、周之际，杜宇取代鱼凫称王蜀中。有关杜宇的传说颇多，据《蜀王本纪》《华阳国志》记载，杜宇从天而降，教民众务农与耕种技术，被称为杜主。朱提（今云南昭通）有一名叫利的女子，从江源的井水中出来，杜宇很喜欢她，于是娶她为妻。有关杜宇和朱提女子的来历虽然有很大的神话传说成分，但却反映了掌握农耕技术的杜宇部族与居住在江源从事渔业的部族大联姻后进入融合发展的历史新阶段。两大部族联姻后，杜宇建都于汶山脚下的郫邑（今成都市郫都区），经过百余年后，又移治于瞿上（今成都市双流区南）。秦、楚等"七国称王"时，杜宇却自称为帝，自号望帝。历代杜宇王既号杜主，

---

① 段渝. 四川简史［M］. 成都：四川人民出版社，2019：54.
② 严可均. 扬雄：卷5［M］//严可均. 全汉文. 成都：四川省图书馆藏本.

又称蜀王、望帝，表现了他们并不满足于仅仅做本土之主，而是希望超越中原大国进而雄长天下的愿望，这是杜宇王国相当自信与国力较为强大的一种反映。

杜宇王教巴蜀之民农耕与种植技术，发展农业生产，自以为比以武力称霸中原诸侯的功德更高、贡献更大，于是自我划定王国的管辖范围。他以临近秦国的褒斜为王国的前门，以岷江上游的熊耳（今青神县南青神峡）、灵关道为后门，以玉垒山、峨眉山作为王国的城郭，以岷江、潜水、绵河（即绵远河）、洛水（什邡石亭江）为护城河，以汶山作为王国牧场，以南中地区苑囿，力图不断扩大王国的势力与影响范围。这或许就是蜀人文化最早的影响与传播范围。杜宇王国后期，成都平原遭遇大洪水，荆人鳖灵领命，带领民众凿开玉垒山除却岷江水患，并引入荆楚的稻作种植技术，提高了成都平原的稻作产量，因其功而深受蜀民拥戴。杜宇王于是效仿尧、舜的禅让之法，将王位让给了鳖灵，自己升西山归隐而去。据说杜宇王死后，其魂化为杜鹃，后世所谓"杜鹃啼血""望帝春心托杜鹃"的故事，即源于此。

杜宇被视为巴蜀农业的始祖，他不仅教蜀人务农与耕作技术，还教给巴人耕作技术。杜宇重视农耕技术，发展农业生产，促进了古蜀青铜文明的不断发展，巴蜀地区的民众在春耕时还不忘祭祀蜀主杜宇。三星堆、金沙遗址出土大量制作精美奇特的青铜器、金器和玉器，是与杜宇时代成都平原相对发达的农耕种植与生产技术密切相关的。可以说，正是杜宇教民务农，发展农业生产，为青铜器、金器和玉器等手工业发展提供了物质基础。金沙遗址出土的金面具、璧、玉琮等礼器，其形制与周王朝礼器具有较高的相似度，说明杜宇王国时期，古蜀国已经受到中原王朝礼制思想的影响，不过仍然保留了巴蜀独有的风格与特色。

4. 开明氏与蜀水文明

开明王国是古蜀的最后一个王国。开明原名鳖灵，本是荆人，他在公元前 7 世纪初取代杜宇建立开明王国。开明王国前后历经十二世，前后延续 300 多年，于公元前 316 年为秦国所灭。

据《蜀王本纪》《华阳国志》记载，鳖灵曾失足落水，其尸溯长江到达了岷江，为蜀民所救，死而复生。末代杜宇王以鳖灵为相，让他负责治理洪水。鳖灵借助荆楚之地比较成熟的防洪排涝等治水利水技术，采取大禹"东别为沱"的治水理念，通过凿玉垒山，开金堂峡，开江引渠，将岷江水引入沱江以分洪，最终制服了岷江洪涝灾害，来敏、乐使在《蜀王本纪》中甚至认为开明决巫山以除巴蜀之地水患，使巴蜀之民摆脱了洪水威胁得以"陆处"，进而安居乐业。据说末代杜宇王有感于自己的政绩与功德均比不上鳖灵，于是效仿尧禅让舜的方式让位于鳖灵。

鳖灵建立开明王国，自称丛帝。丛帝推行父死子继的王位世袭制度，并规定太子是王位的唯一合法继承人。宗室子弟不得继承王位。这与他曾接受中原王朝的封建帝制思想有一定联系。通过赐予侯爵的方式，他们被分封到王国各地去镇守疆土，以为一地之长。如十二世开明王就曾封其弟葭萌于汉中，让他做汉中之地的主宰，号为苴侯。有关开明王朝的任官制度，据文献记载，仅知有太傅、丞相、郎中令等职位，其余所载均不够详细。公元前 377 年，开明氏在建立了比较统一的王权制度后，开始向东征战，并夺取了楚国的兹方（今湖北松滋地区），势力达到鄂西的清江流域。开明二世名卢帝，借助治理岷江之利不断增强国力，向北进攻，到达秦国的至雍（今陕西凤翔），将疆土扩张到汉中以北。开明三世名保子帝，向青衣羌进攻，并征服僚人、僰人，将开明王国的势力深入到川西南、贵州北和云南昭通一带。至此，开明氏"据有巴、蜀之地"，成为古蜀五祖中疆域、势力最强大者，被秦将司马错称作"戎狄之长"。

公元前 400 年左右，经过历代开明王的开疆拓土，开明王国已经发展到了新的阶段。九世开明尚主动借鉴中原礼乐政治文明，据《华阳国志·蜀志》记载，开明尚"始立宗庙，以酒曰醴，乐曰荆，人尚赤，帝称王"①，首次创建了开明王国式的祠庙制度。不过，开明王国在祠庙制度上仍保留了自己的特点，如蜀王死后，仅立大石（即石笋）作为先王的墓志。因此，开明氏的各位先王不像中原的君主那样有谥号，仅以青、赤、黑、黄和白五种颜色代指各祠庙的主神，开明氏历任先王也因此分别被称作青帝、赤帝、黑帝、黄帝和白帝。此外，开明尚还通过效仿中原王朝的礼乐教化制度以管理官民。如称酒为"醴"、称"乐"为荆人，正是他向楚国学习礼乐制度文化的表现。开明尚将王都从郫邑（今成都市郫都区）先迁移到广都樊乡（今成都市双流区），再迁都到成都。"成都"之最早得名，即源于此。《左传》所谓"国之大事，在祀与戎"，因此"立宗庙"一向是华夏民族的国家大事，宗庙也因此成为祭祀祖先、颁布政令、朝觐和征战最重要的地方。开明尚建立宗庙祭祀制度，正是他接受华夏国家文明的重要表现。而开明尚称王不再称帝，以五色代替先王庙号，一方面说明开明王国的势力还不够特别强大，另一方面说明开明氏具有不同于中原王朝的文化信仰与文化习俗。成都市商业街船棺葬中曾出土了一批开明王朝时的木胎漆器、大型编钟底座以及罍、尊、戈、矛、箭镞等礼器和兵器，在这些礼器和兵器上，分别绘制了龙纹、虎纹、变形鸟纹、卷云纹等 20 多种 200 多个象形符号，

---

① 常璩. 华阳国志新校注［M］. 刘琳，校注. 成都：四川大学出版社，2015：103.

这些符号一般由几个简单符号组成一组相对复杂的符号群，与中原出土的同类型器物上绘制的图案与镶嵌的文字颇存差异，但无疑表达了某种思想或意义，被学者们称作"巴蜀图语"。

由于十二世开明王骄奢淫逸，为秦国伐蜀提供了可乘之机。《华阳国志·蜀志》记载，周显王时，蜀曾拥有褒斜、汉中之地。一次在山谷中狩猎时，开明王曾与秦惠王在谷中相遇。惠王制作了五头"牛便金"（即能"便金"的石牛）送给蜀王。蜀王贪财好贿，大喜过望，于是派遣五丁开建蜀道以迎纳石牛，五丁所开之道史称"石牛道"（又称金牛道），石牛道成为日后秦国征讨开明王朝时的进军路线。蜀王还沉溺美色，曾纳一美艳的武都（今绵竹武都山）女子为妃。后因妃子不习水土而死，蜀王曾命五丁前往武都担土回成都为其造大冢，为此消耗了王国大量的人力与物力。末代开明王之荒淫，由此可见一斑。巴与蜀向为世仇，末代开明王之弟苴侯却与巴国交好，蜀王为之大怒，于是发兵征讨苴侯，苴侯害怕，逃亡巴地并向秦求救。周慎靓王五年（前316），秦惠王利用开明氏兄弟不和、巴蜀互斗的机会，派名将司马错、张仪伐蜀，大败蜀王于葭萌。蜀王败逃至武阳（今眉山市彭山区东北）时，为秦军所害。开明相、太傅及太子，亦被秦军害死于白鹿山（今彭州市白鹿镇附近），开明王国就此覆灭。

三、巴蜀考古历史文化体系

（一）三星堆遗址

1. 古城遗址

古蜀先民创造了丰富的物质文明与精神文明。从 20 世纪 20 年代以来，已有不少新石器时代的遗迹遗址被发现。其中，以宝墩文化、三星堆文化、十二桥文化为代表，基本建立起了古蜀各个阶段连续的"考古学文化发展序列"与系统，为我们窥探古蜀的社会、历史风貌与文化根系提供了又一线索。广汉三星堆文化遗址最早发现于 20 世纪二三十年代，历经 20 世纪 60 年代、80 年代和 2021 年的考古发掘，人们对以"三星堆文化"为代表的古蜀文明有了更直接的认知与更深入的理解。三星堆遗址距今 2875 年到 4500 年，前后跨度约两千年，大致相当于新石器时代晚期到西周初年。三星堆文化上承新石器晚期的宝墩文化，下续尚未"周处"的十二桥文化，连续而系统地再现了古蜀文明发生、发展和繁荣的历史风貌，成为公元前 15 世纪前后世界青铜文明的典型代表，在巴蜀文明史、中华文明史乃至世界文明发展史上占有显著地位。

三星堆遗址发现了一处相当于鱼凫王朝时代的古城遗址。该古城面积达

3500平方米，为宝墩文化时期的新津宝墩遗址、温江鱼凫城遗址、成都市郫都区古城遗址等史前古城遗址的5到30倍。古城东、西、南、北四面建有夯土城墙。据测试，城墙墙基宽约40米，顶部宽20米，城墙横断面呈梯形结构，东西长1600米至2100米，南北宽1400米，足见古城规模之大。古城宫殿区居于整个城市的中轴线上，南面是居民生活区，西面是手工业作坊区，东面为墓葬区，西南面为祭祀区。合理规划与布局宫殿区、生活区、生产区、祭祀区和墓葬区五大农耕城市要素，反映了3000多年前三星堆古城的规模已超过了郑州殷商的王都规模。古城的房屋为地面建筑，主要由沟槽式基址、木骨泥墙、榫卯结构三部分组成。房顶有方形、长方形、圆形三种，以方形为主。房屋面积一般10多平方米，最大面积达200平方米，颇具巴蜀地方特色。"三星堆古城遗址的分区，具有商代蜀地'国都'的基本雏形，它们与出土的精美大型青铜雕像以及金、玉、铜、陶器一起，证明了这是一个高度发达的古代文明中心。三星堆古城遗址表明，此时的巴蜀城市已经从古城阶段发展到了古国阶段，成为探索巴蜀古史进程和中国古代文明起源、形成和发展的重要对象。"[①]

　　2. 青铜器、金器

　　三星堆1号坑出土人头像、人面具等青铜器179件，2号坑出土立人像、神树等青铜器730件[②]，主要以人像造型、动植物造型和人鸟组合造型为代表。尤其是三星堆1、2号祭祀坑出土的构型奇特、制作精美的大量青铜器，成为当时成都平原已经进入青铜文明时代的重要标志。2021年，3—8号坑发掘出更加令人震惊的青铜文明成果。经过碳14测定，其年代区间大约距今3200年左右。出土文物主要有青铜人像、金箔、玉器、象牙和丝绸灰烬，都与1、2号坑出土文物有一定联系。

　　属于人像造型的物器中，主要以大立人像、头雕像、人面具为代表。造型最大的当数青铜立人像。该铜像出土于2号坑中层，站立在高台底座之上。立人像高1.22米，连通台座通高达2.61米，全重约180千克。立人身躯挺拔，神情肃穆，头戴筒形高冠，身穿龙形锦绣服饰，手握何物至今不详，裸露十趾站立。他或是一代古蜀王的雕像，或是某个神明的象征，至今没有定论。不过可以肯定的是，无论是构型、铸造还是雕刻，它都是中国商周出土器物中闻所未闻的青铜精品，是早期巴蜀文明的智慧与技艺的结晶。

　　造型最为奇特的，当数青铜纵目面具雕像。其中一件双眼成圆柱状，双眼

---

　　① 张在德，唐建军. 中国地域文化通览：四川卷 [M]. 北京：中华书局，2014：32.
　　② 赵殿增. 三星堆祭祀形态探讨 [J]. 四川文物，2018（2）：67.

外凸 16.5 厘米，眼球直径 13.5 厘米；双耳尖长，向上尖斜伸出，长达 70 厘米；鼻高而宽，鼻沟呈勾云纹状，口长微闭，面部呈现一种神秘与诡异的表情。纵目面具突出眼睛，似乎受到蚕丛"纵目"传说的影响，而夸张的纵目与独特的鼻子及耳朵组合在一起，从一定程度突出了古蜀王蚕丛超越人性与自然的某种独特神性，表现了古蜀人对于祖先崇拜的独特文化方式。

3 号祭祀坑中出土青铜人像和青铜面具 16 件。其中，青铜顶尊跪坐人像双手呈合握形状，头顶有龙形装饰的大口尊，与 2 号祭祀坑青铜顶尊跪坐人像颇为相似。据推测，上半部分的尊属于中原礼器，源于中原殷墟；下半部分的铜人可能是三星堆本土制造的。古蜀人采取分段铸造的方式，将不同产地的两件青铜物件焊接在一起，构铸了一件包含巴蜀本土文化内涵和中原礼乐文明的新物件。表现了三星堆文明在吸收中原文明基础上的再创造，展示了古蜀青铜文明心向中原，并主动吸收、借鉴中原青铜文明的历史特点。

4 号坑中，出土 3 件青铜扭头跪坐人像。人像通高约 30 厘米，重约 3.7 千克，双膝跪坐，身体略为前倾，双手半合十，头扭向右侧，头顶盘发一周并从左侧"冲天而上"，整个造型奇特，表情严峻，其制作更具有抽象化、艺术化和符号化特征，反映了古蜀先民奇幻浪漫的文化想象力。

8 号坑出土有青铜神坛、大型青铜立人神兽。青铜神坛高约 85 厘米，宽约 50 厘米，底部是高约 30 厘米的台阶。台阶共分为三层，最上层台阶四角各有一跪姿青铜小人像，出土青铜面具的眼睑有彩绘痕迹，造型颇为奇特。大型青铜立人神兽长度与高度均在 1 米左右，较之前发现的青铜神兽体型大得多，神兽头上有人，胸口有树，体现了古蜀人借助神异之兽会通天人的浪漫想象力。

三星堆青铜面具、人像均采用铜、锡二元或铜、锡、铅三元合金技术铸造，巧妙利用新进的铸焊、铜液铆焊、铸铆、分段铆接等多种工艺制作而成。无论是制作的技术还是工艺，均在同时代处于领先水平。青铜人物造像奇特的造型、精巧的结构以及高超的焊接技艺与雕塑水平，表明至迟在鱼凫时期古蜀人的思想、文化、技术与艺术已经发展到较高的水平。

动植物造型中主要以龙、蛇、虎、鸡、杜鹃鸟、羊、鱼、树为代表。三星堆遗址共出土了 6 棵青铜神树。其中有一棵通高近 4 米，树根底侧有一悬龙，被视为青铜时代最高大的单体青铜器之一。神树共有 3 层树枝，每层共 3 根枝条，在每根枝条下垂处有一果实，上立一只小鸟，枝条末端各有一花朵。这棵青铜树被视为具有"建木""天梯""扶桑""若木"等原始宗教文化的丰富内涵，成为展示古蜀人以"万物有灵"为核心的原始宗教面貌的重要实物证据。

三星堆1号坑出土金杖、金虎等金器4件，2号坑出土金面罩、金挂饰器61件①，在5号坑中，出土了以金凤凰为代表的一批精美黄金制品。总计有金杖、金面罩、金箔虎形饰、金凤凰、金箔鱼形饰、金箔璋形饰、金箔带饰、金块等多种类型。它们是目前殷商文化遗址考古中类型最丰富、形体颇大的黄金器形。这些黄金器形中，以金杖和金面具最著名。金杖全长142厘米，直径2.3厘米，用锤揲好的纯金箔包卷在一根木杆上制作而成，净重约500克。木杆已碳化，只剩完整的金皮。金皮上刻有四组用箭相连的鱼、鸟纹，和两个戴冠的人头像，多数学者认为它可能代表着古蜀国的"鱼凫王"或是"群巫之长"与"国王"双重身份的标志物。在3号坑中，出土了一件显得格外厚重且与众不同的半张黄金面具。这半张黄金面具宽约23厘米，高约28厘米，估计整张重量超过500克。可以说，这张面具不仅是同时期最大的黄金面具，还是国内所发现的同时期最重的金器。特别需要说明的是，在3号坑中，还出土了一件已知体积最大的青铜面具。该面具宽131厘米，高71厘米，深66厘米，重约65.5千克。该青铜面具宽颐广额，面部棱角分明，眉部、眼睛、嘴唇线条清晰流畅，均突出面部。这件青铜大面具在2021年"春晚"亮相，向世界各地人们展现其风姿。在其他祭祀坑中，还出土与真人大小相仿的青铜人头像57件。头像面部贴有用薄金片模压、剪贴的面罩。金面罩在世界考古史上堪称罕有，在中国则是首次发现，可见这些金包铜青铜像在殷商考古史上的重要地位。头像的颈部均呈倒三角形，目的在于方便这些头像装置在木质或泥质的身躯之上。这些人像并非写实作品，而是具有半人半神灵性、能通神通天的"巫师"②。三星堆青铜人像以群体而非个体的方式出现，说明古蜀王国已拥有庞大而有序的"巫祭集团"，他们是古蜀国王加强统治的重要力量。

3. 玉器、陶器

三星堆出土了大量的玉器，数量虽比石器和陶器略少，但显然比青铜器多。主要有圭、璋、琮、璧、瑗、戈、刀、矛、凿、斧、管、环等数十种，大体可分为礼器、仪仗、工具、装饰品和其他五类。常见的玉器颜色有白、灰白、褐、黄、绿、黑等，多数不透明，质地偏软。古蜀人一般把玉器视作沟通天地、连接人神的"法器"。往往以人耳、人眼的形式出现。2021年3月23日，5号坑出土一枚玉质相当好的椭圆形玉器，该玉器全身透白，玉体光滑，制作精美，像是睁着的眼睛，被称作"玉眼睛"。三星堆中的玉器多数是用于宗教祭祀的礼

---

① 赵殿增. 三星堆祭祀形态探讨 [J]. 四川文物，2018（2）：61.
② 赵殿增. 三星堆祭祀形态探讨 [J]. 四川文物，2018（2）：62.

器或具有礼仪用途的玉制兵器，是传统"以玉载礼"和"以玉载神"思想的巴蜀化具体表达。三星堆2号祭祀坑出土的一件玉璋，以精确熟练的线条绘刻了一幅完整而典型的三星堆"祭祀图"①。玉璋共刻有四组祭祀图像，每组从中间用一道云纹条带将画面分为"天上"和"地上"两大部分。"天上"有两座并列的"神山"，站着衣着、手势、神态相同的三人；"地上"也有两座并列的"神山"，跪着与天上衣着、手势、神态相同的三人。从上下人像的手势与眼神可以看出，他们正在进行某种沟通与交流。"祭祀图"表现了古蜀王国人与神之间、人与天地间互通互感的一般模式，是三星堆出土玉器中的精品，为我们了解古蜀王国的政权与信仰提供了线索。

三星堆还出土了不少石器，主要有斧、凿、镞、芳纶、石璧等。有些石器质地精良，实际上等同于粗玉。三星堆燕家院子器物坑共出土了20多件"石璧"，它们都由粗砂石制成，但大小、厚薄各异。其中最具特色的是一块大"石璧"，直径达70厘米，孔径18厘米，厚7厘米，重达63千克。这块"石璧"显然不能作为佩戴装饰物，很可能是作为"大石崇拜"原初信仰的一件祭祀礼器。

三星堆出土的陶器以夹砂陶为主，颜色主要是褐色和灰色，也有少量的橙黄色和红褐色，属于距今4000年的"灰陶系列"。器形以小平底器为代表，如鸟头形勺把、瘦袋足盉、三足炊器、平底罐、高柄豆、喇叭形高领罐等。鸟头形勺把的柄端形如鸟头，喙长而带钩，这种鸟头图形还广泛见于巴蜀的戈、矛、剑之上，它们其实是被艺术化了的鱼凫形象（即鱼凫王时代的图腾）。这种鱼凫形制的器物还在巴地被大量发现，表明鱼凫王朝与同时代的巴地有比较多的经济与文化方面的联系。袋足盉是一种普通的饮酒器，它的出现说明古蜀已经开始酿酒，而酿酒业的存在是建立在农业生产发达基础之上的，表明距今4000年的鱼凫时代，蜀地已经从渔猎时代进入了农耕时代，而且稻作等粮食产量已有相当的盈余。

三星堆遗址内先后出土陶器、石器、青铜器、金器、玉器、象牙、丝绸等各类文物10万余件。在3号、7号、8号祭祀坑中，出土450多根保存完好、摆放比较规整的象牙。如此数量的象牙，在中国其他考古发掘中尚属首次发现，表明古蜀人把象牙当作重要的祭祀用品。在3号、4号、6号、8号祭祀坑中，还发现了丝绸残留蛋白灰烬，现已查明是平纹斜编组织结构的织品。这是古蜀文明作为中华丝绸文明摇篮和繁盛发展的文明传承的明证。

---

①　赵殿增.三星堆祭祀形态探讨［J］.四川文物，2018（2）：61.

　　大量形制精美、用途多样的青铜器、金器、玉器、象牙、丝绸的出现，特别是三星堆一、二期发达的青铜冶炼铸造技艺和对黄金、玉石的独特加工工艺，表明手工业已经从农业中分离出来，意味着三星堆手工业的兴起。三星堆古城宏大的建置与规模、合理有序的布局以及将王权、信仰与世俗生活统合在一起的功能，标志着距今 3500 年的成都平原已进入了早期文明社会，实现了从古城阶段向古国阶段的成功转型，形成了古蜀王都的特有风光与气势。

　　（二）金沙遗址

　　三星堆文化衰落之后，在成都平原继而兴起的是目前成都主城区范围内的十二桥文化。其代表性遗存一个是十二桥遗址，发现了殷商末至西周初年的干栏式木结构建筑，另一个是金沙遗址。

　　成都十二桥干栏式建筑多选择在河道滨水低洼处或冲积平原沼泽地建造，建筑方式主要以未加工的圆木或加工过的方木为桩柱，墙体以竹竿、树枝编织，里外抹泥土。屋顶基本为两面坡式，多用树枝、竹竿编夹树皮遮盖或搭盖茅草。连接方式有篾片捆绑，也有穿榫结构。居住面一般高于地面，多为栽桩架板，也有立柱式地面建筑。成都市十二桥遗存除若干小型房屋遗址外，还发现了纵横相交的大型木构件，有长达 10 米的地梁，地梁两端有穿榫接铆用的大型方洞或圆洞，柱洞纵横对应整齐，推测上部已形成较为规矩的梁架。就规制而言，比河姆渡干栏式长屋遗存更大；就结构而言，较中原地区同时期的大型建筑所用的纵向梁架先进。总体而言，成都十二桥干栏式遗存既有南方干栏式建筑的共同特点，又有巴蜀地区的独有特色。① 位于成都市西郊的金沙遗址，分布于古磨底河两岸 4 平方千米范围内，是一处大型古蜀文化祭祀中心遗址。遗址主要分为宫殿区、普通居住区和墓葬区，出土金器、玉器、青铜器、陶器、石器、象牙器等文物上万件。

　　金器主要器型有金面具、金玉冠带、太阳神鸟金箔饰、蛙形金饰、金喇叭等；玉器器型主要有玉琮、玉璧、玉璋、玉圭、玉钺、玉戈、玉凿、玉镯、玉环、玉牌等，用途涉及礼器、兵器、工具、装饰等方面；青铜器则有铜立人像、眼形青铜器以及铜龙首、牛首形饰、铜鸟形、铜瑗、铜璧等，多数为小器型，大器型多为残件。此外，还出土有少数容器的残片，如圈足、扉棱、提梁等；石形器则有石跪坐人像、石虎、石蛇、石龟、石斧等。此外，还出土了数量较大的野猪、麋鹿等动物牙齿、骨角和数百根象牙。太阳神鸟金箔是金沙遗址众多出土器型中最叹为观止的器物，制作时间大约在殷商末期至西周初期，外径

---

　　① 谭继和. 巴蜀文化辨思集 [M]. 成都：四川人民出版社，2004：140-141，161.

12.5 厘米，内径 5.29 厘米，重 20 克。整个器型呈圆形，器身很薄，厚度仅 0.02 厘米。图案采取镂空手法，内层为一圈，均匀分布着 12 条旋转的锯齿状光芒；外层图案围绕内层四周，由 4 只形状相同的、沿逆时针方向飞行、形似乌鸦的"太阳神鸟"组成。每只鸟三足，鸟与鸟之间首足相连，朝同一方向飞行，与内层锯齿状光芒方向相反，反映了古蜀人的太阳崇拜，也是华夏文明有关"日中有三足乌"神话传说的最早实物证明。① 金沙遗址是继三星堆之后最为重大的考古发现之一，对研究古蜀文明和成都城市的发展具有重要的价值与意义。金沙遗址与三星堆遗址在文化内涵上有一定的一致性和连续性，是古蜀文化重要的历史源头和实物见证。

（三）罗家坝遗址

罗家坝遗址位于四川省达州市宣汉县普光镇进化村，于 1999 年首次发掘。总面积约 50 万平方米，包括罗家坝内、外坝和张家坝，发掘面积 500 余平方米。罗家坝遗址地处秦、楚、巴、蜀文化交界处，涵盖新石器时代晚期至东汉之际的巴人文化遗址。出土铜、陶、玉、石、骨、铁器近 700 件。遗址内还出土了众多巴人文物、墓葬以及众多器物，其中不乏首次发现的"稀世神品"。作为目前发现的面积最大的古代巴人中心文化遗址，它同广汉三星堆、成都金沙遗址一起，同为"古巴蜀文化的三颗璀璨明珠"，为研究和认识长江上游人类社会文明、古巴人文化、巴蜀文化历史根系提供了新的历史证据。

（四）城坝遗址

城坝遗址位于四川省渠县土溪镇城坝村，又名宕渠城遗址。2005 年 3 月至 6 月，由四川省文物考古研究院进行发掘。城坝遗址在商周时期是巴人分支賨人的都城，是达州地区目前尚存的唯一历史最早、历时最长的古城遗址。据《华阳国志》记载：秦灭巴蜀后就于此建宕渠县，东汉车骑将军冯绲增修，俗名车骑城。《太平寰宇记》：其城兴废长达 700 多年，其间屡为州、郡、县治。城坝遗址发现有木椁墓、土坑竖穴墓、灰沟、井、灰坑等遗迹；出土了大量具有巴蜀符号的、典型的各类巴蜀式铜戈、铜斧等青铜器及汉代文物，为研究巴人特别是賨人经济、社会、军事和文化提供了新的考古依据。1991 年 5 月，城坝遗址被四川省人民政府公布为第三批省级文物保护单位。2006 年 5 月，被国务院公布为第六批全国重点文物保护单位。2016 年 11 月，国家文物局将其列入"十三五"期间重要大遗址名单。

---

① 张在德，唐建军. 中国地域文化通览：四川卷［M］. 北京：中华书局，2014：34-36.

（五）巴蜀图语

上古时期的巴蜀先民，曾创造了灿烂的古蜀文明。但疑问是：巴蜀先民既然创造了如此灿烂、如此辉煌的文明，是否也产生了或创造了自己的文字？如果创造了文字，它又是一种什么样的文字？

西汉语言学家扬雄在《蜀王本纪》中认为，蜀民"椎髻、左衽，不晓文字，未有礼乐"。但东晋史家常璩在《华阳国志·蜀志》中对扬雄的这一说法提出了疑问，对所谓"蜀椎髻左衽，未知书，文翁始知书学"的说法并不认可，他以出生于蜀的彭祖"为殷太史"，其"夫人为国史"进行反驳，指出作为"大人之乡，方大之国"的古蜀国，在周末"服事于秦，首为郡县。虽滨戎夷，亦有冠冕"，到了汉兴的时候，不可能"反当荒服，而无书学乎?"① 因此肯定古蜀是有文字的，且其文字可能与中原诸国"颇同"。如《文选》卷四载左思《蜀都赋》刘逵注引《地理志》说："蜀人始通中国，言语颇与华同。"② 即是明证。1972年，在郫都区发现的一枚铜戈上"铸有一行文字和一组巴蜀符号"；1973年，在万州区又采集到的另一枚铜戈上，铸有一行"类似的文字"。两枚铜戈属于春秋晚期至战国时期，戈上文字脱离了原始的象形阶段，属于表意的方块字范围，被研究者认为"无疑应该是巴蜀的文字"③。再如广汉三星堆遗址和成都十二桥遗址发现了"巴蜀图语"资料，在广汉三星堆遗址出土的一些陶器上，发现了刻画符号。有的是 X 形符号，有的是一形符号；有的单独出现，有的三枚成组，有的两组对称。显然，这些陶器上刻画的符号并不是偶然的人工刻画痕迹。同一种符号出现在不同的器物上，这一现象说明这些符号及其含义已经固定化、约定俗成了。有的学者认为，它们代表着较早期的古文字。广汉三星堆2号祭祀坑内出土的一块牙璋上，有印刻的两组图案，每一组包括五幅图案。其中，在第二幅图案的两山中间，刻有一个符号。有的学者认为，它们应当是文字而不是纹饰或符号，并且认为大约是合体字，其意义应与祭祀有关（有可能是祭名），但其具体意义和读音不详。在成都十二桥商代木结构建筑遗址的第12层内（与广汉三星堆2号祭祀坑年代大致相当），出土了一件陶纺轮，其腰部刻有两字。有的学者认为，这两个字与三星堆2号坑牙璋上的文字一样，也是抽象化、线条化了的方块表意文字。

除四川地区外，在与四川相邻的湖南、云南等地，也发现了巴蜀青铜器铭

---

① 常璩. 华阳国志新校注［M］. 刘琳，校注. 成都：四川大学出版社，2015：521-522.

② 萧统. 文选［M］. 张启成，徐达，等译注. 上海：上海古籍出版社，1986：176.

③ 童恩正. 古代的巴蜀［M］. 成都：四川人民出版社，1981：132.

文或巴蜀铜印章。据严志斌、洪梅编著的《巴蜀符号集成》统计，目前已知巴蜀符号的器物及收藏机构展出的一些有巴蜀符号的器物，总数量有835件，另附录53件，共录图片2068幅。在巴蜀出土的铜器上，过去曾多次发现诸如花蒂、手心、人头、虎、鸟之类形体的"百余个符号"①。

针对这些文物资料，学者们从产生时代、文字源流、构成条例以及与汉语古文字、古彝文的关系等方面进行了深入的研究，并提出了"巴蜀文字""巴蜀符号""巴蜀图语"等概念。有专家研究认为，巴蜀文字可分为甲、乙两类："巴蜀图语"或"巴蜀符号"为"巴蜀文字甲"，那些脱离了象形而走向符号化的巴蜀文字为"巴蜀文字乙"。②"巴蜀文字"可以按其结构特点分为两系：一为方块表意文字，一为符号象形文字。巴蜀方块字的起源可上溯到商代晚期，而其滥觞还应予以提前。两系巴蜀文字均源远流长，春秋战国时期大量使用，成为巴蜀境内并行不悖的两大系列文字。秦灭巴蜀后，巴蜀文字仍继续使用、流传。秦始皇推行文字统一制度，可能才导致其削弱，但直到汉初，巴蜀文字仍屡有所见，到汉中叶后，作为一个文字体系，才归于消失。有的研究者认为，三星堆、金沙遗址的"巴蜀图语"是古彝文。比如，凉山彝族自治州古彝文专家阿余铁日即持此说，并且识读部分"巴蜀图语"③。有的研究者谨慎地认为，刻画符号、巴蜀文字中抽象程度较高那部分文字符号很可能是彝文来源的一部分。④ 有的研究者认为，"巴蜀图语"是东巴文。但新近的比较研究发现，巴蜀文字与东巴文在造字手段、符号体态上各有不同特点，二者差别较大，表明两种文字没有关系。⑤"巴蜀图语"究竟是不是文字？"巴蜀图语"究竟是不是古彝文，抑或东巴文？如果是文字，又该如何破译？凡此种种，依然还需众多专家的进一步考证与研究。

上述关于"巴蜀图语""巴蜀文字"的探讨，说明古蜀很早就有用于记录自己独特思维工具的手段，无论是"巴蜀文字"还是"巴蜀图语"符号，都有很长的发展历程，甚至"肇于人皇"的独立文化根系。这是巴蜀文化自信的重要历史根基。

此外，巴蜀地区还出现了大量的"大石文化遗址"。如以富林遗址和中子铺

---

① 童恩正. 古代的巴蜀 [M]. 成都：四川人民出版社，1981：132.

② 李学勤. 论新都出土的蜀国青铜器 [J]. 文物，1982 (1)：41.

③ 宋明. 三星堆"巴蜀图语"是古彝文？[N]. 凉山日报（汉），2007-05-18.

④ 袁香琴. 从文字关系角度审视彝文的发生问题 [J]. 龙岩学院学报，2015 (4)：41.

⑤ 刘杨翎. 巴蜀文字与东巴文关系初探 [J]. 龙岩学院学报，2014 (1)：44.

遗址为代表的"大石遗址"，茂汶地区古蜀国留下的以"石棺葬"①，川南安宁河谷石棺葬"大石墓"遗迹，成都城市中的石镜、石笋、支矶石、天涯石、五块石及其传说。如杜光庭《石笋记》记载，石笋在成都城西。杜甫在成都之时，曾亲眼见过石笋。他在《石笋行》中云："君不见益州城西门，陌上石笋双高蹲。"② 宋代大诗人陆游也亲眼见过石笋，他在《老学庵笔记》中说："成都石笋，其状与笋不类，乃累叠数石成之。"③ 唐人宋之问在《明河篇》中说："更将织女支矶石，还访成都卖卜人。"诗中所说的"成都卖卜人"，其实就是严君平。传说中的织女支矶石，原在成都西城支矶石街，后支矶石被移至青羊宫内保护。五块石，由五块大石垒成，原在成都南门附近。相传，石下有海眼。成都火车北站附近过去也有五块石的遗迹，今已不存。明代何宇度在《益部谈资》中说："城南市名五块石，有大石五片，叠叠其上，云石下有海眼，岂即石笋年久倾断置此乎？又云五丁所置，下有海眼。"④《蜀都杂抄》记载："五块石，在今万里桥之西，其一入地，上叠四石俱方。或云其下有一井，相传以为海眼。"⑤ 由此可知，五块石在明朝之时已有一块陷入了地下。这些"大石文化遗址"的大量存在，说明巴蜀地区很早就留下了有关于自身文化与历史传统的印记。

第二节　巴蜀文化的谱系与内涵

一、巴蜀文化的谱系构成

巴蜀文化源远流长，个性鲜明，层次多样，内涵丰富，玄妙而多姿。在全面系统地梳理相关文献的基础上，借鉴考古学、社会学与旅游学的相关方法，在凸显巴蜀文化发展历史主脉基础上，以谭继和师关于巴蜀文化十二大谱系为基础，结合新时代巴蜀文化"活态"传承与创造性转化、创新性发展利用的现实与未来愿景，对现有巴蜀文化资源进行整合与分类，共分为古巴蜀文明、江

---

① 童恩正. 古代的巴蜀 [M]. 成都：四川人民出版社，1981：76，83.
② 王士菁. 杜诗今注 [M]. 成都：巴蜀书社，1999：374.
③ 陆游. 老学庵笔记 [M]. 李剑雄，刘德权，点校. 北京：中华书局，1979：67.
④ 何宇度. 益部谈资 [M]. 丛书集成初编本. 上海：商务印书馆，1936：13.
⑤ 陆深. 蜀都杂抄 [M] //陈梦雷. 古今图书集成：第7册. 北京：中华书局，成都：巴蜀书社，1985：6438.

源水脉文化、秦汉三国蜀汉文化、文宗文化、名城古镇文化、仙道禅佛文化、民族风情文化、红色伟人英杰故里文化、百工技艺文化九大类。力图从历史主体构成与文化根脉谱系的角度，呈现巴蜀文脉传承的延续性与连续性特征，希望有助于把握巴蜀文化发展的内在规律与历史特性，有助于提炼巴蜀文化传承至今的文化活态基因，从根源上回答到底什么是巴蜀文化，到底有何独特的价值、内涵特征和不一样的发展、延续趋势。

（一）古巴蜀文明

四川是巴蜀文化永恒的故乡，早在距今35000年至10000年前就有人类活动的遗迹。以三星堆遗址、金沙遗址、十二桥商周建筑遗址、罗家坝古巴人文化遗址为代表的古巴蜀考古文化遗址的不断发现，充分说明了巴蜀在中华文明起源特别是长江上游文明起源中独特而重要的地位作用。而且岷山蚕丛氏蚕陵、温江区柏灌墓与鱼凫墓、郫都区杜宇杜鹃城、望帝丛帝陵与望丛祠、双流区瞿上王城等有关"古蜀五祖"传说的墓葬遗址，至今有迹可循。特别是广汉三星堆遗址、金沙遗址的考古发现，分别从文献和考古、传说与历史的角度，反映了巴蜀文化悠久而独立的始源，源远流长的发展演变历程。这些独特优质的考古文化遗产资源与文化传说资源，对再现并构建古巴蜀文明从起源到发展再到衰落的历史演进框架与脉络走向，对深刻认识巴蜀文化自身独特价值及其在中华文明多元一体、满天星斗发展中的重要地位提供了直接而可靠的依据，其作用、价值与意义可谓不言而喻。

（二）江源水脉文化

岷江是古蜀人最早开发的经济与文化区域，古称"江原"，为江、淮、河、济"四渎"之首。都江堰水利工程是世界水利史上的明珠，2000多年来一直惠泽蜀地，是成就"天府之土"美誉的最重要实体文化支撑。作为四川江源文明的结晶和亮点，它是迄今为止世界上使用时间最长、对人民造福最久的水利工程。它以都江堰为渠首，以锦江为渠干，以散布于成都平原的扇形水系为渠尾，首创了人类大规模无坝自流引水的旷世水利工程，故被联合国评定为世界文化遗产。在都江堰水利灌溉工程这一文化母题的引领下，历史地形成了独具巴蜀特色的水利、灌溉、交通航运与农耕等文化谱系，凝结了巴蜀历代先民治水利水，变水害为水利，建设美丽天府家园的经验与智慧。以李冰父子修建都江堰水利工程为核心的江源水脉文化，成为巴蜀文化不可或缺的重要组成部分与典型代表。李冰父子修建都江堰，上承大禹治水、鳖灵凿金堂峡文化余续，下启文翁开湔江、高骈改道府河与筑罗城等整治岷江的伟大历史成就，体现了以都江堰水利灌溉工程为主体的江源水脉航运文化丰富的内涵与独特的人文魅力，展示了巴蜀先民治理岷江的艰辛曲折历史面貌及其所取得的巨大科技成就。

（三）秦汉三国蜀汉文化

巴蜀曾是秦灭六国统一全国的重要物资基地，是两汉特别是高祖奠定大一统国家的大后方，亦是三国蜀汉立国的根本之所在，因此至今保存了大量丰富多彩的秦、汉、三国时期的历史文化遗产、遗迹和遗存资源，其中不乏具备规模化、精品化"活态"保护与创新开发利用的优质资源。

成都天回山、牧马山、羊子山和曾家包、新都区清白乡等地的东汉崖墓壁画与画像砖石，作为汉代四川社会生活的反映，具有很高的观赏价值、学术价值和娱乐艺术价值。东汉墓葬中出现的说书俑、天回镇纺织陶俑等代表性文物，集中体现了蜀人"斜阳古柳赵家庄，负鼓盲翁正作场"的幽默、洒脱与诙谐性格，亦为后代四川茶馆和书场文化兴起之文化源头。而青白江区出土的龙凤熊虎"四灵"陶座与大型铜马，绵阳出土的大型铜车马和彩色人体经脉漆雕等特殊文化资源，都具有特殊观赏价值和民俗文化内涵，从一定程度反映了巴蜀民众历代以来乐天安命、优游富庶的生活与思想状态以及精益求精的工匠精神。

三国蜀汉定都成都，至今有大量的三国历史文化遗址、遗迹与纪念场所。在成、德、绵、广一条线上，集中分布着体现三国蜀汉文化重点人物、故事的成都武侯祠、三义庙、桓侯巷、弥牟八阵图、赵子龙庙、德阳庞统祠及落凤坡、绵阳富乐山与蒋琬墓、阆中张桓侯祠等遗址、遗迹和纪念地。

此外，诸葛亮作为全民族智慧的化身和象征，是在三国时期的巴蜀之地生发并传播体现出来的。"智慧诸葛"所体现的军事谋略、治国之道、治家立身等近乎完美的形象，尤其公忠体国的高尚情操，是三国文化群星中当之无愧的一颗明珠。有关他的军事智慧、政治谋略、治蜀兴川思想与理念，至今是加强巴蜀文化建设重要的历史素材和文化思想母题。

（四）文宗文化

巴蜀人文涉及哲学、文学、史学、科技、医学、绘画、音乐等多个方面，但以"大在文史"著称，而尤以文宗文化见长，素有"文宗自古出巴蜀""自古诗人例到蜀"之誉。李调元在《读祝芷堂（德麟）诗稿》中曾说：

> ……缅维炎汉初，文章我蜀盛。司马与王、扬，洪钟破幽磬。祠坛列俎豆，万古残膏剩。子昂起射洪，高蹈寡声应。感遇篇三十，丹砂金碧莹。删述志非夸，垂辉千载映。眉州苏父子，玉局我所敬。大海扬鸿波，余流空汀莹。后来颇落落，道古或差胜。断狱（虞集）老吏能，《遗山集》可并。有明三百年，升庵独雄横。百代为牢笼，肯与何李并。其余邻无讥，

数子独道劲。……①

西汉文翁守蜀，"仁爱好教化"，建石室储才，派张叔等十八人东受《七经》，还以教授士民，自是蜀中人文兴起，史称"蜀学比于齐鲁"。文翁"以儒化蜀"改造蜀中人文学风，建构了巴蜀"以儒为宗"的学术发展体系，推动了巴蜀人文风习的历史转型。作为我国地域文化历史建设中的一大成功范例，对中华文明的发展传承做出了不朽贡献。相如、扬雄踵武相接，王褒、君平名满天下。由汉而唐，风华浩荡，百家争鸣。陈子昂"念天地之悠悠"，高举革新大旗，提倡汉魏风骨，一扫齐梁之绮靡，奠盛唐之雄风；"李杜文章在，光焰万丈长"，诗仙与诗圣同在，浪漫与现实齐飞，实古今之绝观。两宋之际，"三苏"挺世，"一门父子三大家，三苏文章天下传"，文章"冠天下而垂于无穷"。清人彭端淑在总结巴蜀人文产出的特点时说："两宋时人文之盛，莫盛于蜀。"又云："人争自奋，士知学古。……吾乡人文之盛，几甲天下。"② 明清及近代，升庵科第文章甲天下。此后，李调元"函海百科"声誉海内外。廖平、吴虞、刘光第、邹容以及文化巨人郭沫若，则成为"引起中华革命先"的思想启蒙代表。巴蜀历代文宗巨匠的非凡造诣，以其别具一格的"川味"风格与旨趣，彰显了巴蜀诗人豪放真挚、悲天悯人的淑世情怀，再现了巴蜀人文宏阔的境界，反映了巴蜀诗文特有的浪漫奇幻与富于生命激情的独特魅力，铸就了巴蜀在中国文学史上鲜明而重要的崇高地位。

（五）名城古镇文化

巴蜀文化历史悠久，有上百万年的文化根系，有4500年以上"都广之野""优越秀冠"的农桑文明发展历程，具有城乡一体、神韵独特、历时弥久、与时俱进等特点。③

从20世纪20年代以来，已有不少新石器时代的遗迹遗址被发现，其中以宝墩文化、三星堆文化、十二桥文化为代表。三星堆遗址发现了一处大约鱼凫王朝时代的古城遗址。该古城面积达3500平方米，为宝墩文化时期的新津宝墩遗址、温江鱼凫城遗址、成都市郫都区古城遗址等史前古城遗址的5到30倍。古城东、西、南、北四面建有夯土城墙。三星堆文化衰落之后，在成都平原继

---

① 李调元. 童山诗集［M］. 北京：中华书局，1991：87.

② 彭端淑. 唐子西先生文集［M］//彭端淑. 彭端淑诗文注. 李朝正，徐敦忠，校注. 成都：巴蜀书社，1995：序366.

③ 谭继和. 天府文化系列丛书［M］//刘平中. 锦江书院与"石室流风". 成都：四川大学出版社，2021：总序1.

而兴起的是目前成都主城区范围内的十二桥文化。其代表性遗存一是十二桥遗址，发现了殷商末至西周初年的干栏式木结构建筑；另一代表是金沙遗址，分布于古磨底河两岸 4 平方千米范围内，是一处大型古蜀文化祭祀中心遗址，主要分为宫殿区、普通居住区和墓葬区，这些建筑既有南方干栏式建筑的共同特点，又有巴蜀地区的独有特色。① 秦并巴蜀，张仪仿秦都咸阳城建设成都城、郫都和邛都，将中原城郭文化精髓引入巴蜀，奠定了巴蜀城市发展的历史趋势。特别是他制定的龟城走向，奠定了成都城市历史发展的基本态势，造就了中国"城不改址三千载，址不更名两千五"的城市历史奇观，积淀了丰富的城市文化精神与内涵，造就了成都"列备五都""既崇且丽""扬一益二"等美名。"水润天府"，物阜民丰，沃野千里，"水旱从人，民不知饥馑"，造就了巴蜀一大批悠游闲适的古镇名村，尤以川西的"市井四合院"建筑和自然生态林盘为代表。"市井四合院"大多采取前店后居、联排店居的布局形式，内有瓦门楼、木架草房、菜园旱地、林园果木、水井等，是宝贵的四合院文化遗产资源，现在各地还有不少孑遗，体现了四川城市建筑自古就有的崇尚自然、逍遥自在的生活方式和"亦城亦乡"的建筑理念。以小桥流水、竹林茅舍为特点的"川西林盘"，植根于宝墩农桑文化的土壤，历经数千年的发展演变，形成了巴蜀人居因地制宜、自然和谐的生活方式与特点。此外，如柳江、恩阳、李庄、昭化等川东、川西南古镇，吸取传统巴蜀民居四合院优点，又兼具南方和北方风韵，外封闭内开敞、小天井大出檐、冷摊瓦以及高勒脚等崇尚自然、和合的建筑风格，也极具文化旅游价值。

（六）仙道禅佛文化

四川汉族聚居区域内有众多的道教、佛教文化资源。四川是仙源故乡，道教是巴蜀土生土长的本土宗教，成都则是道教的发源地之一。据传，成都青羊宫是道教始祖老子化身降临讲经之所，有"天下仙学第一宫""天下道观第一肆"等佳誉。大邑县鹤鸣山是道教祖师张陵创教并造作道书之所，是蜀派道教仙学的起源地。四川至今保存丰富而优质的道教文化资源，如青城山是张陵传道的道场、天师道昆仑仙宗的祖山，属于道教十大洞天中的"第五洞天——宝仙九室之天"，是世界文化遗产。宜宾真武山是四川现存最大规模的道教建筑群。新津纯阳观是以道为主，儒释道三教并立圆融，以大忠至孝为宗旨的特色宫观。梓潼县元、明、清三朝累建的七曲山大庙，以儒道结合为特色，是中国文昌文化的集中展示地。青城山、青羊宫、鹤鸣山等二十四治（"治"即教

---

① 谭继和 . 巴蜀文化辨思集［M］. 成都：四川人民出版社，2004：140-141，161.

区）、遗址遗迹以及巴蜀丰富的仙道故事素材、羽化升天的传说、道教炼丹术、道教医药等关于健康、长寿的文化资源，绘就了以道教仙游为特色的巴蜀道教文化体系图景。

巴蜀是佛教传播之地，亦是禅宗历史上的重镇，素有"言蜀者不可不知禅，言禅者尤不可不知蜀"之说。蜀中高僧大德辈出，如有"佛门千里驹"之称的玄奘，就曾在成都剃度、研学；马祖道一出生在四川，并较早地形成了智诜—处寂—无相—保唐无住一脉的传法体系。此后，经唐高僧玄奘、马祖道一、圭峰宗密，宋高僧圆悟克勤，明代高僧破山海明，清代高僧丈雪通醉等发展传扬，基本形成了巴蜀禅宗传承体系和文化体系。四川境内佛教寺庙众多，历史上尤以禅宗丛林最为著名。峨眉山是中国佛教四大道场名山之一，除以生态的雄奇幽秀著称于世外，尤以佛教普贤圣地与丰富的历史文化遗迹遗存相结合最为著名。乐山大佛是世界上现存最大的弥勒佛石刻像，全国重点文物保护单位，世界自然文化双遗产。峨眉山——乐山大佛区域还是东汉至南北朝崖墓群的富集区。此外，著名的还有成都文殊院、昭觉寺、大慈寺、石经寺、新都宝光寺、平武报恩寺、内江圣水寺、绵阳滴水寺、遂宁广德寺和灵泉寺、江油云岩寺、阆中永安寺等处。这些禅林寺庙与禅宗传承体系，展示了巴蜀佛教特别是禅宗文化丰富的内涵和独特的传承谱系。

（七）民族风情文化

四川少数民族较多，特别是川西高原、横断山脉和攀西大裂谷地带，集聚分布了彝族、藏族、羌族、回族、蒙古族、傈僳族、纳西族、布依族等14个世居少数民族。这些民族在历史的长河中逐步形成了各自悠久的民族历史与特有的民族民俗风情，文化、生态与旅游资源丰富，值得深入挖掘、保护、利用与研究。

少数民族聚居区域大多是风光俊秀、人与自然融为一体的区域。沿横断山脉，形成了别具一格的多民族文化走廊，体现了巴蜀文化丰富的民族文化个性与特征。如藏族与最后的"香格里拉"稻城亚丁、九寨沟黄龙相融，白马人与大熊猫自然保护区汇集，摩梭人与泸沽湖相偕；再如四川羌族聚居的汶川、北川、茂县与理县地区，曾经是我国汉族族源氐羌人几千年演变遗存的唯一故乡，其石碉文化和白石崇拜作为巴蜀文化的重要渊源，具有旅游的唯一性；等等。这既是多姿多彩的民族文化浸润的沃土，又是四川风光最美的区域之一。民族风情与生态相得益彰，使之具有极大的自然、人文旅游开发与利用价值。四川西部民族聚居区域几千年来一直是青藏高原到云贵高原横断山脉民族迁徙和文化交流的走廊，历史上还有过数度繁荣的"茶马互市"，被誉为"麝香—丝茶"

之路。因此，四川少数民族具有双重人文的显著特点：一方面具有本民族基本的民俗风情特性，另一方面又具有多民族长期交往形成的兼容性和认同性，容易使各民族"亲如故乡"。四川丰富多样的民族节庆、风情与习性，蕴含巨大的旅游、文化开发价值，对增加民族艺术的亮点与特点，扩大民族节庆歌舞的传播力和对外辐射力，推动各民族音乐演艺迈上新台阶具有重要意义。各民族在历史发展交流中，形成了独具民族特色的科技、历法、医药方面的文化，需要做进一步的挖掘与科学整理，剔除其中的迷信成分，恢复民族科技的合理成分。如对彝族毕摩文化、天文、历法中的合理性成分进行提炼浓缩与研究，发扬其精华；对羌族释比文化中的科学成分进行研究，提炼宣传其中的合理内容；加强对藏药的药理、药学方面的科学研究，改进其制作、治疗的方法，扩充其独特的医药价值；等等。

（八）红色伟人英杰故里文化

巴蜀向来有"巴出将，蜀出相"的人才产出传统。辛亥革命之际，巴蜀出现了以吴虞、邹容为代表的一大批"引起中华革命先"的英才群体。新民主主义革命以来，巴蜀既是红军长征经过地区最广、时间最长、召开政治局会议最多的省份，也是红色伟人英杰辈出之地。红军三大主力在四川境内战斗长达 1 年 8 个月，行程 17000 里，足迹遍及近 70 个县，并建立了多处红色政权。留下了彝海结盟、强渡大渡河、飞夺泸定桥、会理会议、黑水会议、毛尔盖会议、沙窝会议、三过草地等各种红色遗址、遗迹和纪念地百余处，红色文化旅游资源丰富而多彩，是国家长征文化公园建设的主阵地。四川还是朱德、邓小平、陈毅、聂荣臻、郭沫若、巴金等红色伟人英杰的故里。此外，尚有旧民主主义革命时期的遗址遗迹和纪念物，如辛亥秋保路死事纪念碑、四川军政府旧址等。通过红色文化资源这条"金线"，不仅可以科学串联四川各地的红色遗址、伟人故里和民主共和资源构成一个革命资源综合整体，扩大整合资源规模，还有助于围绕红色旅游资源综合性开发长征沿线历史文化资源、自然生态资源和民族文化，促进四川资源规模化、集约化发展的进度和效度。

（九）百工技艺文化

"江汉炳灵，世载其英。"勤劳、智慧的巴蜀先民在科技方面不乏伟大创举。天数历算方面，西汉阆中人落下闳坚持浑天说，制定的《太初历》是我国历史上第一部较系统、成体系的历法。他首次采用连分数推算历法，较西欧数学家的发现早 1600 多年。宋代张思训对浑天仪进行改造，用水银代替水做运转动力，解决了浑天仪"寒暑无准"之难题，为准确报时、定季节、制定历法提供了科学保证。南宋数学家秦九韶著《九章算术》，其所创制的"大衍求一术"，被西方数学家称作"中国的剩余定理",秦九韶也成为同时代最伟大的数学家之一。工程技术方面,李冰父子、文翁治理岷江水患,开创了举世瞩目的都江堰水利灌溉系统工程,泽惠巴蜀两千余年,至今仍是世界上无坝自然引水工程的典范;临邛在西汉时已经有了挖掘盐井并以天然气煮盐的历史;北宋庆历、皇祐间,发明了卓筒井采盐技术,推动了古代盐井技术的迅猛发展。成都还是"南方丝绸之路"的中心,从有关蚕丛氏的文献记载来看,早在古蜀时期,蜀人就已经开始了栽桑、养蚕、缫丝乃至于制作蜀锦的历史,从最近三星堆考古发现的丝织织物,则进一步验证了文献记载的真实性。此外,蜀布、蜀刀、蜀锦、蜀绣、漆器、金银钏器等,常以物器界的精品著称于世。历代朝廷还在蜀地专门设置了盐官、锦官、工官、市官等专门的工艺管理机构,表现了巴蜀先民精益求精的匠心技艺与精神。四川具有地方特色的非物质文化遗产数量较多,其中不乏精品:一是戏曲、曲艺与歌舞。主要以武王伐纣的巴渝舞遗存、三巴之地流行的巴象鼓、土家族的摆手舞、以康定情歌为代表的民间音乐舞蹈,以及川剧、清音和评书为代表。加大发展传承力度,对提升其传统技艺的品质,扩大其传播范围和影响力,充分发挥其所蕴含的巨大经济价值和社会价值具有重要意义。二是民间手工技艺。主要以藏、羌织绣,自贡龚扇编织、灯会工艺以及绵竹年画为代表的民间美术与手工技艺。在保持这些技艺独特的工艺流程、品质特性基础上,可通过更新加工工艺,引进现代新型全息体验、3D、6D、5G等新型智能技术,升级其品质,增强体验感,激发内在的巨大经济、文化活力。三是巴蜀之民向来有节庆时节出行、观光和游赏的文化传统。传统的除清明、端午、中秋和春节外,尚有都江堰放水节、广元女儿节、杜甫草堂诗歌节等,现代发展起来的则有龙泉驿国际桃花节、蓉城之春、新年音乐会,以及各地桃花节、梨花节、油菜花节、枇杷节,等等。四是川酒、川茶与川食闻名天下,拥有深厚而优质的文化开发与利用价值。若通过系统精心策划,按照时节、区域,可以打造开发出巨大的文化旅游市场与产品,拉动四川文化旅游经济的跨越发展。

二、巴蜀文化的主要内涵

从文化生成演变的历史脉络角度而言,巴蜀文化以四川盆地为中心,植根于巴蜀大地,具有从古及今独立而悠久的始源。古巴和古蜀均有独立的始源和不同的族属、势力范围以及民情风俗。公元前 316 年,秦并巴、蜀,分别设置巴郡与蜀郡,巴蜀之地首次进入中央王朝的版图,开启了巴蜀经济、思想与文化的不断融合与发展。虽然巴文化和蜀文化各有其独特的个性与特质,但经过长期的交互融汇最终形成了一个整体——巴蜀文化。作为一个文化共同体，巴蜀文化总体呈现出包容兼并、吐故纳新、历久弥新的连续性与延续性发展特点；巴蜀之人则有勇于反思批判，勇于自我超越、后来居上的强大自信心理，具有不断贡献新思、新智与新质的伟大创造力等文化特性。

作为一个相对完整的区域文化，巴蜀文化的范围大致与今天四川省和重庆市的范围相当，但从其文化影响力的角度考察，还包括汉中盆地、黔涪高原、鄂西南、湘西山地等周边区域。巴蜀文化作为多元一体的中华文化中独具特色与个性鲜明的一大地域性文化，始终是多元一体的中华文化不可或缺的重要组成部分。

巴蜀文化的发展、传承与繁荣，离不开神奇俊秀的巴蜀山水的滋养，离不开千百年来巴蜀先民的不断开新与创造。左思在《蜀都赋》中曾说："江汉炳灵，世载其英。"指出了巴山蜀水与巴蜀人才辈出之间独特的内在关系。可以说，巴山蜀水雄、险、秀、幽，天府之国、"陆海"之乡神奇、神秘、神妙，既是滋养巴蜀文化的无尽源泉，也是承载巴蜀精神道脉的天然载体。明人曹学佺在《蜀中名胜记》中"借郡邑为规，而纳山水其中，借山水为规，纳事与诗文其中"，表达了巴蜀地脉、水脉与文脉之间的独特交互与紧密联系。明人曹学佺好友钟惺为此做了进一步阐释，他说："吾与古人之精神，俱化为山水之精神，使山水与文字不作两事，好之者不作两人。……虽谓能始之记，以蜀名胜生，而仍以'名胜'乎蜀，可也。"① 指出巴蜀文化根脉基因巴蜀山水名胜而生、以山水名胜而兴、相与为一的发展规律与传继特点。谭继和师在总结巴蜀地脉、水脉与文脉之间的互联互动、同体共生的独特关系时曾说："巴蜀是山川俊美的天府风光胜地，巴蜀是秀冠华夏的英杰伟人和文化巨人之乡。"② 并进一步强调指出："优越的'天府'生产方式与'俗不愁苦，人多工巧'的闲适生活方式，成为巴蜀文脉基本性质及其展现面貌的决定性因素。"③ 指出巴蜀自然山水名胜、独特的生产生活方式，与巴蜀人文之间气韵相通、"学脉"相连的独特内在联系。可以说，神奇的巴蜀不仅孕育了一代又一代的巴蜀俊彦硕学，创造了辉煌的成就，还延续着巴蜀的精神道脉、传递着巴蜀人文精神的活态文化基因。

四川盆地特殊的地形地貌结构，历史地形成了以盆地汉族为主体并辐射盆周少数民族的独特文化结构空间。"围绕盆地汉族巴蜀文化这根主线，形成有主

---

① 钟惺. 蜀中名胜记 [M] //曹学佺. 蜀中名胜记. 刘知渐，点校. 重庆：重庆出版社，1984：卷首序 11–12.

② 谭继和. 巴蜀文脉 [M]. 成都：巴蜀书社，2006：76.

③ 谭继和. 巴蜀文脉 [M]. 成都：巴蜀书社，2006：93.

体核心并兼容四方、开放性强的 14 个世居民族特色文化和谐共融的分布格局。"① 在巴蜀文化圈内，它们以汉族文化为中心，不同民族文化互相借鉴又互相影响，形成了主体凸出、包容和谐的共生性文化。绚丽多姿、充满生机活力的少数民族文化，赋予了巴蜀文化无限的生机与活力。比如勾连关中与巴蜀的天梯栈道与藏羌之间的笮桥溜索，南方丝绸之路与茶马古道，成都平原的干栏、楼居与邛笼、羌碉、藏寨，川西平原的林盘与川东峡江的梯田，这是少数民族与汉族既相互借鉴又独立发展的结果，丰富了巴蜀文化独特的历史价值与人文内涵。奇异的少数民族风情，绚丽多姿的民族服饰，充满智慧的民族百工技艺，各具特色的歌舞表演，形式多样的民族文学、音乐、舞蹈与故事，充实了巴蜀文化的内容，彰显了巴蜀文化的鲜明个性与文化活力。比如藏历新年与唐卡、羌族的羌笛与羌绣、彝族的火把节与赛装节、土家的吊脚楼与转角楼，藏族的《格萨尔王传》与羌族的"释比经典"、彝族的毕摩史诗等，彰显了不同民族人民的聪明与智慧，也彰显了巴蜀文化自身构成的多样性与多元性。巴蜀盆地与盆周文化互鉴互动、多元一体的历史构成与多姿多彩的鲜明个性，随着巴蜀文化的自身发展不断丰富与完善，成为巴蜀文脉发展延续的主要方式。

江源文明是巴蜀文化发展繁荣的根脉。巴蜀文化无论如何发展演进，始终离不开江源文明母题的滋养。可以肯定地说，巴蜀文化是从江源文明开始的，也必将随着江源文明的发展而继续前进。历经千百年的不断发展与历史积累，以岷江流域为主干的江源文明，历史地形成了现在以成都和重庆为中心圈层，具有鲜明特色的城市社会和乡村社会文明。位于盆地底部以成都为中心的田园农耕文明，具有静谧与封闭的特点；而伴水而生的古典城市工商文明，则有冲出盆地、勇于对外开放等的灵动、豁达特性。这种动与静、开放与封闭的有机结合，既是巴蜀文化的根本特性，也是巴蜀文化与众不同的历史个性。巴蜀水系以江源文明为主线，以岷江水系、嘉陵江水系、涪江水系以及金沙江流域为走廊，在巴蜀境内建构了扇形状的辐射文化通道，实现了巴蜀境内盆地与盆周文化的互动与交流，促进了巴蜀文化走出盆地向外发展的步伐，扩大了巴蜀文化的眼界与范围。可以说，巴蜀地区社会、经济和文化的发展，均与治水利水、治水兴农的巴蜀水文化密切关联。大禹治水，就是从岷江开始的。《尚书·禹贡》所谓"岷山导江，东别为沱"，本指顺应岷江西北高东南低的山势走向导引江水，借助人工分流的方式将江水往东南方向分流的治水之法，也是对大禹因势利导，治理岷江水患，变水害为水利的经验与智慧总结。这是江源文明的重

---

① 张在德，唐建军. 中国地域文化通览：四川卷［M］. 北京：中华书局，2014：18.

要特点，对后世水文明的发展影响至深至广。此后，经过古蜀五祖之一的鳖灵决玉垒山和凿金堂峡、李冰首创都江堰无坝自流引水灌溉工程、文翁穿湔江、诸葛亮治理都江堰以及唐末高骈改道府河等工程，不断扩大和完善这一水利灌溉工程体系，造就了天府之土与"陆海"之乡千百年来"水利蓄殖其国""扬一益二"和"秀冠华夏"为代表的巴蜀农耕文明，成就了成都平原"水旱从人，不知饥馑""市张列肆，货贿山积"的物质基础。新时代成渝经济圈建设，依然离不开岷江流域经济带的强力支撑，成都和重庆城市圈的发展与繁荣，依然离不开岷江水系丰富的水利资源。若从流域经济角度看，成都和重庆依然是巴蜀扇形水系上最耀眼的两大明珠。

　　巴蜀文化一向具有不断吸收和接纳外来文化又不断输出文化新思与新质的传统，表现出特有的文化"洄水沱"形象。张仪仿秦都咸阳建成都城、郫都和邛都，将中原城郭文化精髓引入巴蜀，奠定了巴蜀城市发展的历史趋势。特别是他制定的龟城走向，奠定了成都城市历史发展的基本态势，造就了中国"城不改址三千载，址不更名两千五"的城市历史奇观。蜀郡太守文翁倡言风教，建石室储才，"以儒化蜀"，由是蜀中大化，史称"蜀学比于齐鲁"。文翁"以儒化蜀"促进了巴蜀文化融入中原主流文化圈，并为巴蜀文化输入了以经学为内核的文化基因与传统。如汉之"王褒、严遵、扬雄之徒，文章冠天下"①，唐之陈子昂、李白，宋之"三苏父子"，明之杨慎，皆系名副其实的一代文坛"宗祖"。故刘咸炘赞叹说："蜀独尚文，载纪特盛。"② 充分表明了中原儒学在巴蜀本地化发展后的蓬勃生机与卓越成就，表明了巴蜀文脉与"学脉"延绵不绝、代不乏人的传承谱系与特征。文翁"以儒化蜀"的治蜀措施与创举，"巴蜀文宗"产出的特有形象，既彰显了巴蜀文脉的主体风貌和内在精神特质，也再现了巴蜀文脉历久弥新、硕果累累的历史成就。

　　作为巴蜀文化思想精神的结晶，蜀学具有"重仙"与好《易》两大显著特征。古往今来，巴蜀一向有"重仙"的传统，如古蜀王蚕丛、柏濩与鱼凫，"此三代皆神化不死，皆得仙道"而去。杜宇魂化杜鹃，开明氏升天做了开明兽，都是蜀人仙化传说的重要代表。重视仙化除了在《蜀王本纪》《华阳国志》等文献中有记载，在三星堆、鱼凫王城和金沙遗址等考古材料中亦有一定的体现，如三星堆考古发掘中，就有鹰头杜鹃、人面鸟身、人身鸟足、鱼凫勺把、玉琮

① 班固. 汉书［M］. 颜师古，注. 北京：中华书局，2000：1313.
② 刘咸炘. 推十书［M］//刘咸炘. 推十书：增补全本. 上海：上海科学技术文献出版社，2009：494.

羽人和太阳神鸟等带有"羽化飞仙"文化基因的考古物件。这些跨越千年的神异形象，既是不同历史时期蜀人借助飞鸟形象实现其羽化飞升、得道成仙思想的具体表现，也是巴蜀仙道文化的重要源头，体现了蜀人奇幻浪漫、富于想象力以及勇于超越自然、社会与自我的思维传统，成为后世道教仙学的重要思想来源。如东汉张陵在蜀中创立天师正一道，正是借助了蜀中既有的仙道文化传统与习俗。巴蜀仙道与天数、历法不断融合、不断演变，对巴蜀《易》学的发展产生了一定影响。严君平、扬雄的"太玄学"，袁天罡、李淳风等人的卜算、阴阳之学，代表了巴蜀仙学、道学与《易》学糅合的特点。《易》学是蜀学的重要组成部分，亦是其重要特色。所谓"《易》学在蜀"，即指此意。《易》学富于思辨的特性与崇尚变化、变易等特点，非常适合蜀人多思善变、富于浪漫想象的思维传统；而《易》之象数之学、卜卦之术，又与蜀人重巫术、信鬼神的习俗暗合，故《易》学于"蜀为特盛"，名家辈出。如汉代赵宾、严君平、扬雄、任安，唐代李鼎祚，宋代谯定、冯时行，明代来之德等，都是蜀中名垂史册的《易》学大师级人物。刘咸炘曾总结评价说："大易之传，蜀为特盛。……易学在蜀，如《诗》之有唐矣。"① 指出了蜀中《易》学的突出地位。

巴蜀之学具有重经典好《易》学、"大在文史"等传统。蜀儒治经，一方面素有尊经重实与积极探求义理相结合的传统。治经解经，是巴蜀文脉传承的重要方式。汉儒张叔、扬雄等人治经，既重文字训诂，也重视经义探求与学术创新，扬雄《太玄》即是这方面的代表。南宋著名的四川籍理学大家张栻、魏了翁等人，秉承汉代以来的治经传统。刘咸炘曾总结说："赵宋之世，士习空粗，南轩、鹤山光大程、朱，而张既详说二子，魏更简删九疏。"② 张栻所著《易说》《论语解》《孟子说》诸书在探求义理的同时，于文字音义论说亦颇翔实。魏了翁删减《周易》《尚书》《毛诗》等"九经"，"删削注疏极密"而保留大量汉儒的传注，故"近儒宝之"。既注重探求经典义理，又重视经典文本考据的治学方法，成为巴蜀经学的重要传统。另一方面，巴蜀经学又体现出今文经学重统体、重宏观、关注社会政治与现实，好做"翻案文章"的特点，这在以《苏氏易传》为代表的文人经学中尤其明显。蜀中史学渊源有自，名家辈出。扬雄《蜀纪》、谯周《巴志》、陈寿《三国志》、常璩《华阳国志》，皆可谓名冠史林的巨著。常璩有关"蜀之为国，肇于人皇，与巴同囿"的论说，反映了历

---

① 刘咸炘.推十书［M］//刘咸炘.推十书：增补全本.上海：上海科学技术文献出版社，2009：493.

② 刘咸炘.推十书［M］//刘咸炘.推十书：增补全本.上海：上海科学技术文献出版社，2009：494.

代蜀人对乡邦人文历史的高度认同，代表了巴蜀人对自身历史的独特认知与巴蜀悠远文脉的独特解读。刘咸炘曾云："隋前成书仅存十数，蜀得其二。陈、常接步，道将体超于赵晔，承祚词亚乎班固。"① 充分肯定了常璩、陈寿二人在史学界的重要地位。又云："盖唐后史学莫隆于蜀，而匪特两宋掌故之所存。"② 表现了蜀中史学一以贯之、非同一般的成就与突出地位。巴蜀先贤以光耀家邦文化学术为己任，广收博采，"就辑录所见蜀中旧闻，载之简册"，主动承担起"继前志而补前缺"，继承蜀学重史、著史传统的重担，对恢复蜀中文献典籍之藏，延续巴蜀"学脉"，传续、发扬巴蜀人文精神做出了积极贡献。"蜀儒文章冠天下""文宗自古出巴蜀"。历代巴蜀文宗求法于巴蜀山水自然，成为历代先贤传承巴蜀文脉的重要方式。李白以"剑壁门高五千尺，石为楼阁九天开"，盛赞剑门之雄奇；陆游以"二十里中香不断，青羊宫到浣花溪"称颂成都的美景花香；清代诗人何明礼以"夔门穿一线，怪石插流横。峰自云中出，舟从地底行"③ 描绘船过夔门的特有险峻情形。

巴蜀先贤借助巴蜀山水雄关津渡与美景风情，感物言志，遣兴抒怀，表达了对家乡山水人文的敬仰与热爱之情。唐人裴铏以"文翁石室有仪形，庠序千秋播德馨"，称赞文翁"以儒化蜀"之功；杜甫以"三顾频烦天下计，两朝开济老臣心"，称赞诸葛亮的忠诚与功绩；清人张邦伸《汉孝子姜诗故里》、李调元《张仪楼》，则宣扬蜀士"忠孝为本"的道德追求，延续蜀学以儒为本、忠孝为先的精神传统。蜀中贤哲先师不仅是历代蜀学发展的见证者，也是蜀学灵魂精神的铸就者和传承者。缅怀巴蜀先贤的丰功伟业，传播他们的精神道德，成为历代先贤振兴蜀中人文士气的重要特征。

第三节　巴蜀文化的根脉特质

不同的地域生态自然环境，形成了不同的文化特色和文化风俗，这是历史变迁和生活、生产方式长期积淀形成的结果。巴蜀之地是滋生巴蜀文化内涵最

---

① 刘咸炘. 推十书［M］//刘咸炘. 推十书：增补全本. 上海：上海科学技术文献出版社，2009：494.
② 刘咸炘. 推十书［M］//刘咸炘. 推十书：增补全本. 上海：上海科学技术文献出版社，2009：494.
③ 李调元. 蜀雅：第19卷［M］//李调元. 函海. 嘉庆六年刻本.

重要的文化土壤，巴蜀文化的性质、内涵与特征，无疑会受巴蜀独特的自然、人文与地理的影响。有关巴蜀文化的性质、特征，学者们从不同的角度，主要以个案形式进行了分析总结，取得了一定的成果。① 在充分吸取既有成果基础上，站在中华文明多元一体、多元一统的总体发展格局背景下，既注重巴蜀文化自身的根脉谱系、个性特点，也注重它与其他区域文化之间的交流、碰撞、融合与互动的关系，重点关注它在中华文明"三大转型时期"的独特作用地位与突出贡献，进而从文化主体的角度，分析总结巴蜀文化创造者的宇宙观、思维模式、经验智慧、创造力、想象力，以及巴蜀文化独特的生发机理、条件等方面的特质；从文化客体的角度，分析概括巴蜀文化特有的兼容并包又不失根脉的自主创新传统、既对立又和谐统一的文化结构谱系、历久弥新和生生不已的强大生命力、"不鸣则已一鸣惊人"的文宗巨匠之乡、后发赶超的高度文化自觉意识。有关巴蜀文化的特征，谭继和、林向、段渝等学者分别从局部或个案的角度，对巴蜀文化的特征进行过概括与总结。谭继和师从历史的角度对巴蜀文化特征进行了总结，认为巴蜀文化具有"开放性""整体性"的特征，以及"开创性与完美性的结合，在于顺应社会结构转型和更新的超前性、冒险性精神"②；他还从巴蜀文脉发展演进的角度，指出巴蜀文脉具有"独有的江源文明""古蜀文明发展的中轴线""'秀冠华夏'的'天下第一秀才'（文化巨人）之乡""巴蜀是中华民族智星的孕育地""中国诗赋文化孕育地""巴蜀是仙源故乡，是昆仑仙宗的中心""独有的'普贤文化'发祥地、佛教石刻艺术之乡和中国禅游的最佳处所""蜀女自古多才""'文人城市'的性格和特征"③ 共计九个方面，并从精神与物质的角度，高度凝练地提出"神奇、神秘、神妙的西蜀文化"④ 的著名论断。虽然研究的对象仅是构成巴蜀文化之一的西蜀文化，但同样彰显了巴蜀文化的部分特征。林向则从人文与地理的角度，提出巴蜀文化具有"水库效应"的特征。⑤ 我们在前贤既有研究成果的基础上，选择从巴

---

① 按，有关巴蜀文化的性质或者特征，参见谭继和 . 巴蜀文脉 [M]. 成都：巴蜀书社，2006；张在德，唐建军 . 中国地域文化通览：四川卷 [M]. 北京：中华书局，2014. 在相关章节，对此进行了分析总结，但缺乏从文化主、客体的角度进行全面、系统性总结概括。

② 刘茂才，谭继和 . 巴蜀文化的历史特征与四川特色文化的构建 [J]. 西南民族大学学报（哲学社会科学版），2003（1）：59.

③ 谭继和 . 巴蜀文脉 [M]. 成都：巴蜀书社，2006：79-92.

④ 谭继和 . 神奇、神秘、神妙的西蜀文化 [N]. 光明日报，2012-09-13（15）.

⑤ 林向 . 巴蜀文化区的"水库效应" [J]. 重庆文理学院学报（社会科学版），2014（4）：24.

蜀文化的生发环境条件、巴蜀文化的主体、客体特征三个方面着手，紧扣巴蜀文化的生发范围、条件，巴蜀文化的根脉特质、鲜明个性以及巴蜀人奇幻浪漫的精神风貌与高度自觉的文化担当意识等角度，采取集成创新的方式对巴蜀文化的根本性质与主要特征做进一步的总结与概括。

一、神奇别样的独特生发环境

巴蜀之境，人称西南"奥壤"，地形复杂多样，兼有盆地、高原、丘陵、方山、平原等多种地形。盆周虽然有大巴山、贡嘎山等群山耸峙，但盆周与盆地之间，却可以自由往还、互通有无。如在横断山脉之间，有溪桥、笮桥、茶马古道相勾连，形成了"藏羌彝"民族文化走廊；在秦岭大巴山之间，则有栈道相通，褒斜道、米仓道和金牛道成为川陕商贸、军旅、邮传的重要通道：古蜀道，《史记》所谓"栈道千里，无所不通"；盆地岷江、嘉陵江、沱江等扇形水系，发源于盆周水脉，贯穿盆地腹心，最终汇入长江，冲出夔门流入大海，成为穿越盆地封闭奔向开放的江浙之地的重要经济、人文交流通道。有雄浑提拔的雪域高山，也有被称作"天下雄"的剑门关、"天下险"的夔门、"天下幽"的青城山、"天下秀"的峨眉山等文化名山；有温润富饶的川中平原，也有峻岭深壑、奇峡险滩；有奔腾激越的名川大河，也有蜿蜒曲折的小溪、平静的陂塘；有肆张列市的"喧然名都会"，也有"水旱从人，不知饥馑"的林盘茅舍、层层梯田；既拥有"天府之国"的一流生活生产条件与环境，也有物产"甲宇内"的人间"陆海"资源。尤为奇特的是，盆地内诸河流的中、下游与大地褶和大裂谷地貌相连，还造就了巴蜀多"三峡"的奇观，不仅构成了巴蜀奇特的山水相生相拥、相离相依的自然奇景，还孕育了巴蜀静穆智慧以"入相"与刚毅勇猛以"出将"并存的人才产出历史形象。巴蜀特有的既对立又和谐统一的别样而神奇的景观，往往引起异乡人发自肺腑的惊叹，如王勃盛赞巴蜀云："宇宙之绝观，优游之天府。"① 杜甫则把它看作"出入异中原"的"别一世界"②。表现了他对巴蜀奇异景观与巴蜀人文之间密切关系的深刻理解。从文化学的角度看，可知巴蜀与齐鲁、岭南、三秦、河洛属于完全不同的文化地理单元，这是巴蜀文化有着别具一格、和而不同文化肌理与旨趣的重要根柢。

岷山被视作道教"仙宗"之山，峨眉山是著名的佛教圣地，青城山、大邑鹤鸣山则是道教名山，所以李白曾说"蜀中多仙山"。蜀中之所以多仙山，是与

---

① 王勃. 入蜀纪行诗［M］//董浩. 全唐文. 上海：上海古籍出版社，1983：808.
② 杜甫. 杜甫集校注：第3册［M］. 谢思炜，校注. 上海：上海古籍出版社，2015：847.

这些名山独特奇异的自然生态环境密切相连的。都江堰水利工程造就了成都沃野千里的"天府"富庶奇观，形成了巴蜀社会亦农亦商、耕读传家、"栋宇相望"的生产方式，巴蜀之民"俗不愁苦""岁时游乐""富贵优游""歌咏风流"的生活方式。二者经过历史的长期积淀、淘洗、扩张与延伸，最终成为决定巴蜀文化基本性质、精神道脉走向的决定性因素，深刻地影响着巴蜀人的思维方式、价值理念、社会心理与习俗传统，进而铸就了巴蜀别具一格、富于个性化的人文精神传统：奇幻浪漫、仰望星空的丰富想象力；嗜奇好博、好做"翻案文章"的球形思维；重宏观、重统体、讲究经世致用的今文经学传统；好玄尚《易》，"大在文史"的学术旨趣；匠心独运，精益求精的工匠精神；洒脱自然，乐观豁达的精神风貌；敢为人先，愈挫愈勇，舍我其谁的担当精神。这些巴蜀人文传统精神特质，贯穿于巴蜀文化从古及今的每一个阶段，深入巴蜀人文的内在与心海深处。可以说，神奇别样的巴蜀自然生态和社会历史条件，造就了巴蜀人文神秘的文化世界和神妙的心灵世界，而"神秘奇绝"，则成为巴蜀文化首要的特质。①

二、巴蜀文化的主体性特征

谭继和师研究巴蜀文化已逾五十年，是目前研究巴蜀文化当之无愧的业界翘楚，而对于巴蜀文化的性质与特征的研究注力最多、用功最勤、历时最久，为巴蜀文化研究贡献了新思、注入了新质②，主要体现在以下三个方面：

一是巴蜀文化从总体上看，具有神奇、神秘、神妙的独特韵味与奇绝的境界；二是巴蜀文化共同体具有静穆与灵动、封闭与开放相结合的双重性质；三是巴蜀文化具有开放性、整体性以及开创性、超前性和追求完美性相结合的历史个性。

若从巴蜀文化总体发展的趋势与主体性考察，巴蜀文化还有以下四个方面的特性。

（一）天地人一体的宇宙观

巴蜀人一向有"天地人"一体的宇宙观，具有弥合天、人之际的隔阂以实

---

① 谭继和. 巴蜀文脉 [M]. 巴蜀书社，2006：94.
② 按：谭继和在《论成都城市文化的基本性质及其特质》《巴蜀文化研究平议》《巴蜀文化研究的现状与未来》《巴蜀文化的历史特征与四川特色文化的构建》《神奇、神秘、神妙的西蜀文化》等论著中，从多角度、多方面对巴蜀文化的性质、特征分别做了概括、总结与界定。

现天、人一统的"天人合一"思想传统，并把"合同天人之际，使之无间"①作为人生追求的目标。不仅强调要"通天、地"，更要"通人"。认为"通天、地、人曰儒，通天、地而不通人曰伎"②。充分肯定人在"三通"中的关键作用，在天、地间的主导地位与核心价值，以及人生、人道在宇宙生成运动中的重要意义。在以三星堆遗址、金沙遗址为代表的古蜀文明中，在以李冰、"西道孔子"扬雄、李白、苏轼、"川西夫子"刘沅为代表的巴蜀先贤身上，均有一定的表现与历史传承，代表了巴蜀人宇宙观的主体内涵与根本特征。

在三星堆古蜀考古发现中，出土了不少反映古蜀先民天、人相通或"天地人"一体的原初思想的考古物证。如2号坑出土的青铜大立人像，头戴筒形饰龙高冠，身穿龙形锦绣华服，身躯挺拔，神情肃穆，眼神坚定，表现了对上天的虔诚；裸露十趾站立，则是表现对生养之地的亲近。手中所握到底为何物虽然至今不详，但可以肯定是一件沟通天地与人的祭器或者人神交流的媒介。三星堆2号祭祀坑出土的一件玉璋，以精确熟练的线条绘刻了一幅完整而典型的三星堆"祭祀图"③。玉璋共刻有四组祭祀图像，每组从中间用一道云纹条带将画面分为"天上"和"地上"两大部分。"天上"有两座并列的"神山"，其上为日出之所，站着衣着、手势、神态相同的两位神人；"地上"也有两座并列的"神山"，地上跪着与天上衣着、手势、神态相同的三人。从上、下人像的手势与眼神可以看出，他们正在进行某种神意的沟通与交流。"祭祀图"表现了古蜀人与神之间、人与天地间互通互感的交流模式，还反映了古蜀人关于人处于天地之"中位"的宇宙观念。人为天地之中的观念，在2号坑出土的神坛上亦有类似的表达。最能体现人与天地互感交感的，是金沙遗址出土的十节青玉琮的"神人像"。神人身体健硕，双腿张开，头戴冠饰，双臂在平举。其奇特之处在于：在"神人"双臂，以阴刻的方式为之刻有一双似乎还在扇动的翅膀，这也成为古蜀人羽化飞升原始仙道思想的重要物证。

秦昭王（约前306—前251）末年，李冰（生卒年不详）出任蜀郡太守。作为著名的水利工程专家，他主持修建了都江堰水利灌溉工程，造福巴蜀至今。《史记·河渠书》说：

> 于蜀，蜀守冰凿离碓，辟沫水之害，穿二江成都中。此渠皆可行舟，

---

① 扬雄. 扬子法言今读 [M]. 纪国泰，校注. 成都：巴蜀书社，2010：123.
② 扬雄. 扬子法言今读 [M]. 纪国泰，校注. 成都：巴蜀书社，2010：366.
③ 赵殿增. 三星堆祭祀形态探讨 [J]. 四川文物，2018（2）：61.

有余则用溉浸，百姓飨其利，至于所过，往往引其水益用溉田畴之渠，以万亿计，然莫足数也。①

李冰修建都江堰水利灌溉工程，是从渠首开始的。他以"道法自然""天人合一"为理念，按照"堰其右，检其左"②的总思路，采取"乘势利导，因时制宜"治水策略，通过"壅江作堋""深淘滩，低作堰""分四六，平潦旱"科学等引水、分水方法，修建了泽被后世数千年的世界无坝引水自流灌溉水利工程典范。

据《华阳国志·蜀志》《水经注·江水》记载，李冰"能知天文地理""又识察水脉"。他在大禹"岷山导江，东别为沱"以及鳖灵"决玉垒山以除水害"的治水经验基础上，制定了"堰其右，检其左"的治水总思路。岷江由北而南进入灌口（今都江堰市）地界，江左岷山山石裸露，坡度陡增，岩石坚硬耐冲刷，合理利用山势控制并引导岷江水势南流，此即外江。这是对大禹"岷山导江"理念的借鉴利用。春冬江水势弱或夏秋江水暴涨时，进入江右凹处的江水形成洄水沱，需要进行有效管控。于是在江右通过修建诸如平水槽、飞沙堰和人字堤之类的人工控水设施，以实现泄洪、分洪的作用，充分发挥宝瓶口调节水势、利用水势的功能。这是对"东别为沱"思想的借鉴与有效利用。这是岷江治理中因应自然，变水害为水利，为我所用的一大典型。

"乘势利导，因时制宜"，俗称治水"八字格言"，至今镌刻于"二王庙"的墙上。它是李冰综合岷江山形、水势以及离堆、宝瓶口地利等独特结构，总结出修建都江堰水利工程的总策略，这在由鱼嘴、金刚堤、飞沙堰、宝瓶口组成的都江堰渠首枢纽工程中均有重要体现。在岷江上游水经过狭窄险滩进入河槽宽阔处的灌县（今都江堰市）地界，采取在江心沙洲"壅江作堋"即在中心沙洲修建"人"字形堰埂之法，因势利导，以实现"以杀岷江干流水势"的目的。这一工程俗称鱼嘴工程。鱼嘴工程充分利用坡降度和水脉，巧妙地将岷江干流之水按照4：6（所谓"分四六，平潦旱"之法）的比例分江水为外江水和内江水。在夏秋洪水季节岷江水位上涨时，经过鱼嘴分流进入内江的水约40%，进入外江之水约为60%，鱼嘴此时起到分流泄洪的作用；当春冬旱季少雨，经过鱼嘴调节，进入内江的水约60%，外江的水约40%，鱼嘴等设施还能满足成

① 司马迁. 史记 [M]. 北京：中华书局，2000：1196.
② 李膺. 益州记 [M] //曹学佺. 蜀中广记. 杨世文，校点. 上海：上海古籍出版社，2021：66.

都平原的灌溉、运输用水之需。这就是"因时制宜"策略在鱼嘴工程中的具体应用。此外，修建飞沙堰、宝瓶口工程，都充分利用了"乘势利导，因时制宜"理念，实现了与都江堰渠首工程的完美结合与利用。

李冰穿引检、郫二江于成都市中，将治水、利水与用水功能有机结合在一起，创新性地建立了世界著名的无坝自然引流灌溉水利工程系统——都江堰水利工程。李冰修建都江堰，疏浚"二江"，一方面，充分利用两江之水以通航运，产生了"坐致材木，功省用饶"①的经济实效；另一方面，利用两江之水灌溉蜀郡、广汉郡和犍为郡三地，开辟稻田多达万顷，造就了蜀地"沃野千里，号为'陆海'"②的富庶与繁华。遇天旱则引水灌溉田地，遇洪涝则关闭水门以防水害，实现了对江水人工管控，从而变水害为水利，给蜀地民众带来了巨大的生产生活之利。《华阳国志》说："水旱从人，不知饥馑，时无荒年，天下谓之'天府'也。"③蜀地从此代替关中成为名副其实的"天府之国"。此外，李冰穿引二江过成都西南方向，还奠定了成都"二江抱城"的城市发展基本格局。二江实为大城、少城之江濠，它们对屏障大城、少城安全具有一定作用。据《华阳国志》记载，李冰曾在此段郫江上修建了永平桥、长昇桥、冲治桥、市桥和江桥，开创了成都"二江珥市"的发展趋势，又在检江上修建笮桥、万里桥以方便商旅往来。此即传说中"李冰造七桥，上应七星"④故事的文化源头。

扬雄（前53—18），字子云，西汉蜀郡（今成都市郫都区）人。西汉著名的辞赋家、思想家，以《太玄》《法言》著称于世。《太玄》是扬雄花费毕生心血的最大结晶，是反映其高深玄妙思想的杰作。《太玄》系扬雄模仿《周易》而作。据他自己在《法言·问神》中所说，是"其事则述，其书则作"，要在"为仁义"⑤。从形式即从"其书"看，《易》有阴、阳二画；《太玄》增为天、地、人三画，在天地之间突出人的重要性。《易》每卦六爻，共计六十四卦，合为三百八十四爻；《太玄》有方、州、部、家四重，共计八十一首，每首九赞，合为七百二十九赞。《太玄》所谓首，相当于《周易》的卦，《太玄》的赞，相当于《周易》的爻。从"其事"亦即从内容上看，《太玄》是以"浑天说"作为科学基础的。《太玄》博采儒家、黄老道教、阴阳五行各派思想和理论因素，

---

① 常璩. 华阳国志新校注［M］. 刘琳，校注. 成都：四川大学出版社，2015：112.
② 常璩. 华阳国志新校注［M］. 刘琳，校注. 成都：四川大学出版社，2015：112.
③ 常璩. 华阳国志新校注［M］. 刘琳，校注. 成都：四川大学出版社，2015：112.
④ 常璩. 华阳国志新校注［M］. 刘琳，校注. 成都：四川大学出版社，2015：125.
⑤ 扬雄. 扬子法言今读［M］. 纪国泰，校注. 成都：巴蜀书社，2010：136.

终会融通，创建了以人为天地之心，贯通易、道、儒的博大思想理论体系，实现了自然科学与伦理道德、社会需求实践的有机整合。扬雄以"玄"为最高哲学范畴，在"易以道阴、阳"的宇宙二分法的基础上，吸收老子道家"三分法"思想，创造性地提出了以人为核心，以天、地、人为代表的"宇宙三分法"，在中国哲学史上无疑是一个伟大创举。扬雄所谓"玄"，贯通天地人神、宇宙万物，兼具物质、精神和思维能动等多重属性。天道、地道、人道三者并行不悖，融为一体是为"玄"。"玄"无疑就是宇宙和人世形成一切的总根源。正如司马光所言："观玄之书，昭则极于人，幽则尽于神，大则包宇宙，小则入毛发，合天地人之道以为一，括其根本，示人所出，胎育万物而兼为之母……"① 在扬雄看来，"玄"是超越"太极""易""道"，唯一引领世界演变的总规律与总概念。但"玄"始终以道的面目示人，"合天地人为一"。他在《太玄·玄图》说："夫玄也者，天道也，地道也，人道也，兼三道而天名之，君臣父子夫妇之道。"② 在扬雄看来，"玄"同时兼及天道、地道、人道三大道，在"玄"这一概念范畴下，天、地、人三者合为一体，而以人伦理道德为本的人道在三者中尤为重要。"玄"兼及"三道"而以一"天"字命名，它就是充塞君臣、父子、夫妇人伦之间的"道"。扬雄将天道、地道与人伦道德放在同样重要的位置，为天地宇宙之道注入人伦道德的因素，赋予人伦道德本体性的作用，这是他在中国哲学史上的一大贡献与创举。

对于人在宇宙中到底居于何种位置，《周易》有云："《易》之为书，广大悉备，有天道焉，有人道焉，有地道焉，兼三材而两之。"作《易》者虽提出了"天道、人道、地道"为核心的易学"三材之道"，但并未说明三者之间如何运行或者孰重孰轻的问题。扬雄首次对"三材"之道的内在运行趋势做了明确规定。他在《太玄·玄告》中说："天穹窿而周乎下，地旁薄而向乎上，人莫莫而处乎其中。"③ 在肯定天道、地道、人道同为构成以"玄"为本体的宇宙图式上，明确指出了三者在宇宙中的运行规律，即天似穹窿而处于下，呈现由上而下的运行趋势；地广大开阔，处于由下而向上的运行趋势；人居于天、地二者之间，处于上接于天下可入地的中间位置，是"天地之间人为贵"的哲学与伦理基础。对于天、地、人三者与"玄"之间如何转化与运行，扬雄在《太玄·玄告》中做了进一步解释，他说："玄一摹而得乎天，故谓之有天；再摹而得乎

① 扬雄. 太玄集注［M］. 司马光，集注. 刘韶军，点校. 北京：中华书局，2013：1.
② 扬雄. 太玄集注［M］. 司马光，集注. 刘韶军，点校. 北京：中华书局，2013：246.
③ 扬雄. 太玄集注［M］. 司马光，集注. 刘韶军，点校. 北京：中华书局，2013：250.

地，故谓之有地；三摹而得乎人，故谓之有人。天奥西北，郁化精也；地奥黄泉，隐魄荣也；人奥思虑，含至精也。"① 天地人三者之间通过精气或者元气来实现互相联系、转化和作用，三者虽形有不同，但本质一样，都可以称作"玄"。"玄"与天地人之间的相互转换与运行，有其独特的方式。正如郑万耕所说：

> 人所有精气是从天来的，人所有的形气是从地来的；从天得来的精气，成为人的魂；从地得来的形气，成为人的魄。人之所以能够思虑，是由于人的形体中含有精。②

揭示了天、地、人三者通过气化流行的方式实现彼此间的相互作用与相互联系，建立了以"玄"为最高范畴的宇宙生命理论基本模式。

对于天、地、人三者以何种形式来体现"玄"的存在形式，扬雄在《太玄·玄告》说："玄者，神之魁也。天以不见为玄，地以不形为玄，人以心腹为玄。"③认为天以不可见为"玄"，地以不具形态为玄，而人以不可示人的内在心性活动为"玄"，肯定了人的认知之"玄"超越了天、地的能动性。他在《太玄·玄图》又说："昼夜相丞，夫妇系也；终始相生，父子继也；日月合离，君臣义也；孟季有序，长幼际也；两两相阖，朋友会也。一昼一夜，然后作一日。"④将自然哲学与伦理道德哲学融合在一起，用天地自然之理，证明了人伦道德的恒常性以及在宇宙天地中普遍存在流行的合理性。

刘沅（1768—1855），字止唐，一字讷如，号清阳居士，清四川双流（今成都市双流区彭镇）人，清代著名的经学家、思想家和教育家，"槐轩学派"的创始人。刘沅幼承庭训，深得家传《易》学、性理学之精要，毕生以"从事于圣学"相期许。他以"人者，天地之心而已"为核心，主张以"穷理尽性""实践伦常"为两翼，通过"次第深造"功夫，达到"止至善""致中和"的至高人生修养境界，进而重建了"以人为天地之心"的庞大思想体系与学术体系。

刘沅在《约言》中说："天地之中，太极发生之地也。人受此中气以生，故

---

① 扬雄. 太玄集注 [M]. 司马光，集注. 刘韶军，点校. 北京：中华书局，2013：250.
　　按：诸本皆作"有"，宋本作"九"，从语义考察，从"有"。
② 郑万耕. 扬雄《太玄》中的宇宙形成论 [J]. 社会科学研究，1983（8）：111.
③ 扬雄. 太玄集注 [M]. 司马光，集注. 刘韶军，点校. 北京：中华书局，2013：250.
④ 扬雄. 太玄集注 [M]. 司马光，集注. 刘韶军，点校. 北京：中华书局，2013：248.

人身有太极之理，即有太极之地。"① 刘沅肯定人受天地之中以生的生命观。对
于何谓"天地之中"，在刘沅看来，"天地之中"即"太极"。他说："夫人受天
地之中以生。中者何？天之命而理气中涵，无可形容则曰太极而已。"② 处于天
地之中的人，受太极之"中气"以生，因此既有与生俱来的太极之理，又占有
"太极之地"。从太极一元之始的角度，赋予人与天地同样的本体价值。在《孟
子恒解》中进一步说："人为三材之主，天地功用全赖人而成。"③ 肯定天、地、
人三者之间人的主导地位，使人的价值从"天地之间人为贵"上升到"天地之
间人为主"的高度，并将天地之功归属于人的主导作用。为其提倡的"克己复
礼以为仁""成人成己"以"实践伦常"的"实践功夫论"提供了理论依据。
又说："天、地、人止此一理，如大路然，故曰道。……道者，天地万物所从
出，而人得其精。同在天地中，即同在道中。无人不有天命之性，即无人不可
与天地通。"④ 天、地、人本同处于道中，即都同处于万物之始的"太极"之
中，人得太极之精，自然具有天命之性，"故性者，天地人共之"⑤。认为人具
有与天地相同相通的本性与本能，这是人之所以成为"三材"之主，以及天地
之功用之所以"全赖于人而成"的根本原因。如何才能做到人天合一呢？他在
《约言》中说："存心养性、克己复礼，无非全先天之精气神以通于太极，故曰
'尽人合天'。"⑥ 对于如何实践"存心养性""克己复礼"以为仁的复性之功，
刘沅认为，恢复完善人先天具有的精气神，即人特有的天良之性，以通达于太
极之本源，就能达到"尽人合天"以实践伦常"止于至善"的境界。

刘沅在批判程朱"天理""人欲"理论基础上，糅合佛道理论，对"心"
"性"二者关系孰先孰后，以及二者有何区别联系做出相应规定，提出"先天之
心即性，后天之心杂情"为代表的"先天后天学说"。何谓先天？何谓后天？刘
沅在《孟子恒解》中说：

　　　理气之浑然者，未生以前为先天，本无欠缺；既生以后为后天，形骸

---

① 刘沅. 约言·引蒙［M］//段渝，李诚. 槐轩全书：增补本. 成都：巴蜀书社，2006：
3704.

② 刘沅. 孟子恒解［M］//刘沅. 十三经恒解：笺解本. 成都：巴蜀书社，2016：335.

③ 刘沅. 孟子恒解［M］//刘沅. 十三经恒解：笺解本. 成都：巴蜀书社，2016：380.

④ 刘沅. 孟子恒解［M］//刘沅. 十三经恒解：笺解本. 成都：巴蜀书社，2016：377.

⑤ 刘沅. 约言·述道［M］//段渝，李诚. 槐轩全书：增补本. 成都：巴蜀书社，2006：
3700.

⑥ 刘沅. 约言·三元图［M］//段渝，李诚. 槐轩全书：增补本. 成都：巴蜀书社，
2006：3696.

具而理、气杂，受中之本体非旧，然其所得以生者固在，特囿于质，惑于情，不免逐物而迁耳。……夫心，在先天即性也，至后天而分为七情，蔽于物欲，此非偶然也。①

先天，即人处于出生以前的阶段。这一阶段人所受乃太极之浑然无缺、纯然无杂的理、气，因此这一阶段的人纯善无恶，其先天之心即为性。后天，即人出生之后的阶段。人在形骸之成后，因"感受于气化之不齐"②，所受理、气有纯亦有杂，因"受气"不同而善、恶相杂，此即所谓"后天之心即情"。对人何以存在"后天"的差异的问题，刘沅认为：一方面，源于人出生时"受气"有所不同所致，如圣人所受皆太极浑然无恶之理、气，故圣人纯善而无恶；另一方面，引先代与父母培植教养不同，故有善、恶多寡的差别。此外，是否有圣人教以复性之功，这是人是否能恢复先天太极纯善之心的关键。此三者，即是"后天之不侔"③ 的原因。刘沅"先天后天"说，对人性何以存在善恶之分，人何以具有先天之良、后天之惑做出了理论建构，对纠偏宋明心性之学有一定的补益作用。刘沅有关先天后天之说，成为"槐轩天地人学说"的理论基石。

（二）奇幻浪漫的思维模式

古往今来，巴蜀一向有奇幻浪漫，重"仙化"的思维传统。据《华阳国志》记载，古蜀王蚕丛、柏濩与鱼凫，"此三代皆神化不死，皆得仙道"，杜宇王魂化杜鹃，开明氏升天做了驻守昆仑的"神兽"，都是巴蜀人浪漫仙化思维的重要表现。在三星堆、鱼凫王城和金沙遗址等考古材料中，亦不乏代表古蜀人奇幻浪漫思维的考古物证，如三星堆考古发现的鹰头杜鹃、人面鸟身、人身鸟足、鱼凫勺把、青铜神树、纵目人面具、青铜大立人像和青铜神坛等所表现出来的奇特、夸张、怪诞的造型，充分表现了古蜀人对宇宙、人生、灵魂以及世俗社会别具一格的独特认知，对神异世界别具一格的独特遐想，展示了古蜀先民奇幻浪漫的丰富想象力。如金沙遗址出土的十节玉琮羽人、太阳神鸟金箔等，蕴含了古蜀人跨越千年"羽化飞仙"文化思维的基因，这既是古蜀不同历史时期蜀人借助人鸟、飞鸟形象实现其羽化飞升、得道成仙思想的具体表现，也体现了蜀人勇于超越自然、社会与自我的思维传统，成为后世道教仙学的重要思

① 刘沅.孟子恒解［M］//刘沅.十三经恒解：笺解本.成都：巴蜀书社，2016：335.
② 刘沅.孟子恒解［M］//刘沅.十三经恒解：笺解本.成都：巴蜀书社，2016：335.
③ 刘沅.孟子恒解［M］//刘沅.十三经恒解：笺解本.成都：巴蜀书社，2016：335.

想来源。

奇幻浪漫的思维方式是巴蜀最具地方特色的文化活态基因，一直在巴蜀人文作品中传递并不断焕发出绚烂而亮丽的光辉。如司马相如的《大人赋》，描写"大人"与真人一道"驾应龙象舆，骖赤螭青虬"，实现"必长生若此而不死"的仙游过程，想象丰富，文辞骈俪，形象生动，使汉武帝读后有"飘飘有凌云之气，似游天地之间意"的奇妙感觉。李白《梦游天姥吟留别》，借助梦游天姥山之名，以丰富奇特的想象力，夸张浪漫的笔法，描写了亦真亦幻、亦仙亦道、亦梦亦醒的梦游天姥山的留别经历，创意性地再现了"霓为衣兮风为马，云之君兮纷纷而来下。虎鼓瑟兮鸾回车，仙之人兮列如麻"的"仙境世界"与"仙化"生活场景，读来给人留下身临仙境的奇妙感觉。郭沫若在《凤凰涅槃》中，以百鸟之王的名义，高唱"死了的光明更生了""死了的宇宙更生了""死了的凤凰更生了"，表达对凤凰涅槃精神的高度赞美，赞颂涅槃所带来的超越光明、超越宇宙的永生力量；在《天狗》中，借天狗之口，发出"我把月来吞了，我把日来吞了，我把一切的星球来吞了，我把全宇宙来吞了"的雄壮而豪迈的诗意呐喊，表达了诗人吞吐天地、包揽宇宙的浩大神思与热烈的浪漫情怀。

与河洛、齐鲁文化圈盛行抽象思维、线性思维类人文传统不同，巴蜀自古盛行发散性、形象性和富于想象的人文思想传统，并因此孕育了一代又一代百科全书式的巴蜀人文的一流精英。比如，司马相如，不仅是著名学者、文学家、操琴高手，还是汉武帝经略西南夷的重要功臣，是多能多才多艺的巴蜀名人。司马相如年轻时随蜀郡临邛（今成都邛崃市）人胡安习经学，著《凡将篇》，可谓一名地道的经学学者；他以"苞括宇宙，总览人物"的宏阔眼界，著有《子虚赋》《上林赋》《大人赋》《长门赋》《哀二世赋》《美人赋》等汉赋名篇，被称作"赋圣"，无疑又是成就卓著的文学家；他善于操琴谱曲，一曲《凤求凰》，成就了他与卓文君的美妙爱情故事；司马相如还是汉武帝经略西南夷的得力助手，所作《喻巴蜀檄》《难蜀父老》文，对汉武帝安定巴蜀，经略西南夷颇多助益，可见他又是一位杰出的政治家。可以说，司马相如是不世出的百科全书式的华夏英才。扬雄是继司马相如之后，又一位百科全书式的人物。扬雄口吃，默而好深沉之思，少嗜寡欲，不事富贵，清静无为，长于辞赋，以博学精思著称。曾随林闾翁孺习文字训诂之学，著有《輶轩使者绝代语释别国方言》，是汉代著名的语言学家；游学严遵门下，研习老庄之学，仿《周易》著有《太玄》，仿《论语》著《法言》，是著名的哲学家；倾慕屈原爱国之情，著有《反离骚》，仿《离骚》著《广骚》，追慕乡贤司马相如，仿《子虚赋》著《甘泉赋》，仿《上林赋》著《羽猎赋》，并著有盛赞乡邦的《蜀都赋》，是著名的辞赋家和文学家；著有《蜀王本纪》，记录古蜀历史与人物，是有名的历史学家。他被称作"博通诸子之说，融会今古文经学，上承《淮南子》、司马迁兼采百家的传统，下开桓谭、王充述而有作的风气'通人'"①。

苏轼（1037—1101），字子瞻，号东坡居士，世称苏东坡，北宋眉州眉山（今眉山市）人。苏轼博学善思，才情出众，尤以诗文与豪迈的心性著称于世，为"唐宋八大家"之一。苏轼诗文纵横恣肆，意境高远，以富有哲思而又豪迈洒脱著称。如《留侯论》《赤壁赋》《念奴娇·赤壁怀古》《江城子·密州出猎》《题西林壁》，豪迈亦有哲思；真情实感，抒写性灵者如《水调歌头·丙辰中秋》《水龙吟·次韵章行质夫杨花词》《江城子·乙卯正月二十日夜记梦》，富有洒脱的情怀与理想；他与黄庭坚并称"苏黄"，与辛弃疾并称"苏辛"，与欧阳修并称"欧苏"，是北宋中期文坛当之无愧的领袖；苏轼以儒为宗，博通经史，还著有《东坡易传》《东坡书传》《论语说》传世，多所创见与发明，为宋代蜀学奠定了浑厚的思想与理论基础，在经学史和思想史上占有显著地位；苏轼善书，与黄庭坚、米芾、蔡襄并称书法"宋四家"，擅长文人画，有《潇湘竹石图卷》《古木怪石图卷》名世，是宋代著名书画大家；苏轼还非常热爱生活，是著名的美食家，至今有"东坡肘子"等美食传世；他还是著名的水利专家，曾上奏《奏论八丈沟不可开状》《乞开石门河状》《乞开杭州西湖状》等，为政特别善于兴治水利，至今杭州西湖还有"苏堤"文化景区长廊。苏轼博学多才，思想深邃，性情豁达，诗文书画无一不精，是中国古代思想、文化史上融大思想、大学术、大情怀、大格局为一体的不世出的天才型人物。

巴蜀文化具有与时偕行，勇于超越自我的精神传统。除了上述精神、制度方面的成就外，在物质层面亦有很多举世闻名的卓越成就，如以都江堰水利灌溉系统工程为代表的蜀水文明；以成都、重庆、阆中为代表的都市建筑；以干栏文化、藏碉、羌碉等为代表的民族建筑样式；有以笮桥、溜索、天梯、栈道为特征的交通文化；以梯田和林盘为代表的巴蜀农耕人居环境；以蜀绣、蜀锦、蜀布为代表的纺织与丝绸文化；以蜀刀、漆器、陶瓷以及钻井、制盐、煮糖为代表的手工业文化；以坊、肆、交子为代表的"商业"文明；以蜀大字本、蜀石经为代表的蜀刻文明；以柑橘、蔗糖、蜀酒、川茶和川食为代表的美食文化。这些卓绝一流的巴蜀物质文化，无一不是彰显巴蜀文化精神特质的重要实物载体。

---

① 束景南.《法言》仿《齐论语》辨［J］. 古籍整理研究学刊，1993（3）：1.

（三）"水润天府"的经验智慧

巴蜀文化是伴水而生的文化，扇形水系结构将盆地文明与盆周文明紧密联系在一起，促进了巴蜀文明与长江文明的紧密衔接，形成以蜀水文明为特征的长江上游文明共同体，积累形成了以"水利万物而就下"为特征的巴蜀水道精神与智慧。岷江是中华文明发展形成的重要源头，是中华人文始祖大禹的永恒故乡，长期流传着有关大禹治水兴农、安定华夏的伟大历史传说。《史记》说："禹兴于西羌。"表明大禹治水以利万世，建功中华文明，是从他治理岷江水患开始的。大禹"随山刊木""决川浚𣲖"，治理九州、九河，消除虫害水患，被称作大禹"西兴东渐"，创立华夏国家雏形的光辉历程——禹兴西羌，定都河洛，东渐于南巢，会诸侯于江南，归葬于会稽。① 这一过程是大禹融合华夏各部族形成华夏国家雏形的历史过程，也是他凭借大勇无畏、舍我其谁、以身作则的伟大人格魅力，凝聚并形成中华大一统民族精神的文化过程。大禹"岷山导江，东别为沱"②，在疏通岷江、沱水、潜水水患，治理峨眉山、蒙顶山取得功效后，为巴蜀之地摆脱水患，民众得以陆处室居，为古蜀人从渔猎文明过渡到农耕文明奠定了基础。"岷山导江，东别为沱"，不仅是大禹治理岷江经验的总结与智慧的结晶，还蕴含着"德惟善政，政在养民"③ 这样的德政与民本思想意涵，是巴蜀乃至中华以"水利蓄殖其国"、兴农立家为主要特征的农耕文明的重要历史源头与文化活态基因。

《史记·河渠书》说：

> 于蜀，蜀守冰凿离碓，辟沫水之害，穿二江成都中。此渠皆可行舟，有余则用溉浸，百姓飨其利，至于所过，往往引其水益用溉田畴之渠，以万亿计，然莫足数也。④

表达了对李冰"乘势利导，因时制宜"、因地制宜、顺天应人的"天人合一"思想观念的充分肯定，以及对"水道"精神的遵循。李冰修建无坝自然引流灌溉水利工程系统和"穿二江成都中"的治蜀重大举措，以及身先士卒，综

---

① 谭继和. 禹文化西兴东渐简论 ［J］. 四川文物，1998（6）：11-13.
② （白文）四书五经·尚书·禹贡 ［M］. 陈戍国，点校. 南京：江苏古籍出版社，2002：169.
③ （白文）四书五经·尚书·禹贡 ［M］. 陈戍国，点校. 南京：江苏古籍出版社，2002：164.
④ 司马迁. 史记 ［M］. 北京：中华书局，2000：1196.

合利用都江堰水利实现防洪、灌溉、航运和促进成都城市发展，可谓奠定了蜀地经济、社会、文化飞速发展的基础，并为后世治蜀者提供了有益镜鉴。

李冰父子充分吸取大禹"岷山导江，东别为沱"的经验与智慧，按照"堰其右，检其左"的总思路，采取"乘势利导，因时制宜"的治水策略，通过"壅江作堋"，凿离堆，开宝瓶口，修飞沙堰，"深淘滩，低作堰"等手段，穿引郫、检二江，通过宝瓶口"别支流双过郡下"①，导引岷江右江之水进入成都平原，史称"穿二江成都中"。不仅有"以杀岷江干流水势"，消除岷江洪涝灾害的作用，还对利用岷江水利造福蜀地产生了重要而直接的积极影响，使郫江和检江之水不仅可灌溉成都平原，造就了"沃野千里，水旱由人"的天府农耕文明，还为成都城市政治、经济及其工商业的发展繁荣，带来了全新的历史机遇，开创了"州治太城，郡治少城""二江珥市""城不改址三千载，址不更名两千五"的历史奇迹与巴蜀荣光。李冰"堰其右"取得了非凡成就，其"检其左"亦有不少贡献。如在外江渠口开凿羊摩河（今羊马河），疏通崇庆（今崇州市）境内的文井江，使之经武阳（新津）与羊摩河汇合，与外江正流在犍为（今乐山市犍为县）境汇入长江等水利措施，对治理岷江外江沿线流域，对灌溉灌县（今都江堰市）、温江、新津等处农田水利的开发与利用，产生了重要的历史影响。

李冰在蜀地除创建都江堰水利灌溉系统工程外，还在成都"造七桥"，修建江桥渡口、水渠码头，开启了引岷江之水助力成都城市千年发展之序幕；发兵凿平南安（今乐山市）溷崖离堆、盐溉险滩，采用积薪烧岩的方式消除僰道（今宜宾市）悬崖险滩，以通畅巴蜀水运航运；通笮道文井江，疏通洛水（今石亭江）、绵水（今绵远河）、沱江，"溉灌稻田，膏润稼穑"，视察盐泉，凿穿广都（今双流区）盐井、诸陂池，可谓功勋卓著。《华阳国志·蜀志》评价李冰治蜀成就时说："蜀于是盛有养生之饶焉。"②

此后，"水润天府""水利蓄殖其国"的经验与智慧，成为历代治蜀者所倚重的重要思想。西汉景、武之间，蜀郡太守文翁（前187—前110）组织力量，穿湔江口，完善都江堰水利灌溉系统工程，史称"文翁穿湔江，灌溉繁田千七百顷"③。诸葛亮（181—234）治蜀，主张"务农殖谷"，专门派兵丁管护都江堰。魏晋南北朝之际，都江堰灌溉面积达"万顷以上"。唐代益州大都督府长史

① 常璩. 华阳国志新校注［M］. 刘琳，校注. 成都：四川大学出版社，2015：112.
② 常璩. 华阳国志新校注［M］. 刘琳，校注. 成都：四川大学出版社，2015：116.
③ 常璩. 华阳国志新校注［M］. 刘琳，校注. 成都：四川大学出版社，2015：118.

高士廉（575—647）另开新渠，灌溉成都平原，史称此举"蜀中大获其利"①。
北宋受益灌区面积接近"汉晋时期的 1.5 倍"，明清时期的灌区则达 14 个州县，
灌田总数在"200 万亩左右"②。可以说，李冰以治水为核心的治蜀系统工程，
造就了富饶的"天府之国"与"陆海"胜境，尤其是都江堰水利灌溉系统工
程，历史地成为成都平原特别是成都城市经济、社会和文化发展的永续动力与
精神命脉，成为巴蜀深厚农耕文化内涵与特征的重要实物载体。

（四）崇文尚教的治术策略

巴蜀虽地处西南，但四塞为固，民物殷实，尤其成都"沃野千里"，生活、
生产、发展环境与条件极为优渥。剑门、夔门奇险，素有"一人守隘，万夫趑
趄"之誉，在相当长时间内，处于安定状态。宋人张俞曾说："蜀世有货泉储蓄
为用……蜀之顺、逆，系中国盛衰也。"③ 人口众多，物产丰富，在经济上能自
给自足，在地理上可进可退、可守可攻，因此蜀地的"顺、逆"与"治、乱"，
在一定程度上成为决定王朝统治盛衰与安危的关键性因素。秦、汉、唐至北宋，
巴蜀一直是王朝统治者关注的腹心之地，只是南宋以来，随着全国政治中心向
东向北迁移后，巴蜀才因远离王朝政治、经济、文化中心逐渐沦为统治者心中
"西僻之土""戎狄之长"的偏隅奥壤。元、明、清以来，巴蜀几度兵连祸结，
巴蜀之民或是被无辜裹挟，或是被迫参与其间，受祸最为惨烈，康熙《成都府
志》云：

> 天府之国，赤地千里，民几无孑遗。史称昔日所称沃野，已半没于荒
> 烟茂草之间。……城郭鞠为荒莽，庐舍荡若丘墟。百里断炊烟，第闻青磷
> 叫月；四郊枯茂草，唯看白骨崇山。④

又云：

> 时成都城中，绝人迹者十五六年，惟见草木充塞，麋鹿纵横，凡市廛
> 闾巷、官民居址皆不可复识。⑤

① 刘昫. 旧唐书［M］. 北京：中华书局，2000：1648.
② 张在德，唐建军. 中国地域文化通览：四川卷［M］. 北京：中华书局，2014：41.
③ 袁说友. 成都文类［M］. 北京：中华书局，2011：459.
④ 佟世雍，何如伟. 康熙成都府志：第 35 卷［M］. 康熙二十五年刻本.
⑤ 陈法驾，林思进，等. 民国华阳县志：第 35 卷［M］. 民国二十三年刻本.

巴蜀屡遭祸乱，对社会的稳定与人民生活的安宁造成极大的影响。清人欧阳志在《蜀警录》中，记载了史家反思巴蜀"治、乱"对王朝兴衰的独特作用与影响时，说："天下未乱蜀先乱，天下既治蜀未治。"① 一方面，表明巴蜀的"治、乱"在决定王朝兴衰中举足轻重的独特作用；另一方面，表明治理巴蜀绝非信手拈来的易事，需要治理者具备相当的政治才干与智慧。清人赵藩在题武侯祠楹联时写下一副著名的治蜀"攻心"联，说："能攻心则反侧自消，自古知兵非好战；不审势即宽严皆误，后来治蜀要深思。"总结历代治蜀之策，无非"文治"与"武功"两途。而"文治"作为"攻心"，是最有效的治蜀方略，体现了相当悠久的历史经验与智慧。

西汉蜀郡太守文翁"仁爱好教化"，建石室储才，以文教辅政，兴文教以安蜀、兴蜀的治蜀方略，为后世多数治蜀者长期袭用，成为巴蜀崇文尚教的鼻祖。文翁，名党，字仲翁，庐江舒城（今安徽省庐江县）人，文翁以善治儒经《春秋》名于当世。因深明古今治乱之源，在孝景帝末，他被任命为蜀郡太守。因"见蜀地僻陋有蛮夷风"，于是倡言文教，涵濡教泽，"教民读书法令"，在成都城市中修建学官，建石室储才，传播学术，节省用度培养人才，并重用学官子弟，致力于风教，以改变蜀地"好文刺讥""贵慕权势"等蛮夷风习，史称："由是大化，蜀地学于京师者比齐鲁焉。……至今巴蜀好文雅，文翁之化也。"② 文翁以儒化蜀的"文治"方略，为后世治蜀者提供了平治巴蜀的重要经验智慧，亦为历代蜀中有名爵的大吏所效仿。据清人李承熙《锦江书院纪略·附成都府学官考》③《锦江书院纪略·名宦纪略》的记载，自汉而明，蜀中效仿"文翁之教"，文治巴蜀取得重要成效的蜀中大吏多达26人，具体情况如下：

汉灵帝时的蜀郡守高眹与李膺，建石室、修周公礼殿，延续文翁之教；晋太康中益州刺史张收；齐永明间益州刺史钱悛与刘瑱；梁萧憺；后周辛昂；唐永徽元年（650）蜀守某某重修石室学馆与庙坛，颜有益为之书《益州学馆庙堂记》，唐会昌五年（845）益州主官主持修建文宣王庙；孟蜀广政七年（944）丞相毋昭裔（生卒年不详）重修石室，刊刻"蜀石十三经"，以供士子抄录观摩之用，促进了儒学在蜀地的传播与发展；宋知成都府蒋堂效仿文翁治蜀之法，增修学官（后世或称学宫、讲堂和精舍）并建斋舍，延师教授，传播学术，诗

---

① 欧阳直. 蜀警录［M］//四川大学图书馆. 中国野史集成：第29册. 成都：巴蜀书社，2000：555.

② 班固. 汉书［M］. 颜师古，注. 北京：中华书局，2000：2689.

③ 刘德芳. 锦江书院碑记（附成都府学宫考）［M］//李承熙. 锦江书院纪略：卷上. 咸丰八年刻本.

人宋祁重建文翁祠，在祠堂东西两壁图绘司马相如、郑子真、王褒、何武、张宽、严君平、扬雄、高朕、蒋堂等蜀中先贤九人之像以配祀文翁，并自为之赞，田况、吕陶、韩绛、胡宗愈、王刚中以及蜀帅陈某、范成大，亦身体力行，倡言文教；元儒学提举谢晋贤、元贞初教授解瑨在兵荒马乱之后倡导儒学；明洪武间蜀献王朱椿就蜀，倡言文教，礼聘方孝孺入蜀讲学，培养人才，而成都主官某、弘治间成都府主官某、成化间训导胡世济、正德间教授刘汉、万历间耿定力亦致力于文教。

到了清代，蜀中大吏以"继石室流风于无穷"为己任，倡言文教，如巡抚贝和诺（富察氏）、文绶、勒保、蒋攸铦及按察使刘德芳、学政吴省钦，创修省城锦江书院，延续巴蜀学脉；总督丁宝桢、吴棠、岑春煊，学政张之洞创办省城尊经书院，"绍先哲，起蜀学"，培养了以廖平、杨锐、骆成骧、张森楷、宋育仁、吴虞等为代表的近代巴蜀俊杰，使巴蜀继湖湘之后，成为近代人才与思想学术的"又一重镇"。文翁之教为千年巴蜀治理者长期倾慕与效仿。

三、巴蜀文化的客体性特征

（一）兼容并包的"洄水沱"效应

大禹作为华夏人文始祖，是治水兴农的先师。大禹因地制宜，"随山刊木""东别为沱"，分支别流，消除了巴蜀水患，变岷江水害为水利。其举措蕴含了丰富的经验智慧与卓越的创新精神，是巴蜀文化历久弥新、继往开来的强大精神动力与思想源头活水。巴蜀文化一向有博杂多方、兼容并包、相辅相成、和而不同等传统，是巴蜀文化"洄水沱"效应多样性、丰富性、兼容性的重要文化根源；巴蜀文化优游涵泳、吐故纳新、勇毅前行、不断自我超越，善于融灵活性、创新性、进取性为一体，是巴蜀文化"洄水沱"效应勇于冲出盆地奔向大海，高度自觉的文化意识与精神动力的独特表现。巴蜀文化特有的融静态与动态、保守与进取为一体的自洽双重属性，体现了巴蜀文化凝聚力与辐射性的高度统一，是巴蜀文化有别于齐鲁文化、岭南文化等其他区域文化最主要也是最鲜明的地域性特征。

巴蜀文化"既崇且丽"，多姿多彩，犹如聚宝盆，具有涵浑今古，博采东西的兼容性与继往开来、革故鼎新的自我超越性。就先秦而言，有"尔来四万八千岁""肇于人皇，殊未可知"① 那样悠远的文化根系，有三星堆、十二桥文化那样神秘奇幻的历史渊源，有以怪诞夸张的青铜、黄金面具头像为代表的仙化

① 李学勤. 蜀文化神秘面纱的揭开 [J]. 寻根, 1997（4）：5.

浪漫传统，也有春秋战国以来"好文刺肌""不与华同"的"蛮夷之风"。秦汉、明清，巴蜀迁入大量移民，为巴蜀文化的演进注入了别样的新鲜"血液"，丰富了巴蜀文化的价值与内涵。巴蜀文化与中原重王化、礼制的文化融汇，形成了巴蜀学人尊孔重经，以及今文经学、史学发达的趋向，与秦陇重刑名、耕战与工商的文化的交流互动，形成了巴蜀重工商贸易、城市建设的文化趋向，与荆楚重巫鬼的《楚辞》《离骚》文化互鉴，形成了好文辞、重视自然生态的诗意生活趋向。巴蜀文化直接或间接地与闽、粤等海洋文化的交流往还，则开阔了巴蜀文化对外发展的视野，促进了巴蜀百工技艺、交通商贸、绘画、音乐艺术的创新性发展。

巴蜀学人具有以儒为宗、圆融佛道、沟通天地人、综核百家百科的治学旨趣与传统，形成多样性与包容性相统一的特征。如扬雄将文辞、天文、历法与儒学融为一体，著《太玄》《法言》，阐述以玄为最高范畴的天、地、人关系。范长生所著《蜀才易学》，涉及道教、易学、儒学、数术和天文学等多个领域，内容博杂又不失重《易》的旨趣。苏洵长于《易学》，兼治子史，博通今古，圆融"三教"，而以"古今成败得失为议论之要"①；苏轼豪迈旷达，见识高远，长于诗文，善治《易》《书》《论语》，兼及《庄子》，以儒宗为宗，圆融佛、老，别具一格又不失儒者风范。杨慎天资卓越，好学穷理，老而弥笃。但凡经史文辞、天文地理、金石书画、音乐戏剧，"无所不览"，史称："明世记诵之博，著作之富，推慎为第一。"② 李调元（1734—1802），字羹堂，清四川绵州（今德阳市罗江）人，鸿才博雅，覃思著述，于经史百家、诗古文辞、小说戏剧、方言民俗以及刻书藏书，"甚为海内所称"③。著有《童山诗集》《童山文集》等书 70 余种，所刊《函海》包罗万象，号称"天下奇书"，袁枚称赞他："西蜀多才君第一，鸡林合有绣图供。"④ 被称为百科全书式的又一巴蜀文化巨人。

巴蜀文化具有独立而悠久的始源，虽然在不同阶段的表现各不相同，具有鲜明的阶段性特征，但总体上保持了连续性与延续性特征，呈现出"重今文经学""易学在蜀""禅宗在蜀""道源在蜀""大在文史""天数历算""才女在

---

① 欧阳修. 欧阳修全集［M］. 北京：中华书局，2001：1689.

② 张廷玉. 明史［M］. 北京：中华书局，2000：3386.

③ 佚名. 清史列传［M］. 北京：中华书局，1987：5917.

④ 袁枚. 奉和李雨村观察见寄元韵［M］//李调元. 童山诗集. 上海：商务印书馆，1936：470. 按：此诗袁枚的《小仓山房诗文集》未曾收录，仅见于李调元的《雨村诗话》和《童山诗集》）。

蜀""好做翻案文章"等一脉相传的"蜀性"偏好与"蜀味"思想学术谱系，反映了巴蜀文化共同体的强大凝聚力与历史稳定性。

经学方面，有重今文经学的历史传统。在汉末马融、郑玄所倡导的古文章句之学大兴时，巴蜀流行的却是"贵慕权势"、主张经世致用、好微言大义、不守章句与师法的今文经学。仅春秋公羊学方面，蜀汉就有严干、孟光、秦宓、谯周诸人，史称"益部多贵今文而不崇章句"①。可以说，重视今文经学的传统，从司马相如、扬雄、陈子昂、赵蕤、杨慎一直到近代化之始的"川西夫子"刘沅、"经凡六变"的廖平，都传承着这种治学传统。为此，谭继和师总结说，"几近两千年的蜀学都时隐时显地传承着，并明显地占有优势"②。蜀人遍治群经，治经讲求通贯，驳杂而不纯，多所发明，与齐鲁、江浙治经者重义例、专精的传统颇不相同。如毋昭裔首次集结儒家十三经典，刊刻于石，史称"蜀十三经"；魏了翁善治群经，著有《九经要义》，杨慎遍注群经，著《升庵经说》；刘沅以儒为宗，兼采佛道二释，以训诂求解放的注经方式，"恒解"四子六书，俗称"十三经恒解"；廖平"经凡六变"，被冯友兰称作"结经学时代之局者"③，主张扩充十三经范围，提出重建十八典籍的大胆设想，都体现了蜀儒善变善治群经的旨趣。

蜀人好易，向有"《易》学在蜀"之说。自汉代胡安传易司马相如，自此蜀中易学富盛，名家辈出。著名者如汉代赵宾、严君平、扬雄、任安；晋之范长生及其"蜀才易"；唐之李鼎祚著《周易集解》；五代孟蜀彭晓著《周易参同契分章通真义》；宋代陈抟以道家思想为核心阐释易学，传承并完善《无极图》《太极图》《先天图》等图，著《易龙图》，是当之无愧的《易》学"图书学派"创始人；苏轼著《东坡易传》，圆融儒释道，是宋代阐发性命义理的易学代表之作；谯定撰《易传》，兼具义理、象术之长；张栻著《南轩易说》、魏了翁著《周易集义》《周易要义》；冯时行著《元包数总义》发展邵雍象术之学；明代来之德撰《周易集注》，"错综其数"以论象，别开生面；清代则有李调元《易古文》、刘沅《周易恒解》；等等。他们都是蜀中名垂史册的《易》学大师级人物，取得了非同一般的易学成就。巴蜀易学富于思辨的特性与崇尚变化、变易等特点，正好与蜀人多思善变、富于浪漫想象的思维传统相契合；而《易》之象数、卜卦之术，又与巴蜀人长于历算，重巫术、信鬼神的习俗暗合，故

① 陈寿．三国志［M］．裴松之，注．北京：中华书局，2000：759.
② 谭继和．郭沫若与巴蜀文化：上［J］．郭沫若学刊，1996（4）：11.
③ 冯友兰．中国哲学史：下［M］．苏州：古吴轩出版社，2021：386.

《易》学于"蜀为特盛"，名家名作辈出。刘咸炘曾总结评价说："大易之传，蜀为特盛。……易学在蜀，如《诗》之有唐矣。"① 肯定了蜀中《易》学在经学史、易学史上的突出地位。

巴蜀佛、道二释绵延不绝，经年不衰。巴蜀向来有"言蜀者不可不知禅，言禅者尤不可不知蜀"之说，足见巴蜀佛教影响面之广、之大。就巴蜀禅系而言，高僧大德代不乏人，主要有马祖道一、圭峰宗密、宣山德鉴、雪窦重显、圆悟克勤、破山海明等。巴蜀享有"仙源故乡""道源在蜀"之美名。张陵，字辅汉，又名张道陵，道教创始人。他寓蜀期间，借助巴蜀既有的仙道文化资源，创立了天师正一道，又称"五斗米道"；严君平著《老子指归》，阐发道法自然之理；范长生糅合数术与易学，其"蜀才易"影响颇大；袁天罡以卜算、阴阳之学闻名；陈抟融儒释道三说为一体，继承创新形成《太极图》《河图》《洛书》等易图，陈抟借用图式说义理，促进了道教理论的新发展。

巴蜀人文产出素有冲出盆地大放异彩的奇特形象。杨慎在《与周子吁书》中分析历朝京都与巴蜀之间的位置距离对人文的重要影响时，说：

> 吾乡去宸极独远，文教之被不及前代，地则然。汉都在长安，与蜀仅接壤，而相如、君平、王褒、子云，幽思焕藻，四海为雋。唐则伯玉、太白，宋则苏氏父子，至元矣，而犹有虞伯生、邓文原，差强人意。国朝上轨汉唐，吾乡百七十年，士生其间，学犹未有定方，文犹未有定体也。②

司马相如入长安时，题市门曰："不乘赤车驷马，不过汝下。"③ 表达了建大功立大业的雄心壮志。后宦游京师，著《子虚赋》《上林赋》《大人赋》，为武帝所嘉赏，位列汉大赋四大家之首，被尊作"赋圣"。扬雄口吃，曾游学林闾翁、严君平门下，成帝以文才征召，写成《河东赋》《甘泉赋》《羽猎赋》《长杨赋》四大名赋，又著《太玄》《法言》，被誉为"西道孔子"。陈子昂（661—702）出身豪门，驰侠使气，年18岁尚未知书。后慨然立志于学，游学京师并进士及第。力主革除齐梁以来的浮侈之风，史称："为《感遇诗》三十八章，王

---

① 刘咸炘. 推十书［M］//刘咸炘. 推十书：增补全本. 上海：上海科学技术文献出版社，2009：494.
② 杨慎. 升庵诗文补遗［M］//王文才，万光治. 杨升庵丛书：四. 成都：天地出版社，2002：77.
③ 常璩. 华阳国志新校注［M］. 刘琳，校注. 成都：四川大学出版社，2015：125.

适曰：'是必为海内文宗。'乃请交。子昂所论著，当世以为法。"① 杜甫评价他说："公生扬马后，名与日月悬。"② 李白"天才英特"，年少时喜纵横之术，"击剑，为任侠"。25 岁仗剑离乡，经夔门出游至京，贺知章见其文，叹为"谪仙"，名动京师。后玄宗召见于金銮殿，爱其才，"有诏供奉翰林"。③ 所作《蜀道难》云："蚕丛及鱼凫，开国何茫然！"《南陵别儿童入京》云："仰天大笑出门去，我辈岂是蓬蒿人。"《梦游天姥吟留别》云："安能摧眉折腰事权贵，使我不得开心颜。"《将进酒》云："天生我材必有用，千金散尽还复来。"表现了李白豪迈洒脱、奇幻浪漫的天纵才情，成为盛唐气象的重要标志。此后，"三苏父子"、张栻、杨慎、李调元、张问陶、郭沫若等巴蜀文宗冲出夔门后，均取得了光耀家邦、扬名四海的伟大成就。

巴蜀人"智慧工巧"，不仅表现在思想、学术方面，在百工技艺方面也独具匠心。不少发明举世闻名，成为巴蜀匠心魅力与巴蜀制造的经典代表。秦、汉时期，蜀地精美的蜀布、蜀锦、蜀刀等手工艺品经古蜀栈道，行销关中、蒙古、中亚、西亚等国家地区。如文翁"以儒化蜀"，节省官府用度，曾购买蜀刀、蜀布作为赠送给博士官的特别礼物。张骞出使西域，曾见到了蜀地的特产蜀布、邛竹杖。20 世纪 90 年代在新疆和田尼雅汉末古墓中，出土了绣有"五星出东方，利中国""五星出东方，讨南疆"两块刺字护膊蜀锦。三国蜀汉时期，蜀锦成为蜀汉的经济支柱，远销曹魏和东吴地区，诸葛亮曾说："今民贫国虚，决敌之资，惟仰锦耳。"④

汉代巴蜀的漆器、金银钿器精美绝伦，工艺首屈一指。蜀郡、广汉郡花费巨资，设专门的工官制造这些奢侈品。贡禹在向汉元帝呈交的奏章中曾说："蜀、广汉主金银器，岁各用五百万。"⑤ 在长沙马王堆、湖北江陵凤凰山的汉墓中，曾出土了蜀郡、广汉郡生产的一批精美的漆器，考古学家发现器型表面烙有"成市""成市草""成市饱"等标明产地的专门文字。在贵州清远镇、朝鲜平壤、蒙古诺音乌拉等地出土的金银钿器、漆器上，亦发现刻有"蜀郡西工""成都郡工官""广汉郡工官"等标明产地的铭文。在河北邯郸出土的一件东汉蜀西工所造鎏金酒樽的承盘上，还明确刻有专司鎏金的工匠名字——"循"，承

① 欧阳修，宋祁. 新唐书［M］. 北京：中华书局，2000：3257.
② 杜甫. 陈拾遗故宅［M］//郭知达. 九家集注杜诗. 上海：上海古籍出版社，1985：125.
③ 欧阳修，宋祁. 新唐书［M］. 北京：中华书局，2000：4411.
④ 李昉. 太平御览［M］. 北京：中华书局，2000：3624.
⑤ 班固. 汉书［M］. 颜师古，注. 北京：中华书局，2000：2301.

盘上的"金银涂章文"，表明此时蜀中工匠已经掌握了高超的鎏金技艺。唐宋是巴蜀手工业、制造业和商业发展的高峰，造纸、雕版印刷、制盐、纺织和陶瓷业技术先进，行销全国。如益州生产的黄麻纸、白麻纸，光滑细腻、经久耐用，是唐代指定的主要官方用纸。唐代著名女诗人薛涛（768—832），字洪度，其创制的"薛涛笺"，精巧美艳，名誉全国。北宋谢景初（1020—1084），字师厚，其创制的"十色笺"或"蛮笺"，较"薛涛笺"精美绝伦，更加绚丽。宋代成都和眉山两地与杭州、福建建阳并列全国三大印刷中心，蜀刻以校勘精良、字体清晰、版式疏朗、墨色与纸张用料上乘著称，官书《大藏经》《太平御览》《册府元龟》刻印于成都。世界上第一张纸币交子也是印制于成都。此外，川盐、川陶、川茶亦以精良味美大受欢迎。杜甫所谓"蜀麻吴盐自古通，万斛之舟行若风""濯锦清江万里流，云帆龙舸下扬州"，充分表现了巴蜀手工艺品行销宇内的情况。

这些名重一时、声名远扬的思想学术著作，精美绝伦的百工技艺，无一不是在巴蜀文化母体中孕育形成，在广收博采、集成创新基础上取得的丰硕成果，充分反映了巴蜀文化独特的"涸水沱"效应。

（二）追求"大一统"的向心力

"大一统"最早出现在《公羊传·隐公元年》中，据徐彦疏证，大一统最初是指尊重周天子颁布的一统天下的正朔权威。西汉王吉对《春秋》大一统的思想做了进一步扩充，说："《春秋》所以大一统者，六合同风，九州共贯也。"①"大一统"的内涵，逐渐超越了最初的正朔，发展到疆域、风俗等事关国家统一的领域，最终成为包括政治、经济、社会、思想、文化等诸多因素在内的复合型概念。无论秦汉大一统这样的治世，还是三国、五代分裂状态下的乱世，追求大一统都是巴蜀人文心向中原的根本内驱力，是构成巴蜀文化当之无愧的主流与主干，充塞在巴蜀人文的血脉中。尤其在中国社会从古代向近代转型的变法维新、保路运动和新文化运动中最为显著，追求大一统曾一度成为"引起中华革命先"的重要力量。

秦、汉实施政治上的大一统，为巴蜀形成大一统的文化制度奠定了基础。经过后世不断的强化与完善，追求大一统成为凝聚巴蜀人文共识，推动巴蜀文化融入一体多元的中华文明的强大向心力。

周慎靓王五年（前316），张仪（？—前309）平定蜀国始封蜀侯子通之乱，到周赧王三十年（前285）诛杀蜀侯绾，30年间蜀侯三封亦三次被杀，蜀从最

---

① 班固. 汉书 [M]. 颜师古，注. 北京：中华书局，2000：2297.

初的分封制与郡县制并行过渡到全面推广郡县制。周赧王元年（前314），秦灭巴后设巴郡，也在巴推行郡县制。不过，秦惠王并巴中之地后，采取的治理策略与蜀有所不同。《后汉书·巴郡南郡蛮传》说："及秦惠王并巴中，以巴氏为蛮夷君长，世尚秦女，其民爵比不更，有罪得以爵除。"① 秦惠王对巴君长及部族均采取羁縻之策，仍然以巴氏子为君长，但须娶秦女为妻；赐予巴地百姓"不更"之爵，免除他们的徭役，罪人可以用爵位抵罪，目的在于借此获得以善武著称的巴人的武力支持。秦并巴蜀后，全面推行郡县制，强化朝廷对巴蜀的有效管理，以中央集权为主要特征的大一统政治制度、文化制度在巴蜀得以推行。秦开巴蜀，派甘茂、内史郾在蜀地"更修为田律"，将秦"废井田，开阡陌"为核心的耕战法令推广到巴蜀；周赧王五年（前310），张若、张仪奉命仿照秦国首都咸阳规制修筑成都城，在大、小城内合理布局军事、管理、商贸、生产和生活等功能，实现了中原城市的巴蜀化转型，促进了巴蜀城市"中原化"发展，奠定了成都城市未来发展的基本方向与格局。刘邦自汉中出三秦讨伐项羽，萧何征发蜀、汉中两郡粮米多达万船补充前线军粮，收募两地精壮替补伤病羸弱之卒，表明汉法在巴蜀之地的有效推广。汉承秦制，汉高祖在巴蜀没有分封藩王而是直接推行郡县制，巩固了秦并巴蜀以来的大一统政治制度。汉景帝末，文翁出为蜀守，宣德立教，以儒化蜀。文翁少好学，深明《春秋》大一统旨义，在蜀地着力推广大一统思想文化。作为蜀郡守，仁爱好教化，修学官、建讲堂，教民读书、法令，奖掖学官弟子，蜀风丕变，"蜀学比于齐鲁"，史称："至武帝时，乃令天下郡国皆立学校官，自文翁为之始云。"② 文翁以官学形式在蜀地传播儒学，加速了大一统思想、学术在蜀地的流行与广泛传播。元光五年（前130），汉武帝开通西南夷，司马相如作《喻巴蜀檄》表彰他南征北讨、西南夷宾服建立大一统国家所取得的丰功伟业，指出中郎将唐蒙以"发军兴制"方式惊扰巴蜀百姓老少、"三郡"擅自征发士民等行为都不是汉武帝本意，有效化解了唐蒙失策造成的巴蜀吏民对汉武帝本意的误解。同时，从服务国家大局的角度，指斥吏民逃避"转粟运输"等应服之役，"亦非人臣之节也"③。司马相如强调汉武帝开通西南夷对建立大一统国家的重要意义，回应了父老关于开通西南夷无用的疑问与责难，对增强中央对西南地区各民族的凝聚力、提升巴蜀文化在西南地区的向心力做出了贡献。而汉宣帝时代形成的经典文献——

---

① 范晔. 后汉书 [M]. 北京：中华书局，2000：1919.
② 班固. 汉书 [M]. 颜师古，注. 北京：中华书局，2000：2689.
③ 班固. 汉书 [M]. 颜师古，注. 北京：中华书局，2000：1959.

《白虎通义》，代表了"儒家政治伦理原则在社会得到全面落实"①，中国政治、制度与文化追求大一统，成为华夏一切爱国主义者的共识和普遍情结。

　　随着秦汉大一统政治制度在巴蜀地区的进一步巩固与加强，大一统国家政治、思想、文化在巴蜀人心目中逐渐成为主流，拉近了巴蜀心向中原的距离，那些企图长期分裂、割据巴蜀的思想与行为均以失败告终。巴蜀历史上曾出现过公孙述据蜀、刘备蜀汉政权、李雄成汉政权、王建前蜀政权、孟知祥后蜀政权、明玉珍大夏政权、张献忠大西政权等分裂、割据势力，但存在最多不超过三世，有国者最多也没有超过 50 年，而最短者仅区区数年。总计从秦汉大一统至最后一个封建王朝在巴蜀覆灭，巴蜀处于分裂、割据的时间非常短，处于大一统的时间则长得多。与分裂、割据相比，处于大一统治世的巴蜀无论经济还是思想、文化都更加繁荣，社会更加祥和安定。尤为重要的是，在巴蜀历史上的各个割据政权，并非全都持分裂、割据思想。如蜀汉刘备政权始终以正统者自居，高举"汉贼不两立"大旗，讨伐曹魏。丞相诸葛亮更是以"鞠躬尽瘁，死而后已"之言行，以举国之力六出祁山，践行《前出师表》"北定中原，光复汉室，还于旧都"的承诺。刘备君臣一度割据巴蜀，但始终没有放下复兴汉室大一统的旗帜，在巴蜀人中产生了重要影响。蜀汉炎兴元年（263），魏军统帅邓艾兵临成都，后主刘禅顺应大一统历史潮流，率全蜀军民降魏，结束了蜀汉近 50 年的割据。此后，孟蜀后主孟昶弃战投降宋太祖赵匡胤，大夏明昇投降明太祖朱元璋，都采取了后主顺应历史潮流的做法。他们归顺中央王朝，避免了巴蜀兵民惨遭兵燹与祸乱。

　　顺应大一统历史潮流，坚守民族气节，是巴蜀固有的历史与文化传统。反观逆大一统历史潮流而动的公孙述割据政权、成汉割据政权和大西政权，最终为历史所抛弃，为巴蜀士民所唾弃。纵观巴蜀历史，可知大一统乃是主流，是不可抗拒的大趋势；而分裂、割据是短暂的，是不得人心的。这既是屡经巴蜀发展历史验证的真理，也是巴蜀文化历史形成的普遍共识。

　　在抵抗金、元入侵的民族战争中，巴蜀军民满怀"但悲不见九州同"的愤慨，为维护王朝正统，坚持民族大义，奏响了一曲曲正气歌。建炎三年（1129），金人力图"入陕取蜀"。张浚（1097—1164），字德远，世称紫岩先生，汉州绵竹（今德阳市绵竹县）人，南宋名相、抗金名将，理学家张栻之父。金兵大举侵犯川陕，张浚请旨出卫关、陕要冲。其亲率所部宋军与金军大战于耀州富平（今陕西富平县）。金军主帅粘罕感叹："独张枢密与我抗，我在犹不

---

　　①　郑师渠. 中国文化通史［M］. 北京：北京师范大学出版社，1999：16.

能取蜀，我死尔曹宜绝意，但务自保而已。"① 张浚在关、陕阻击金军达三年之久，史称："全蜀按堵，且以形势牵制东南，江、淮亦赖以安。"② 取得了确保巴蜀以及长江中下游安全的战略胜利。曾是张浚部将的吴玠、吴璘兄弟，力主抗金，扼守川陕咽喉要冲和尚原（今陕西宝鸡南）、仙人关（今陕西凤县西南），大破金军，吓得主帅兀术剃须而逃，仅以身免，成功粉碎了金军攻蜀灭宋的战略图谋。吴玠、吴璘抗金的英勇行为，得到了巴蜀人民的高度赞誉，而吴璘之孙吴曦叛宋降金，在蜀称王，则遭到了四川军民的坚决反对与唾弃，称王不过41天即被人诛杀。理宗端平元年（1234），蒙古窝阔台汗率大军攻宋，蒙古军队遭到了余玠、王坚、张珏率领的巴蜀军民的强烈抵抗。余玠以"当手挈全蜀以还本朝"自许，采取播州冉氏兄弟"因山为垒，星罗棋布，分诸郡治所"，屯兵聚粮，亦农亦军之策，修筑青居、大获、钓鱼、云顶等山城十余座，创新建构"如臂使指，气势联络"③ 的巴蜀山城防御体系，不仅击中蒙古先锋大将汪德臣并使之阵亡，而且窝阔台汗也因在钓鱼城下被军民炮伤后死于军中。巴蜀军民以"留取丹心照汗青"的英勇气概与誓死抵抗的民族精神，抵御蒙古大军四十余年的进攻，直到南宋灭亡的第二年，元军才最后攻占了巴蜀全境。巴蜀军民对蒙古军团的抵抗，尤其钓鱼城战争的胜利，"扭转了宋、蒙战局，并在一定程度上牵制和削弱了蒙古向欧洲东北部扩张的力量"④。而余玠之死，"蜀之人莫不悲慕如失父母"⑤。可以说，巴蜀军民对蒙古入侵的英勇抵抗，得到了世人的积极认可与充分肯定。

（三）"引起中华革命先"的自觉担当意识

鸦片战争带来的"三千年未有之大变局"，激起了巴蜀仁人志士以身许国、救亡图存的革命热忱。无论是救亡图存的变法维新运动、辛亥革命前奏的保路运动，还是反帝反封建的新文化运动，都不难发现他们前赴后继、义无反顾的反帝爱国身影，以及在打倒专制、礼赞共和过程中的历史贡献。

晚清著名的今文经学思想家廖平（1852—1932），从儒家经典着手，石破天惊，大胆设想，致力于探索变法图强的学理依据。廖平"长于《春秋》，善说礼

---

① 脱脱，阿鲁图. 宋史［M］. 北京：中华书局，2000：8975.
② 脱脱，阿鲁图. 宋史［M］. 北京：中华书局，2000：8976.
③ 脱脱，等. 宋史［M］. 北京：中华书局，2000：9775-9776.
④ 蒙默，刘琳，唐光沛，等. 四川古代史稿［M］. 成都：四川人民出版社，1988：263.
⑤ 脱脱，阿鲁图. 宋史［M］. 北京：中华书局，2000：9778.

制，为近代推明今古学之大匠"①，一生"经凡六变"，被冯友兰称作"结经学时代之局者"②。廖平《辟刘篇》《知圣篇》为康有为的《新学伪经考》《孔子改制考》提供了思想、学理方面的启迪与支持，成为康有为维新思想的一大源头。廖平治经之所以多变、常变、常新，目的在于从多向度、多维度和多层面寻求中国思想、学术文化的时代出路，维护孔子及其儒家思想学术的神圣、威权与优越性，反映了作为传统知识分子高度的文化自觉意识与时代精神。

近代资产阶级民主改良思想家宋育仁，在深入剖析中西政治文化内涵基础上，融合西方的文明成果与中国的政治体制，"创造性提出'复古即维新'的中国政治改良方案"③。他说："天下竞言维新；不必言维新，复古而已。"④ 延续其师张之洞"中学为体，西学为用"的思路，希望在西方政治思想的加持下，从"复古中求得解放"。他创办《渝报》《蜀学报》，创办"蜀学会"，"约分伦理、政事、格致为三大门"⑤，传播西方先进科学技术，宣传维新变法思想与政治主张，"为四川民族资本主义的发展创造了条件，促进了四川人民的思想解放和觉醒"⑥，被誉为近代四川"睁眼看世界"第一人。

维新志士杨锐、刘光第（1859—1898），为变法图强，义无反顾地参与变法新政事宜，是变法维新的筹办者和组织者。杨锐崇尚名节，慨谈时务，与康有为"过从甚密"⑦，是康有为"强学会"的发起者和骨干之一。在京与刘光第一同组织"蜀学会"，创办"蜀学堂"，致力于传播蜀学，开展变法维新活动。杨锐参加康有为"保国会"活动，并组织成立"保川会"，"将保国、保乡结合起来，使爱国主义更加具体化，更加富有号召力和凝聚力"⑧。刘光第心怀天下，竭力拯救时弊，曾冒死向光绪帝上《甲午条陈》，向光绪皇帝明确提出"乾纲独断，以一事权""下诏罪己，团结人心""严明赏罚，以操胜算""隆重武备，以振积弱"⑨ 四项改革措施。光绪帝下诏"明定国是"，刘光第所提出变法维新的改革主张与方案，得到了光绪帝的认可。诏令刘光第充军机京章，与谭嗣同、

① 蒙文通. 井研廖师与汉代今古文 [M] //蒙文通. 经史抉原. 成都：巴蜀书社，2019：140-141.
② 冯友兰. 中国哲学史：下 [M]. 苏州：古吴轩出版社，2021：386.
③ 尹易寒. 复古即维新政治哲学研究 [D]. 长沙：中南民族大学，2018.
④ 宋育仁. 复古即维新论 [J]. 渝报，1897（1）：8.
⑤ 宋育仁，吴之英. 蜀学会章程 [J]. 蜀学报，1898（1）：2.
⑥ 隗瀛涛，李有明. 四川近代史 [M]. 成都：四川省社会科学院出版社，1985：237.
⑦ 梁启超. 梁启超文集 [M]. 陈书良，汇编. 北京：北京燕山出版社，1997：477.
⑧ 隗瀛涛. 四川近代史稿 [M]. 成都：四川人民出版社，1990：304.
⑨ 刘光第. 甲午条陈 [M] //刘光第编辑组. 刘光第集. 北京：中华书局，1986：3.

杨锐、林旭一同"赞襄新政，无得瞻顾"①。慈禧太后发动"戊戌政变"，杨锐、刘光第等六人被捕，未经审讯，慷慨就义，史称"戊戌六君子"。杨锐、刘光第"支持和参加维新变法运动，为了救亡图存，为了中国的进步，甘愿献出自己的生命，其精神是伟大的、不朽的，是永远值得人们学习和怀念的"②。

在传播民主革命思想、宣传反清革命、唤醒四川民众新觉醒的过程中，四川仁人志士做出了重大牺牲，做出了重大贡献。

邹容（1885—1905），原名桂文，留学日本时改名邹容，清末四川巴县（今重庆市巴南区）人，著名的资产阶级革命宣传家与演说家。他自愿充当"革命军中马前卒"，以雷霆万钧之声，公开批判封建专制主义，大力宣传反清革命。邹容在《革命军》中大声疾呼，"以宣布革命之旨于天下"③，发出"中国为中国人之中国""中华共和国为自由独立之国"④ 等振聋发聩的呐喊，"震撼了当时中国的思想界，给祖国和故乡的革命运动带来了不可磨灭的贡献"⑤，被喻为"今日国民教育之一的教科书也"⑥。《革命军》规划了在中国建立资产阶级民主共和国的 25 条建国纲领，并定国名为"中华共和国"⑦。从此，"共和"之声深入人心，发展成为中华民族文化共识，"建立共和国已成为历史的定论"⑧。

卞萧（1872—1908），字小吾，重庆江津（今重庆市江津区）人，四川资产阶级民主革命先驱者。他曾出资购买数百份《革命军》《警世钟》《苏报案纪事》等革命读物带回重庆，广泛传播北京、上海的革命思想情形。受卞萧思想的影响，1903 年，杨庶堪、朱之洪等筹办《广益丛报》，大力宣传资产阶级民主主义。1904 年，卞萧尽数变卖家产，创办了四川第一家日报——《重庆日报》，大力宣传反清革命思想。《广益丛报》《重庆日报》对推动资产阶级民主革命思潮在巴蜀地区的发展做出了杰出贡献。

在同盟会机关杂志《民报》被严厉禁止输入内地后，1906 年，东京川籍同盟会会员雷铁崖（1873—1920）、邓絜（1884—1913）等创办《鹃声》杂志。《鹃声》以蜀人熟悉的"欲效鹃啼"方式，向四川同胞揭露民族危机和清政府的种种专制暴行，具有鲜明的反帝与反清革命的色彩。在以反帝排满为特色的

---

① 梁启超. 梁启超文集 [M]. 陈书良, 汇编. 北京: 北京燕山出版社, 1997: 478.
② 隗瀛涛. 四川近代史稿 [M]. 成都: 四川人民出版社, 1990: 304.
③ 邹容. 革命军 [M]. 冯小琴, 评注. 北京: 华夏出版社, 2002: 8.
④ 邹容. 革命军 [M]. 冯小琴, 评注. 北京: 华夏出版社, 2002: 56-57.
⑤ 隗瀛涛, 李有明. 四川近代史 [M]. 成都: 四川省社会科学院出版社, 1985: 393.
⑥ 章士钊. 读革命军 [N]. 苏报, 1903-06-09.
⑦ 邹容. 革命军 [M]. 冯小琴, 评注. 北京: 华夏出版社, 2002: 57.
⑧ 隗瀛涛, 李有明. 四川近代史 [M]. 成都: 四川省社会科学院出版社, 1985: 401.

《鹃声》被迫停刊后，无产阶级革命家吴玉章秉持"爱推爱四川以爱中国之义"，遂以四川本省的名义，于1907年在日本创办《四川》杂志，号召四川"忧时志士、爱国名流"撰文，揭露帝国主义的所谓"保全主义"，宣传反清革命思想。在《四川》首要篇幅，分别刊载雷铁崖的《警告全蜀》（第1号）、金沙的《过去之四川》（第1号）、南冥子的《中国与世界之经济问题》（第1号）、思群的《列强协约与中国危机》（第3号），对帝国主义从"瓜分"到"保全"的侵华方式进行精辟分析与无情揭露。《四川》主动承担起四川人民的代言人角色，表现出"反对帝国主义的侵略，鲜明地主张反清革命，主张收回利权、发展民族经济"① 三大显著特点，敲响了作为西南半壁的四川的警钟，"激励人民进行反帝反封建革命，破黑暗腐朽的旧世界，创大放光明的新中国"②。

清政府野蛮推行丧权辱国的"铁路国有"政策，激起了湘、鄂、粤、蜀四省人民的强烈反抗，四川保路运动随之蓬勃发展，彭家珍、谢奉琦、龙鸣剑、王天杰等蜀中英烈为此付出了血的代价。孙中山对邹容、谢奉琦、喻培伦和彭家珍四人为革命做出的卓著功绩高度肯定，颁布总统令示：邹容"当国民醉生梦死之时，犹能著书立说，激发人心"；喻培伦"则阐明利器，以充发难军实"；彭家珍"则歼除大憝，以收统一速效"；谢奉琦"丙午在蜀运动起义，组织各县机关，其功在民国不小"。并对"所请赐恤崇祀各节"，均"着即照准"③。同盟会会员龙鸣剑（1877—1911）在川督赵尔丰制造"成都血案"后，他以"水电报"的方式向全川同志军发出"速起自保自救"的警讯。他从成都返回荣县，与同盟会会员王天杰（1889—1913）率领同志军进攻成都，出荣县北门时誓言："不杀赵尔丰，决不入此门。"④ 与秦载赓率领的同志军攻打成都失利，随即转攻嘉定（今乐山市）、叙府（今宜宾市）。在进军叙府途中身染重疾，仍不忘为王天杰"策划了求贤、筹饷、练兵、造械、保民、慎行等六大计"⑤。吴玉章称

① 隗瀛涛，李有明. 四川近代史 [M]. 成都：四川省社会科学院出版社，1985：419-422.
② 隗瀛涛，李有明. 四川近代史 [M]. 成都：四川省社会科学院出版社，1985：419.
③ 南京临时政府. 大总统令陆军部抚恤邹谢喻彭四烈士文 [N]. 临时政府公报，1912-03-29.
④ 沈文管. 龙鸣剑事略 [M] // 四川省政协文史资料委员会. 四川文史资料集萃. 成都：四川人民出版社，1996：213.
⑤ 沈文管. 龙鸣剑事略 [M] // 四川省政协文史资料委员会. 四川文史资料集萃. 成都：四川人民出版社，1996：213.

赞他"是辛亥革命真正的英雄"①。吴玉章从香港回国后，支持龙鸣剑领导的同志军革命行动。1911年9月25日（农历八月初四），吴玉章与同盟会会员王天杰领导了荣县起义，宣布荣县独立，成立第一个资产阶级革命县级政权。荣县独立比武昌辛亥革命起义早15天，人称"首义实先天下"。荣县独立以后，吴玉章赶赴内江联络新军中的革命党人，以"民族大义"在资州（今内江资阳市）诛杀川汉粤汉铁路大臣端方，铲除力图复辟的又一清政府得力爪牙。

尹昌衡（1884—1953），字硕权，号太昭，别号止园，清四川彭县（今成都市彭州市）人，辛亥时期的著名政治、军事人物。大汉四川军政府成立后，出任军政部部长。1911年12月8日，都督蒲殿俊贸然在东校场集合巡防军和新军阅兵，引发士兵哗变，酿成"成都兵变"。万余乱兵大肆放火、抢劫，成都形势危急。尹昌衡单骑出城，率凤凰山所部新军百余人进城戡乱，成都秩序稳定后被推举为四川军政府都督。12月21日，尹昌衡智擒"佣兵自卫"的前清四川总督赵尔丰，公审后在明远楼将其处决，从根本上消除复辟重大隐患，巩固了四川辛亥革命的胜利成果。诛杀赵尔丰后，尹昌衡以和平的方式解决了成都二万多满族官民的生死问题，是他重要贡献。川、渝两地同盟会会员主张统一川政，合并成、渝两地军政府，由尹昌衡、张培爵分任正、副都督，并致电孙中山，通告成、渝合并，得到了南京临时政府的认可。西藏叛乱分子在英帝国主义唆使下发动叛乱，藏、康地区震动，尹昌衡自成都率军西征平叛，对维护国家主权和领土完整，遏制英国分裂西藏的图谋，维护康藏地区稳定，做出了贡献。

袁世凯篡夺辛亥革命果实后，出于其复辟帝制的需要，竟然倒行逆施，提倡尊孔读经，通令全国恢复祭天祀孔，企图把"孔教"定为"国教"并写进宪法。一批巴蜀遗老遗少趁机鼓吹尊孔复古，成立孔教扶轮支会。面对这股逆流，吴虞（1872—1949）大为悲愤，挺身而出，进行了有力的回击。他与陈独秀、胡适、鲁迅等新文化运动代表人物相呼应，先后在《蜀报》《新青年》上发表反对尊孔读经、反对封建礼教的文章，宣传新思想、新学说，反对旧礼教、旧道德，被称为"中国思想界之清道夫"②。

吴虞作为"成都言新学之最新者"③，早在1910年就在《蜀报》上发表

---

① 吴玉章. 吴玉章回忆录［M］. 北京：中国青年出版社，1978：71.

② 胡适. 吴虞文录（卷首序）［M］//吴虞. 吴虞文录：卷上. 民国二十五年成都吴氏爱智庐刊本.

③ 吴秀平. 骈文读本（卷首序）［J］. 蜀报，1910（2）.

《辨孟子辟杨墨之非》，极力反对封建专制主义。他指出，天下二大患："曰君主之专制，曰教主之专制。"① 前者钤束人们的自由言论，后者禁锢人们的自由思想。认为"孟子之距杨、墨"，是"教主之专制"，造成了后世无新思想、新言论之"大患"。呼吁人们大胆评判"二大患"，以"鼓舞言论思想自由之风潮也"②。在《明李卓吾别传》中，他以李贽"咸以孔子之是非为是非，故未尝有是非耳"③ 作为思想武器，对孔子、孟子、韩愈建立的所谓儒教"金城汤池"进行了批判，认为此举束缚了天下后世之聪明才智，导致我国学术人才"胥出于儒之一途，而其他则无独立并行之余地"④。指出他们应对造成近代思想学术萎靡衰颓、江河日下的历史后果负责。在《帅净民〈诸子学者列传〉序》中，认为罢黜百家后的孔子及其所代表的儒家，"挟天子以令诸侯""挟六经以令百氏"，并不是真正的"尊君"与"知经"。在《经疑》中，认为《周易》《尚书》虽是古书，若以孔子为真传则并不可取；今本《四书》，实乃朱熹变乱经典顺序所致，早非经义原貌。儒家"凭借帝王之力，得显于世"⑤，自汉代以来，实为封建统治者的附庸。对于先秦作为思想家、教育家的真实孔子，吴虞是称赞的，常谓"孔子自是当时之伟人"⑥。可见，吴虞所攻击和反对的孔子及其儒家，其实是被后世封建专制统治者"圣人化"了的孔子，儒经则是被历史凸镜歪曲了的经典。这与郭沫若关于尊重孔子及其儒家的真正历史的看法颇为一致。

对于封建礼教，吴虞进行了深入骨髓的批判与贬斥，掀起了新文化运动中反对礼教的时代浪潮。在《家族制度为专制主义根据论》中，专门对儒家思想的核心——孝悌观进行了系统性批驳。指出"儒家以孝悌二字为二千年来专制政治与家族制度联结之根干，而不可动摇"⑦，其流毒与危害"诚不减于洪水猛兽矣"⑧。吴虞通过对"家国一体"思想核心的"孝"进行批驳，将与之密切联系的君主政治与家族制度也进行了全面评判。在《说孝》中，借助《汉书》

① 吴虞. 吴虞集 ［M］. 赵清，郑城，汇编. 成都：四川人民出版社，1985：13.
② 吴虞. 吴虞集 ［M］. 赵清，郑城，汇编. 成都：四川人民出版社，1985：17.
③ 吴虞. 吴虞集 ［M］. 赵清，郑城，汇编. 成都：四川人民出版社，1985：80.
④ 吴虞. 吴虞集 ［M］. 赵清，郑城，汇编. 成都：四川人民出版社，1985：81.
⑤ 吴虞. 致陈独秀 ［M］//吴虞. 吴虞集. 赵清，郑城，汇编. 成都：四川人民出版社，1985：108.
⑥ 吴虞. 致陈独秀 ［M］//吴虞. 吴虞集. 赵清，郑城，汇编. 成都：四川人民出版社，1985：365.
⑦ 吴虞. 吴虞集 ［M］. 赵清，郑城，汇编. 成都：四川人民出版社，1985：63.
⑧ 吴虞. 吴虞集 ［M］. 赵清，郑城，汇编. 成都：四川人民出版社，1985：64.

《大戴礼》记载，指出"麻木不仁的礼教，数千年来不知冤枉害死了多少无辜的人"①，批驳了儒家所提倡的"孝""忠"思想大悖人道之常，"把中国弄成一个'制造顺民的大广场'"②，阻碍了文化的发展与社会的进步。吴虞将对儒家孝悌"伦理学说的批判、对君主专制的批判及对家族制度的批判相结合，从而确立了三位一体的、系统的反孔思想体系"③。在《儒家主张阶级制度之害》中，吴虞对儒家一贯主张的纲常名教、尊卑贵贱阶级制度之野蛮，进行了再批驳，向青年发出"儒教不革命、儒学不转轮，吾国遂无新思想、新学说，何以造新国民"④的呐喊。在《道家法家均反对旧道德说》中，针对反对新学说、新道德输入，鼓吹"旧道德"的绅士遗老，借用道家和法家的思想学说，指责旧道德于事无补，既"抵不住世界的大潮流"⑤，也不能拿去"抵抗日本"的侵略。在《吃人的礼教》中，借助《左传》《汉书》列举史实，对鲁迅《狂人日记》中戴着面具杀人、吃人的封建礼教思想做了进一步的补充论证，向青年发出"吃人的就是讲礼教的，讲礼教的就是吃人的呀"⑥的警示。

在新文化运动高潮之际，吴虞将批孔反儒与反对复辟帝制联系在一起，把批驳封建礼教、旧思想旧道德与赞成民主共和性、思想性道德联合在一起，将反尊孔复古的文化运动上升到反对专制政权的政治高度，具有极大的现实意义。他也因此成为新文化运动中反封建礼教的代表性人物，被胡适称作"四川省只手打孔家店的老英雄"⑦。

（四）对立又和谐的自洽共同体

巴出将，蜀出相，而将、相以和。三巴之地的高山峡谷，赋予巴人刚毅质朴的尚武精神。《华阳国志》评价巴人性格时说："其民质直好义，土风敦厚，有先民之流。"⑧巴人随武王伐纣，"巴师勇锐，歌舞以凌殷人，故世称'武王伐纣，前歌后舞'也。"⑨汉高祖刘邦"出定三秦"，阆中巴人首领范目率众随

① 吴虞.吴虞集［M］.赵清，郑城，汇编.成都：四川人民出版社，1985：174.
② 吴虞.吴虞集［M］.赵清，郑城，汇编.成都：四川人民出版社，1985：173.
③ 孙文周.再论吴虞在新文化运动中的作用及其意义［J］.学术研究，2018（8）：158.
④ 吴虞.吴虞集［M］.赵清，郑城，汇编.成都：四川人民出版社，1985：98.
⑤ 吴虞.吴虞集［M］.赵清，郑城，汇编.成都：四川人民出版社，1985：155.
⑥ 吴虞.吴虞集［M］.赵清，郑城，汇编.成都：四川人民出版社，1985：171.
⑦ 胡适.吴虞文录（卷首序）［M］//吴虞.吴虞文录：卷上.民国二十五年成都吴氏爱智庐刊本.
⑧ 常璩.华阳国志新校注［M］.刘琳，校注.成都：四川大学出版社，2015：9.
⑨ 常璩.华阳国志新校注［M］.刘琳，校注.成都：四川大学出版社，2015：6.

军出征，巴人"天性劲勇，初为汉前锋，陷阵，锐气喜舞"①。天性英勇，冲锋陷阵，勇锐喜舞，这是巴人重要的尚武性格与特征的表现。

"蜀之为国，肇于人皇"，地称天府，号曰华阳。"山林泽渔，园囿瓜果，四节代熟，靡不有焉。"② 物产丰富，号为"陆海"。故地杰人灵，史称"君子精敏，小人鬼黠"③。其地则与秦同分，有文王之化，有华夏之声。故蜀人精敏巧慧，多斑彩文章之士，体现了蜀人颇具文人性格的一面。如以司马相如、扬雄、陈子昂、李白、"三苏父子"、杨慎为代表的一代又一代文宗巨匠，即是明证。所谓"巴人出将，蜀人出相"，将相和合，人才辈出，构成了巴蜀特有的人文传统特性。

从文化环境构成考察，巴蜀文化是以盆地汉族为主体，盆周少数民族文化为辅翼的，主体突出、包容和谐的共生性民族文化。盆地汉族文化不断向盆周以藏、羌、彝为代表的少数民族文化辐射，盆周少数民族文化不断为盆地文化注入新鲜的文化血液。在巴蜀发展史上，涌现了以蜀汉姜维、成汉李特等为代表的精通汉文化的少数民族英豪，成为巴蜀历史上的风云人物，对巴蜀文化的历史发展产生了积极影响。在精美的唐卡、羌绣中，不乏有关巴蜀禅、五斗米道以及二十四孝的故事与情节，以及至今存在各少数民族节庆与汉族传统的清明节、中秋节、春节同庆共贺的普遍形象。以儒为宗的盆地汉族文化与盆周世居的少数民族文化的交流与互鉴，为巴蜀文化不断注入新的内涵，赋予了巴蜀文化鲜明而多样的民族个性。在民族大团结前提下互鉴互学，融合发展，各美其美，谱写了巴蜀文化和美壮丽的民族乐章。

反对分裂，追求大一统始终是巴蜀人文的核心。巴蜀文化不断吸收中原及周边区域文化的精华，蕴含强大的大一统文化共识、民族认同和国家共识的活态基因。巴蜀历史上曾一度出现公孙述、蜀汉刘备、成汉李特、前蜀王建、后蜀孟知祥、大夏明玉珍以及大西张献忠等割据政权，但这些分裂或割据政权存在时间都比较短，占据巴蜀时间最长的蜀汉政权不过50年，最短的大夏政权不过区区数年。相对于巴蜀统一的时间而言，分裂、割据时间的占比很小，处于明显劣势。其中，分裂割据政权还不乏心向中原、追求大一统的历史倾向。如蜀汉虽然偏距巴蜀，但始终以汉室正统者自居，以汉、贼不两立的姿态出现在历史的舞台。如诸葛亮七擒孟获，收复南中之地，使一度分裂的南中各部重新

---

① 常璩.华阳国志新校注 ［M］.刘琳，校注.成都：四川大学出版社，2015：14.
② 常璩.华阳国志新校注 ［M］.刘琳，校注.成都：四川大学出版社，2015：97.
③ 常璩.华阳国志新校注 ［M］.刘琳，校注.成都：四川大学出版社，2015：97.

并入"正统"的旗帜之下。刘备进踞汉中、诸葛亮五次北伐中原、姜维十一次西征①，尽管客观上都是以维护蜀汉政权为根本目的，但始终没有背弃光复汉室，还于旧都，以统一全国的立政宗旨。后蜀主孟昶、大夏明昇放弃分裂主张，主动顺应大一统历史潮流，归服于大统一王朝，而公孙述、张献忠以及叛宋的吴曦等，企图逆潮流而动，则避免不了被历史抛弃，最终沦为天下人笑柄的结局。巴蜀历史上虽然出现过统一与割据两种历史形态，但追求大一统始终是历史的主流，是巴蜀人文的历史情结，分裂、割据始终不得人心，为世人所唾弃。

都江堰"水利蓄殖其国"形成了天府农耕文化与三巴城市工商文化的和谐与统一。成都、重庆两大核心城市的强力带动与引领，形成了天府田园与天下名都会相与为一、浑然天成的独特布局。"一盆巴山蜀水，万卷天府之国"，成、渝两地城市功能、结构与布局形态，分别代表着巴蜀城市农耕文明与城市工商文明两种不同的文明形态。处于扇形水系根部的成都平原，沃野千里，水旱从人，民殷物盛而富甲一方，是典型的城既是乡，乡既是城，长期处于城乡浑然一体的农耕文明形态。竹林茅舍与"层城华屋"相间，前店连后院，花园间菜园，自给自足，"务农业儒"，耕读传家，宜业宜居，展示了"俗不愁苦"，富贵悠游的天府盛景。不过，尽管成都城市在汉代"列备五都"，在唐宋享有"扬一益二"之誉，但无论是生产功能还是商贸功能，成都城市都是建立在既有的发达的农耕文明基础之上的，属于农耕文明孵育滋养的城市工商业形态。就城市房地结构而言，主要以竹林茅舍、前店后院、水井菜园与作坊水井相与为一的三合院、四合院为代表。其店面、作坊所体现的主要是城市工商业的功能形态，而后院则是竹林流水、养花种菜，"悠然见南山"的田园风光。无论蜀锦、蜀绣还是蜀布、蜀刀，无论是蚕市、药市还是草市、夜市，无论工官还是锦官，都是植根于农耕文明形态之上或为农产品经济服务。亦农亦商，城乡一体，成都成为代表巴蜀涵化、稳定的静态文化的典型；处于扇形水系扇面顶端的重庆，江水南北纵贯、东西联通，处于巴蜀"万流归宗"入大海的特殊位置。因此，无论城市建筑形态还是城市功能布局，成、渝两地都在因地制宜的基础上，充分发挥作为西南通江达海交通枢纽、长江上游水脉航运重镇的独特功能。以开阔的视野，勇于拼搏的精神，展现了码头航运经济、工商交贸与运输经济的精神气质，成为代表巴蜀奋励、开拓的动态文化的典型。以成都城市为核心的

---

① 罗开玉. 四川通史：第2卷：秦汉三国［M］. 成都：四川人民出版社，2018：191-192.

"三蜀"文化与以重庆为代表的"三巴"文化，在巴蜀境内长期互动互鉴，相辅相成，形成了动态与静态兼具、农商与交贸并重、封闭静穆中有开放与灵动的产业结构形态。

巴蜀人具有奇幻浪漫的想象力、重仙道、善诗古文辞的传统。一方面，把自己与其他区域文化区别开来，保持了自身的稳定性与历史根脉；另一方面，经过文翁"以儒化蜀"引导巴蜀文化融入以儒学为核心的中原主流文化，开启了巴蜀文化质的飞跃。巴蜀文宗如扬雄、苏轼、杨慎、李调元，不仅发扬光大巴蜀自古就有的显于文辞的传统，而且创新性地发展了以《易》学为代表的儒家经学，而后蜀丞相毋昭裔更是实现了儒家十三经在巴蜀之地的首次汇集，为儒家十三经的标准化、法典化做出了重要贡献。儒家今文经学重统体、重宏观、微言大义的经学特点，契合了历代巴蜀文人好奇幻想象、重视功名利禄、关注现实政治的性格特点，出现了以李鼎《长短经》、苏轼《东坡易传》、魏了翁《九经要义》、杨慎《升庵经说》为代表的文人经学成果。文人经学往往不师故辙，绝不固守古训陈例，重通博而不计较于精专，解经多所创新，新识歧见迭出，不断丰富经学新义，创新经学诠释义例与方法。以《蜀王本纪》为代表的富于神话特性的史学传统，经陈寿、常璩的纠偏与发展，成为注重记载乡邦人文，详于史实，重视书法与义例的史志新传承，产生了"三范修史"、李焘撰《续资治通鉴长编》以及费著《岁华纪丽谱》《蜀梼杌》等一大批巴蜀地方史志精品。巴蜀不仅在文学史上留下了诸如赋圣司马相如、文宗陈子昂、诗仙李白、文豪苏轼这样的文宗巨匠，而且有"自古诗人例到蜀"的文化传统。诗圣杜甫两次入蜀，在巴蜀留下 600 多首脍炙人口的名篇佳句，白居易、元稹、杜牧、刘禹锡、张籍、宋祁、陆游、范成大都在巴蜀留下了不少名篇。巴蜀人文盛景为历代诗歌辞赋大家提供了丰富的文心养料，实现了巴蜀文化本来与外来的兼容并蓄与融合发展，为巴蜀文化历久弥新、继往开来注入新的活力。

巴蜀文化诞生和发展于农耕时期，具有静谧与封闭的特点，但因盆地内河网水利与工商业发达，具有充满活力、冲出盆地的极强开发意识和求知欲望。巴蜀文化内则静穆、封闭，外则灵动、开放，地域的鲜明个性与华夏一统的共性并存，体现了巴蜀文化共同体既矛盾对立又和谐包容、相异又相和、相反又相成的自洽特性。这种动与静的结合、封闭中有开发途径和开放下有封闭心态的结合，是巴蜀文化的根本性质与最鲜明的个性特征。① 可以说，巴蜀自然结构与文化、历史和而不同的通同性，是巴蜀不可割裂的血脉纽带，也是推动巴

---

① 谭继和. 巴蜀文脉 [M]. 成都：巴蜀书社，2006：11.

蜀共同发展繁荣的内驱力，铸就了巴蜀文化共同体多元互补、刚柔相济、同中有异、异中有和、变动不居等"川味"个性与特点，"显示了巴蜀文化多元的地方特性的风格和加入中华大文化共同体的地域差异性进程"①。

---

① 谭继和．"西道孔子"扬雄的大一统观与儒风在巴蜀的流行 ［J］．中华文化论坛，2001（1）：30．

第二章

秦汉大一统进程中的巴蜀文化

第一节　秦汉大一统的"后方基地"

四川古称巴蜀，以气候宜人、沃野千里、物阜民丰著称。《华阳国志·蜀志》说："其山林泽渔，园囿瓜果，四节代熟。"① 实称"天府"②，号为"陆海"，为秦汉大一统国家的建立提供了必不可少的人力、物力、财力、思想与文化方面的支持，为两汉大一统国家的建立与巩固做出了重要贡献。

一、秦并六国，自得蜀始

战国之际，秦国、楚国作为"战国七雄"的强国，都有扫平六国一统天下的雄心壮志与军事实力。作为东邻楚国、北接秦土的巴蜀，虽然经济富庶、物产丰富，但开明氏末代君王昏庸无能、不思进取，加之兄弟不和，内乱不断，成为秦、楚两国窥视进攻的重点对象。《史记·秦本纪》孝公元年（前361）载："楚自汉中，南有巴、黔中。"③ 足见楚国不仅有吞并巴蜀的地理优势，而且这种优势对秦国也构成了相当大的威胁。秦惠王（前356—前311）为吞并六国、混一宇内，力主向四面扩张。惠王七年（前318）至八年（前317）间，秦王举全国之力，连续两次击败了东面的魏国。在击败楚国的战略选择上，到底是先攻打韩国还是进攻蜀国，张仪与司马错等人形成了完全不同的两种意见，两派为此展开了激烈辩论。司马错（生卒年不详）与中尉田真黄（生卒年不

---

① 常璩. 华阳国志新校注 [M]. 刘琳，校注. 成都：四川大学出版社，2015：97.

② 按："天府"一词，不见诸先秦两汉的巴蜀文献典籍，而是源自《周礼·天官》，本指天官所掌管的周天子储藏典籍、礼器、宝物的府库。"天府"被借指物阜民丰、应有尽有的地域，最早是指周、秦和汉初的关中地区，随着巴蜀经济发展超越关中，"天府"从借指关中转而专指四川，班固在《两都赋》中云："竹林果园，芳草甘木，郊野之富，号为近蜀。"诸葛亮在《隆中对》中，直谓"益州沃野千里，天府之土"，"天府"逐渐成为四川的专用代名词。

③ 司马迁. 史记 [M]. 北京：中华书局，2000：145.

详）均认为，可先征讨富饶而弱小的蜀国，再攻打楚国，说：

> 臣闻之，欲富国者务广其地，欲强兵者务富其民，欲王者务博其德，三资者备而王随之矣。……夫蜀，西僻之国也，而戎翟之长也，有桀、纣之乱。以秦攻之，譬如使豺狼逐群羊。得其地足以广国，取其财足以富民缮兵，不伤众而彼已服焉。……不如伐蜀完。①

司马错以军事家的眼光，从富国强兵的角度，分析了以强大的秦军进攻弱小的蜀国的优势：首先，易于取胜；其次，得其地可以弥补秦国国土不广的短板；再次，取其财货可以富民足兵；最后，伤亡代价较小而又容易服众。并从道义上说，出兵伐蜀还有"禁暴止乱"的美名。因此，相对于张仪东伐韩国的观点而言，无论胜算、战争的收益还是战略价值，司马错关于伐蜀的建议都略胜一筹。《华阳国志·蜀志》亦有相似记载：

> 夫蜀，西僻之国，戎狄为邻，……其国富饶，得其布帛金银，足供军用。水通于楚，有巴之劲卒，浮大船舶以东向楚，楚地可得。得蜀则得楚，楚亡而天下并矣。②

夺取蜀地之后，不但可以扩大秦国的国土，而且可以得到大量布帛、金银和粮食以资军用。选择从蜀、巴两国出兵，均有水路可直通楚国，进军路线优势颇多，而利用巴国的精兵乘大船从东边进攻楚国，对夺取楚国之地，削弱其国力更加容易。

司马错关于"得蜀亡楚"进而吞并天下的战略，不仅战术可靠，而且战略步骤实用易行，秦惠王最终选择了司马错等人伐蜀攻楚的扩张战略。

周慎靓王五年（前316），秦惠王派秦相张仪（？—前309）、名将司马错和都尉墨（生卒年不详）从石牛道进攻蜀国。蜀王开明十二世仓促领兵前往葭萌（今广元市昭化镇古城）迎战，为秦军所败。蜀王败逃至武阳（今眉山市彭山市东北）后，为秦军所害。蜀王的丞相、太傅和太子退到彭乡（今成都市彭州市附近），亦为秦军害死于白鹿山下。至此，开明王国为秦所灭。张仪贪恋巴、苴两国的财富，趁灭蜀之机，顺势领军攻灭了苴国和巴国，并活捉巴王献于秦廷。

---

① 司马迁. 史记 [M]. 北京：中华书局，2000：1799-1800.

② 常璩. 华阳国志新校注 [M]. 刘琳，校注. 成都：四川大学出版社，2015：106.

周赧王元年（前314），秦国在平定蜀国后，采取了"贬蜀王，更号为侯"的治蜀方略。先把蜀国的等级从王国降为侯国，封秦公子通国为蜀侯，以陈壮为蜀相，以张若为蜀太守。秦惠王既分封蜀侯又置蜀郡守，采取的是分封制与郡县制并用的治蜀之策。在灭蜀的30年时间内，秦廷曾三次分封蜀侯，蜀侯亦三次或被杀或被诛。在诛杀蜀侯绾后，朝廷在蜀地不再设置蜀侯，只设郡守，全面推行郡县制，终于将蜀地全部纳入中央集权的管辖范围。

周赧王元年（前314），秦灭巴后，在巴地推行郡县制并设置巴郡，郡下设县，治所设在江州（今重庆市），但仍然以巴氏子等大姓首领为地方上的君长，并规定他们须世代娶秦女为妻。这些君长仅仅负责本民族的派差、服役等事情，同时必须接受郡、县官吏的管理，每人每年须向国家纳赋2016钱，每三年还要缴纳义赋共1800钱。秦朝廷对巴地之民的统治与对蜀民的统治虽略有不同，但总体而言都是在推行郡县制度的基础上因地制宜，各依其性，采取的羁縻之策，重在置之于中央集权的统领之下。

周赧王三年（前312），巴蜀之境趋于稳定后，惠王采取分治巴、蜀的措施，分别从两郡划出一部分区域新设汉中郡，以削弱巴蜀旧有势力，并震慑周边的戎伯势力，强化秦廷对巴蜀之地的有效管辖。

秦最初在蜀地施行的是分封制与郡县制并行的政治制度，在三十余年间历经三次分封蜀王与三次诛灭蜀王之后，最终在巴蜀全面推行郡县制。秦在蜀地治理方式的多次尝试，为秦在统一六国后全面推行郡县制积累了经验。可以说，巴蜀是后世废除分封制，推行郡县制的重要政治试验地。

秦并巴蜀后，借助巴蜀的兵源、财物以及地利优势，开启了灭楚行动。秦武王三年（前308），司马错从陇西出发，率领巴蜀之地的十万之众，沿长江东下讨伐楚国，并成功夺取了楚国的商於之地。《华阳国志·蜀志》载："司马错率巴蜀众十万，大舶船万艘，米六百万斛，浮江伐楚，取商於之地为黔中郡。"① 司马错借助巴蜀军力、人力、粮食，利用长江水道顺江而下，攻伐楚国并夺取了商於之地，设置秦黔中郡。秦昭襄王二十七年（前280），又使司马错发陇西，"因蜀攻楚黔中，拔之"。三十年（前277），蜀郡守张若"伐楚，取巫郡，及江南为黔中郡"。秦国在获得巴蜀之地后，国力日益富盛，表明司马错等人关于攻蜀伐楚的战略是正确的。而秦国三次伐楚，都借助于巴蜀的人力、物力、财力和地利优势，则表明巴蜀在助力秦国攻楚，吞并六国，进而实现一统天下战略中的重要贡献。故司马迁在《张仪列传》中评价说："蜀既属秦，秦以

---

① 常璩. 华阳国志新校注［M］. 刘琳，校注. 成都：四川大学出版社，2015：107.

益强，富厚，轻诸侯。"① 巴蜀是秦国实现吞并楚国的重要战略基地，对秦国实现一统天下的千秋伟业至关重要。今人罗开玉为此评价说："秦攻巴蜀，是四川古史上最重要的事件之一，也是战国、秦史中影响最为深远的事件之一。"②

所谓"秦并六国，自得蜀始"，充分说明了巴蜀在华夏大一统历史进程中不可或缺的重要支撑作用。秦并巴蜀后，随着其制度法令在巴蜀地区的逐渐推行，尤其是推行郡县制、移民"实蜀"、修建都江堰水利灌溉工程、仿咸阳城兴建成都等政策与措施，为巴蜀地区带来了先进的生产技术，推进了巴蜀经济、社会与文化的发展，使地处偏僻的巴蜀较早地融入了中原经济圈、社会圈和文化圈，有助于先进的中原礼乐、刑名等文化向四周传播，使"不晓文字，未有礼乐"的巴蜀之"民始能秦言"③，有力推动了巴蜀文化心向中原、革故鼎新式地向前进步与发展。

二、高祖因之以成帝业

秦末陈胜、吴广起义，天下纷乱，诸侯并起。刘邦（前256—前195）在沛县积极响应，并与项梁、项羽一同起兵反秦。刘邦，字季，沛县丰邑中阳里（今江苏徐州沛县）人，中国历史上杰出的政治家、战略家，大汉王朝的创建者，史称汉高帝。当时，楚怀王熊心与反秦诸将士约定，"先入定关中者王之"④。沛公奉命领军攻武关，与秦军战于蓝田，获胜后进军霸上，秦王子婴素车白马，系颈以降沛公，沛公于是成为诸侯中事实上的入定关中者。按楚怀王与诸将士的约定，刘邦理应受封为王。沛公进入咸阳后，籍吏民，封府库，于秦国重宝财物秋毫无犯，还军驻于霸上，并"与父老约，法三章耳"⑤。此即著名的"杀人者死，伤人及盗者抵罪"三章法，并以三章法取代秦之苛严暴法。又安抚关中吏民，稳定社会经济秩序，以静待"封王关中"时刻。

汉王元年（前206）二月，诸侯会盟。项羽背弃楚怀王与诸将关于"先入定关中者王之"的盟约，自封为西楚霸王，强以"蜀汉亦关中地也"⑥的名义，将关中重地分别封与秦朝章邯、司马欣和董翳三位降将。虽封刘邦为汉王，却

---

① 司马迁. 史记［M］. 北京：中华书局，2000：序 1799–1800.
② 罗开玉. 四川通史：第2卷：秦汉三国［M］. 成都：四川人民出版社，2018：1.
③ 卢求.《成都记》序［M］// 杨慎. 全蜀艺文志. 刘琳，王小波，点校. 成都：四川大学出版社，2022：387.
④ 司马迁. 史记［M］. 北京：中华书局，2000：252.
⑤ 司马迁. 史记［M］. 北京：中华书局，2000：256.
⑥ 班固. 汉书［M］. 颜师古，注. 北京：中华书局，2000：1554.

令其都于南郑（今陕西汉中东），使之远离关中腹地，仅领巴、蜀和汉中三郡四十一县之地。项羽背信弃义的行为，一度引起刘邦的不满。他急欲弃汉王名号，起兵攻伐项羽。谋臣萧何极力劝说刘邦接受汉王"封号"，入汉中为王。萧何说："虽王汉中之恶，不犹愈于死乎?"① 他先从生死存亡的现实角度，劝说刘邦接受势力强悍的项羽所授的"汉王"封号。萧何认为，虽然接受汉王封号的确令人厌恶，但总比与项羽开战送死强。他对刘邦解释说："今众弗如，百战百败，不死何为?《周书》曰：'天予不取，反受其咎。'"② 认为汉军人数少，实力弱小，单纯从军事上看，刘邦军根本不是项羽军的对手，百战必百败，怎么能不死呢? 并借用《周书》之言，劝说刘邦顺天安命，接受"汉王"封号，称王汉中。接着，萧何从文化学的角度指出，"语曰'天汉'，其称甚美。"③ 认为"汉中"有天汉之名，"汉中王"之称很美，是值得拥有的封号。最后，提出"称王汉中，收用巴蜀，还定三秦"的"三步走"发展图谋。他说："臣愿大王王汉中，养其民以致贤人，收用巴蜀，还定三秦，天下可图也。"④ 萧何关于称王汉中，扬名致贤，收用巴蜀，还定三秦以图天下的三步走战略，得到了刘邦的认可。巴、蜀与汉中之地，最终成为刘邦"还定三秦"并最终打败项羽统一全国的"大后方"。

汉王元年夏四月，汉王带领数万士卒，从杜陵入汉中就国于南郑。到达南郑后，汉王又听从韩信"必欲争天下"的相关建议，采取"明修栈道，暗度陈仓"之策，经故道县境沿嘉陵江河谷越过大散关，进攻雍地的章邯，开始夺取三秦之地的战争。占有巴蜀与三秦之地，为汉王率众东进与项羽逐鹿中原奠定了基础。

蜀地千里沃野，山林竹木，稻鱼蔬果遍野，秦并巴蜀尤其李冰修建都江堰水利灌溉工程后，天府之土"水旱从人"，更加富饶。《汉书·地理志》称："民食稻鱼，亡凶年忧，俗不愁苦。"⑤ 巴蜀作为重要的后方基地，其所具有的丰富人力、物力、地利等资源，为刘邦长年对外征战提供了强有力的保障。

汉高祖自汉中出平三秦时，巴郡賨民在阆中人范目的带领下前来投军。賨民英勇，充当汉军前锋，为之冲锋陷阵，史称賨民"天性劲勇，初为汉先锋，

① 班固. 汉书 [M]. 颜师古, 注. 北京: 中华书局, 2000: 1554.
② 班固. 汉书 [M]. 颜师古, 注. 北京: 中华书局, 2000: 1554.
③ 班固. 汉书 [M]. 颜师古, 注. 北京: 中华书局, 2000: 1554.
④ 班固. 汉书 [M]. 颜师古, 注. 北京: 中华书局, 2000: 1554.
⑤ 班固. 汉书 [M]. 颜师古, 注. 北京: 中华书局, 2000: 1313.

陷阵，锐气喜舞"①。賨民之举，为汉高祖平定三秦立下汗马功劳。"锐气喜舞"，为汉高祖所独喜。他认为賨人冲锋时所唱之歌，乃"武王伐纣之歌也"。于是诏令乐府专门习賨民歌舞并在军中演练，此即"今所谓'巴渝舞'也"② 的最初文化由来。汉高祖平定三秦后，封范目为长安建章乡侯，后改迁渡沔县侯，故世人有云，"三秦亡，范三侯"③。汉高祖东进与项羽集团争夺天下时，因賨人思归故里，高帝亦不忘嘉赏其功，帮助賨民们返乡。

汉王初出汉中时，曾专门把萧何留在大后方，委托他收取巴郡、蜀郡的租赋以供给军资。《汉书·高帝纪上》载："留萧何收巴蜀租，给军（粮）食。"④《汉书》卷三十九"萧何传"亦载："何以丞相留收巴蜀，镇抚谕告，使给军粮。"⑤ 汉王率军平定三秦，留丞相萧何镇抚巴蜀，稳定后方并负责供奉军粮，说明汉王是把巴蜀之地作为其进军三秦的大后方的。

楚汉相争之际，巴蜀不仅为汉王军队提供了大量的粮食，而且输送了大量的兵员。汉王三年（前204）四月，汉王与项羽大战于彭城。汉军遭遇败绩，情势十分危急，不得不屯兵于荥阳以待援。

《华阳国志·蜀志》载："汉祖自汉中出三秦伐楚，萧何发蜀、汉米万船而给助军粮，收其精锐以补伤疾。虽王有巴、蜀，南中不宾也。"⑥ 驻守后方的萧何征发蜀郡与汉中郡粮米多达万船运往前线补充军粮，又收募巴蜀与关中两地的精壮士民，以替换军中伤病羸弱之卒，补充新的兵员。加之韩信收兵前去与汉王会合，才让遭遇惨败的汉军恢复了元气。

六月，楚汉战争正酣之际，关中地区却因长年战乱，田地无人耕种，导致了罕见的大饥荒。米价一斛，贵至万钱，民无以聊生，死者过半。为赈济关中饥民，汉王允许关中饥民卖子女，"就食蜀、汉"⑦ 以活命。巴蜀、汉中之民再次为汉王解除了后顾之忧。

汉承秦制，一方面，在全国推行郡、县两级行政管理制度；另一方面，又施行分封制。巴蜀之地作为曾经的"王业兴起之所"并没有采取分封藩王的办法，而是施行了郡县制。汉高祖在巴蜀之地分设巴郡和蜀郡，将其置于中央朝

① 常璩. 华阳国志新校注 [M]. 刘琳，校注. 成都：四川大学出版社，2015：14.
② 常璩. 华阳国志新校注 [M]. 刘琳，校注. 成都：四川大学出版社，2015：14.
③ 常璩. 华阳国志新校注 [M]. 刘琳，校注. 成都：四川大学出版社，2015：14.
④ 班固. 汉书 [M]. 颜师古，注. 北京：中华书局，2000：22.
⑤ 班固. 汉书 [M]. 颜师古，注. 北京：中华书局，2000：1554.
⑥ 常璩. 华阳国志新校注 [M]. 刘琳，校注. 成都：四川大学出版社，2015：118.
⑦ 班固. 汉书 [M]. 颜师古，注. 北京：中华书局，2000：28.

廷的直接管辖之下，体现了他对巴蜀之地的重视。不过，为了彰显恩信，汉高祖在巴蜀虽未封王，但曾封雍齿为什邡侯、宣虎为南安（今乐山）侯、张瞻师为繁（今彭州市东南）侯、许猜为严道（今荥经县西）侯，景帝时又封苏嘉为江阳（今泸州市）侯。直到武帝时这些侯国才被废止，全面推行郡县制。

汉高祖称帝后，采取了广施恩德、赐民以爵、奖励军功、轻赋薄徭等一系列休养生息的政策，恩信广布于天下。对出定三秦劳苦功高的蜀、汉之民，汉高祖给予了特别的照顾。先是诏令免除两郡百姓两年的"租税"，《史记·高帝纪》载："二月癸未，令民除秦社稷，立汉社稷。施恩德，赐民爵。蜀汉民给军事劳苦，复勿租税二岁。"① 表达了他对蜀、汉之民为国家统一所做贡献的充分肯定。高祖十一年（前196）六月，朝廷再次颁布诏令，对士卒中有从高祖入蜀郡、广汉郡和关中者，终身免除其租税。次年三月，再次扩大了"租税"减免的对象和范围。诏令"入蜀汉定三秦者，皆世世复"②。就是说，凡是跟随高祖入蜀、汉中以及参与平定三秦者，均世代免除租税，将减免赋税的对象从此前参战的士卒扩大到所有参与者，从减免参战者本人扩大到他们的子孙后代，充分表现了汉高祖对蜀、汉的荣宠。

有鉴于板楯蛮参与平定三秦的独特功绩，汉高祖下令特"复夷人"，免除板楯蛮七大姓的全部赋税和徭役，让他们以射杀白虎为事，故板楯蛮世号"白虎复夷"③；对巴地其他种姓的夷民，汉高祖亦有照顾，规定每户每口每年仅需出賨钱40钱，故世称巴汉夷民为"賨人"，表达了汉高祖对巴人为国家统一所做贡献的充分肯定。

巴蜀在秦汉大一统王朝的建立和建设中占有重要而特殊的地位，巴蜀之民亦为之做出了重大贡献。秦并巴蜀增强了秦国的综合国力，史称"蜀既属秦，秦日益强，富厚，轻诸侯"。在拥有巴蜀这一重要战略基地后，加速了秦国吞并六国，统一全国的历史进程。所谓"秦并六国，自得蜀始"，正是对巴蜀在统一全国战争中重要战略地位的充分肯定。秦立足巴蜀，还进一步向西南方向扩张，先后"伐丹犁"，取"笮及江南地"。在接近蜀地的邛、笮、冉、駹等少数民族地区，秦时"尝通为郡县"④。又命令常頞续修五尺道，于沿途诸国"颇置吏焉"⑤，加强秦国与西南地区的联系，增强了秦对西南边疆的掌控。秦在巴蜀推

① 班固．汉书［M］．颜师古，注．北京：中华书局，2000：24.
② 班固．汉书［M］．颜师古，注．北京：中华书局，2000：57.
③ 常璩．华阳国志新校注［M］．刘琳，校注．成都：四川大学出版社，2015：13.
④ 司马迁．史记［M］．北京：中华书局，2000：2320.
⑤ 司马迁．史记［M］．北京：中华书局，2000：2282.

行郡县制，先后在巴蜀设置巴郡、蜀郡、巫郡、黔中郡，推行秦法，将巴蜀之境纳入中央朝廷的管辖范围，先后在巴蜀之境修建了都江堰水利工程、兴建了以成都为核心的巴蜀城市体系，又移民"实蜀"，为巴蜀引入先进的技术与人才，促进了巴蜀之地冶金、制盐业等工商业、贸易业的迅猛发展，开创了"天府之国"的政治、经济与文化奇观。

汉高祖以巴蜀作为后方基地，出定三秦，在楚汉相争中最终胜出，最终建立了大一统的西汉王朝。西汉朝廷先后在巴蜀设置巴郡、蜀郡、广汉郡、犍为郡、越巂郡、沈黎郡、汶山郡、朱提郡，并置蜀郡西部都尉、蜀郡北部都尉，别置广汉属国都尉，加强中央集权，执行休养生息政策，奖励耕织，恢复发展生产，对巴蜀社会、经济、文化的发展做出了历史贡献。景、武间，文翁守蜀，倡言文教，以儒化蜀，续修都江堰水利工程，发展巴蜀农桑渔业、百工技艺，使巴蜀社会、经济、文化融入中原经济文化一同发展。武帝开通西南夷，扩充国家版图，将中原文明经巴蜀之境推向西南夷地区，促进了大一统国家经济、文化的全面发展，扩大了大一统国家政权在巴蜀以及西南夷地区的影响力。

秦汉大一统政权的建设，凝聚形成了独特鲜明的巴蜀文明体系，促进了巴蜀文明与中原文明的互动与交流，有助于将西南夷地区纳入中华大一统文明发展体系。可以说，"通过巴蜀文化的辐射与传播，加强了四川盆地与周围乃至遥远地区古代文化的联系，为促进人类文明的共同发展做出了自己的贡献。"①

第二节　水润天府利千秋

一、李冰修建都江堰水利系统工程

岷江是中华文明发展形成的重要源头之一。大禹舍我其谁，"随山刊木""决川浚濬"，治理九州、九河，成为融合华夏各部族形成华夏国家雏形当之无愧的民族英雄，是中国历史上治水兴农的先师，中华民族的人文始祖。

大禹治水是从岷江开始的。"岷山导江，东别为沱"，是大禹对其治水利水经验的高度浓缩与总结，一直为后世的岷江治理者所遵循与借鉴。据《蜀王本纪》《华阳国志》《蜀中名胜记》载引，古蜀王鳖灵曾借鉴大禹"东别为沱"的

① 赵殿增，李明斌.长江上游的巴蜀文化［M］.武汉：湖北教育出版社，2005：438-439.

治水理念，凿玉垒山，开沟渠引岷江水进入沱江以分杀水势，并凿开金堂峡进行排洪与泄洪，有助于消除成都平原的洪涝灾害，使蜀民"得以陆处"并安身立命。

昭王末年（约前302—前235），李冰（生卒年不详）出为蜀郡太守。李冰是秦国著名的水利工程专家，他在开明氏治理岷江的基础上，"凿离堆，避沫水之害，穿二江成都中"，创新修建了都江堰渠首工程体系。李冰穿引检、郫二江于成都市中，将治水、利水与用水有机结合，创新性地建立了世界著名的无坝自然引流灌溉水利工程系统——都江堰水利工程。

李冰在实地考察后，决定在岷江水从狭窄险滩进入河槽宽阔处的灌县（今都江堰市）地界，采取在江心沙洲"雍江作堋"①（在中心沙洲修建"人"字形堰埂以分岷江之水），俗称修建鱼嘴工程。鱼嘴工程将岷江干流之水按照4∶6的比例分为外江和内江，"以杀岷江干流水势"。对于鱼嘴的修筑，李冰总结出了著名的"深淘滩，低作堰"六字真言，这是巴蜀之地继大禹"岷山导江，东别为沱"之后的又一卓越的治水思想理念。鱼嘴前出部分在于分水引流，紧接鱼嘴之后的是介于内、外二江之间的金刚堤。在距离鱼嘴约1000米的金刚堤尾部靠近宝瓶口的地方，还修建了用来分洪的平水槽和"飞沙堰"溢洪道。溢洪道前，专门修有弯道，以使江水呈环状流动，并使洪水挟带的泥沙在经过堰顶时，借助漩涡产生的离心力将其抛入外江，这样不至于使上游的泥沙堵塞内江和宝瓶口水道，故取名"飞沙堰"。宝瓶口距飞沙堰约200米，原河床高于内江，河面也非常狭窄，是造成岷江水患水害的主因。因此降低河床、拓宽河面，控制宝瓶口这一内江咽喉，也就成为制服岷江水患、变水害为水利的关键。据《史记·河渠书》记载，"蜀守李冰所凿离堆"，实指李冰凿宝瓶口以建成控制内江水势的河道工程。宝瓶口与飞沙堰自然配合，当内江水与飞沙堰顶部齐平时，内江水正好满足下游川西平原的灌溉之用；当内江水势高于飞沙堰时，多余的水就流入外江进行自然分洪。为了观测四时水位的涨跌情况，李冰还在内江白沙邮（今都江堰市西白沙街）出水口处立有"三神石人"以镇水患，并使之兼具"水竭不至足，盛不没肩"的水则功能，这其实是最原始的水尺。由此可见，秦时蜀人不仅对都江堰水位有长期观察，并且已掌握了岷江洪、枯水位消长幅度的基本规律。

由鱼嘴、金刚堤、飞沙堰、宝瓶口组成的都江堰渠首枢纽工程，融防洪、灌溉、航运为一体，是世界自流引水灌溉工程的历史典范。修建鱼嘴、金刚堤、

---

① 常璩. 华阳国志新校注［M］. 刘琳，校注. 成都：四川大学出版社，2015：112.

飞沙堰所用材料，均取材于当地，利用竹绳拴捆内装河中卵石的竹笼、杩槎而成。让竹笼相互连接叠压，形成堰埂，既可以减轻水流压力，也可以随时拆除，且方便制作，成功解决了在江水中修建堰埂所需材料、资金和技术方面的难题。李冰治水不仅限于修建都江堰渠首这一著名工程，而是力求取得全域性、系统性治水、利水与用水之功效，通过变岷江水害为水利，实现其治水兴农、治水兴蜀的治水目标。

岷江之水经鱼嘴后分为内江和外江。东边的叫内江，西边的叫外江。内江自宝瓶口以下，进入密布于川西平原之上的灌溉系统，经郫江、检江后流入成都市。《华阳国志》所谓李冰"穿二江成都之中"的"二江"，即指郫江和检江。郫江旧称油子河，系李冰从今都江堰市崇义镇分检江东流而成。郫江大体经过郫都区团结镇（今成都市郫都区团结镇）南后，流经今成都北九里堤，至合江亭与南河汇合，现称此段江水为府河。检江一般被视为岷江的正流。李冰从今都江堰市南门分沱江水为检江（今走马河），正流沿东南方向流经今聚源镇、崇义镇后进入郫都区界，流经今成都地界苏坡桥后过成都城南，至合江亭后与府河相汇，俗称南河。李冰疏浚"二江"，一方面，为了充分利用两江之水行航运之便，如人们利用江水漂运岷江所产的梓树、柏木、大竹等竹木材料，可收到"坐致材木，功省用饶"[1] 的实效；另一方面，充分利用两江之水以收灌溉之利，如沿江新开稻田就多达万顷以上，史称蜀地"沃野千里"，认为是万物所出的"陆海"，即源于此。遇天旱，则引水灌溉田地；遇洪涝，则关闭水门以防水害，对江水进行合理的人工管控，这是都江堰水利灌溉工程的巧妙之处。后人在评价都江堰水利工程给人们带来的巨大生产生活效益时说，"水旱从人，不知饥馑，时无荒年"，蜀地借此成为名副其实的"天府之国"。

李冰穿引二江以过成都西南方向，奠定了成都"二江抱城"的历史发展格局。二江实为大城、少城之江濠。它们对屏障大城、少城城防安全具有一定作用。据《华阳国志》记载，李冰曾在此段郫江上修建了永平桥、长昇桥、冲治桥、市桥和江桥，在此段检江上又修建了笮桥、万里桥。此即传说中"李冰造七桥，上应七星"[2] 故事的文化源头。

李冰造桥，修建江桥渡口、水渠码头，满足了成都民众对生活、商业、交贸与航运的实际需要，奠定了引岷江之水助力成都城市千年发展的历史基础，在中国水利史、城市史上占有重要地位。

---

① 常璩. 华阳国志新校注 [M]. 刘琳，校注. 成都：四川大学出版社，2015：112.
② 常璩. 华阳国志新校注 [M]. 刘琳，校注. 成都：四川大学出版社，2015：125.

　　李冰在都江堰的外江渠口，主持开凿羊摩河（今羊马河），疏通崇庆（今崇州市）境内的文井江，使之经武阳（今新津区）与羊摩河汇合后流至犍为（今乐山市犍为县），再与外江正流在犍为境相汇后流入长江。李冰通过疏理外江沿线流域水系，实现了利用外江之水以灌溉今都江堰市、温江区、新津区的农田的目的。李冰吸取大禹"东别为沱"的治水经验与智慧，还疏导了成都平原北部的绵水（今绵远河）与雒水（今石亭江）。李冰疏导绵水使之经德阳东流至广汉后再流入雒水。疏导雒水经什邡后流入郫别江（今毗河），再汇入新都大渡（今金堂县赵镇）流入沱江。李冰充分利用绵、雒二水灌溉沿途田土，滋润稻禾菜蔬，成效显著。《华阳国志》评价说："是以蜀川人称郫、繁曰膏腴，绵、雒为浸沃也。"① 充分肯定了李冰整理外江，疏导绵、雒二水，为发展成都平原稻作耕种所做的重要贡献。李冰首创都江堰水利体系工程泽被蜀地的做法，为后世大多数蜀中主政者所借鉴。他们不断丰富、修缮和发挥都江堰水利工程在治水利水、治水兴农和治水兴蜀中的重要作用。

二、文翁穿湔江溉繁田

　　西汉景、武间，文翁为蜀郡守。一方面，以儒化蜀，建石室储才，倡言风教；另一方面，兴修蜀地水利，发展巴蜀生产，名列《汉书·循吏传》第一。文翁组织力量"穿湔江口"。文翁从灌口东门（今都江堰市灌口街道）外，分湔江水使之东北流，过蒲阳镇。通过人工开掘的蒲阳河，使江水转而从东南流入繁县（今彭州市）界，至丽春镇后与青白江汇合，沿途灌溉都江堰市东部及彭州、新繁大片田地。因汉代这一片灌区属于繁县，所以《华阳国志·蜀志》说："文翁为蜀守，穿湔江，溉灌繁田千七百顷。"② 文翁在穿湔江口后，为了变水患为水利，充分发挥水利兴蜀的效果，于是秉承李冰"乘势利导""因时制宜""因地制宜"等治水利水观念，充分利用自然地形与有利地理条件，率众在今成都市新津区南河、西河、金马河交汇处修建通济渠首。《元和郡县志》载："馨堰（即今通济堰），在县西南二十五里，拥江水为大堰，开六水门，用灌郡下。"③ "开六水门"，就是修建六个调控进水的闸门作为渠首。此后历经修缮，形成了包括拦河大坝、引水渠道、通航水缺、流量控制等后续工程设施在内的渠首枢纽系统格局。这是岷江流域继都江堰无坝引水灌溉工程之后，又一个闻

---

① 常璩. 华阳国志新校注［M］. 刘琳，校注. 成都：四川大学出版社，2015：117.
② 常璩. 华阳国志新校注［M］. 刘琳，校注. 成都：四川大学出版社，2015：118.
③ 李吉甫. 元和郡县图志：第 33 卷［M］//纪昀，永瑢，等. 文渊阁四库全书：第 468册. 台北：台湾商务印书馆股份有限公司，2008：532.

名于世的有坝引水灌溉工程。通济堰拦河坝被称作"中国历史上规模最大、运用时间最长的活动坝",充分体现了巴蜀自古及今"道法自然""天人合一"的治水理念与智慧,是治水利水、人水和谐工程的世界典范。2022 年 10 月 6 日,通济堰成功入选"2022 年度(第九批)世界灌溉工程遗产,成为都江堰灌区范围内的第二处世界灌溉工程遗产"①。

东汉时,主政蜀地者充分利用两江增建支渠,不断扩大都江堰流域大灌溉面积。如《续汉书·郡国志》注引《益州记》说,广都县(今成都市双流区)有万川源(今江安河),凿石渠二十里,引郫江水灌溉广都农田甚众。同时,在彭山、峨眉、乐山、眉山等地区,先后出土了融渠、塘、堰为一体的水田灌溉系统模型,表明都江堰水利系统工程在农田灌溉与作物种植中起到了重要作用。

三、历代对都江堰的修缮

文翁之后,历代善政爱民者均对都江堰水利灌溉工程进行了修缮,充分发挥它在治蜀兴川、泽惠巴蜀民众中的重要作用。三国诸葛亮治蜀,主张"务农殖谷",特别重视农业生产与水利建设。《水经注·江水》注引说,诸葛亮北伐曹魏时,认识到都江堰乃蜀汉农业之根、国用军资之本,于是专门征调 1200 人丁守护都江堰,并设堰官负责管理有关事务。唐贞观年间,益州大都督府长史高士廉(576—647),曾在文井江故渠之外,另开新渠以灌溉成都平原的田地,史称此举使"蜀中大获其利"②。他们还想方设法修缮都江堰灌溉工程,充分发挥都江堰水利工程在促进农耕社会文明中的效能。都江堰水利工程建成后,对于控制宝瓶口水量的问题一直没有很好地解决,严重影响其效能的发挥。为此蜀中主政者专门新修侍郎堰,利用泄洪道有效调节内江流量以提升排沙效果,实现对旧有都江堰水利工程的充分再利用。宋代的蜀中主政者,还新建了调节排灌的滚水坝与水库,倡导修复、改建和增辟唐代旧有渠堰,开建山区小型灌溉水利工程等做法,对都江堰灌溉系统的利用与再升级做出了新贡献。熙宁、元丰年间,朝廷推行农田水利法后,这方面的工作被进一步重视。新繁(今成都市新都区)人张唐英(1029—1071)曾捐资在郫都区唐昌(今成都市郫都区唐昌镇)修建司理堰,借此灌溉的田地达数千亩之多。元、明、清以来,人们主要对都江堰水利灌溉系统工程进行相应的维护与修缮,并借助其灌溉功能以

---

① 张超群. 四川通济堰入选世界灌溉工程遗产名录体现中国治水理念 [N]. 新华社, 2022-10-08.

② 刘昫. 旧唐书 [M]. 北京: 中华书局, 2000: 1648.

提高田地产量。元代金四川肃政廉访司事吉当普曾组织 8000 军民，对都江堰水利工程进行了全面系统的整治，以满足成都平原农田灌溉和手工业纺织用水之需。明代弘治年间，政府还拨付专款伐石冶金，以石铁代替竹木，加固都江堰堰首旧有基址，以恢复都江堰水利工程的灌溉功能。康熙二十年（1681），四川巡抚镶白旗杭爱（？—1683）花费重金，重新修复了都江堰水利工程，主要是疏通沿途淤塞，恢复宝瓶口的调节功能。此外，主政蜀地的官员还上书朝廷，要求设置都江堰"水利专官"，以加强对都江堰事务的管理以及对渠堰的日常修建与维护。这一"专官专管"制度，至今还在应用。

李冰创建都江堰水利系统工程，变水害为水利，促进了成都平原的开发与利用，并从根本上解决了成都城市的防洪与对外的交通交流问题，形成并固定了天府之国的核心区域，为成都造就中国"城不改址三千载，址不更名两千五"的成都城市历史奇观，做出了重要贡献。

李冰以顺水之性、崇尚自然、天地人和谐为理念，为后代治水者立下了万世治水之法。如文翁在岷江下游修建通济堰，以其独特的工程技术、历史文化与实用价值，先后入选世界灌溉工程遗产名录，成为世界灌溉工程遗产。"从都江堰无坝引水，到通济堰有坝引水，两处世界遗产在岷江流域一上一下，距今 2000 多年，都体现出中国乘势利导、因地制宜的治水理念。"① 李冰、文翁等对都江堰水利灌溉工程的修建，促进了巴蜀地区社会、经济与文化的新发展。天府之国的形成，"使以成都为核心的天府经济区从普通的经济区发展为在巴蜀起领导作用的经济区，并使整个巴蜀地区跃居全国性先进区"②，都江堰也因此成为"全世界唯一历经 2000 多年依然发挥功能的水利工程，而且在科学或哲学上都具有深刻内涵，已成为中华民族的一张文化名片"③。

第三节　天府成都"列备五都"

一、秦汉移民"实蜀"

秦汉时期国家统一，为巴蜀社会、经济的发展提供了稳定的发展环境与新

① 张超群.四川通济堰入选世界灌溉工程遗产名录体现中国治水理念［N］.新华社，2022-10-08.
② 罗开玉.四川通史：第2卷：秦汉三国［M］.成都：四川人民出版社，2018：19.
③ 张在德，唐建军.中国地域文化通览：四川卷［M］.北京：中华书局，2014：40.

的机遇。李冰、文翁相继兴修都江堰水利灌溉工程，为巴蜀社会、经济和文化的发展繁荣奠定了基础。在秦汉大一统国家背景下，巴蜀地区的经济、社会、文化不断自我超越，实现新的发展。秦昭王四年（前303），秦在蜀地推行"开阡陌"的土地制度。《汉书·地理志》记载："昭王开巴蜀，灭周，取九鼎。"①表明秦的先进耕战制度、措施至迟在昭王时已在巴蜀推广。1980年在四川青川县郝家坪秦昭王时期的墓葬中出土的《为田律》② 木牍，成为秦在巴蜀"开阡陌"强化中央治理，推行土地私有制的有力证据。秦汉时期，统治者不断移民"实蜀"，主观上是加强与巩固对巴蜀地区统治的需要，客观上促进了巴蜀地区经济、社会与文化的跨越式发展。如秦惠王封子通国为蜀侯时，有鉴于巴蜀之地"戎伯尚强"的实际情况，于是下令"移秦民万家实之"③。除了向巴蜀迁移一般民众外，秦国还把罪犯、六国贵族的家属、随从迁往巴蜀之地。如秦始皇在平定嫪毐之乱后，被夺爵强制迁徙到蜀地的就有四千余家。《史记·秦始皇本纪》记载："及夺爵迁蜀四千余家，家房陵。"④ 卓王孙原是赵国贵族世家，国破之后以"迁虏"之身到蜀地临邛谋生。《史记·货殖列传》记载："蜀卓氏之先，赵人也，用铁冶富。秦破赵，迁卓氏。卓氏见虏略，独夫妻推辇，行诣迁处。"⑤ 从秦惠王移民"实蜀"到西汉之际，移民"实蜀"政策前后延续了百余年。迁移来蜀的数万移民中，不乏燕、赵之地的贵族、豪侠、知识分子以及掌握了先进技术的农业与工商业者。他们落户巴蜀，对促进巴蜀城乡经济、社会和文化的发展做出了积极贡献。如迁移到临邛的卓文君之父赵人卓王孙、山东人程郑等人，正是依靠掌握的冶铁制盐等技术、精湛的手工艺和商业交贸方法致富的。《华阳国志·蜀志》在记载迁蜀豪侠大族们的生产生活景况时说："家有盐铜之利，户有山川之材。"他们丰衣足食，"以富相尚"，蔚然成风。工商之家出行则"结驷连骑"，豪门大族居家则"服王侯美衣"，嫁娶时则设牛、羊、猪等"太牢"膳食，乃至于出嫁后返家妇女至"有百两之从车"⑥，如此种种，可见秦迁蜀移民生活之富庶与豪奢。可以说，秦汉时期的蜀布、蜀锦、蜀刀、金银钮器、漆器等奢侈品的大量产出与流行，是与这些移民带来的先进技术、

① 班固. 汉书［M］. 颜师古，注. 北京：中华书局，2000：1310.

② 李昭和，莫洪贵，于采芑. 青川县出土秦更修田律木牍：四川青川县战国墓发掘简报［J］. 文物，1982（1）：12.

③ 常璩. 华阳国志新校注［M］. 刘琳，校注. 成都：四川大学出版社，2015：107.

④ 司马迁. 史记［M］. 北京：中华书局，2000：162.

⑤ 司马迁. 史记［M］. 北京：中华书局，2000：2478.

⑥ 常璩. 华阳国志新校注［M］. 刘琳，校注. 成都：四川大学出版社，2015：124.

经营管理理念密不可分的。

大批秦汉移民来到巴蜀，必然推动外来文化与巴蜀本土文化的交流、互动与融合发展。一方面，先进的冶炼、工商和耕战文化，有助于推动以"仙道浪漫"为主的巴蜀文化自身的进步；另一方面，秦汉移民带来的华夏语言、生产生活方式、思想理念、风俗习惯以及丧葬形式等外来文化，也存在不断在地化演变与融入的问题。这种地域文化之间的互鉴与互动，既"是促进巴蜀文化与秦文化整合的重要因素之一"①，也是中华文化多元一体、融合发展的重要形式。

二、建构巴蜀城市体系

（一）建构巴蜀城市体系

开明氏以前，巴蜀地区既没有修建中原那样真正意义上的中心城市，也没有成体系的城市群落。开明氏虽然曾经在成都平原的"广都之野"建有"王都"，但主要采取的是竹木泥墙、栅栏连接等简陋松散的筑城方式，并没有修建版筑夯土、砖石结构那样的闭合式城墙，也没有分区明确、体系完善的城市功能体系与分区布局。古蜀开明王朝虽然建有所谓的王都，但就城市建筑、功能等客观要素而言，其距离真正意义上的中原城市还存在较大的差距。秦并巴蜀后，秦惠王命令张若、张仪、司马错在巴蜀之地按照秦都咸阳城规制，修建新的城邑，建构巴蜀城市的体系。张若、张仪奉命新修成都（今成都市南）、郫城（今成都市郫都区郫筒镇）和临邛（今邛崃市临邛镇）三座城池。其中，成都是天府城市群落的主体与中心。新修的成都城城墙周回 6000 米，城高约 23 米；郫城城墙周回 3500 米，城高 20 米；临邛城城墙周回 3000 米，城高约 17 米。仅从修建规制而言，成都无疑是三城之首。从它们的布局、功能与作用而言，新修的三城以成都城为中心，三城大体呈"品"字形结构，临邛、郫城分列东、西，以为成都之辅翼。三城互为犄角，创新性地建构起以成都为中心的天府城市发展体系、防御体系与工商交贸体系，进而有效震慑开明氏残余势力以及氐羌等"戎伯"势力。在巴地，张仪、司马错还新修了阆中城（今阆中市旧城）、江州城（今重庆市），开启了巴蜀城市的基本格局。

秦在巴蜀兴建以成都为中心的城市体系与战争防备体系，强化了秦中央对巴蜀及西南少数民族地区的统治，加快了巴蜀地区融入中原的历史进程，有助

---

① 段渝，谭洛非．濯锦清江万里流：巴蜀文化的历程［M］．成都：四川人民出版社，2001：157.

于秦汉之际巴蜀地区经济、社会与文化的自身发展与进步，为西汉大一统国家的建立做足了前期准备。

（二）仿咸阳筑成都城

秦朝廷命令张若、张仪仿照秦国首都咸阳的规制修筑成都城，充分体现了秦王对兴建成都城市的高度重视，表明了成都在秦国城市中的显著作用与地位。新修的成都城市主要由大城和少城两部分组成。大城和少城紧邻，大城东垣即少城西垣。少城位于成都城市的西边，为当时成都县的县治所在地。城内置成都县令、县丞，以及盐官、铁官和负责管理市场的市官之长、丞。秦民万家迁蜀，不少商贾、百工均迁居其中，少城成为蜀地工商业与商贾互市中心。大城位于成都城市的东边，是蜀地军事和政治的中心，最初是蜀侯、蜀相以及蜀守的治所之地，秦昭王裁撤蜀侯、蜀相后，大城仅剩蜀郡治所这一主要功能。

鉴于成都是冲积平原独特的地形地质结构，新修的成都城市的东、西、南、北四至并未像咸阳城那样规整与方正，而是呈现出"不方不正"、自然曲缩如龟背样的结构形态。成都城这种顺其自然的独特结构布局，被称作"龟城"走向，成都城也因此叫作龟城。龟城走向奠定了成都城市历史发展的雏形，亦为全国所未有，因此龟城成为成都城市独特的历史文化名片。成都城的东边有千秋池，北边有龙坝池，西边有柳池，西北边有天井池，另外还有万岁池，即因修建龟城挖土后形成的城中之池。各池与自然津流连通，活水自来，冬夏不枯，成为成都城市重要的渔猎与田囿之所。张仪筑城充分发挥活水在成都城市建设中的作用，这也是今人所谓"活水成都"的历史与文化源头。新修的成都城建有治所馆舍、工商集市和居民集聚区，以利于城市的日常管理，方便居住在城市中的人们的生产与生活。为了发挥城市在一地战争中的重要作用，张仪等人还在成都城墙之下专门新修了"下仓"。所谓下仓，即用来储备战时所需粮草、武器之类的专门仓库以及战时人员的庇护之所；城墙上面，还修建有可供瞭望的"观察楼"和能射箭的"射栏"。在城墙上、下，分别修建专门的"观楼""射栏""下仓"等专用军事设施，是蜀地城市借鉴中原城市战争功能的必然选择。张若、张仪将中原城市的结构、功能和布局引入成都城市的建设，并根据城市的功能与用途将城市划分为军事区、管理区、生产区、商贸和生活区等不同功能区块，有助于发挥成都城市工商业功能，推动巴蜀城市朝着中原化、专业化方向发展。

考虑到成都城市建成后的发展与繁荣之需，张若、张仪先行修建了专门负责盐铁生产以及负责相应商业交换与管理的"市官"，并设置了相应的长、丞。这似乎表明，秦并巴蜀之际，巴蜀已经有了盐铁生产的能力。《华阳国志·蜀志》记载，张若、张仪"修整里阓，市张列肆，与咸阳同制"①。成都城市内仿照秦都咸阳规制新修的街道、巷间，无疑为朝廷施行"移秦民万家实成都"的治蜀策略打下了重要的前期基础。

（三）"大汉巍巍"都市

秦汉大一统后，从成都四出，北可达中原，东可达吴越，南可达番禺、云贵之地，成都已然发展成为勾连南北、通达东西的交通、手工业与商贸的枢纽重镇。从陆路看，向北修通"千里栈道"，通过故道、褒斜道、傥骆道、子午道翻越秦岭，可由成都、汉中向京都咸阳或长安运送物资，有力地促进了巴蜀与中原商贸的交流与人员的往来。向南，汉武帝开通西南夷，可达缅甸、印度。从成都出发的主要通道：有通过荥经、汉源、越嶲至邛都（今西昌）的旄牛道，此道向南进入云南后经过永昌可达缅甸、印度；从成都南下经僰道、朱提（今云南昭通）到云南滇池，有所谓"五尺道"；另有从成都经僰道进入夜郎（今贵州境内安顺市、黔西南州和六盘水市一带），沿牂牁江至番禺（今广州）的牂牁道。从水路看，经由岷江、嘉陵江、大渡河、涪江、乌江进入长江，出夔门可达荆楚和吴越。

作为西南的交通枢纽重镇，成都为巴蜀工商业、商贸易的发展提供了优厚的保障。蜀中的邛竹杖、蜀布、蜀锦、铁器、漆器等借助南方三条通道销往今广州、云南等省份以及缅甸等东南亚地区，这些地方的珠宝、象牙、马匹和香料也经"南方丝绸之路"传入成都，促进了中原与西南甚至域外国家间的经济、商贸与人文交流，扩大了大一统王朝国家的对外影响力。秦汉时期，成都已发展成为西南的商贸管理、生产、销售中心。武帝元鼎二年（公元前115），成都曾立有十八门，这是成都西南少城发展为南市后人口聚集、街市增加、百业兴旺的表现。蜀郡的成都与广汉郡的雒县，也跃升为全国八个设置工官的城市之一。锦江外，分别修建有锦官城、车官城和工官城。据钱大昭《汉书辨疑》、王先谦《汉书补注》，成都工官城有成都县工官和广汉郡工官，共计两处。工官城内既有负责管理的专门官员，也有专司其职的技工。这势必对巴蜀工商业的发展繁荣产生积极影响。

西汉时的蜀锦制作，已从纯粹的手工作业发展到工场手工作业的阶段。2012年，在成都市天回镇老官山出土了四部保存较好的勾综提花织机模型。这些织机结构精巧而复杂，根据模型复制的提花机还复制了五色"五星出东方，利中国"绢帛。在织机旁边，还发现了16只彩绘的木俑，她们正是操纵织机的

---

① 常璩. 华阳国志新校注 [M]. 刘琳，校注. 成都：四川大学出版社，2015：108.

佣工。四部织机与16名佣工，正好形成了西汉工场协作制作蜀锦的场面，说明西汉四川的织锦技术与产量已达到了较高水平，而且呈现出专业化、规模化生产的趋形。

成都工官主要采取金银错、鎏金和釦金技术生产金银器、漆器等高端、精美的手工艺品。长沙马王堆汉墓曾出土一批精美的漆器。这些漆器上分别有"成市""成市草（造）""成市饱（重复上漆之意）"等标明产地来源的文字标记。上述独特的地域标记，表明成都的漆器已由私人制作向官方监制转变。成都工官生产的漆器尤其有名，无论质量还是数量均居全国之首，但花费也很大。如贡禹在向汉元帝呈交的奏章中说："蜀广汉主金银器，岁各用五百万。"①蜀郡、广汉郡在金银器制作上每年花费多达五百万，从一定侧面反映了四川金银器制作耗费之惊人。修建专门化的管理、生产与制作场地，表明成都工商业已摆脱了私人作坊形式的初级生产阶段，开始进入专业化、官方化生产的较高发展阶段，可见成都在秦汉之际的全国手工业同行中已处于领先的地位。

为满足城市商业与交贸业发展需要，除成都外，两汉王朝还在成都平原新开辟了广都、新都两大城市。它们与成都同时并称"三大名城"。城市工商业的不断发展，带来了人口的不断增加。西汉末期，据《汉书地理志》记载，西汉元始二年（公元2年），京兆尹有"户195702，口682468"。其中，长安有"户80800，口246200"②。蜀郡有"户268279，口1245929"。其中，成都县有"户76256"③，口未详。成都县的户口数仅比京城长安的80800户数少千余户，但比豫章郡多数千户，比武陵郡多一倍以上。若以每户平均5人计算，成都县有口约380000，比京城长安还多13.6余万人。"按户数计，（成都县）是当时全国第二大城市。"④ 两汉之际，成都不仅是西南的政治、经济、文化中心，而且是西南的交通和商业贸易中心，成功跻身仅次于京城长安新兴的商业大都市，成为与洛阳、邯郸、临淄、宛并列的全国五大商业大都市"五都"之一，故《裴君碑》对成都有"大汉巍巍，列备五都"这样的赞誉。

秦汉大一统王朝先后分巴蜀为五郡六十余县，在成都平原设置蜀郡、广汉郡和犍为郡，号称"三蜀"，在蜀郡又发展出成都、广都和新都这样的"三都"名城；在嘉陵江流域，又发展出巴郡、巴东郡和巴西郡"三郡"。各个行政区互不相属，统一归中央朝廷管理，但在经济与文化上长期交流，存在密切的联系。

---

① 班固. 汉书：第72卷 [M]. 颜师古，注. 北京：中华书局，2000：2301.
② 班固. 汉书：第28卷（上）[M]. 颜师古，注. 北京：中华书局，2000：1245.
③ 班固. 汉书：第28卷（上）[M]. 颜师古，注. 北京：中华书局，2000：1281.
④ 蒙默，刘琳，唐光沛，等. 四川古代史稿 [M]. 成都：四川人民出版社，1988：91.

巴蜀内部各行政区划之间的互相协调与融合发展，"以及三蜀经济文化共同形成的强劲的辐射力，便成为秦汉时期四川盆地经济文化全面高涨的重要原因"①，也是推动全国经济文化向前发展的强劲动力。

第四节　文翁化蜀"学比齐鲁"

一、文翁"以儒化蜀"

西汉文翁创立"学官"于成都，延师讲授儒学，传播儒学；又建石室储才，丰富蜀中典籍文献，培养蜀地人才，致力于改变蜀地固有的蛮夷风习，史称"至今巴蜀好文雅，文翁之化也"②。

文翁是西汉庐江舒城（今安徽省庐江县）人，少年好学，以通《春秋》之学名于当世，经察举被不断提拔任用，位列西汉循吏之首。史载，孝景帝末，奉命出任蜀郡的太守。文翁以善治儒经春秋学出仕为官，儒家所崇尚的仁爱与教化思想成为他治蜀方略最核心的组成部分。在蜀郡郡守任上，他发现蜀地僻远，受中原儒化影响较少，文教不兴，"蛮夷之风"颇为盛行。为了倡言文教，改变蜀地的固陋风习，文翁在蜀地大力推行以儒为核心的风教措施。他在成都城市中修建学官，建石室储才，传播学术，致力于改变蜀中落后的文风士习，史称"文翁化蜀"。班固在《汉书·循吏传》、常璩在《华阳国志·蜀志》中，均对此有所记载。《汉书》文翁本传云：

> 文翁，庐江舒人也。少好学，通《春秋》，以郡县吏察举。景帝末，为蜀郡守，仁爱好教化。见蜀地僻陋，有蛮夷风，文翁欲诱进之，乃选郡县小吏开敏有材者张叔等十余人亲自饬厉，遣诣京师，受业博士，或学律令。减省少府用度，买刀布蜀物，赍计吏以遗博士。数岁，蜀生皆成就还归，文翁以为右职，用次察举，官有至郡守刺史者。
>
> 又修起学官于成都市中，招下县子弟以为学官弟子，为除更徭，高者以补郡县吏，次为孝悌力田。常选学官僮子，使在便坐受事。每出行县，

---

① 段渝，谭洛非. 濯锦清江万里流：巴蜀文化的历程 [M]. 成都：四川人民出版社，2001：183.

② 班固. 汉书 [M]. 颜师古，注. 北京：中华书局，2000：2689.

益从学官诸生明经饬行者与俱，使传教令，出入闺阁。县邑吏民见而荣之，数年，争欲为学官弟子，富人至出钱以求之。由是大化，蜀地学于京师者比齐鲁焉。至武帝时，乃令天下郡国皆立学校官，自文翁为之始云。

文翁终于蜀，吏民为立祠堂，岁时祭祀不绝。至今巴蜀好文雅，文翁之化也。①

文翁以儒化蜀所采取的措施，主要表现在以下四方面：

首先，致力于培养蜀中青年才俊。为改变蜀地"好文刺讥""贵慕权势"等蛮夷风习，文翁采用自己熟悉的"仁爱教化"治蜀方略。先是选取郡县中聪明好学、富有才干的青年官吏张叔等十余人，亲自对其进行教育与培养，为他们打下儒学基础；然后派遣他们到京师博士官那里专门学习儒学或律令。为让这些蜀中青年受到更好的教育，文翁还节省官府用度，用以购买蜀刀、蜀布等蜀中特产馈赠给博士官，希望他们照顾蜀地学子。对于学成归来的张叔等蜀中才俊，文翁根据他们的才学品行"用次察举"，大力培养提携这些学成归蜀者。后来，这些人中有人官至郡守、刺史那样的高位。

其次，在成都市中修建学官，培养"下县子弟"。要培养人才，离不开优质的师资。在京师学成归来的蜀中才俊无疑是担任学官教职的最佳人选。文翁聘请学成者教授蜀中本土子弟，对传播西汉主流学术——儒学，培养蜀中急需的各类人才，促进巴蜀文化融入中原文化发展体系，均产生了重要作用。

再次，重用学官弟子。对于在学官受业的学官弟子，一方面免除他们的徭役，另一方面还选用学行俱佳者担任县邑官吏，对学行稍弱者则授予孝悌、力田等职位，让他们承担传播儒家道德伦理的责任，在蜀中掀起学官弟子"学必有所用"的选人用人导向。

最后，在行政系统中选用学官弟子以提升其社会地位与影响力。文翁常让学官学子参与郡中具体政务的处理，以培养他们的行政能力。每次到县邑巡察，都要从学官中选拔学业优秀、品行端正的学官弟子与之同行，并安排他们负责传达文书教令，出入官府，以提高学官弟子的政治地位，在蜀地形成学在官府，人才培养在学官的普遍共识。

文翁"以儒化蜀"，客观上有助于地处僻远的巴蜀文化融入中原的主流文化圈，促进中央与地方文化学术的交流与互动，增进巴蜀文化与中原文化的内在联系。同时，也扩大了巴蜀学人在全国的影响力。文翁建学官传播学术、修周

---

①　班固. 汉书［M］. 颜师古，注. 北京：中华书局，2000：2689.

公礼殿倡言礼制德教、建石室储才，构建了"文翁之教"的核心发展体系，为武帝"令天下郡国皆立学校官"提供了重要借鉴，史称"天下郡国建学官，自文翁始"。因此，"学官"（后世或称学宫、讲堂和精舍）、周公礼殿、石室以及文翁祠，成为彰显"文翁之教"流风雅韵的重要标志物。大凡有志于文教的蜀中大吏，均把修复讲堂、修复周公礼殿、建石室和修建文翁祠，作为标举其重视人文学术、倡言文教的优先工作项。

二、继流风于无穷

文翁通过建学官培养蜀中子弟、传播儒学，重用学官子弟等一系列文教措施，逐渐在巴蜀吏民中建立起不同过往、重儒学重真才的选人用人新风向。不过数年，蜀中子弟都以进入学官学习为荣，以至于富人子弟有通过捐献钱物也要进学官就学，成为学官弟子中的一员的现象。通过文翁数年的诱导，蜀地风习大变，蜀地在京师求学者与儒学发达的齐鲁地区不相上下，史称"蜀学比于齐鲁"。文翁"以儒化蜀"，建学官传播儒学，建石室培养人才并重用学官弟子，对改变蜀中旧有的落后风习，促进儒学在四川的传播与发展，产生了重要而积极的作用。史称汉武帝时，诏令天下郡国都设立"学校官"，正是文翁"以儒化蜀"成功经验的时代应用。

以文翁"以儒化蜀"为核心的治蜀镜鉴和措施，具有以下重要价值和意义：

一是文翁作为治蜀取得显著成效的开创者之一，他在践行"以儒化蜀"过程中的所作所为以及由此积累的治蜀经验与教训，使之成为当之无愧的治蜀楷模，成为后世治蜀者学习的榜样。

二是将中原主流思想学术——儒学引入蜀地，不仅扩大了儒学的传播范围，而且奠定了蜀学后来发展的主流与趋势。文翁"以儒化蜀"，客观上有助于地处僻远的巴蜀文化融入中原的主流文化圈，促进中央与地方文化学术的历史交流与长期互动，增进作为地方文化的巴蜀文化与中原文化的历史联系。

三是文翁作为蜀郡最高长官，在如何治理蜀地的问题上，率先采用了"以儒化蜀"的治蜀方略，开儒化蜀地之先河，为后世平治巴蜀者提供了有益的历史镜鉴。

四是"文翁之教"在促进地方学术传播、人才教育方面取得的成功，成为武帝"令天下郡国皆立学校官"的主要原因。文翁建学官传播学术、修周公礼殿、倡言礼制德教、建石室储才，是构成"文翁之教"方略诸要素的核心要素。因此，"学官"、周公礼殿、石室以及文翁祠，历史地成为彰显"文翁之教"流风雅韵的标志物，成为评价后世治蜀者是否重视文教的重要参考。大凡后世有志于文教的蜀中大吏，均把修复讲堂、修复周公礼殿、建石室和修建文翁祠，作为标举其重视人文学术、重视文教之治的重要举措。

作为主政蜀中的最高行政首脑，文翁亲力亲为，以身作则，"以儒化蜀"，"教民读书法令"，在蜀地开启了以法制、德教治蜀的先河。需要指出的是：在一地之中主张德化风教并非一朝一夕的事情，蜀地并没有在文翁化蜀之后形成法治礼教之风习，但对改变蜀地固有的"蛮夷之风"，培养蜀地人才，却是有一定积极作用的。班固在《汉书·地理志下》中曾评价说：

> 景、武间，文翁为蜀守，教民读书法令。未能笃信道德，反以好文刺讥，贵慕权势。司马相如游宦京师、诸侯，乡党慕循其迹。后有王褒、严遵、扬雄之徒，文章冠天下，由文翁倡其教，相如为之师，故曰：有教无类。①

文翁教蜀地之民读儒家之书，学习朝廷制度法令，但在文翁之后，蜀地并未就此形成笃信德治礼教的风习，反而形成了文过饰非、讽刺朝政，追逐权力、羡慕势力等不良风气。似乎可以说明，文翁之教虽然没有立即在蜀地形成他所期望的儒风良俗，但就其初衷——改变蜀地的蛮夷之风而言，也是有一定效果的。比如，文翁之后的司马相如被称作一代"辞宗"，凭借其"控引天地""错综古今"的不世才华，得以宦游京师与诸侯，以其才学为汉武帝任用。其所作《子虚赋》《天子游猎赋》《大人赋》《长门赋》，奇幻浪漫，文辞富丽，结构宏大，他也成为汉大赋的开创者。司马相如的成就，一方面，改变了人们有关蜀地乃蛮夷之地，尤缺人文学术的错误认知；另一方面，为蜀地之民心向文辞学术树立了重要的榜样，在一定程度上引领了后世蜀中人才的发展方向。此后，王褒、严君平、扬雄等人均被尊为一代文宗，是与文翁之教和司马相如的引导作用密不可分的。如果说"文宗自古出巴蜀"的话，那么司马相如之后的王褒、扬雄，无疑是最著名的代表。所谓"由文翁倡其教，相如为之师"，再次说明了文翁与司马相如在巴蜀文宗历史发展链条上的重要引领和带动作用。

虽然文翁儒化巴蜀的努力在蜀地并没有立即取得显著成效，但"文翁之教"却为此后的蜀地主政者提供了平治巴蜀的重要经验，文翁"以儒化蜀"的方略也为历代蜀中大吏所借鉴，文翁成为他们争相效仿的治蜀典型。

---

① 班固. 汉书 [M]. 颜师古，注. 北京：中华书局，2000：1313.

据李承熙《锦江书院纪略·附成都府学宫考》①和《锦江书院纪略·名宦纪略》记载，自汉而明，学习文翁儒化巴蜀，倡言风教的四川主政者多达 26 人。他们师法文翁"以儒化蜀"的做法，或修茸周公礼殿传承礼制，或修石室丰富蜀地文献典籍，或修文庙祭祀孔子复兴儒学，或建讲坛斋舍延师教授蜀中学子，发展蜀学，或亲临讲学、考校以训育诸生，为蜀中人文发展做出了重要贡献。

汉灵帝初平年间，陈留人高眹（生卒年不详）重新修复周公礼殿，后周辛昂和后蜀毋昭裔（生卒年不详）修建石室以储"孟蜀石经"颇为有名，而建礼殿讲堂，祭祀文翁也成为后世蜀地主政者彰显其兴植文教、平治巴蜀的重要措施。尽管其中不乏附庸文教者的"面子"工程，但客观上对延续"石室流风""文翁之教"等蜀学精神道脉与文化基因产生了积极影响。礼殿、讲堂、石室和文翁祠，既是构成蜀地最高学府和人才教育中心必不可少的物理要件，也是蜀地官师传播学术必不可少的平台载体。就其功能而言，讲堂当为研究与传播学术所必有之设施，礼殿则是专门供奉先圣先儒的地方，为开展德教所必有之物，二者充分展示了儒家德、学并重的育人宗旨，体现了中华文化发展传承重德教的精神传统。而修建石室储育人才或储藏文献典籍，修建祠堂祭祀文翁以及司马相如、扬雄等蜀中先贤，则是历代蜀地主政者主动延续巴蜀"学脉"、兴学育人的惯常举措。虽然修建石室储才、修建祠堂祭祀文翁本身不乏兴植人才的功能，但其主要目的却在于借此传承巴蜀文化的精神道脉与文化基因，在于发掘并彰显其崇尚文教的价值与意义。

讲堂、石室、周公礼殿与文翁祠，在巴蜀文化发展历程中相与为一，互联互动，同是建构巴蜀人文教育独特发展传承体系不可或缺的根本要素，是充满生机活力、牵引巴蜀人文教育发展的永续动力链条。而文翁石室不仅为巴蜀之地所独有，亦为巴蜀文化"学脉"传承的重要历史平台，一直是巴蜀人文教育历久弥新、延绵不绝的源头活水。为此，谭继和师评价指出，"文翁兴教化蜀创石室与讲堂，他既是地方公学与文庙官学"的创始人，又是传承孔子私学传统，以"温故"与"时习"二堂开启后世蜀学之学的创始人。"文翁教化的结果是将巴蜀本土文化转型升级为国家主流之学，成为以儒为本、以'儒化中国'为主旨的蜀学的滥觞，后来蜀学与齐鲁之学比肩发展，蜀地出现司马相如、扬雄

①　刘德芳．锦江书院碑记：附成都府学宫考［M］//李承熙．锦江书院纪略：卷上．咸丰八年刻本．

等大文学家，这是天府城市精神文化的第一次飞跃发展。"① 可以说，文翁建石室储才，"以儒化蜀"等举措，是标示巴蜀人文教育本质内涵最独特的价值符号，是传递蜀韵蜀味地域文化精神特质最重要的文化基因，在巴蜀思想史、文化史、学术史和教育史上，占据重要而特殊的地位，值得巴蜀文化学者特别珍视与高度关注。

第五节　武帝开通西南夷

汉武帝刘彻（前156—前87）乃景帝中子，却在7岁时就被立为了太子。他16岁登基，总计在位时间55年。武帝雄才大略，开疆拓土，功勋卓著。对外北击匈奴，西通西域，平定两越，开通西南夷，奠定了华夏中国的广大版图；对内加强中央集权，独尊儒术，执行盐铁专卖，发展经济，开创了西汉王朝的鼎盛时期。汉武帝是中国历史上著名的政治家、战略家，中国古代最有作为的皇帝之一，与秦始皇并称"秦皇汉武"，为中华民族的统一与发展做出了卓越贡献。

西汉经高祖、文帝、景帝三代七十余年的励精图治、轻赋薄徭和休养生息，到武帝继位时，国家无事，百姓丰衣足食，府库钱粮充足，史称"京师之钱累巨万，贯朽而不可校"②。京师府库里积攒的钱多至巨万，串钱的绳子腐朽以至于无法计数，社会、经济之富盛由此可见一斑。为彻底击败匈奴，平定南越之叛乱，建立大一统的国家，武帝听从唐蒙、司马相如和张骞等人的建议，决定开通西南夷以广巴、蜀，稳固西南边疆。

西南夷最早是西汉王朝对巴蜀西南外"蛮夷"的总称。西南夷包括西夷和南夷两部分，其族类各异，成分复杂。西夷是指巴蜀以西的少数民族，南夷则指巴蜀以南的少数民族。西南夷主要以夜郎、靡莫之滇、邛莋和冉駹四大部族为主，分布在蜀郡西南面七个不同的区域。据《史记》《汉书》记载，西南夷的基本概况如下：

西南夷君长以十数计，其中夜郎是最大的。夜郎疆域的中心区域当在北盘江上游和中游一带，大致相当于今贵州省安顺市、黔西南州的晴隆、普安以及

① 谭继和．天府文化系列丛书［M］//刘平中．锦江书院与"石室流风"．成都：四川大学出版社，2021：总序4.

② 司马迁．史记［M］．北京：中华书局，2000：1205.

六盘水市的盘州市一带地区。

夜郎西边，靡莫之夷以十数计，以滇最大。滇，既是族名也是国名。靡莫之夷的中心位置大约在今云南滇池附近。楚庄王苗裔庄蹻在战国时入滇为王，而靡莫之夷与滇"同姓相扶"，他们都属于荆楚之人的后代。

滇北面，君长亦以十数计，以邛都最大。有关邛都夷的族属，至今没有定论，一般指古代分布在安宁河流域的各少数民族，大致以今西昌市南为中心。邛都之民，无论男女，都把头发梳理成锥形的椎髻。他们主要以耕种田地为生，已有聚集居住的城邑。

夜郎境外，西边自同师以东，北至叶榆的部族名为嶲、昆明。这里无论男女，都梳发辫。他们随牲畜迁徙游牧，没有定居点也没有君长，土地广至数千里。这些部族与夜郎、靡莫之民在生产、生活方式上均有所不同，属于逐水草而居的游牧民族。

自嶲以东北，君长以十数计，其中以徙、笮都最大。徙人、笮人分布在今凉山州、甘孜州以及雅安一带。西汉时期，笮人的中心区域在今汉源县东北。自笮以东北，君长以十数计，其中以冉駹最大。冉駹或土著，或移徙，居住在蜀地的西边，大致位置在今阿坝藏族羌族自治州茂县一带。自冉駹以东北，君长以十数计，其中以白马最大。冉、駹同类，同属于氐族。

建元六年（前135），武帝命大行令王恢（？—前133）兴师讨东越，同时命令番阳令唐蒙出使南越，希图以讽喻劝谏的方式，说服南越王归附大汉。唐蒙（生卒年不详）在南越的番禺（今广州）吃到蜀地出产的枸酱，经询问得知这些枸酱是蜀地商人偷偷从夜郎经牂牁江（今贵州北盘江）运到番禺的。在了解到从巴蜀至番禺的捷径后，唐蒙上书汉武帝，指出南越王名义上为外臣，实际上常以一国之主自居，颇存叛乱之心。今从长沙、豫章进攻南越的水道多数已被阻绝，难以通行，不如借助巴蜀的人力物力，从夜郎出发经牂牁江直抵番禺，奇袭南越显得非常容易。汉武帝同意了唐蒙的这一建议，任命唐蒙为中郎将，持节带领千余人以及大批财务，自符关（今泸州境）入见夜郎王多同。唐蒙送给多同大量财物，恩威并施，说服夜郎王归服大汉，并约定在夜郎置汉官，以多同之子为夜郎令。夜郎周边的小部族贪恋汉朝的财贿缯帛，认为夜郎至西汉的道路险峻，西汉并不能真正占据夜郎，于是都答应了唐蒙归服大汉的约定。唐蒙回去向汉武帝报告夜郎归服大汉的事情后，汉武帝于是从巴郡、蜀郡分出部分地区，连同新开辟的夜郎之地，新设置犍为郡。

元光五年（前130），汉武帝征发巴、蜀、广汉三郡吏卒万余人修建"南夷道"，希望从僰道直通牂牁江，打通进军南越的路线。在唐蒙修建从笮关（今泸州境内）至建宁（今牂牁江）的道路之前，僰道令已修通了从僰道至青衣（今雅安）的道路。唐蒙主持所修南夷道，宽一丈有余，深三四丈，沿途山岩沟壑纵横，须不断在高山深谷中凿石修建石梯栈道，工程难度极大。从巴、蜀等郡转运粮米物资到南夷道的路途非常遥远，运输极其困难，耗损也很大。因此，南夷道修建虽用时两年，费以亿计，但仍未能修通。唐蒙急于求成，为了抢工期，遂用军兴之法，杀了延误修路的僰道令，谚语所谓"思都邮，斩令头"①，指的就是唐蒙以军兴令杀僰道令之事。修路士卒长年忍饥受饿，又遭受湿热，本身死伤甚多，加之唐蒙简单粗暴，最终激起巴蜀之地的民愤，史称"惊惧子弟，忧患长老"②。唐蒙的暴戾之举引发巴蜀吏民对西汉朝廷的强烈不满。汉武帝知道这一情况后，派遣司马相如返回蜀郡处理平息此事。司马相如谕告巴蜀士民说，唐蒙惊扰烦劳巴蜀百姓，郡守擅自下令百姓转粟运输，都不是皇帝本人的旨意，大家不必对朝廷不满。司马相如凭借三寸不烂之舌，很快就安抚吏民，平息了巴、蜀之地的汹汹民情。不过，在司马相如谴责唐蒙时，南夷道已基本修成，并在此首次设置了邮亭。

邛、莋之君长听说南夷道诸族与汉朝相通得到很多赏赐，多数君长都表示愿意归服大汉，希望朝廷像在南夷道所做的那样，在其地设官治理。汉武帝于是向司马相如了解相关情况。司马相如回答说，邛、莋、冉、駹诸族接近蜀郡，道路也容易开通，秦时的张若就曾在那里设置过郡县，至汉兴时才被罢置。现在若真想开通这一地区，应该比开通南夷道更容易。武帝认可了司马相如的建议。元光五年（前130），朝廷拜司马相如为中郎将，持节出使西夷道各部。经司马相如经略西夷各部，邛、莋、冉、駹、斯榆等族君长都愿意归服大汉，他们拆除边关，拆掉关隘，西边达到沫水（大渡河）、若水（雅砻江），南边以牂牁江为界，又通零关道（今芦山县），建桥于孙水（今安宁河）之上，以达到邛都。司马相如经略西夷道已定，汉武帝于是在西夷道地区设置一都尉、十余县，使之归蜀郡管辖。

元狩元年（前122），博望侯张骞（约前164—前114）从西域回来，向武帝报告他在大夏（今阿富汗）见到蜀布、邛竹杖等物。据说这些物品是从距离东南身毒国（今印度）数千里外的蜀郡商人那里得来的；有人甚至说，邛西两千里就是身毒国。张骞认为大夏在汉朝的西南方向，他们羡慕中国并想与中国交往，只是担心匈奴阻隔他们与中国交往的道路，假若大夏真与蜀郡相通，那么

---

① 常璩. 华阳国志新校注 [M]. 刘琳，校注. 成都：四川大学出版社，2015：148.

② 班固. 汉书 [M]. 颜师古，注. 北京：中华书局，2000：1959.

从蜀郡到大夏再到身毒国的通道，不但更近且无须担心匈奴的阻隔。汉武帝听从了张骞的建议，命令王然于、壶充国、吕越人等人从西南夷间出，前往探寻通往身毒国的道路。他们到滇后，为滇王所挽留。虽历时四年，但收效甚微。

元鼎五年（前112），南越王反，汉武帝调集五路大军进讨南越。其中一路借道巴蜀，从夜郎下牂牁江，同时还征调西南夷一同参战。且兰等部不愿参与讨伐南越的战争并反叛大汉，杀死汉朝派驻该地的官员和犍为郡太守。第二年，大军平定南越返回时，中郎将郭昌、卫广顺势攻灭了且兰（今贵州贵平、黄平一带），斩首数万。西南夷为之震恐，都表示愿意臣服大汉。于是汉武帝遂以南夷之地置牂牁郡（今云南、贵州境内），以邛都之地置越巂郡，以莋都之地置沈黎郡，以冉駹之地置汶山郡，以西白马氏（今甘肃南部）之地置武都郡。元封二年（前109），又在云南境内设置益州郡，并赐予滇王王印，以昭示朝廷对其不一样的恩宠。至此，西南夷大部分地区归入汉朝版图。

汉武帝开通西南夷，推行郡县制，是与他通过武力驱逐匈奴、制服百越，建立大一统国家的宏大理想密切相连的，也是他实施大一统国家策略不可或缺的重要举措。汉武帝对西南夷地区的开发，一方面，加强了西南民族与内地的联系，扩大了西汉王朝的版图，增强了中央对西南边疆地区的管辖，提升了巴蜀之地在中央大一统王朝中的分量与地位；另一方面，随着大一统国家思想、政治与文化建设的增强，中原先进的经济、文化、技术不断传入西南民族地区，有助于西南各民族地区经济、社会与文化的快速发展，有助于汉族与各少数民族之间的友好交流，有助于西南各少数民族自身的发展与提高，并对增进西南各民族人民心向中原、心向统一的国家共识，形成中华大一统的民族认同具有重要历史作用。

第六节　诸葛亮治蜀化民

诸葛亮（181—234），字孔明，号卧龙，琅琊阳都（今山东省临沂市沂南县）人，三国蜀汉丞相，封武乡侯，追谥"忠武侯"。诸葛亮是我国杰出的政治家、军事家，也是中国智慧的"化身"，为后世所尊崇与敬仰。诸葛亮"鞠躬尽瘁，死而后已"，作为能臣和智者的化身，在刘备之后以丞相身份辅佐后主治理益州，是益州实际的主宰者。对诸葛亮治蜀的成败得失、经验与教训，清人赵藩在为武侯祠所题写的对联中云："能攻心则反侧自消，从古知兵非好战；不审势即宽严皆误，后来治蜀要深思。"赵藩作为蜀地的后来执政者，站在后人的视角，充分肯定诸葛亮以攻心之策征服孟获、安抚南中民心，在平定蜀汉内乱、促进南中地区民族发展中的历史贡献，同时对诸葛亮治理巴蜀所采取的系列政策与措施进行了批判与反思，为我们深刻认识诸葛亮智慧的价值、内涵提供了镜鉴。

诸葛亮家族在汉代一直是琅琊地区的望族。先祖诸葛丰在西汉元帝时官至司隶校尉，诸葛亮之父诸葛珪做过泰山郡丞，叔父诸葛玄官居豫章太守。诸葛亮幼年丧父，由叔父教养成人，后随叔父依靠荆州刘表，躬耕于南阳，好为《梁父吟》。诸葛亮身长八尺，容貌甚伟，素有超越众人之才的英霸之气，每自比于管仲、乐毅。此虽不为时人所认可，但博陵崔州平、颍川徐庶长期与诸葛亮友善，并深以为然。

建安十二年（207），刘备听闻诸葛亮乃卧龙之才，遂猥自枉屈，三顾诸葛亮于草庐之中，问之以天下之事。诸葛亮以著名的《隆中对》予以回应，从此君臣厚相结纳，相知莫逆，刘备自谓"孤之有孔明，犹鱼之有水也"；诸葛亮也向刘备许下了"鞠躬尽瘁，死而后已"的承诺。诸葛亮在《隆中对》中，首先从天时地利的角度，分析了自董卓以来，天下群雄并起、称霸争雄的时局走势。他认为北方的曹操以弱胜强，打败强大的袁绍，加之拥有百万之众，可挟天子而令诸侯，因此无论从军事势力还是从政治优势而言，都不可与曹操集团争锋；江东的孙权集团已历父兄三世，"国险而民附，贤能为之用"，是"可以为援而不可图"的对象。因此，目前尚可以图谋的仅有"其主不能守"的荆州刘表，"民殷国富而不知存恤"的益州刘璋。诸葛亮从天下大势与各集团势力强弱实际出发，分析了可图者、不可图者和可作为外援的对象，为刘备集团指明了行动的方向与目标。诸葛亮还从道义、人和的角度分析指出，刘备作为汉室之胄，以仁爱信义闻名四海，思贤若渴，诚心总揽天下英雄，不仅占有时代道义的制高点，而且具有善于选人用人、成就一番事业的能力，认定这些都是刘备借以复兴汉室重要而独特的实力。

在分析天时、地利与人和的基础上，诸葛亮为刘备集团未来行动制定了较为详细的行动纲领与步骤：以占领荆州、益州为前提，率先处理好与诸戎、夷越和孙权等外部的关系，再内修政理，处理好集团内部的诸多关系。一旦天下局势有变，命令一上将率领荆州之军出宛、洛，刘备亲自率领益州之众出于秦川，两路出击，必能实现收复中原、成就王霸之业的愿望。诸葛亮在《隆中对》中，为刘备集团分析了天下形势，制定了"先取荆州后取川""东和孙权"以及北拒曹操等战略纲领。经过实践检验，表明诸葛亮所言是比较正确的。特别是联合孙权在赤壁之战中大破势力强劲的曹操，巧取益州，为蜀汉政权的建立与稳固打下了坚实基础。

章武三年（223）四月，出于对蜀汉帝业安危的考虑，刘备在白帝城托孤诸葛亮时说，若太子刘禅可以辅佐，就辅佐他继承帝业；如果刘禅不才，无法辅导，诸葛亮可以代替刘禅为蜀中之主。刘备白帝城托孤，成为君臣之交中心神无二的典范。陈寿对此评价说："诚君臣之至公，古今之盛轨也。"①诸葛亮感激涕零，决意全身心辅佐后主刘禅。

刘禅（207—271）是蜀汉的第二位皇帝，史称后主。章武三年七月继位于成都，改元建兴，时年17岁。刘禅幼年多次遭难，素无治国理政所必须之才具。当政时期，蜀中政事无论大小悉委任于诸葛亮。在蜀汉遭遇荆州、夷陵败绩以及先主之丧后，蜀汉可谓势力与元气大伤，综合实力随之大幅下降。益州郡大姓雍闿、越巂夷王高定、牂牁代理郡守朱褒等人，先后趁机反叛，引发了蜀汉西南不稳的严重问题。诸葛亮因应时变，暂时对西南诸夷的反叛持容忍态度。一方面，派遣使者邓芝通好吴王孙权，修复与东吴的联盟关系，而吴主孙权也愿意与蜀"和亲使聘"②，并同意恢复吴蜀联盟对抗北方强敌曹魏；另一方面，对内采取"务农殖谷，闭关息民"③等政策，休养生息，巩固蜀汉的内部统治秩序，以恢复疲惫的国力、兵力与民力。

建兴三年（225）春，诸葛亮在处理好内政外交的基础上，亲自率军南征诸夷。蜀军兵分三路，东路由新任牂牁郡太守马忠（字德信）率领，征讨牂牁之朱褒；中路由庲降都督李恢（字德昂）率领，自平夷（今贵州毕节）进讨叛乱中心益州郡；诸葛亮亲自领西路主力，从成都出发，经僰道（今宜宾市境内）至安上县（今宜宾市屏山县新市镇），向西翻越大凉山，首先征讨越巂夷王高定。此时，恰逢孟获（生卒年不详）率军前来援助高定，遂伙同高定在牦牛（今汉源）、定莋（今宁南县附近）和卑水（今美姑县附近）设防守御。蜀军到达卑水时，高定与孟获集中兵力与诸葛亮率领的蜀军展开决战，蜀军大败高定军，取得南征的首次胜利。此战雍闿被高定部曲所杀，后孟获代替雍闿为益州郡之主。蜀军趁胜西进，先攻克邛都（今西昌市），俘获高定妻室子女，再战斩高定于阵前，孟获趁机逃走，诸葛亮平定了越巂夷王之乱。为追击叛乱罪魁祸首孟获，诸葛亮于五月渡过泸水（今金沙江），兵锋直指孟获老巢益州郡之弄栋（今云南省姚安北），与孟获率领的益州郡叛军主力交战。此时，中路的李恢已

① 陈寿. 三国志［M］. 北京：中华书局，2000：664.
② 陈寿. 三国志［M］. 北京：中华书局，2000：666.
③ 陈寿. 三国志［M］. 北京：中华书局，2000：666.

平定牂牁郡，与西路诸葛亮率领的蜀军正好形成前后夹击孟获叛军的态势。诸葛亮采取马谡（190—228）的建议，对孟获采取"攻心为上，攻城为下；心战为上，兵战为下"①的心理战，对孟获采取不杀不辱、"七擒七纵"，最终使孟获心悦诚服，率众归附蜀汉及诸葛亮。诸葛亮通过增设郡县，重新调整了南中行政区划：改益州郡为建宁郡；分建宁、越嶲置云南郡，治所设在弄栋；分建宁、牂牁置兴古郡，治所设在宛温（今云南砚山以北）。选拔亲近蜀汉政权、熟悉地势民情的李恢、吕凯等人分别出任南中之地郡守，并任用部族头人或首领担任县级以下官吏，以加强对南中地区的管理。对于南中头人孟获等人，诸葛亮分别委以朝中官职，又迁移"南中劲卒、青羌万余家于蜀"②，将青壮年编入蜀汉军队，老弱分给蜀中大姓做"夷汉部曲"。一方面有助于增强蜀汉军事力量，另一方面也有分散南中夷人力量的作用。此举进一步增强了南中与蜀汉之间的联系，有助于巩固蜀汉西南地区的统一，促进西南各民族间的交流与融合发展。

建兴五年（227），诸葛亮在"南方已定，兵甲已足"的情况下，向刘禅上《前出师表》，表达出兵祁山北伐曹魏，以实现他"北定中原，兴复汉室"的愿望。但先锋马谡言过其实，夸夸其谈，在与魏军名将张郃对垒时，公然违背诸葛亮的部署，在街亭（今甘肃省秦安东北一带）之战中被张郃断绝取水之路，结果招致大败。街亭失守，诸葛亮只得退回汉中，第一次北伐遂以失败告终。此后，诸葛亮还先后多次北伐曹魏，虽然也取得过一定胜利，但北伐终究未能取得实质性、战略性的成效。

建兴十二年（234），诸葛亮最后一次伐魏。蜀军由斜谷出武都（今陕西省眉县东），在渭水南岸下寨，曹魏主帅司马懿（179—251）率军渡过渭水，采取背水坚守的消耗战术，堵截蜀军。两军相持百余日，诸葛亮终因积劳成疾，死在了五丈原（今陕西省眉县西南）。诸葛亮虽然善于领兵打仗，但由于蜀汉国力客观上远逊于曹魏国力，加之每次诸葛亮都是劳师远征，而曹魏一般都是以逸待劳，所以每次北伐均以失败收场，诸葛亮自己也正如杜甫所说的那样，"出师未捷身先死"，遗憾地离开人世。

诸葛亮作为蜀汉丞相，其治蜀成效为历代史家所称颂。如《三国志》作者陈寿（233—297），曾在诸葛亮之子诸葛瞻手下为吏，被诸葛瞻羞辱，但陈寿依然据实给予诸葛亮很高的评价。他说：

---

① 陈寿．三国志［M］．北京：中华书局，2000：730.
② 常璩．华阳国志校补图志［M］．任乃强，校注．上海：上海古籍出版社，2007：241.

及备殂殁，嗣主幼弱，事无巨细，亮皆专任之。于是外连东吴，内平南越。立法施度，整理戎旅，工械技巧，物究其极。科教严明，赏罚必信，无恶不惩，无善不显，至于吏不容奸，人怀自厉，道不拾遗，强不凌弱，风化肃然。①

陈寿作为一个严肃的历史学家，从内政外交、军事民政、刑罚奖赏、民风士气等方面，对诸葛亮进行了积极而公允的评价。

诸葛亮主政蜀汉，坚持严于律己，以身示范，"鞠躬尽瘁，死而后已"。白帝城托孤受命，诸葛亮可谓权倾朝野，但他毫无异心，始终以匡扶汉室为己任，专意辅导后主刘禅，可谓千古人臣尽忠至诚之典范。诸葛亮在《诫子书》中，告诫子孙，"静以修身，俭以养德"，加强以德、廉、勤为核心的家风教育，成为中华千古家训的典范。诸葛亮一心为公，生活简朴，不蓄私财，随身衣食，悉由官给，"不别治生，以长尺寸"。他死后，仅成都有桑八百株，薄田十五顷，其家"内无余帛，外无赢财"②，可谓廉洁之致！其子诸葛瞻、孙诸葛尚颇能继承诸葛亮之志，尽忠蜀汉，邓艾诱降，诸葛瞻怒斩来使，以临蜀汉之难而死于义，为国尽忠，为后人所称道。

诸葛亮善于理政，尤其注重发展生产。后主继位之初，蜀中财用不足，兵疲于外，民劳于内，治内矛盾较为突出。诸葛亮采取"务农殖谷，闭关息民"的政策，休养士民，很快恢复了蜀中生机。诸葛亮还特别重视都江堰水利灌溉，在北伐之际，专门选派1200余人负责疏导蜀中渠道，灌溉田地，发展蜀中农业生产。他大力发展工商业，不但修建了专门生产蜀锦的锦官城，还选派锦官负责蜀锦的生产与交贸。诸葛亮将蜀锦视作与敌决战的重要物资，对蜀锦的发展做出了一定贡献。东吴大鸿胪张俨在《述佐篇》中认为，诸葛亮以区区巴、蜀之地，一州之士民，北抗势力强大的曹魏，东拒东吴，虽众寡悬殊，而"耕战有伍，刑法整齐"③，正是他善于理政治民的具体表现。

诸葛亮善于用人，赏罚必信。蜀中吏民由是"畏威而爱之，刑政虽峻而无怨者"④。特别是在用人上，无论亲疏贵贱，均能量才任用。如犍为郡功曹杨洪，以其才能卓越，诸葛亮破格擢拔他为蜀郡太守；王平在街亭之战中指挥有度，避免了蜀军遭受巨大损失，诸葛亮委之以军国重任；蜀中大将魏延，屡立

① 陈寿. 三国志［M］. 北京：中华书局，2000：691.
② 陈寿. 三国志［M］. 北京：中华书局，2000：689.
③ 陈寿. 三国志［M］. 北京：中华书局，2000：695.
④ 陈寿. 三国志［M］. 北京：中华书局，2000：694.

战功，诸葛亮长史杨仪，也颇有行政干才，但二人长期不和，诸葛亮却能各尽其能，各显其才，使二者为其所用。诸葛亮素以治军严格著称，对于"犯法怠慢者虽亲必罚"①，绝不法外施恩、自乱纲纪。他与马谡智谋相合，公务之余相互往来、相谈亦欢，彼此私交甚笃，但马谡以先锋之职驻守街亭时，却公然违背诸葛亮军令，导致街亭失守，使北伐之功毁于一旦。诸葛亮舍弃个人恩怨，按律斩马谡以正军法。尚书令李严违背军法，诸葛亮将其废为平民，却能量才重用其子。诸葛亮死后，李严不但没有忌恨诸葛亮，反而因诸葛亮早逝而激愤以死。

诸葛亮是历代善政廉洁的贤相的代表，也是我国著名的政治家、军事家，中华智慧的"化身"，长期为民众所崇敬与爱戴。诸葛亮死后，后主刘禅下诏在沔阳为他立庙；成汉时期，李雄（274—334）在成都少城为他再次立庙；后来人们又在城南先主惠陵旁修建武侯祠，作为祭祀诸葛亮的专门场所。在武侯祠祭祀诸葛亮之风代代相传，成都武侯祠至今仍是全国最大的祭祀诸葛亮的场所。

---

① 陈寿. 三国志［M］. 北京：中华书局，2000：694.

第三章

唐宋鼎盛时期的巴蜀文化

第一节 "大在文史"自风流

一、蜀儒文章冠天下

(一)文宗自古出巴蜀

王国维说:"凡一代有一代之文学。楚之骚、汉之赋、六代之骈语、唐之诗、宋之词、元之曲,皆所谓一代之文学,而后世莫能继焉者也。"① "文宗自古出巴蜀",巴蜀文宗之于汉赋、唐诗、宋词,可谓既开风气,又兼表率,甚至蔚为大观。

汉赋之彪炳青史者,前后约计四人②,让人叹为观止的是,前后四人之中就有蜀人司马相如、扬雄。而就所谓西汉四大文学家王、扬、枚、马而言,除淮阴人枚乘外,其余三人都是蜀人。扬雄与司马相如,世称"扬马"。在韩愈《进学解》中评价说:"子云相如,同工异曲。"③

司马相如(前179—前118),字长卿,生于西汉巴郡安汉县(今四川省南充市蓬安县),长于蜀郡成都(今四川省成都市)。④ 汉景帝时为武骑常侍,精通武艺与辞赋。汉景帝不喜辞赋,相如辞官投靠梁孝王,归蜀后以一曲《凤求凰》俘获卓文君芳心,结为伉俪。武帝赏识司马相如才学,任命他为中郎将以通西南夷,功劳卓著。晚年辞官,居于茂陵。元狩年间病故。司马相如文韬武

---

① 王国维. 宋元戏曲史 [M] //谢维扬,房鑫亮. 王国维全集. 杭州:浙江教育出版社,2009:序3.

② 按:关于汉赋四大家,历来说法不一。一说司马相如、扬雄、班固、张衡,一说司马相如、枚乘、贾谊、淮南小山。

③ 韩愈. 五百家注韩昌黎集:第2册 [M]. 魏仲举,集注. 郝润华,王东峰,整理. 北京:中华书局,2019:714.

④ 吴梦琳,吴晓铃. 第二批四川历史名人出炉 他们开创多个"第一" [N]. 四川日报,2020-06-08(5).

略，尤其擅长辞赋，所作《子虚赋》《上林赋》《大人赋》《长门赋》等赋，以极其铺张之手法，极尽夸张之能事，描写帝王苑囿之盛、宫室之美、田猎之乐，场面宏大，文辞富丽，具有"控引天地，苞括宇宙，错综古今"之神思，让人读后具有"旷世莫比"、飘飘欲仙之感觉。司马相如之赋是汉大赋的典型代表，扬雄在《法言·吾子》中说："相如入室矣。"① 认为司马相如之赋，"不似从人间来，其神化所至邪？"② 鲁迅在《汉文学史纲》中亦认为，司马相如之赋，"不师故辙，自摅妙才，广博宏丽，卓绝汉代"③，的确不愧才识卓远的"赋圣"之誉。

王褒（前90—前51），字子渊，蜀郡资中（今四川省资阳市雁江区）人。宣帝时曾官谏议大夫，是继司马相如之后又一位蜀中文学名家。所著《圣主得贤臣颂》《洞箫赋》《九怀》，名扬后世。《圣主得贤臣颂》提出了要想国家长治久安，须得选贤任能的政治主张。这篇颂文辞华丽，构思精巧，开后世骈体文风气之先。《洞箫赋》"穷变于声貌"，是最早专门描写乐器、吟诵音乐的辞赋，对后代咏物诗赋很有影响。马融的《长笛赋》、蔡邕的《琴赋》、嵇康的《琴赋》，都受其影响。所著《僮约》，对西汉蜀中的风土人情、童仆的衣食住行均有一定记载，特别是关于"武阳买茶"的记载，流传甚广。宣帝时，奉命前往禺同山（今云南大姚）祭祀金马碧鸡神时，病逝于途中。

扬雄（前53—18），字子云，蜀郡成都（今成都市郫都区）人，少好学，博览群书，深得严君平之思想学术精髓，是我国著名的文学家、哲学家和语言学家。所著《甘泉赋》《河东赋》《羽猎赋》《长杨赋》，歌颂盛世，描绘游猎，亦有讽谏奢侈之意。扬雄晚年认为作赋是"童子雕虫篆刻""壮夫不为"，于是转而研究经史之学，仿照《周易》作《太玄》，仿《论语》作《法言》，另著《方言》《训纂》《蜀王本纪》等传世。《太玄》以老子之道的玄作为最高范畴，构筑以玄为最高范畴的、天地人一体的宇宙生成图式，影响深远。晚年穷困潦倒，自甘淡泊，天凤五年（公元18）病逝于长安。

世人皆知，唐初文风之变化，实导源于蜀人陈子昂。而唐诗之杰出代表，不能不首推"诗仙"李白、"诗圣"杜甫、"诗魔"白居易等，而李白是蜀人，岑参、杜甫、白居易、刘禹锡、李商隐等亦留寓蜀中多年。

陈子昂（约659—约700），字伯玉，梓州射洪（今四川省射洪市）人。少

① 扬雄. 扬子法言今读 [M]. 纪国泰，校注. 成都：巴蜀书社，2010：30.
② 葛洪. 西京杂记校注 [M]. 周天游，校注. 北京：中华书局，2021：145.
③ 鲁迅. 汉文学史纲要 [M]. 北京：人民文学出版社，2006：80-82.

年时勤劳苦读，以上书论政为武则天所赏识，官拜麟台正字，转右拾遗。武周圣历元年（698）辞职回乡，为县令段简所污，获罪入狱，忧愤而死，年仅 42 岁。陈子昂的代表诗作有《感遇》《蓟丘览古赠卢居士藏用》《登幽州台歌》等。陈子昂反对六朝以来的柔靡之风，论诗标举"风骨""兴寄"，为唐诗革新之先驱。陈子昂的散文质朴疏朗，接近先秦两汉古文，改变了唐初的文风，为唐代古文运动之前驱。唐人卢藏用在《陈伯玉文集序》中评价陈子昂，"横制颓波，天下质文，翕然一变"①。陈子昂在初唐时已有"天下文宗"的美誉。《旧唐书·陈子昂传》说，陈子昂"善属文""初为《感遇》诗三十首，京兆司功王适见而惊曰：'此子必为天下文宗矣。'由是知名，举进士"②。这也成为巴蜀"文宗"之名的最早来源。陈子昂对巴蜀文学的影响也很大，清人李调元在《雨村诗话》（下卷）中评价说："吾蜀文章之祖，司马相如、扬雄而后，必首推陈子昂。"对陈子昂表仪一代文风之功做了积极评价。

李白（701—762），字太白，号青莲居士，绵州昌隆（后避玄宗讳改为昌明，今四川省江油市）人，唐代伟大的浪漫主义诗人，被后人誉为"诗仙"，与杜甫并称为"李杜"（为与另外两位诗人李商隐、杜牧即"小李杜"区别，杜甫与李白又合称"大李杜"）。5 岁时随父入蜀，定居绵州昌明县（今绵阳市江油市），6 岁即能"诵六甲"，读书学剑，漫游四川山水，深受道家影响。25 岁时"仗剑去国，辞亲远游"，从此离开四川，再没有返回。此后流落长安、洛阳。天宝元年（742）奉诏入宫，为玄宗所赏识，诏令李白供奉翰林，陪侍皇帝左右，后因醉酒得罪高力士，被迫离宫云游天下。安史之乱爆发，应邀入永王李璘幕，因参加永王东巡获罪，被罚长期流放夜郎。后病逝于当涂县族侄李阳冰处。

李白为人，秉性刚直，蔑视权贵，胸襟开阔，豪放不羁。李白之诗，以《诗经》、屈原骚赋为宗，状浪纵恣，不受格律限制，傲然而为一代大家。其诗风雄奇豪放、清新飘逸，具有强烈的浪漫主义色彩。所著《蜀道难》《行路难》《梁甫吟》《将进酒》《峨眉山月歌》《梦游天姥吟留别》等，壮美巴蜀山河，书写豪迈浪漫情怀，以脍炙人口的语言，反映了现实生活，在中国诗歌史上占有崇高地位。杜甫评价李白时说："昔年有狂客，号尔谪仙人。笔落惊风雨，诗成

---

① 李阳冰.草堂集序"引卢黄门云"［M］//林庚.诗人李白.上海：古典文学出版社，1956：121.

② 刘昫.旧唐书［M］.北京：中华书局，2000：3415.

泣鬼神。"① 韩愈在《调张籍》中亦评价说："李杜文章在，光焰万丈长。"后世文学家如苏舜钦、王令、苏轼、陆游、高启、杨慎等人，都受到李白及其诗歌的影响。

宋词，即宋代的长短句歌词。宋词分为婉约派和豪放派，婉约派的代表有柳永、晏殊、晏几道、周邦彦、李清照等，豪放派的代表有苏轼、辛弃疾、岳飞、李纲、陆游等。

苏轼（1037—1101），字子瞻，号东坡居士，眉州眉山（今四川省眉山市东坡区）人。苏轼与父苏洵、弟苏辙俱以文名，世称"三苏"，父子三人并入"唐宋八大家"之列。苏轼是首批四川十大历史名人之一，与李白同为巴蜀文学的双子星座。以眉山三苏（苏洵、苏轼、苏辙）为代表的"苏氏蜀学"，展示了蜀学之形神与风骨。苏氏蜀学立意"打通古今"，注重"融通百家"，力求"会通三教"，集历史文化之大成，有百科全书之气度。② 其中，又以苏轼最为典型。苏轼博学多才，其文、赋、诗、词均傲然而为一代大家，蔚然而为中国文学史上风华绝代的旷世奇才。

仅就诗、词、文而论，苏轼之诗，以清新豪健，善用夸张比喻著称，在艺术表现方面也独具风格。苏轼之词开豪放一派，对后世产生了很大影响。在文学创作上，苏轼"以文为诗""以诗为词"，可谓但开风气。清赵翼在《瓯北诗话》中指出："以文为诗，自昌黎始；至东坡益大放厥词，别开生面，成一代之大观。……其尤不可及者，天生健笔一枝，爽如哀梨，快如并剪，有必达之隐，无难显之情；此所以继李、杜后为一大家也。"③ 充分肯定了苏轼在中国文学史上的巨大成就。

对于苏轼诗词文赋之赞誉与褒扬，古今之人从不吝啬翰墨。宋人王十朋在《读东坡诗》中说："东坡文章冠天下，日月争光薄风雅。谁分宗派故谤伤，蚍蜉撼树不自量。"而谚语所谓"苏文熟，吃羊肉；苏文生，吃菜羹"④，早已深入人心，并且耳熟能详。今人亦谓："苏轼是蜀中唯一能与李白并肩的另一位大文豪。李白是高不可攀，苏轼是渊博难及。他们不只是蜀中文学之最，也是中

---

① 杜甫. 寄李十二白二十韵［M］//郭知达. 九家集注杜诗：第 20 卷. 上海：上海古籍出版社，1986.
② 彭华. 蜀学之形神与风骨综论：以文史哲或经史子集为考察对象［J］. 殷都学刊，2014（3）：92.
③ 赵翼. 瓯北诗话校注［M］. 江守义，李玉成，校注. 北京：人民文学出版社，2012：168.
④ 陆游. 老学庵笔记［M］. 李剑雄，刘德权，点校. 北京：中华书局，1979：100.

国文学史上极少几位顶尖人物中的两位。"①

(二) 自古诗人例到蜀

巴蜀神异绝妙的自然、生态环境与安定富足的人文生活条件，不但孕育了以司马相如、李白、苏轼为代表的一代文宗，而且吸引了一大批著名的诗人到巴蜀。如唐代以王勃为代表的"初唐四杰"、高适、杜甫、岑参、贾岛、白居易、刘禹锡、张籍、李商隐、薛涛，或流寓或仕宦或"避祸"巴蜀，他们在巴蜀停留的时间，少者数月，多者达 10 年之久。雄险幽秀的巴山蜀水与别具一格的"天府"风土人情，激发了他们的创作激情，流寓巴蜀成为他们人生经历与诗歌创作的重要阶段，留下了许多脍炙人口的精品力作。这些精品力作，贯穿了初唐、盛唐、晚唐各个阶段，在整个唐代诗歌史上以其独特的思想与艺术成就价值占据显著地位，极大地丰富了巴蜀诗歌的形式与内涵，为蜀诗注入新的活力，提升了巴蜀诗坛在唐代诗歌史上的历史新高度。如"初唐四杰"——王勃、杨炯、卢照邻和骆宾王，均曾在巴蜀之地游历，留下了不少诗文佳作。杜甫在《戏为六绝句》中评价说："王杨卢骆当时体，轻薄为文哂未休。尔曹声与名俱灭，不废江河万古流。"② 对他们在唐代诗歌发展史上引领新风气的作用做了充分肯定。

王勃（约 650—676），字子安，唐绛州龙门（今山西河津市）人。王勃乃少年英才，曾为沛王李贤的侍读，因戏作《檄英王鸡文》触怒高宗，后被逐出王府。在王府时，王勃曾作《送杜少府之任蜀州》云："城阙辅三秦，风烟望五津。"可见他对巴蜀山水地理有所了解，"与君离别意，同是宦游人。海内存知己，天涯若比邻"则表达了对杜少府离开长安即将远赴巴蜀的惜别之情。总章二年（669）五月，王勃从长安经褒斜道入蜀，一路"采江山之俊势，观天地之奇作"，见巴蜀山川"丹壑争流，青峰杂起，陵涛鼓怒以伏注，天壁嵯峨而横立"，将巴蜀山水视为"亦宇宙之绝观者也"。王勃在蜀地停留大约 2 年，留下《入蜀纪行诗三十首》，记录了唐代巴蜀迤逦的自然风光与民情风貌，以及流寓蜀中的所见、所闻、所思与所感，为人们认识唐代巴蜀提供了必要参考。如在绵州（今绵阳市）作《秋日别薛升华》云："悲凉千里道，凄断百年身。心事同漂泊，生涯共苦辛。"感叹人生之路的凄楚与悲凉；在梓州（今绵阳市三台县）作《涧底寒松赋序》云："徒志远而心屈，遂才高而位下。斯在物而有焉，

① 杨世明. 巴蜀文学史 [M]. 成都：巴蜀书社，2003：251-252.
② 杜甫. 杜甫集校注：第 5 册 [M]. 谢思炜，校注. 上海：上海古籍出版社，2015：1848.

余何为而悲者？"算是借物喻人、自我解嘲。在成都作《与蜀城父老书》云："薄游绵载，漂泊淹时。"表达有志不能伸的压抑。在《春日序》云："城邑千仞，峰峦回绝""何山川之壮丽"，表达对成都城市的繁荣壮丽之景的赞美。在《春思赋序》中云："抚穷贱而惜光阴，怀功名而悲岁月。"① 表达了穷且益坚，有所期盼而不得的忧伤。咸亨二年（671），王勃准备离开蜀地，在《绵州北亭群公宴序》中云："惆怅北梁，揖琴台而渐间；徘徊东道，思绵署而行遥。"表达了惜别成都的惆怅。杨炯在《王勃集序》中评价说："考文章之迹，征造化之程。神机若助，日新其业，西南洪笔，咸出其词。每有一文，海内惊瞻。"②

杨炯（650—约693），字令明，唐华州华阴（今属陕西华阴市）人。出身官宦世家，10岁举神童，待制弘文馆。武周垂拱元年（685），贬谪梓州（今绵阳三台县）司法参军。在前往梓州作《途中》诗云："途路盈千里，山川亘百重。……客心殊不乐，乡泪独无从。"③ 表达被贬谪梓州，离乡的郁闷之情。在巴蜀宦历三年，分别作有《梓州惠义寺重阁铭》《大唐益州大都督府新都县学先圣庙堂碑文并序》《遂州长江县先圣孔子庙堂碑》《梓州官僚赞》《广溪峡》《巫峡》《西陵峡》等诗文，称赞巴蜀地方官员尊孔教、重儒学的风教业绩，并对巴蜀先贤扬雄等人进行表彰。

卢照邻（约637—686），字升之，唐幽州范阳（今河北省涿州市）人。高宗龙朔二年（662）由长安入蜀，在蜀中任职六年，于咸亨二年（671）离蜀。在蜀中仕宦游历近十年，曾入狱，曾做官亦曾闲游，对巴蜀人情风物较为熟悉，曾与王勃在中江相会并同游玄武山赋诗。卢照邻作有《登封大酺歌四首》《十五夜观灯》《宴梓州南亭诗序》《益州至真观主黎君碑》等诗文，吟咏蜀中风景名胜、民情风俗。在升仙桥，面对巴蜀父老有关"邦有道贫且贱焉，耻也"的责难，卢照邻作《对蜀父老问》回应，云："虽吾道之穷矣，夫何妨乎浩然？今将授予以《中和之乐》，申子以封禅之篇。"回应自己虽身处盛世，却"无所成名"的原因在"不可以语"，亦无"何施也"，所为"无益于今日"，并非自己"恶荣而好辱"，表达了"我道虽穷"④，但不失浩然之气的理想与追求。

骆宾王（638—684），字观光，唐婺州义乌（今浙江省义乌市）人。他在卢照邻之后的咸亨四年（673）春，奉命出使蜀中，与益州大都督府长吏李崇义宴

---

① 王勃. 重订新校王子安集［M］. 何林天，校. 太原：山西人民出版社，1990：1.

② 杨炯. 唐王子安集序［M］// 王勃. 重订新校王子安集. 何林天，校. 太原：山西人民出版社，1990：旧序5.

③ 杨炯. 杨炯集笺注：第1册［M］. 祝尚书，笺注. 北京：中华书局，2016：243.

④ 卢照邻. 卢照邻集校注［M］. 李云逸，校注. 北京：中华书局，1998：366-384.

乐唱酬，作有《于益州李长吏宅宴序》，记述成都宴席的欢娱与非同一般的荣华。在《畴昔篇》中云："阳关积雾万里昏，剑阁连山千种色。蜀路何悠悠，岷峰阻且修。……华阳旧地标神制，石镜峨眉真秀丽。诸葛才雄已号龙，公孙跃马轻称帝。五丁卓荦多奇力，四士英灵富文艺。云气横开八阵形，桥影遥分七星势。川平烟雾开，游戏锦城隈。"① 叙事抒情，富有豪情与气度，长于用典，于巴蜀历史、人物、典故与景致多所赞颂，并再现了唐代成都城市的壮丽与繁华。

高适、岑参被称作具有"盛唐气象"的诗人。他们在晚年曾宦历巴蜀，留下了一些带有边塞气韵的"蜀味"诗文。高适（701—765），字达夫，唐渤海蓨县（今属河北景县）人，青壮年时期曾从军兵塞，与岑参同为唐代著名的边塞诗人。安史之乱，随玄宗入蜀，后于肃宗乾元二年（759）出任彭州刺史，次年改任蜀州刺史，代宗宝应二年（763）迁任剑南节度使，前后宦蜀约 6 年。虽忙于军务与政务，但不忘与寓居成都的杜甫诗文唱和。高适在蜀州时作《人日寄杜二拾遗》云："人日题诗寄草堂，遥怜故人思故乡。……一卧东山三十春，岂知书剑老风尘。"② 表达了与杜甫惺惺相惜之情。杜甫作《奉简高三十五使君》云："行色秋将晚，交情老更亲。天涯喜相见，披豁对吾真。"③ 表达对高适的到访以及资助的喜悦与感激之情。此外，杜甫还作有《因崔五侍御寄高彭州一绝》《寄高适》《奉寄高常侍》《闻高常侍亡》，表达他与高适在蜀中时的友谊，成为蜀中诗坛的佳话。

岑参（715—770），唐江陵（今属湖北江陵县）人。岑参两次随军出塞，作《白雪歌送武判官归京》，是与高适齐名的著名边塞诗人。他随剑南节度使杜鸿渐入蜀平乱，于大历元年（766）任嘉州刺史，罢官后寓居成都，卒于成都旅舍。在蜀约 4 年，作有《利州道中作》《入剑门作》《登嘉州凌云寺作》《石犀》《张仪楼》。如《登嘉州凌云寺作》云："始知宇宙阔，下看三江流。天晴见峨眉，如向波上浮。"《石犀》又云："始知李太守，伯禹亦不如。"④ 将抒写边塞诗的才情转寄蜀中山水名物，故岑参蜀中诗更形象生动，贴近生活，为世人称颂。

---

① 骆宾王. 畴昔篇［M］//周振甫. 唐诗宋词元曲全集之全唐诗：第 2 册. 合肥：黄山书社，1999：588.
② 高适. 高适诗集编年笺注［M］. 刘开扬，笺注. 北京：中华书局，1981：317.
③ 杜甫. 杜甫集校注：第 5 册［M］. 谢思炜，校注. 上海：上海古籍出版社，2015：1858.
④ 岑参. 岑参诗笺注：上册［M］. 廖立，笺注. 北京：中华书局，2018：173-174，247.

杜甫是我国最伟大的现实主义诗人，生逢唐代由盛而衰的阶段。安史之乱避祸巴蜀，成为他诗文创作与产出最重要的阶段。杜甫（712—770），字子美，自号少陵野老，世称"杜工部""杜少陵"等，唐河南巩县（今河南省巩义市）人。我国伟大的现实主义诗人，世称"诗圣"，与李白合称"李杜"。杜甫于乾元二年（759）自甘肃同谷（甘肃省成县）沿栈道到达成都，于大历三年（768）经夔门离开巴蜀前往荆州，在巴蜀寓居近 10 年，创作诗歌近 900 多首，其中在西川寓居 4 年，成诗 270 多首，在东川梓州寓居 1 年 8 个月，成诗 200 多首，在夔州寓居 2 年，成诗 400 多首，其中不少是后世称颂的佳作与名篇。对巴蜀自然生态、名胜古迹、风土人情、社会风习、历史地理、民生疾苦以及寓居巴蜀的喜怒哀乐，都有吟咏记录，是描绘唐代巴蜀社会生活的历史画卷，体现出丰富的思想性、艺术性与文化精神。

在《剑门》中云："惟天有设险，剑门天下壮。连山抱西南，石角皆北向。"表达对剑门山川奇特透迤形状的赞美。在《成都府》中云："我行山川异，忽在天一方。但逢新人民，未卜见故乡。大江东流去，游子日月长。曾城填华屋，季冬树木苍。喧然名都会，吹箫间笙簧。"在《赠花卿》中云："锦城丝管日纷纷，半入江风半入云。此曲只应天上有，人间能得几回闻。"对成都山川之异，成都人民之新，大江东去之势，城市都会之繁华，均做了贴切的描写。这些诗如同诗史，为后世研究唐代成都城市、社会生活与生态环境提供了必要的参考。

安史之乱造成的社会动荡与危机，使杜甫对国家与人们的命运特别关切，体现了其忧国忧民的淑世情怀。如《登楼》云："锦江春色来天地，玉垒浮云变古今。北极朝廷终不改，西山寇盗莫相侵。"表达对安史之乱造成的社会动荡、掌权者昏聩无能、寇盗横行的忧惧。如《闻官军收河南河北》云："剑外忽传收蓟北，初闻涕泪满衣裳。却看妻子愁何在，漫卷诗书喜欲狂。白日放歌须纵酒，青春作伴好还乡。即从巴峡穿巫峡，便下襄阳向洛阳。"表达了官军胜利，安史之乱结束时的欣喜，以及急于还乡的急切心情。如《有感五首》之三云："盗灭人还乱，兵残将自疑。……愿闻哀痛诏，端拱问疮痍。"虽然流寓穷困，仍然不忘关注国家政局，总结动乱经验教训。如《茅屋为秋风所破歌》云："安得广厦千万间，大庇天下寒士俱欢颜，风雨不动安如山。"立足自身生活的艰辛困苦，发出为天下士人寻求生存庇护之所的深情呐喊。

杜甫对诸葛亮治蜀功绩得失颇为究心。如《蜀相》云："三顾频烦天下计，两朝开济老臣心。出师未捷身先死，长使英雄泪满襟。"表达了对蜀汉丞相诸葛亮"鞠躬尽瘁，死而后已"，功业未成而"身先死"的遗憾。在《登楼》中云：

"可怜后主还祠庙，日暮聊为梁甫吟。"表示对后主刘禅因无能导致失去巴蜀政权的不胜唏嘘。在《八阵图》中云："功盖三分国，名成八阵图。江流石不转，遗恨失吞吴。"盛赞诸葛亮的功绩，并对诸葛亮没能实现"光复汉室"的愿望深感惋惜。

在严武、高适等人资助下，杜甫曾在成都草堂度过了一段快乐时光。他不断追求诗歌技艺，如《江上值水如海势聊短述》云："为人性僻耽佳句，语不惊人死不休。"留下了不少充满生活情趣，意象优美、技艺高超的千古佳句，再现了唐代成都的景致美与生活美。如《春夜喜雨》云："好雨知时节，当春乃发生。随风潜入夜，润物细无声。"《绝句四首》之三云："两个黄鹂鸣翠柳，一行白鹭上青天。窗含西岭千秋雪，门泊东吴万里船。"《江畔独步寻花》之六云："黄四娘家花满蹊，千朵万朵压枝低。留连戏蝶时时舞，自在娇莺恰恰啼。"自唐以来，后世对草堂进行了多次修缮、扩建与重建，至今保存大量的建筑、遗址与文物，草堂与工部祠成为历代纪念诗圣杜甫的圣地、历代诗人前往拜谒的朝圣之所，在中国文学史上占有重要地位。后人倾慕杜甫的诗才与人品，晚唐诗人韦庄将自己的诗集名之为《浣花集》，以示对杜甫的敬仰之情，南宋淳熙年间集结刊行《草堂先生杜工部诗集》，之后又刊行《杜工部草堂诗笺》；清人何明礼著《浣花溪草堂志》，整理传布杜甫的诗作。

严武死后，杜甫离开成都，移居夔州，写下大量描绘巴山峡江奇险之景、民生百态与感时伤物的杰作名篇。如《瞿塘怀古》云："西南万壑注，劲敌两岸开。地与山根裂，江从月窟来。"《登高》云："无边落木萧萧下，不尽长江滚滚来。万里悲秋常作客，百年多病独登台。"《咏怀古迹》之三云："群山万壑赴荆门，生长明妃尚有村。一去紫台连朔漠，独留青冢向黄昏。"其《登高》《秋兴八首》《咏怀古迹五首》，无论诗歌格律还是意境技巧，都称得上诗歌史上的登峰造极之作。

薛涛（约768—832），字洪度，原籍陕西长安（今陕西省西安市）人，幼年时随父入蜀。父卒后，长期寓居成都浣花溪畔，以诗闻名于世，是唐代著名的女诗人，著名的巴蜀才女，所创制的粉色小彩笺被称为"薛涛笺"。

薛涛才情出众，少年成名，尤善为诗，韦皋镇蜀时，召薛涛侍酒，遂入乐籍。后因事获罪，遣罚松州，以诗向韦皋诉冤，后得放归成都，遂脱乐籍。武元衡镇蜀，以薛涛才学俱佳，欲举为校书郎未果，但"女校书"之名却不胫而走。李裕德镇蜀，薛涛对修建筹边楼、布置防务大加赞赏，在《筹边楼》中云："平临云鸟八窗秋，壮压西川四十州。诸将莫贪羌族马，最高层处见边头。"① 劝勉守边将士立功边防，不为蝇头小利所迷惑，体现了对待边防的高远谋略与见识。四库馆臣评价此诗时云："其托意深邃，非寻常裙屐所及，宜其名重一时。"②

薛涛的诗才为同时代的元稹、白居易、刘禹锡、王建、杜牧所称颂，彼此诗文唱和，谱写了不少诗文佳话。如元稹在《寄赠薛涛》中云："言语巧偷鹦鹉舌，文章分得凤凰毛。纷纷辞客多停笔，个个公卿欲梦刀。"③ 将薛涛比作巴蜀才女卓文君，认为薛涛超凡脱俗的才情超越同时代的公卿士大夫，肯定了薛涛卓越的才华。王建在《寄蜀中薛涛校书》云："万里桥边女校书，枇杷花里闭门居。扫眉才子知多少，管领春风总不如。"④ 充分肯定了薛涛非同凡响的诗文才学。

晚唐诗人白居易（772—846）、刘禹锡（772—842）曾宦历川东，受川东流传的边歌边舞的竹枝词的影响，创作了一批反映川东民情风物的文人竹枝词，丰富了唐诗的体裁与思想内涵。如白居易在忠州（今重庆市忠县）时，作《竹枝词》之一云："瞿塘峡口水烟低，白帝城头月向西。唱到竹枝声咽处，寒猿暗鸟一时啼。"《竹枝词》之二云："竹枝苦怨怨何人，夜静山空歇又闻。蛮儿巴女齐声唱，愁杀江楼病使君。"⑤ 借《竹枝词》格调写景抒情，表达了心中的郁闷与感伤情绪。刘禹锡因"八司马事件"被贬谪，曾在"凄凉之地"的夔州任刺史。有雄心壮志却不得志，使他对民生百态、官场虚伪险恶有着更深的体悟与理解。他在夔州任上，通过对峡江地区流传的"含思婉转""词多鄙陋"的民间《竹枝词》进行了诗人化、文人化改造，使之推陈出新、脱胎换骨而风靡一时，并成功入选为乐府词牌。刘禹锡不仅自己能唱竹枝词，亦作有《竹枝词》，创造了雅俗共赏的唐代诗词新体裁。如其所作《竹枝词九首》之一云："白帝城头春草生，白盐山下蜀江清。南人上来歌一曲，北人莫上动乡情。"对夔门春景与南来北往经过夔门之人的心情做了生动刻画。在《竹枝词二首》之一云："杨柳青青江水平，闻郎江上唱歌声。东边日出西边雨，道是无晴却有晴。"记录巴地别具一格的民情物候，成为千古流传、脍炙人口的佳作。《竹枝

① 薛涛.薛涛诗笺［M］.张篷舟，等校注.北京：人民文学出版社，2012：70.
② 永瑢.四库全书总目：第186卷［M］.北京：中华书局，1965：1690.
③ 元稹.元稹集外集续补著：下册［M］.冀勤，点校.北京：中华书局，2010：807.
④ 王建.王建诗集校注［M］.尹占华，校注.成都：巴蜀书社，2006：373.
⑤ 白居易.白居易诗集校注：第3册［M］.谢思炜，校注.北京：中华书局，2006：1462-1463.

词九首》之七云："长恨人心不如水，等闲平地起波澜。"① 讽刺小人同流合污、随波逐流的丑陋形象。刘禹锡熟悉巴蜀社会民情，对濯锦江边女郎的濯锦之美有生动的描绘，在《浪淘沙》之五云："濯锦江边两岸花，春风吹浪正淘沙。女郎剪下鸳鸯锦，将向中流匹晚霞。"② 为人们了解唐代蜀锦漂洗过程提供了必要参考。后与白居易在扬州相会，作《酬乐天扬州初逢席上见赠》云："巴山楚水凄凉地，二十三年弃置身。怀旧空吟闻笛赋，到乡翻似烂柯人。沉舟侧畔千帆过，病树前头万木春。今日听君歌一曲，暂凭杯酒长精神。"回忆同在巴山蜀水时的落寞境况，倾诉相知相识的故友情怀。

李商隐（813—858），字义山，号玉溪生，唐怀州河内（今河南省沁阳市）人，晚唐著名诗人，与杜牧人称"小李杜"。李商隐在蜀中为官 5 年，对巴蜀人文历史与民情颇为了解。所作《锦瑟》云："庄生晓梦迷蝴蝶，望帝春心托杜鹃。"对庄周之梦与古蜀五祖望帝"杜鹃啼血"的神话传说巧妙地进行联想，写就了构思新奇，意境广阔，富含哲思的千古名句。《夜雨寄北》云："君问归期未有期，巴山夜雨涨秋池。何当共剪西窗烛，却话巴山夜雨时。"借巴山多夜雨的风候，寄托对亡妻的深切怀念，成为怀念诗中的佳作。《武侯庙古柏》云："玉垒经纶远，金刀历数终。谁将出师表，一为问昭融。"李商隐因卷入"牛李党争"旋涡而备受排挤，借诸葛亮庙前古柏怀念诸葛亮治蜀德政，表达郁郁不得志的晦涩、无助心情。

宋代宦历巴蜀的著名诗人主要以黄庭坚、陆游和范成大为代表。他们宦历巴蜀，一方面增加了他们诗作的题材，丰富了诗歌的社会、历史与文化内涵，另一方面，对促进巴蜀诗歌文化的繁荣，做出了一定贡献。

黄庭坚（1045—1105），字鲁直，自号山谷道人，宋洪州分宁（今江西省修水县）人，与张耒、秦观、晁补之同游苏轼门下，被称为"苏门四学士"。黄庭坚诗文俱佳，是江西诗派的创始人，与苏轼并称"苏黄"。黄庭坚还是著名的书法家，与苏轼、米芾和蔡襄被并称作北宋书法"四大家"。哲宗绍圣元年（1094），黄庭坚因元祐党人的身份备受打击，新党以黄庭坚修《神宗实录》不实的罪名，将他贬为涪州别驾，后在黔州安置，再移戎州安置。黄庭坚于建中靖国元年（1101）正月离蜀，总计在巴蜀宦历 6 年，作诗多达百余首，其中不

---

① 上引见刘禹锡. 刘禹锡全集编年校注 [M]. 陶敏，陶雨虹，校注. 北京：中华书局，2019：546，556，551.

② 刘禹锡. 刘禹锡全集编年校注 [M]. 陶敏，陶雨虹，校注. 北京：中华书局，2019：1030.

少是关于谪居心情和巴蜀民情风景方面的诗作。如在《定风波》中云："万里黔中一漏天，屋居终日似乘船。及至重阳天也霁，催醉，鬼门关外蜀江前。莫笑老翁犹气岸，君看：几人黄菊上华颠？"表达虽谪居偏远的黔中，但豪迈志气并未消沉的心境。在戎州期间，与当地仕宦唱酬，记录戎州的生活与感悟。在《苦笋赋》《念奴娇·断虹霁雨》《次韵李任道晚饮锁江亭》《次韵任道食荔枝有感三首》《再次韵兼简履中、南玉三首》中均有体现。如《苦笋赋》云："僰道苦笋，冠冕两川。……食肴以之开道，酒客为之流涎。彼桂斑之梦永，又安得与之同年！"借苦笋虽苦，食而有益，阐发忠言逆耳却有补于世之人生哲理。如《再次韵兼简履中、南玉三首》之一云："李侯诗律严且清，诸生赓载笔纵横。……锁江主人能致酒，愿渠久住莫终更。"表达对主人邀约饮酒的感激之情。在《再次韵杨明叔并序》中又云："盖以俗为雅，以故为新，百战百胜……此诗人之奇也。"① 这是在其师苏东坡的影响下，创新发展形成的独特的宋诗艺术创作观。巴蜀山水人文与思想风格，对黄庭坚诗文艺术的影响颇大。周必大在《跋黄鲁直蜀中诗词》中云："山谷自戎徙黔，身行夔路，故词章翰墨日益超妙。"② 而黄庭坚在谪居巴蜀期间，与蜀中诗人唱和往还，奖掖后学，并"亲书杜甫两川诗并作《大雅堂记》，这些都促进了蜀中文学的发展"③。

陆游（1125—1210），字务观，自号"放翁"，宋越州山阴（今浙江绍兴市）人。陆游是我国著名的爱国主义诗人，与范成大、杨万里、尤袤，并称"南宋四大诗人"。乾道五年（1169）奉命出任夔州通判，乾道八年（1172）从茂州亲临抗金前线。辞世前所作名篇《示儿》诗云："死去元知万事空，但悲不见九州同。王师北定中原日，家祭无忘告乃翁。"正是基于这段抗金的亲身经历所作。此后，他在成都、崇州（今四川省崇州市）、嘉州（今四川省乐山市）、荣州（今四川省荣县）驻地方官，于淳熙五年（1178）离开巴蜀。陆游宦历巴蜀各地前后八年，作诗九百多首，其中不乏《入蜀记》《天彭牡丹谱》《成都行》《成都书市》《梦中作》等与巴蜀社会、人文方面关系密切的名篇佳作。如《成都行》云："倚锦瑟，击玉壶，吴中狂士游成都。成都海棠十万株，繁华盛

---

① 黄庭坚.山谷诗集注：第12卷［M］//黄庭坚.黄庭坚诗集注：第2册.任渊，等注.刘尚荣，校点.北京：中华书局，2003：441.
② 周必大.庐陵周益国文忠公集：第17卷［M］//周必大.周必大全集：上册.王蓉贵，白井顺，点校.成都：四川大学出版社，2017：148.
③ 张在德，唐建军.中国地域文化通览：四川卷［M］.北京：中华书局，2014：185.

丽天下无。"① 描绘了成都海棠的繁华盛丽。"吴绫便面对客书，斜行小草密复疏；墨君秀润瘦不枯，风枝雨叶笔笔殊。"② 描写了书香文化成都、人文成都的景观。《梦中作》云："捣纸声中春日晚，怳然重到浣花溪。"③ 虽在梦中，但对成都浣花溪春日捣纸的情景仍然记忆犹新，可见成都在陆游心中印记之深刻。陆游对巴蜀历史上的先贤及其功绩特别关注，《成都万里桥怀司马相如》《严君平卜台》《先主庙次唐贞元中张俨诗韵三首》《谒汉昭烈惠陵及诸葛公祠宇》《书愤》《拜张忠定公祠二十韵》，深切缅怀历代巴蜀先贤，凭吊他们的历史功绩，并借机抒发自己的报国凌云之志。如《书愤》云："出师一表真名世，千载谁堪伯仲间。"以诸葛亮自喻，一方面表达了对诸葛亮的敬仰，另一方面表达了报国无门的忧愤。如在《拜张忠定公祠二十韵》中云："天将靖蜀乱，生公在人间。……安危关社稷，岂惟蜀民全。……我来拜遗祠，乔木含苍烟。死者不可作，悢然衰涕潸。愤切感虏祸，慷慨思公贤。春秋送迎神，谁为歌此篇。"④ 表达了对宋初治蜀名臣张咏功绩的充分肯定，对误国奸佞的极度不满。陆游离开巴蜀归乡，但仍然对宦游巴蜀的人生经历念念不忘，曾一度想留在巴蜀终老。正如四库馆臣评价云："称游西游夔道，乐其土风，有终焉之志。宿留殆十载。……然心固未尝一日忘蜀也。是以题其平生所为诗卷为《剑南诗稿》，盖不独谓蜀道所赋诗也。"⑤ 巴蜀是陆游人生经历中的重要阶段，其心未尝一日忘记过。将其诗稿名之《剑南诗稿》，即是明证。巴蜀的山川名胜、人情风物，促进了他诗风向现实主义的转变，写下了许多佳作名篇，这段经历成为他一生中诗文创作的高峰，铸就了他在宋诗史上的崇高地位。

范成大（1126—1193），字致能，自号石湖居士，宋吴郡（今江苏苏州市）人。范成大之诗，效仿苏轼、黄庭坚之洒脱，而不失婉约，在南宋自成一派。四库馆臣评价云："追溯苏、黄遗法，而约以婉峭。自为一家，伯仲于杨、陆之间，固亦宜也。"⑥ 与陆游、杨万里、尤袤，人称"南宋四大诗人"。淳熙元年

---

① 陆游. 剑南诗稿校注：第 1 册 [M]. 钱仲联，校注. 上海：上海古籍出版社，1985：345.

② 陆游. 剑南诗稿校注：第 1 册 [M]. 钱仲联，校注. 上海：上海古籍出版社，1985：345-346.

③ 陆游. 剑南诗稿校注：第 3 册 [M]. 钱仲联，校注. 上海：上海古籍出版社，1985：1110.

④ 陆游. 剑南诗稿校注：第 1 册 [M]. 钱仲联，校注. 上海：上海古籍出版社，1985：285.

⑤ 永瑢. 四库全书总目：第 160 卷 [M]. 北京：中华书局，1965：1380.

⑥ 永瑢. 四库全书总目：第 160 卷 [M]. 北京：中华书局，1965：1380.

（1174）年底，奉命出任四川制置使知成都府，次年六月到任。淳熙四年
（1177）五月去任，七月过三峡离开巴蜀返都，总计宦历巴蜀2年。在成都知府
任上，范成大勤于政事，特别重视巴蜀之地的文化建设，重建筹边楼，陆游为
之作《筹边楼记》；修建江渎庙，陆游为之作《江渎庙记》；著《成都古寺名笔
记》详细介绍成都寺庙壁画情况，又著《石经始末记》考述蜀石经刊刻历史。
离任后，继赵抃《成都古今记》，著成《成都古今丙记》，传承成都古今文化与
掌故。范成大在巴蜀倡言文教，促进了巴蜀文化事业的发展。范成大离开巴蜀
回到苏州后，取杜甫"门泊东吴万里船"之意，著《吴船录》两卷，记述从成
都合江亭乘船经三峡家乡的沿途里程与沿途风情，为研究宋代巴蜀社会文化保
存了珍贵资料。

二、史学名邦

（一）著史渊源有自

巴蜀历史悠久，为蜀人著史以传存乡邦文献奠定了基础。汉晋之际，巴蜀
史学颇盛。

首开巴蜀史先河的，是司马相如所著《蜀本纪》。严君平（约前87—约6）、
阳城子玄（生卒年不详）分别著有《蜀本纪》。此后，成都人扬雄著有《蜀王
本纪》。这些著作虽然对于传说和历史区分得并不清楚，但为后人了解和认识巴
蜀古史提供了必要的线索。东汉成都人杨终（？—100）曾删《史记》为十多
万字的简易本，另外著有《春秋外传》《春秋章句》以及《哀牢传》。广汉雒人
李尤（44—126）著有《蜀记》，另与南阳人刘珍（？—约126）共撰有东汉纪
传体断代史巨著《东观汉记》，表明东汉蜀地的史学已经兴起。

三国两晋时期，巴蜀地方史学取得了显著成就，名家与名著频出。

谯周（约201—270），字允南，巴西郡西充国（今四川省南充市西充县）
人。博通经史，兼晓天文，尤善书札。在蜀汉时历任太史、中散大夫、光禄大
夫等职。入魏后封阳城亭侯。西晋时官拜骑都尉、散骑常侍。谯周长于经史之
学，所著《法训》《五经然否论》《论语注》《五教志》《古史考》皆佚，今有
《巴蜀异物志》等传世。据刘知几《史通·正史》记载，《古史考》系为纠正
《史记》之错谬而作。谯周认为，司马迁《史记》中所记周秦以前史事，所采
俗语百家之言，难以取信，于是依据古时典籍作《古史考》以纠正《史记》中
的错误。《古史考》颇为学者所看重，曾与《史记》并行于世，可惜唐代以后
亡佚，今仅存黄奭辑本一卷。谯周弟子中亦不乏著名史学家，著名的有文立、
陈寿、李密、李虔、罗宪等。谯周很重视巴蜀地方史志的整理与研究，所著

《蜀本纪》《三巴记》等书，记述巴蜀史地掌故，对后来四川地方史志的修纂有很大影响。

陈寿（233—297），字承祚，巴西郡安汉县（今四川省南充市北）人。在蜀汉时担任过观阁令史之职。宦官黄皓专权，陈寿不肯曲意奉承，屡遭排挤打压。西晋时，担任佐著作郎之职。陈寿少即好学，师事谯周，研习《尚书》及《春秋》三传，精通《史记》《汉书》，时人谓其有"良史之才"。著有《三国志》《古国志》《益部耆旧传》等书，曾编《诸葛亮集》。陈寿在前人著述基础上，搜集大量史料，著成《三国志》。《三国志》将魏、蜀、吴三国史事分别叙述，将六十余年间的主要事迹囊括其间。陈寿善于叙事，文字简洁，取材严谨，《三国志》是继《史记》《汉书》之后的又一部著名纪传体断代史，问世之后，评价很高。高假孙在《史略》中评价说："惟陈寿三《志》，文质辨洽，荀、张比之于（司马）迁、（班）固，非妄誉也。"① 后人将《三国志》与《史记》《汉书》《后汉书》合称"四史"，可见《三国志》在中国史学上的崇高地位。

常璩（约291—361），字道将，蜀郡江原县（今四川省崇州市）人。常氏在江原为大姓，世以儒学传家，代不乏人。常璩学识广博，成汉时曾任散骑常侍，撰有《蜀李书》，专门记载成汉李氏兴灭之迹。成汉灭亡后曾游历建康（今南京），对乡土历史颇感兴趣，著成《华阳国志》。《华阳国志》是一部包括梁、益、宁三州历史、地理的地方史专著，也是中国现存最早的一部比较完整的地方志书，记载了从古蜀到成汉时期巴蜀的历代政权更替、风土人情、物产地理、交通险塞、大姓豪族、先贤士女。该书载他书所不载，其中不乏亲身经历的事件，故有较高史料价值。唐人刘知几在《史通杂述》中评价说："郡书者，矜其乡贤，美其邦族，……其如常璩之详审，……而能传诸不朽、见美来裔者，盖无几焉。"② 《华阳国志》从内容来说，是历史、地理、人物三结合；从体裁来说，是地理志、编年史、人物传三结合。这两个三结合构成了《华阳国志》的一个显著特点，这也是中国方志编纂史上的一个创举③，也是《华阳国志》千百年来能挺拔于方志之林并成为方志之鼻祖的主要原因之一。《华阳国志》是研究西南历史、地理不可或缺的重要参考书。

（二）宋代史学繁盛

古代巴蜀史家辈出，成果丰硕。刘咸炘在总结评价蜀学时认为，蜀中学术，

---

① 高似孙. 史略校笺 ［M］. 周夫游，校笺. 北京：书目文献出版社，1987：163.

② 刘知几. 史通 ［M］. 章学诚，校补. 长沙：岳麓书社，1993：97.

③ 常璩. 华阳国志新校注 ［M］. 刘琳，校注. 成都：四川大学出版社，2015：前言 1-2.

"大在文史"，并说："隋以前有《三国志》和《华阳国志》名世，唐以后的史学莫隆于蜀"①，并认为宋代史学"实在蜀"②。史学人才辈出，史学巨著频出，充分展示了唐宋时期巴蜀史学独领风骚的盛大气象，而尤以宋代的蜀中史学成就最大。

范祖禹（1041—1098），字淳甫，成都华阳（今四川省成都市双流区）人，在洛阳 15 年不求仕进，全力协助司马光修成《资治通鉴》，被朝廷任命为秘书省正字。范祖禹一生的主要贡献，在于修史与政论二端。相较而言，范祖禹在修史方面用力最勤。范祖禹协助司马光修《资治通鉴》时，负责唐代 300 年历史的修纂工作，成书 600 卷，后司马光删为 80 卷名之曰《唐记》，该书是《资治通鉴》中极为重要的组成部分，范祖禹也因此被人称为"唐鉴公"，为学者所尊崇。除此之外，范祖禹还著有《唐鉴》《仁宗政典》《帝学》等史书传世。范祖禹治史特别注重史学的经世功能，如贯穿《帝学》一书的中心主旨就是著名的"以史为鉴"思想；《唐鉴》除有"以史为鉴""经世致用"等特点外，还具有"以理入史"的特点。这是宋代"义理史学"的代表之作，也是四川"义理史学"的典范。③

李焘（1115—1184），字仁甫，一字子贞，号巽岩，眉州丹棱（今四川省眉山市丹棱县）人。李焘学识渊博，善于为文，长于经学，精于史学，有"蜀中史学之首号"的美誉。绍兴八年（1138）登进士第，授华阳县主簿，未就任。先后出知泸州、荣州，一生未受重用，后以敷文阁学士致仕。李焘博览典籍，著述宏富，仿司马光《资治通鉴》，前后历时四十年，修成《续资治通鉴长编》。还著有《易学》《春秋学》《说文解字五音韵谱》《历代宰相年表》及文集等二十余种。《续资治通鉴长编》共 980 卷，以编年体的方式记北宋之事，保存了北宋一代的丰富史料。该书取材广博，考订精核，实为治宋史之要典。叶适在《水心集》中评价说："《春秋》以后，才有此书。"④ 蒙文通亦说："李焘《续资治通鉴长编》，搜罗既富，考证亦精，为宋代记注之良书。"⑤

---

① 刘咸炘. 蜀学论 ［M］//刘咸炘. 推十书：增补全本. 上海：上海科学技术文献出版社，2009：494.

② 刘咸炘. 重修宋史述意 ［M］//刘咸炘. 刘咸炘论史学. 上海：上海科学技术文献出版社，2008：225.

③ 胡昭曦，刘复生，粟品孝. 宋代蜀学研究 ［M］. 成都：巴蜀书社，1997：256-270.

④ 叶德辉. 郎国读书志 ［M］//湖南图书馆. 湖湘文库：湖南近现代藏书家题跋选：第 1 册. 长沙：岳麓书社，2011：140.

⑤ 蒙文通. 治学杂语 ［M］//蒙默. 蒙文通学记：增补本. 北京：生活·读书·新知三联书店，2006：48.

　　李心传（1167—1244），字微之，号秀岩，隆州井研（今四川省乐山市井研县）人。庆元元年（1195），乡试未中，遂绝意科举，专事著述。晚年，被荐为史馆校勘，赐进士出身，官至工部侍郎。李心传有史才，通晓掌故，曾主修《中兴四朝帝纪》《十三朝会要》。所著《建炎以来系年要录》200卷，与李焘《续资治通鉴长编》相接，记高宗一朝史事。又著有《建炎以来朝野杂记》，与《建炎以来系年要录》相表里。另著有《丙子学易编》1卷、《春秋考》13卷、《礼辨》23卷、《高宗系年录》200卷、《西陲泰定录》90卷、《读史考》12卷、《道命录》10卷等，尚有诗文100卷等。

　　李焘、李心传是南宋史学家的杰出代表。余嘉锡在《四库提要辨证》中评价说："有宋一代史学之精，自司马光外，无如二李者。"①

　　王偁（生卒年不详），生平事迹史载不多。又作王称，字季平，眉州眉山（今四川省眉山市东坡区）人。历任吏部郎中、承议郎、龙州知州，累官至直秘阁。著有《东都事略》《西夏事略》等。《东都事略》取材以国史、实录为本，旁及野史杂记，系纪传体史书。全书共130卷，分为帝纪12卷、世家5卷、列传105卷、附录8卷（辽、金、夏、西蕃、交阯等），记载从太祖赵匡胤至钦宗赵桓共九朝的历史。《东都事略》的有些内容为《宋史》所无，或可纠正《宋史》的失误，实可与《宋史》互相补充，是研究宋史的宝贵材料。洪迈修《四朝国史》时，上奏献该书，认为此书富有见识。四库馆臣亦评价《东都事略》说："叙事约而该，议论亦皆持平。"②

　　李焘《续资治通鉴长编》980卷、李心传《建炎以来系年要录》200卷、王偁《东都事略》130卷，都是斐然可观的史学成果，其价值弥足珍贵。诚如四库馆臣评价说："宋人私史卓然可传者，唯（王）偁与李焘、李心传之书，固宜为考宋史者所宝贵矣。"③可见宋代四川史学成就之丰硕。

　　此外，两宋时期四川还有范镇《东斋记事》、史炤《资治通鉴释文》、杜大珪《名臣碑传琬琰集》、吴缜《新唐书纠谬》、李攸《宋朝事实》、张唐英《蜀梼杌》、彭百川《太平治迹统类》《中兴治迹统类》以及李埴《皇宋十朝纲要》等名家名著传世。最为难能可贵的是，巴蜀学人不但注意史料之保存、文献之整理，而且力求勾勒历史之思想、探索史学之精神，即通过对历代兴衰治乱、成败得失之迹的考察，"从而揭示个中所蕴含的宏深义理，并且上升为哲理层面

---

① 余嘉锡．四库提要辨证（一）［M］．北京：中华书局，2007：261.
② 永瑢．四库全书总目：第50卷［M］．北京：中华书局，1965：449.
③ 永瑢．四库全书总目：第50卷［M］．北京：中华书局，1965：449.

的形上思考"①。

第二节 喧然名都会

隋唐五代至宋末的七八百年间,四川境内没有受到大规模的战争破坏,处于相对安定的环境。尤其是唐、宋两朝的开国之君,都比较重视四川作为大后方的重要作用与地位,大多采取了轻徭薄赋、发展生产等一系列措施,为四川经济、社会、文化的发展繁荣提供了有力保障,促进了四川城市工商业的高速发展。特别是岷江、嘉陵江等巴蜀扇形水系沿岸,先后发展出以成都、重庆、乐山、泸州、南充为代表的富庶城市。如成都因都江堰水利灌溉之便而兴,使益州成为与扬州齐名、天下数一数二的工商业大都市;重庆发展成为水脉航运、工商业的大都市,成为与成都相融互补的两大"双子星座"城市;嘉州(今乐山市)借助岷江、大渡河、青衣江交汇处带来的灌溉之利、舟楫商业之便,被誉为"海棠香国";等等。总之,剑南三川之地,成为唐朝经济的重要来源地,在全国经济、商业和文化中占有显著地位。

一、天府之藏,"可济中国"

隋唐时期,历任蜀守都比较重视水利工程建设、扩修与维护。如太宗时益州大都督府长史高士廉扩修旧渠,分引支渠,扩大灌溉面积,人称侍郎堰。此后,在今彭州、绵竹、温江、新津、眉山等地,均先后修建了许多新的堤堰、水渠。如唐末眉州刺史张琳新修通济堰,灌溉田地多至15000顷。大量新增的水利灌溉渠堰、比较完善的水利维修管理制度以及间种、复种、轮流种植等耕种技术的普遍使用,对发展蜀中农业生产,提高农作物的产量作用重大。据蒙文通在《中国历代农产量的扩大和赋役及学术思想的演变》中估计,唐代益州亩产量比汉代约增加了一倍。益州的粮食除了满足自身生产生活需要,还运往全国各地。《新唐书》记载:"人富粟多,浮江而下,可济中国。"② 可见此时巴蜀之地的粮食产量之丰富。自隋唐以来,四川的粮食经济作物如麻、桑、茶叶、药材、水果种植面积较汉代有所扩大,粮食产量不断增加,加之蜀人多工巧,

---

① 彭华. 蜀学之形神与风骨综论:以文史哲或经史子集为考察对象 [J]. 殷都学刊, 2014 (3):89.

② 欧阳修, 宋祁. 新唐书 [M]. 北京:中华书局, 2000:3415.

在造纸、雕版印刷、制盐、纺织和陶瓷制作方面的技术比较先进，为巴蜀城乡经济、社会和文化繁荣提供了有力支撑。

隋唐五代时期是我国造纸业发展的重要阶段，其中四川的造纸业尤为发达。如隋代开始生产的广都（今成都市双流区中和街道一带）纸（亦名小灰纸）以楮树皮制作，用途广且价格低，在公私信札、契约券、文书中大量使用；益州生产的黄麻纸、白麻纸，光滑细腻、经久耐用，是唐代指定的主要官方用纸。集贤院大多采用益州生产的麻纸作为书写材料，据称每月用量可达 5000 番之巨。四川对纸的再加工也比较有名，最著名的当数"薛涛笺"。薛涛笺为唐代著名女诗人薛涛所创，她以成都产木芙蓉为原料，以胭脂染成红色，制成小笺，用于写诗。此笺既雅致又方便携带，人称"薛涛笺"。四川发达的纸张业，促进了四川雕版印刷的发展。唐文宗时，雕版印刷的佛经、韵书、历书、字书、杂书、占卜术书等，经书铺广为印行售卖，极大地满足了社会各阶层人们的学习、生活与交流需要。

自前、后蜀以来，成都成为四川的造纸中心，造纸技术闻名天下。成都专门从事造纸者就有十余家，所造纸张用途较唐代更加广泛。无论是造纸技术还是产量都得到不断提升，除了生产麻纸、楮皮纸、桑皮纸外，还重视回收旧纸制作所谓的"还魂纸"，实现对废旧纸张的再利用。就高端纸张的制造而言，除继续生产"薛涛笺"外，还产生了用途更广的"谢公笺"。谢公笺由曾任司封的北宋谢景初在成都创制而成，共有深红、粉红、杏红、明黄、深青、浅青、深绿、浅绿、铜绿、浅云十种颜色，又称"十色笺"或"蛮笺"。它比"薛涛笺"制作更加精美，色彩更加绚丽多姿，用途更加广泛，更便于书写。元人费著在《笺纸谱》中曾评价说："纸以人得名者，有谢公，有薛涛。"① 获此殊荣者仅有薛涛与谢景初二人，可见唐宋时期蜀纸在全国的显著地位。宋代所产的麻纸、灰纸比唐时所产的纸张更厚重、更坚韧，也更加耐磨和耐折叠，成为印刷公私图书、文牒的重要材料。唐宋时期，四川一直是全国的印刷中心。宋代蜀刻本校勘精良，字体清晰，版式疏朗，墨色与纸张用料上乘，著名的宋代蜀刻本有《大藏经》《太平御览》《册府元龟》等，为推进四川文教事业、雕版印刷业的发展做出了贡献。

隋唐五代时期，四川的制盐业较汉代有了很大的发展，主要表现在盐井数量增多和产量不断提升两方面。特别是唐政府实行食盐管权政策，划定食盐销

---

① 费著.笺纸谱［M］//杨慎.全蜀艺文志.刘琳，王晓波，点校.成都：四川大学出版社，2022：833.

售区并禁止成本较低的海盐入川销售后，四川的井盐业获得了迅猛发展。如开元二十五年（737），剑南道总共仅有盐井 90 口，分布在陵、绵、资、荣等十州境内。到了宪宗时，剑南东、西川两道的盐井数量就增加至 205 口，分布在十二州二十七县境内。到了唐代后期，仅剑南东川道十一州就有盐井 460 口，山南道四州有盐井 123 口。此外，剑南西川道三州还有盐井 13 口，黔州有盐井 41口。盐井增幅之大，由此可见一斑。其中，产盐最多的盐井分别是陵州（今仁寿县）的陵井和泸州的富义井。陵井在武周时每日产盐多达 1820 斤，富义井则每月产盐多达 3660 石。随着盐井数量的不断增加，产盐量也随之不断上升，这是四川井盐快速发展的重要标志。

隋唐五代时期，四川的陶瓷业不断进步，尤以瓷器业的成就最为显著。著名的窑场有邛崃的固驿镇和十方堂，成都的青羊宫，华阳（今成都市锦江区）的琉璃厂以及都江堰的玉堂窑等，以生产青瓷为主。青瓷由青釉加彩、一次高温烧制的方式制作而成。如唐代邛窑十方堂生产的青瓷代表"省油灯"，器型别致，灯盏中空，注水后可降低油温以减少油的蒸发，达到省油的目的。"省油灯"还成为颇有四川特色讽喻语言风格的一大代名词。宋代四川制瓷业大放异彩，不仅窑址星罗棋布、区域广泛，而且制陶工艺水平很高，表现为产品器型与用途广泛，产品数量不断增加，质量不断提升。在四川陶瓷史上具有划时代意义。有人概括评价说，宋代四川陶瓷既有较大的手工作坊，也有独家经营的家庭小作坊；既是陶瓷的生产基地，也是交贸集散地，主要有白瓷、青瓷和黑瓷三大体系①，生产的陶器完全可满足社会各阶层不同民众的生产与生活需要。

唐代四川的交通运输路线四通八达，无论是水路还是陆路，都较秦汉时期有了很大改观。就陆路而言，唐文宗开成四年（839），向北扩修了大散关经褒城、利州至剑门的金牛道，并对山川岩壁间的栈道进行了修整与加固；川西北方向，扩展了由都江堰经汶川、松潘进入吐蕃以通西域的道路；西南方向，复开清溪道，恢复了西晋以来曾被阻断的进入南诏而至天竺的旧道。就水路而言，经由岷江下川江出三峡，成为四川最繁忙也最重要的水上交通线，所谓"门泊东吴万里船""千里江陵一日还"，正是对这条水脉航运线路繁忙景象的生动描绘。航行在这条水道上大大小小的船只，成为"吴盐蜀麻自古通"的重要运送工具，促进了四川与沿江、沿海城市之间的商贸交易与人员往来。

随着农业、手工业生产和交通运输的发展，四川的商业与贸易也随之繁荣。唐代四川不仅是朝廷重要的战略要地，也是全国粮食、茶叶、纺织品、纸张、

---

① 陈世松. 四川简史［M］. 成都：四川省社会科学院出版社，1986：141.

药材的重要出产地，以及各种商品、货物的集散交换中心。四川所产的茶叶、蜀锦远销日本、南洋、波斯、天竺，而安南、天竺的香料、琉璃、珍宝又从外国输入四川境内，四川成为财赋货集的西南重镇，史称"扬一益二"。唐人卢求《成都记》序云："以扬为首，盖声势也。"① 认为人们之所以将扬州的繁华排在益州之前，不过是因为扬州的"声势"比益州大而已。卢求还认为，若从两地"江山之秀，锦罗之丽，管弦歌舞之多，伎巧百工之富"② 等实际情形考察，扬州甚至还不如益州的一半繁华。卢求无异于直接将时人眼中的"扬一益二"更改为"益一扬二"，充分肯定了益州在全国城市中的显著地位。

唐代在成都设置益州总管府，出镇成都的长官大多是身居要职的朝中重臣。唐代成都史称"号为繁庶，甲于西南"③。百姓生活悠闲而富足，官民岁时宴饮相沿成风，甚至出现了地方主政者带头参与游乐的所谓"遨头行乐"现象。宋代成都物产丰富，商业与交贸较前更加发达，百姓富足而殷实。所谓"歌咏风流，俊丽繁华"，可见成都的确是当之无愧、名满天下的"富丽场"。即使一向以刚毅清廉著称的张咏、赵抃等出知成都府路，也不得不因其旧俗，执行"不废娱游"之乐的治蜀之策。

随着成都城市的不断发展繁荣，成都城市人口也不断增长。据《新唐书·地理志》记载，天宝年间成都府有160950户，928199口，此时的成都，已是人口近百万的天下大都会。作为唐代全国数一数二的商业大都市，成都是李白眼中"九天开出"的"图画"，"千门万户"的繁华都市，也是杜甫眼中箫笙声不断的"喧然名都会"，更是《元和郡县图志》中与扬州同为天下最"繁侈"的城市。特别是唐玄宗入蜀，带来大量的工商之家与文化名流，促进了成都城市商业娱乐文化的发展。后韦皋（745—805）镇蜀，修治城垣、开凿解玉溪，在城外新开南市，推动了成都城市的西南向发展。晚唐高骈扩筑罗城，将子城西北部变为新市区，进一步扩大了成都城市的规模，而高骈改道郫江，则奠定了成都"二江抱城"的新发展新格局，为成都商业的发展提供了更加广阔的空间。

唐代的成都城内，有东市、南市、西市和北市这样经常性的、固定的商业中心市场；在城郊还有花市、蚕市、药市、灯市等专业性、季节性的市场。此外，还有夜市出现，充分说明唐代成都城市商业与交贸业之发达。除成都外，

---

① 卢求.《成都记》序 [M] //杨慎. 全蜀艺文志. 刘琳，王小波，点校. 成都：四川大学出版社，2022：389.

② 卢求.《成都记》序 [M] //杨慎. 全蜀艺文志. 刘琳，王小波，点校. 成都：四川大学出版社，2022：389.

③ 永瑢. 四库全书总目：第70卷 [M]. 北京：中华书局，1965：626.

唐代四川境内还有被称作"蜀川巨镇"的梓州（今广元市）、被称作"佳郡"的嘉州（今乐山市）、被称作"峡中大郡"的夔州（今重庆市奉节县），以及蜀州（今崇州市）、彭州（今彭州市）、汉州（今广汉市）、陵州（今仁寿县）、阆州（今阆中市）等新兴城市。这些新兴的州县与成都府一起，构建了唐代四川的工商业与贸易业的基础框架。除成都、梓州这类城市商业中心市场外，在四川各州县的农村还出现了不少定期交易的县乡集市，时称草市。著名的如成都东门外的草市、蜀州青城县（今都江堰市境内）的青城山草市、雅州严道县（今雅安市）的蒙顶山麓草市、阆州阆中县的茂贤草市等。除新兴的大型商业城市和州县草市外，四川境内还出现了具有巴蜀特色的药市和蚕市。唐五代时期，四川的蚕市主要集中在西川地区，在成都城市周边，主要以城北学射山的至真观、城西的乾元观和严道观为代表。此外，彭州九陇县的崇真观、汉州金堂县的玄元观也比较有名。蚕市在每年农历三月初三定期举行，集市上主要出售养蚕工具、蚕种以及药材、农具、花木等日常生活用品。五代时期，举办蚕市的时间逐渐延长。据《茅亭客话》记载，每年正月至三月，都可以举办蚕市。蚕市的兴盛，是四川经济、社会不断发展繁荣的必然结果。从新兴城市的商业中心到专门性、季节性市场再到州县草市的兴起，说明唐代四川已初步建立起了覆盖城乡的商业交贸体系，表明唐代四川的农业、手工业和商业已发展到新的高度。

五代时期，四川遭受的侵扰较少，成都的商业继续保持着繁荣。如前蜀王衍时，太后、太妃们甚至在成都市内广置邸店，以谋私利。后蜀孟昶（919—965）扩建成都城市，城周围多达24000米。孟昶还于城上遍植芙蓉，花开时整座城市如锦如绣，所以成都从那时起又叫"芙蓉城"。

二、素号繁丽，富甲西南

北宋王朝的建立，结束了五代十国以来的割据局面，创造了安定的政治环境，四川地区的社会、经济和文化取得了长足的发展，在一定程度上超越了唐代。

宋太祖乾道年间，成都府知事刘熙整治成都北九里堤、糜枣堰，哲宗时蜀人张唐英捐金筑"司理堰"，高宗时四川安抚制置使李璆主持修复眉州（今眉山市）三江堤堰等都江堰水利工程设施，并建立了岁修制度，以充分发挥都江堰水利设施在防洪、灌溉和航运中的重要作用，为天府四川经济、社会和文化的发展提供了有力保障。

宋初张咏（946—1015），字复之，号乖崖，北宋名臣。张咏守蜀期间，注重民生民瘼，主张发展生产，强调商贸，成都城市较前更加发展，交贸更加繁华。真宗时，成都、邛州、嘉州、眉州等地的私人商户，开始"私以交子为市"①。以"交子"代替笨重的铁钱，意味着世界上最早的纸币此时在四川成都诞生了。从真宗到仁宗的几十年间，交子由私营变成官营。官府在成都益州（今成都市）正式设立交子务，负责交子的发行与管理。官营交子，从一贯到十贯不等，每张都有固定的票面纹饰、暗记与金额。官营交子每三年发行一次，称之为一界，每界限额为 1256340 贯。仁宗朝后，四川交子以其交易方便，开始在陕西、河东、京西等地区广泛使用。交子是宋代四川商业贸易高度发展的产物与历史见证，是四川人民的伟大创造，不仅促进了四川经济、社会、商业的发展，而且在世界货币史上具有划时代意义。

宋代成都已然发展成为"西南大都会"。李良臣在《钤辖厅东园记》中记载：

> 成都，西南大都会，素号繁丽。万井云错，百货川委。高车大马决骤乎通逵，层楼复阁荡摩乎半空，……奇物异产，瑰琦错落，列肆而班市。黄尘涨天，东西冥冥，穷朝极夕，颠迷醉昏。此成都所有也。②

成都城市作为天下大都会，素号"繁丽"，街渠交错，百货集聚，车水马龙，层楼云集，灯红酒绿，日夜不息，各种奇珍异宝，可谓应有尽有，充分表现了成都城市的繁荣、商业发达与人口众多的历史样貌与突出地位。据北宋赵抃在《成都古今记》中记载，宋代成都已发展到"月月有市"。如"正月灯市，二月花市，三月蚕市，四月锦市，五月扇市，六月香市，七月七宝市，八月桂市，九月药市，十月酒市，十一月梅市，十二月桃符市"③。不仅每月有市，而且出现了一月多次开市、多次出城游赏的情况。据费著《岁华纪丽谱》记载，仅每年的正月，就有：元日"游安福寺塔"、二日"出东郊，早宴移忠寺，晚宴大慈寺"、五日"五门蚕市"、上元"节放灯"……二十三日"圣寿寺前蚕市"、

---

① 陈均. 九朝编年备要：第 7 卷 [M] //纪昀，永瑢，等. 文渊阁四库全书：第 328 册. 台北：台湾商务印书馆股份有限公司，2008：167.

② 李良臣. 钤辖厅东园记 [M] // 杨慎. 全蜀艺文志 [M]. 刘琳，王小波，点校. 成都：四川大学出版社，2022：465.

③ 赵抃. 成都古今记 [M] //陶宗仪. 说郛：卷 62：下. 文渊阁四库全书本.

二十八日"出笮桥，即侯祠奠拜（保寿侯）"①等游乐节庆。宋代成都城内商品市场远比唐五代时期的规模更大，容纳的人口数量也更多，开市的时间也更长，并形成了以大慈寺、玉局观为中心的固定商贸交流交贸中心。特别是罗勘重新筑造罗城，王刚中、范成大培修城市街道之后，成都城市的规模不断扩大，有助于成都商贸宴饮业的进一步繁荣发展。陆游在《城东醉归深夜复呼酒作此诗》中云，"五门鼓动灯火闹，意气忽觉如章台"②，生动地刻画了成都繁华丰富的夜生活景象。

据《宋会要辑稿》记载，神宗熙宁十年（1077），"川峡四路"各地设置的商税场务情况大致如下：成都府路共有商税场务116处，梓州路80处，利州路67处，夔州路58处，总计"川峡四路"商税场务多达321处，每年共征收的商税多达5881970贯。除成都府路外，梓州府是四川地区又一经济商贸中心和纺织基地，商税额多达55000贯，仅次于成都府路。此外，果州、遂州、嘉州、合州、叙州、泸州、利州、渝州、夔州、绵州，已发展成为较唐代更加繁荣富庶的工商业城市。与此同时，农村商品生产与交换又进一步发展，表现在集市与场镇的蓬勃发展，绝大多数州县都有数个乃至数十个场镇集市。其中，仅成都府路的农村场镇就有58个，约占全川总数的40%，而征收商税多达33000余贯，约占全川的74%。③尤其在交通航运要道和重要的矿产、特产产出之地，涌现出一大批新兴的场镇，著名的有蜀州的味江镇，彭州的导江镇，雅州的卢山场，彭州的西津、南津，雅州的平羌津等。上述熙宁十年新增加的79个征收商税的场务，绝大多数就设置在新兴的市镇上。据《元丰九年域志》统计，其中拥有6个新兴市镇的县就有43个，约占川峡四路166个县的1/4，由此可见巴蜀新兴市镇在宋代商贸业中的显著地位。

宋代四川的井盐业无论是产量还是技术，均较唐代有所发展，产量更是空前增加。特别是卓筒井技术的发明，既节省了人力物力，也从实质上提高了盐卤的产量。而且这种新型技术在生产时更加灵活，使用的范围更加广阔，推广起来也更加方便。这对增加四川盐井的数量和盐的产量产生了重要影响。据统计，四川盐井的数量，唐代不过630余口，到南宋时，已猛增到6900余口，增

---

① 费著. 岁华纪丽谱［M］//杨慎. 全蜀艺术志. 刘琳，王晓波，点校. 成都：四川大学出版社，2022：849.

② 陆游. 剑南诗稿校注：第2册［M］. 钱仲联，校注. 上海：上海古籍出版社，1985：615-616.

③ 陈世松. 四川简史［M］. 成都：四川省社会科学院出版社，1986：143.

幅达十倍之巨。而四川井盐的产量到南宋时已达到 6400 余万斤①，从根本上改变了四川食盐不能自给的历史。此外，在粮食生产及其耕种技术的提高、纺织业、造纸印刷业、制瓷业、制糖和酿酒业方面，相较于唐代，在产量、技术和经济效益方面，均有所进步。

第三节　南方丝绸之路的源头

一、巴蜀丝绸的传说史

巴蜀丝绸有其独特的历史始源、特殊的形成与发展历史，彰显了不断吐故纳新的强大生命活力与文化基因。

黄帝娶西陵氏之女嫘祖为妻，嫘祖发明养蚕织丝之法，教民育蚕缫丝，并制作丝织服饰，史称黄帝"垂裳而治"天下。这一方面表明正是他教化民众穿丝绸衣服，遵守礼仪教化，促进了原始人类朝着文明发展的方向迈进；另一方面，说明我国是世界上很早就开始养蚕缫丝和制作丝绸的国家。

黄帝与嫘祖之子名昌意。昌意降居若水（四川境内），娶蜀山氏之女生子名高阳，高阳即颛顼。颛顼后来继承帝位。作为远古时代的传说，其历史的真实性的确需进一步考证，但它从另外一个角度说明，黄帝部落与蜀山氏部落联姻可能是事实。嫘祖养蚕、缫丝和制衣的技术随着部落联姻，被传播到蜀山氏居住的岷江流域的原始部落。这是传说时代关于巴蜀丝绸起源的文化历史。这从侧面说明，至迟在上古的颛顼时代，巴蜀已开始养蚕与织丝。嫘祖子孙娶蜀山氏之女的部落联姻方式，除促进部落间的交流外，主要是把嫘祖养蚕制衣的技术传播到了蜀地的蚕丛部落。岷江流域的蚕丛氏，也就成为蜀地原始部落中第一个养殖蚕和蚕蛹的部落。此外，从字源学的角度看，"蜀"字的象形最早就是一条"蚕"的形状，说明蜀地与蚕的确在远古存在一定的社会关系和历史联系。从采集蚕作为主要食品到学会用野蚕丝、柞蚕丝制作生产工具与衣服，扩大了蚕丝在氏族部落生产生活中的作用，这是蚕丛时代在人类文明发展史上的一大贡献。

最早的蜀中先民，通过在砧板上捶打野生蚕丝、家养蚕丝等方法，制作生产生活所需的缎制品。在掌握制作利用缎的基础上，人们开始制作工艺水平较

---

①　陈世松．四川简史［M］．成都：四川省社会科学院出版社，1986：140．

高与使用范围更广的锦,后来又学会了用丝线在锦上刺绣的技艺,并以丝线刺绣制作锦绣。从三星堆青铜立人所穿的外衣的纹饰、形状、图案可以判定,它不是兽皮或麻或草制作的衣服,而是丝绸锦绣制品。它的存在有力地说明,在柏濩、鱼凫时代,蜀地养蚕制衣的技术已发展到相当高的水平,属于丝绸技术趋向成熟的时代。杜宇、开明时代,大致相当于从金沙到战国时代。这一时期的丝绸已有了更大、更为广泛的用处,丝绸的生产与技艺也有较大进步。这从十二桥船棺葬中发现的丝绸服饰可见一斑。巴蜀丝绸来源于缎,这是巴蜀丝绸起源的一大特点。人们先学会制作缎然后再制作锦,并在濯锦江中洗涤。以江水濯洗后晾晒的锦色彩特别鲜明,以至于蜀锦闻名天下,此后遂有濯锦江优于他水之说。巴蜀丝绸文明经历了先有缎然后有锦,然后在锦上刺绣,最后由锦绣发展到现代意义丝绸的漫长过程。这就是“蜀锦出绣”与众不同的独特发展演变历程。

在巴蜀丝绸文化中,一直有大量关于嫘祖出生在四川盐亭的传说。这是一个比较有趣的文化现象。丝绸行业供奉的神明,一般是丝绸最早的发明者。嫘祖作为传说中养蚕制丝的鼻祖,追溯嫘祖为行业祖神是比较自然的事情。实际上,很多丝绸业发达的地方,都有关于嫘祖出生地的传说或在当地发明丝绸的传说。这都是后代丝绸业发达地区在供奉嫘祖为祖神后,后世自我附会关于嫘祖的传说及神话。其中,主要包括青衣神与嫘祖结合、嫘祖西陵氏在四川盐亭等。这实际上是纪念、尊奉嫘祖的传说文化的四川存在而已。

盐亭作为历史上丝绸行业重要的繁盛之地与中心,兴起嫘祖文化传说不足为怪,但就此认为嫘祖为历史上的盐亭人,则需持谨慎与科学的态度。如有关嫘祖姓王名凤、生于盐亭等传说,显然是民间习俗与民间文化传统结合后的附会表现。实际上,无论是关于嫘祖之名或是嫘祖之姓,都不可能是原始时代人的真实名字,因为她与黄帝所处的时代根本没有这样命名的可能。这些关于嫘祖名字或姓氏之说,显然是历史时代出现后的名字。这从另一个角度也可以证明,有关嫘祖姓氏的说法是后来行业发展后才产生的文化传说,是后世行业文化附会的结果。仔细考察,上述关于嫘祖的文化传说,不只盐亭有,在栽桑养蚕或丝绸业发达的地方都有相类似的传说。仅四川而言,阆中、西昌、宜宾、乐山等地,均可以见到供奉嫘祖的习俗或关于嫘祖出生地的传说。不过,盐亭、南充长期以来把嫘祖作为丝绸行业的鼻祖及祖神进行供奉,说明盐亭、南充等地在历史上是丝绸行业比较发达的地方。

有关嫘祖出生在盐亭的传说,是作为文化史真实的文化,是人们对丝绸祖神文化信仰的一种反映。所以,今天把嫘祖文化作为非物质文化加以传承,尊重嫘祖及其文化传说，是可行的。但需指出的是，这和历史事件的真实本身，还存在一定的距离。因为，不仅在四川有关于嫘祖养蚕制衣的传说，在江苏、河南等地也有相似的传说。如在苏州，嫘祖还被说成是一位苏州姑娘，同样流传着大量关于嫘祖出生地或发明丝绸的传说与故事。

关于嫘祖的出生地，在长江流域与黄河流域均有不同的文化传说，这正好说明丝绸文化多元兴起、多地起源的理论是正确的。丝绸文化多地起源与中华文明的多地起源、多元一体是一致的，是同一文明形象的不同表现形式。正像我们在追溯文明始祖时，都以黄帝作为标志一样。丝绸文明把嫘祖作为始祖或鼻祖，实际上是把她作为某种文化标志在看待。所以，全国各地都在供奉嫘祖，都把她当作本地丝绸业起源的祖神。这种丝绸祖神信仰与丝绸起源的传说，是我们民族共同的、重要的非物质文化遗产，是我们祖先的历史记忆关于丝绸纺织技术的经验、知识、智慧的现实传存，最后以文化的形式累积到嫘祖身上的结果而已。

关于古蜀丝绸的文献记载较多，但一直缺乏考古实物等有力证据。2021 年 1 月 31 日，三星堆 4 号坑发现 3.8 毫米×3.1 毫米的一件平纹丝织物残痕，虽物实在太小且朽化，无法分清它是丝绸中的绢还是绮，但是，这充分表明，古蜀早在 3000 多年前已有丝绸这一客观实事。此后，在 3 号坑中，又发现了更加明显的丝绸物残痕，有的还看得出清晰的经纬组织。再次表明，古蜀丝绸的制作技艺，至迟在商晚期，已经发展到相当高的水平。

二、锦绣结合创新发展

蜀锦和蜀绣的结合，最早出现在汉代，是巴蜀丝绸发展史上的一大进步与不朽的成果之一。考古证据证明了西汉时期蜀中丝绸发达的事实。

2012 年，成都天回镇老官山的一座西汉墓地中，出土了四部竹木质地的织机模型。这是我国首次发现完整的西汉时期蜀锦织机的模型。这四部织机模型，正是提花机的原型，是巴蜀丝绸文明的典型标志物。汉代时，蜀锦的制作水平相当高，其生产、销售已发展到一定的规模，已有专门的行政管理机构。如"锦官城""锦城""锦里"这些成都的别称，都是因为成都出产蜀锦而得名。这些别称，都是从两汉三国时代开始的。如常璩《华阳国志·蜀志》云："始，文翁立文学精舍、讲堂，作石室……其道西城，故锦官也。"① 任豫《益州记》

---

① 常璩. 华阳国志新校注 [M]. 刘琳，校注. 成都：四川大学出版社，2015：128.

也说："锦城在益州南笮桥东流江南岸，蜀时故锦官也。其处号锦里，城墉犹在。"① 都充分证实了两汉三国成都制锦业发达的事实。

在汉晋的古人辞赋中，不乏有关蜀锦制造交易的繁盛情况，反映了两汉成都织锦业曾取得的不朽成就与辉煌。如《西京杂记》在论及司马相如辞赋创作技巧时云："合綦组以成文，列锦绣而为质，一经一纬，一宫一商，此赋之迹也。"② 司马相如正是借助织锦之法、织锦之心来构思与写作汉大赋的。用织蜀锦的方法形象地表达大赋写作的技法，表明西汉时，织锦业和织锦的方法已成为社会文化生活中的普遍形象。扬雄在《蜀都赋》中云："尔乃其人，自造奇锦。……发文扬彩，传代无穷。"③ 这反映了当时成都织锦的优美与奇巧。《蜀书·诸葛亮传》云："今民贫国虚，决敌之资，惟仰锦耳。"④ 说明诸葛亮治蜀，已把养蚕织锦视作富国强兵、支撑北伐中原的重要经济支柱。三国时蜀人谯周《益州志》说："织锦既成，濯于江水，其文分明，胜于初成。"⑤ 说明此时的成都城中，织锦技术和漂洗技术已非常成熟。常璩《华阳国志·蜀志》亦载："其道西城，故锦官也。锦工织锦，濯其（江）中则鲜明，濯他江则不好，故命曰'锦里'也。"⑥ 说明用成都南河水濯洗出的蜀锦，比用其他江水濯洗出得更加艳丽，品质也更加优良。

西晋文学家左思在《蜀都赋》中描述了巴蜀的物产、山川、风俗，重点描绘了成都养蚕织锦的繁盛情形。他说："栋宇相望，桑梓接连。家有盐泉之井，户有橘柚之园。……百室离房，机杼相和。贝锦斐成，濯色江波。黄润比筒，籯金所过。"⑦ 展现了当时成都栽桑养蚕，千家百户，机杼之声相和，织锦、濯锦和贩运蜀锦的繁荣景象。

以上辞赋中有关蜀锦生产、制作和销售的记载，表明天府蜀锦不仅有独特的制作技术、特殊的濯洗水源，而且一度被作为国民经济的重要支柱。充分证明从两汉三国到两晋之际，巴蜀丝绸锦绣已在全国居于领先地位。

伴随着漆器的对外流通，巴蜀丝绸作为重要的商品远销到中亚和西亚等域外国家和地区。1995年，在新疆和田地区民丰县尼雅遗址的一座东汉末至魏晋

---

① 任豫. 益州记［M］//常璩. 华阳国志新校注. 刘琳，校注. 成都：四川大学出版社，2015：129.

② 葛洪. 西京杂记校注［M］. 周天游，校注. 北京：中华书局，2021：88.

③ 李善. 文选注［M］. 北京：中华书局，1997：27.

④ 李昉. 太平御览［M］. 北京：中华书局，2000：3624.

⑤ 谯周. 益州志［M］//李善. 文选. 北京：中华书局，1981：79.

⑥ 常璩. 华阳国志新校注［M］. 刘琳，校注. 成都：四川大学出版社，2015：128-129.

⑦ 杨慎. 全蜀艺文志［M］. 刘琳，王小波，点校. 成都：四川大学出版社，2022：5.

时期的墓葬中，出土了一件刺有"五星出东方，利中国"，以及一件刺有"五星出东方，讨南疆"的文字锦帛。两件锦帛色泽鲜艳，组织结构繁缛，织样诡秘神奇，被证实是蜀锦中的上等佳品。在蜀锦上绣文字、山河与鸟兽图案，证明当时的人们已掌握在锦缎上刺绣的高超技艺，蜀锦与蜀绣同时存在，并已有了很好结合。

三、波影光华满天下

唐宋之际，蜀锦与南京云锦、苏州宋锦、广西壮锦，并称"中国四大名锦"。所谓"锦上添花""繁花似锦"等成语，正源于此。可以说，成都一度繁盛，号称"扬一益二"，正是源于蜀锦作为全国重要的商品这一客观基础。唐代的蜀锦蜀绣虽然现存实物不多，但从当时文人的诗文中不难发现有关蜀锦生产、制作的盛况以及蜀锦蜀绣的精美绝伦。如杜甫有诗云，"晓看红湿处，花重锦官城""丞相祠堂何处寻，锦官城外柏森森"等。刘禹锡亦有诗云："濯锦江边两岸花，春风吹浪正淘沙。女郎剪下鸳鸯锦，将向中流匹晚霞。"① 盛赞蜀锦之精美。唐代纺织业较汉代有了新的发展，最负盛名的莫过于成都府、蜀郡和绵州生产的蜀锦和绫罗，特别是太宗时期益州大行台窦师纶创制的"陵阳公样"，不但在制作技艺上居于全国领先地位，而且在花式纹样设计上别出心裁、巧夺天工。他在传统蜀锦织造基础上，创新吸收波斯、粟特等纹饰特点，创制了以对鹿、对雉、斗羊、翔凤、游麟等为代表的10多种对称式的蜀锦装饰图案，作为蜀锦制作的官方式样推广应用，在蜀锦制作上影响颇大。罗是一种纹路疏松而轻柔的丝织品，蜀罗主要有"单丝罗""交棱罗""白罗""黄罗""五晕罗"等品种，以其精湛的织造技术闻名天下。据《蜀中广记·方物》记载，唐中宗安乐公主出嫁时，成都进献的单丝碧罗笼裙，"缕金为花鸟，细如丝发，鸟子大如黍米，眼鼻嘴甲俱成，明目者方见之"②。足见蜀罗制作技艺之精湛。

进入宋代后，纺织业在全国的地位越来越重要，产量不断增加。宋代四川贡布和产布的地区共有十八州军，比唐代增加不少。成都成为全国最主要的麻布生产基地。北宋中后期，朝廷在成都及其周边地区每年收购官布达70多，占全国的70%，居于各路之首。宋代丝织品种远多于唐代。不仅可以生产出各色各样的绫、罗、绸、缎，还能生产出纱、绢等40多个品种，而且蜀锦色彩、花纹与图案较唐代更加复杂，题材内容也更加生活化。宋代四川丝织品产量很大，

---

① 彭定求. 全唐诗：第 2 册 [M]. 北京：中华书局，1960：403.
② 刘昫. 旧唐书：第 2 册 [M]. 北京：中华书局，2000：954.

每年可向朝廷提供百万匹以上的各式绢帛织品。元丰六年（1083），吕大防在成都创办官营成都锦院，拥有军匠五百余人，而民间蜀锦蜀丝织作者较官营工匠多得多。南宋时创办茶马司锦院，主要织作锦绫被褥，以与黎州等地少数民族折换马价。宋代蜀锦与丝织品是地方官府重要经济来源，也是朝廷对外的重要战略物资。宋代诗人苏洞在《濯锦江》中还说："机丝波影借光华，巴女临流住几家。争向芳菲偷锦样，织成平白溅江花。"① 将蜀锦生产制作的精巧技艺，蜀锦的现状样式、质地美感，描绘得美轮美奂、栩栩如生。元人费著在《蜀锦谱》中亦说："蜀以锦擅名天下，故城名以锦官，江名以濯锦。"②

　　成都作为西南大重镇，在丝绸之路历史上的地位极其重要而特殊。在相当长的时间内，金牛道都是蜀地丝绸输出的重要通道。从成都向北，通过金牛道，巴蜀丝绸从长安向北直通今天的甘肃敦煌和新疆若羌，再经"北方丝绸之路"与欧洲互通有无。金牛道的长期存在及其重要的交贸功能，说明成都在秦汉之际的绝大多数时间内，一直是"北方丝绸之路"的重要起点。张骞出使西域，在大夏国见到了蜀布、邛竹杖，由此他认为中国西南还有一条通往域外的商贸交通要道。此道以成都为起点，向西通往缅甸、阿富汗乃至地中海等地，人们习惯上称之为"南方丝绸之路"。不过，"南方丝绸之路"并非一条单纯线性的中外通道，而是由若干条干线与支线构成的一个大范围的交通网络。不可否认的是，无论是东线或西线，"成都均为整个南向路网千万里历程的始端"。成都的蜀锦、蜀布、枸酱、铁器远销大夏（今阿富汗）、掸国（今缅甸），乃至遥远的地中海流域，正是利用了这条南方商贸之道。三星堆、金沙遗址中发现的海贝与部分象牙，可能就是借此道来到蜀中大地的。

　　成都很早就是一个以丝绸、蜀布著称的开放性的国际商贸都市，由此认为成都很早就是丝绸生产、商贸重镇并不为过。若从整个南北丝路的构架体系考察，成都在相当长的时期内都充当着最重要的交贸与生产枢纽地的角色。据此，有考古学家甚至认为，成都不仅是"南方丝绸之路"的地理源头，同时也是"北方丝绸之路"的"产品源头"。直到元朝，由于更便捷的海上丝绸之路兴起，南方路陆丝绸之路才由繁荣走向衰落，被茶马道所代替，以丝绸命名的"南方丝绸之路"才被逐渐遗忘，走向沉寂。

　　需指出的是，"丝绸之路"一词，虽以丝绸命名，但内涵极其丰富，远远超

---

① 苏洞撰 . 泠然斋诗集：第 7 卷 ［M］//纪昀，永瑢，等 . 文渊阁四库全书：第 1179 册.
台北：台湾商务印书馆股份有限公司，2008：139.
② 杨慎 . 全蜀艺文志 ［M］. 刘琳，王小波，点校 . 成都：四川大学出版社，2022：834.

出了丝绸或道路的字面含义。它的价值与内涵在不同的时代背景下有其不同的价值内涵、意义所指，伴随着经济、社会和文化的不断发展而不断变化，呈现或丰富或损益的情况。丝绸之路在农耕文明时代最早的或者说最基本的内涵，仅就四川而言，是指丝绸的生产、交易和运输的通道。随着四川在全国乃至世界政治、经济、军事和文化中的地位变化，以及四川对外交流输出与引进路线的变化，巴蜀丝绸的意涵也随之发生了变化，或被替代或被减少或被增加的情况并不少见。如在宋元之后，随着茶马互市的兴起，丝绸作为经济和战略产品的地位下降，巴蜀丝绸之路的作用、地位也随之悄然变化，特别是随着元代海上航运运输的兴起，四川作为丝绸之路产品源头、技术研发中心和输出基地的地位不断被弱化。但是，作为巴蜀文化对外交流的重要对象，作为四川发展繁荣的历史贡献者和见证者，巴蜀丝绸丰富的活态基因与文化影响力始终都在不断延续，随着时代的步伐常常以新的形式与时俱进，尤其在信息化的今天，巴蜀丝绸之路的价值与意涵正在被不断注入新的内容与活的力量，并被赋予新的经济、文化、交流方面的使命与意义，不断焕发出新的生机与活力。

第四节　天文历算与科学技术

唐宋时期，四川社会比较稳定，经济发达，文化繁荣，在天文历算、雕版印刷、医学方面多所创举，成就非凡。如落下闳创制太初历，是"天数在蜀"的集中体现，以木牛流马为代表的"诸葛智慧"，杰出的数学家秦九韶、天文学家张思训以及著名的医学家则涪翁、程高、昝殷、唐慎微等，都在各自领域取得了卓越成就，为中华文明的转型发展做出了重要贡献。

一、天文历算

巴蜀一向有重视天文历算之学的传统，汉代天文学家落下闳便是我国天文历算历史上的著名代表。落下闳（前156—前87），复姓落下（或作洛下），名闳，字长公，巴地阆中（今四川省阆中市）人。落下闳精通天文，擅长历算，本为巴郡隐士。元封年间（前110—前105），汉武帝为了改革历法，在全国征聘天文学家。经同乡阆中人上林令谯隆和司马迁的推荐，落下闳被征召至长安，拜为待诏太史，与司马迁、邓平、唐都等创制新历。据《史记·历书》记载，在制历工作中，落下闳负责"运算转历"。元封七年（前104），颁行新历，并改元封七年为太初元年，新历因而被称为《太初历》。

《太初历》是中国古代有完整的文字记载的第一部历法，也是当时世界上最先进的历法。《太初历》采用一回归年为 365 又 385/1539 日，朔望月为 29 又 43/81 日；分一日为八十一分，故又称"八十一分律历"。《太初历》首次提出交食周期，以 135 个月为"朔望之会"。除参加制定《太初历》外，落下闳还研制了"浑天仪"与"浑象仪"，并且开创了"浑天说"，提出了一套"算法"体系，构建了中国古代关于"宇宙图像"的"代数结构"。

落下闳是"中国天文历算的奠基人"，是"中国古代天文学集大成者"。落下闳也是具有世界影响的杰出天文学家，国际永久编号为 16757 的小行星即被命名为"落下闳小行星"。2017 年，落下闳被列为首批四川历史名人。

张思训（约 947—1018），宋初巴中（今巴中市恩阳区）人，曾是司天监学生，北宋著名的天文学家。太平兴国四年（979），他将浑天仪图献给宋太宗，太宗命工匠造于禁中，逾年而成，被任命为司天浑仪丞。张思训创制改良的浑天仪，在天文、历法史和机械史上具有重要地位，据《宋史·天文志》记载：

> 其制：起楼高丈余，机隐于内，规天矩地。下设地轮、地足；又为横轮、侧轮、斜轮、定身关、中关、小关、天柱；七直神，左摇铃，右扣钟，中击鼓，以定刻数。每一昼夜，周而复始。又以木为十二神，各直一时，至其时则自执辰牌，循环而出，随刻数以定昼夜短长；上有天顶、天牙、天关、天指、天抱、天束、天条，布三百六十五度，为日、月、五星、紫微宫、列宿、斗建、黄赤道，以日行度定寒暑进退。①

张思训浑天仪在吸取前人研究成果基础上，借助"法天象地"的传统天文思想，以水银代替水为动力，采取规、矩、齿轮等机械装置，将天地时空运行以同步的方式直观而形象地展示出来，具有同"天体运行不差"的功能。作为具有天象显示及计时功能的新型天文仪器，它无疑是后世天文钟最早的雏形。而他用水银代替水作动力，保证了不同温度情况下浑天仪动力的匀速供给，保证了浑天仪正常的运转，这是他超越前辈的一大发现。制作横轮、侧轮、斜轮滑轮作为动力轮，制作定身关、中关、小关作为擒控器，这些动力机械装置，在世界机械史上占有一定地位。以"七直神"定刻数，以十二木神执时辰牌定昼夜短长，以"天顶、天牙、天关、天指"等布三百六十五度，以"日行度定寒暑"，以科学的方法规定并实现了有关时辰、昼夜、季节等一系列天象与历法

---

① 脱脱，阿鲁图. 宋史［M］. 北京：中华书局，2000：641.

问题，对人类告别天象混沌迷信走向科学理性做出了重要贡献。

秦九韶（约 1208—约 1261），字道古，宋普州安岳（今四川省资阳市安岳县）人。秦九韶幼年随担任秘书少监的父亲读书，得以阅读国家馆藏书籍，并从隐士学习数学。因在数学上取得的卓越成就，被誉为"中国古代数学集大成者"。曾官通直郎、沿江制置司参议官、权知琼州等职，后被贬梅州，不久病逝。秦九韶性极机巧，"博学多能，尤邃历法，凡近世诸历法皆传于秦（九韶）"①，精研律算、天文、营造、音律之学，于淳祐七年（1247）著成《数学九章》（又名《数书九章》）18 卷。《数学九章》共有 81 个应用题，分为 9 类，每类 9 题。《数学九章》涉及的范围非常广泛，涵盖天文历法、水利工程、商业贸易、建筑、测绘、田亩、军事、税收、气象、货币金融等领域。秦九韶在《数学九章》中提出的"大衍求一术""正负开方术"，是具有世界意义的学术成就。

"大衍求一术"系统阐述了整数论中一次同余式问题的解法，被称为"中国的剩余定理"。在欧洲，直到 1743 年和 1801 年，分别由数学家欧拉和高斯对一次同余式进行深入研究，并重新获得了与"大衍求一术"相同的定理。"正负开方术"发展了增乘开方法，完整地解决了高次方程求正根问题，被称为"秦九韶方法"。在西方，1804 年意大利数学家鲁菲尼创立了一种逐次近似法解决高次方程无理数根的近似值问题，1819 年英国数学家霍纳提出与"正负开方术"演算步骤相同的算法，被现代数学称为"鲁菲尼-霍纳方法"。这比秦九韶的发现晚了 500 多年。可以说，秦九韶的《数学九章》是中国数学史和世界科学史上的光辉著作，对后世数学发展产生广泛影响。"科学史之父"、美国著名科学史家乔治·萨顿（George Sarton，1884—1956）在《科学史引论》中评价道：秦九韶是"他的民族、他的时代，以至一切时期的最伟大的数学家之一"②。

二、凿井制盐

中国凿井技术源远流长，如《周书》有"黄帝穿井"、《史记·五帝本纪》有"舜穿井"等记载。巴蜀关于凿井技术的记载，是李冰为蜀守，修建都江堰水利工程之余，在广都凿盐井之事。据《华阳国志·蜀志》记载统计，西汉时，临邛（今成都市邛崃市）、蒲江两地穿凿的盐井计有 20 所，东汉至蜀汉间，临

---

① 陈振孙. 直斋书录解题［M］. 徐小蛮，等校点. 上海：上海古籍出版社，2015：369.
② SARTON G. Introduction to the History of Science［M］. Baltimore：Williams & Wilkins，1947：138.

邛开凿出"火井"（天然气井）。《华阳国志·蜀志》云：

> 临邛县，郡西南二百里。……有火井，夜时光映上昭。民欲其火，先
> 以家火投之。顷许，如雷声，火焰出，通耀数十里。以竹筒盛其光藏之，
> 可拽行终日不灭也。井有二，一燥一水。取井火煮之，一斛水得五斗盐；
> 家火煮之，得无几也。①

《华阳国志》记载的临邛火井煮盐的奇观，表明了用天然气煮盐在我国有较
早的历史。在扬雄《蜀都赋》《蜀王本纪》《博物志》《元和郡县志》等书中，
也都有相关记载。张华在《博物志》中，对临邛盐井做了更加详细的记载：

> 临邛火井一所，纵广五尺，深二三丈。井在县南百里。昔时人以竹木
> 投以取火，诸葛丞相往视之，后火转盛热，盆盖井上，煮盐得盐。入以家
> 火即灭，讫今不复燃也。②

此处记载的临邛盐井"纵广五尺，深二三丈"，可见这时所凿盐井还是大口
井，是靠锸、锄、凿等简易工具挖凿而成，凿井技术还处于我国盐井开凿的第
一阶段。北宋小口径的卓筒井出现，标志着我国凿井技术进入第二个阶段，"不
仅为四川井盐生产的蓬勃发展开辟了道路，而且创造出现代井盐、油井、气井
的雏形"③。范镇、文同和苏轼均对卓筒井有过比较详细的记录，如苏轼在《蜀
盐说》中云：

> 自庆历、皇祐以来，蜀始创"筒井"，用圜刃凿山如盌大，深者数十
> 丈。以巨竹去节，牝牡相衔为井，以隔横入淡水，则咸泉自上。又以竹之
> 差小者出入井中为桶，无底而窍其上，悬熟皮数寸，出入水中，气自呼吸
> 而启闭之，一筒致水数斗。凡筒水皆用机械，利之所在，人无不智。④

苏轼对卓筒井发明的时间、地点、钻头、深度、井身结构、采卤工具结构、
采卤流程与原理，均做了比较详细的记载，为我们研究评价卓筒井技术提供了

---

① 常璩. 华阳国志新校注［M］. 刘琳，校注. 成都：四川大学出版社，2015：134.
② 张华. 博物志校证［M］. 范宁，校证. 北京：中华书局，1980：26.
③ 张在德，唐建军. 中国地域文化通览：四川卷［M］. 北京：中华书局，2014：477.
④ 苏轼. 苏轼文集：第6册［M］. 孔凡礼，点校. 北京：中华书局，1986：2367.

珍贵而详细的资料。"卓筒井"创造的机械凿井工艺首创于 11 世纪，成功开凿出小口深井，"是世界上最早出现的采用竹筒为套管的小口径凿井工艺，是人类首次采用钻井方法向地下深处凿井开发地下盐卤资源，是世界上最早创造出的绳索冲击式凿井技术，是近代西方绳式顿钻钻井方法的先河，是现代'石油钻井之'"①，充分肯定了卓筒井技术在世界钻井史上特有的显著地位。

卓筒井技术在民间的广泛应用造成了盐井数量和产量的大幅提升。据统计，川峡四路盐井的数量，从宋初的 600 多口，发展到南宋的 4900 多口；盐产量从宋初的 1600 多万斤增加到南宋时的 6400 多万斤。巴蜀卓筒井技术的不断发展，还开启了巴蜀之地食用本地盐并有一定盈余的历史，有力促进了四川盐业经济的发展。卓筒井采卤工艺在元明清得到了进一步的发展，并在四川井盐生产中逐渐取得了主导地位。随着技术的日趋成熟，井盐产量也不断提高，特别是道光十五年（1835）年，商民合力，在自流井"大坟包"（今属自贡市大安区）成功钻凿出人类历史上第一口千米深井——燊海井，井深达到 1001.4 米。此后，磨子井、海顺井、德成井、如海井等相继钻凿成功，富荣盐场还进入了火井、黑卤井大开发时期，为长江上游井盐经济发展做出了重要贡献。

三、雕版印刷

唐宋时期，四川是重要的产纸地区之一，也是重要的印刷中心之一。唐朝的刻书业，分为官刻、坊刻和私刻（家刻）三大类型。当时的刻书地区（中心），有"剑南西川""江南西道""淮南道"和"扬越间"等，而剑南西川（治所在今成都市）即在四川。宋代，刻书业几乎遍及全国，形成了三大刻书中心——浙、蜀、闽，分别称为"浙本""蜀本"（或"川本"）"闽本"（或"建本"）。这三个地区的刻本各有特点，宋人叶梦得在《石林燕语》中比较其高下与优劣时认为："今天下印书，以杭州为上，蜀本次之，福建最下。"②

"蜀本"多用颜体，字体较大，故又称"蜀大字本"。"蜀本"精于校勘，内容可靠，具有板好、字好、墨好、纸好，印刷数量多，流传广等诸多特色。四川所刻之书，有官刻图书和私刻图书两种。其中，官刻由官府主持雕刻，私刻又分为书坊（书肆）和私家刻书，简称坊刻和私刻。据《佛祖统纪》卷四十三载，宋太祖开宝四年（971）至太平兴国八年（983），以《开元释教录》入

---

① 林元雄，宋良曦，钟长永，等．中国井盐科技史［M］．成都：四川科学技术出版社，1987：9–10.

② 叶梦得．石林燕语［M］//纪昀，永瑢，等．文渊阁四库全书：第 863 册．台北：台湾商务印书馆股份有限公司，2008：605.

藏经目为底本，在成都刊刻了《大藏经》，共 1076 部，5048 卷，计 480 函，经版 13 万多片，这是宋代最大的官书之一。因其刻成于四川，故世称"宋开宝蜀刊本大藏经"，简称"蜀版藏经"或"开宝藏""蜀藏"。这是宋代最早的官府刻书，也是佛藏的最早刻板。于是，"蜀本"之名日盛。南宋之时，蜀中刻书业向眉山发展。宋眉山县漕运司井宪孟刊刻了《周礼》《春秋》《礼记》《孟子》《史记》《三国志》《南北朝史》"眉山七史"，并有官刻《太平御览》《册府元龟》为代表的南宋蜀刻本及其他经籍刻本传世。

交子，是世界上最早的纸币，也是精美的印刷品。北宋初年，由于商品交换的需要，在四川地区开始使用可以兑换的纸券。纸券由成都王昌懿等十六家富商发行，称为"私交子"。后常遇到富商破产等原因而不能兑现，政府遂取缔"私交子"。天圣元年（1023），设立"益州交子务"，由官府发行"官交子"。官交子限四川地区流通，成为两宋川蜀地区通用的法定货币。交子以铁钱作币值本位。交子的面额从 1 贯至 10 贯不等，发放时临时书填，后改为印发，有 5 贯、10 贯两种，旋又改为 1 贯和 500 文等类型。交子发行原有定额，以铁钱为现金准备，两整年为一界，随界造新换旧，禁止民间私造。神宗时，始定交子可行用两界（即四年），等于发行额增长一倍。因超额发行，交子开始贬值。哲宗时，增造无定数，贬值更甚。崇宁四年（1105），改为钱引。除四川外，陕西等地也一度行用交子。南宋初亦曾发行交子，淮南路还发行过两淮交子。

官交子有面值和发行限额，有一定流通期限，备有信用准备金，并有国家法律做保证，完全具备货币性质的条件，被公认为世界上最早的纸币。交子图案精致，以坚韧楮纸印刷，又用朱墨两色套印，技术水平相当高。

四、医学药物

巴蜀医学一向比较发达，早在汉代已经取得了不俗成就。2013 年，在成都市天回镇老官山 3 号墓中出土了 920 多支医学竹简，共 9 部医学书。分别为《五色脉诊》《敝昔医论》《脉死候》《六十病方》《尺简》《病源》《经脉书》《诸病症候》《脉数》。医书内容涉及内科、外科、妇科、儿科、五官科、骨伤科和神经科等，既有医学技术、诊疗方法，也有医学原理、病理学；既有给人治病的病方，也有专门医治马的《医马书》；既有理论研究方面的，也有用于指导实践的，可谓内容丰富，涉及面广，弥足珍贵。这些医书特别重视脉相诊断、脉相与病症关系的探讨，9 部医书中，就有《五色诊脉》《脉死候》《经脉书》《脉数》专门记载脉络、脉相在医学中的重要地位以及实践效果。除出土医学书外，还出土了一具人体经穴髹漆人像模型，人像上用红白两色线条，绘制了人体全身的经络分布与走向，标记了 100 多个人体穴位，对于心、肺、肾、肝等人体重要内脏器官，还以文字进行了标记。这是我国目前发现的时间最早、最完整的人体经穴模型，具有重要研究价值。老官山医学成规模文献出土说明，巴蜀人很早就对中华医学进行过系统整理与研究，既重视医学理论研究，也重视医学实践运用。而重视脉相、脉法的研究与应用，既是巴蜀医学取得的重要成就，也是最主要的特点，在中医史上占有显著地位。

西汉末东汉初的涪翁和他的弟子程高、再传弟子郭玉，都是著名的医学家，以精湛、高明的医术显名于世。

涪翁（生卒年不详），隐居涪城（今绵阳市郊外），靠乞讨为生，外人不知其名姓。因常在涪水边钓鱼，故号曰涪翁。涪翁擅长针疗药石之术，见人有疾患重病，以药石针灸为之诊疗，往往起到针到病除之效果。著有《针经》《诊脉》传于世。涪翁的弟子名程高（生卒年不详），追随涪翁多年，涪翁才把医术传给他。程高也学老师涪翁，隐于市井之中，不出仕为官。

郭玉（生卒年不详），字通直，和帝时广汉郡雒城（今四川省德阳市广汉市）人。郭玉少年时拜程高为师，学习方剂、诊疗、脉相等医学技艺，同时学习阴阳隐侧之术。和帝时，为太医丞，是涪翁的再传弟子。郭玉为宫中人等治病，多所成效。汉和帝觉得奇怪，有一次让一个手腕如女子般美白圆润的太监和宫女躲藏在帷帐之后，各自伸出一只手，让郭玉为之诊病。郭玉为之号脉后认为，左手显示脉相为"阳"，右手显示脉相为"阴"，脉相有男、女二相，这种症状非常奇怪，怀疑其中必有某种缘故。汉和帝认为，郭玉的诊断很准确。郭玉以仁爱之心行医，无论贫贱富贵，一定尽心尽力为病人服务，但对于医治和帝贵人的疾病，却不见成效。和帝让贵人穿上穷人衣服，换个地方再去诊治，据说郭玉一针下去就治好了贵人的病。汉和帝为此责问郭玉，要他解释其中的原因。郭玉回答说，用针石治疗病人疾病，医生之"神存于心、手之际"，需"随气用巧"、集中注意力。贵人身处高位，盛气凌人，自己在她面前心生恐惧，自然治疗她的疾病就非常困难了。郭玉说，自己为贵人治病有四难：一是贵人不注重保重身体；二是贵人的骨、节不强壮，不能充分地用药；三是好逸恶劳，缺乏必要的锻炼；四是针灸讲究分寸，随时有扎针不到位或有破漏之处。加之心存恐惧之心，很难集中精力为其诊治。和帝觉得郭玉回答得很有道理，遂赦免其罪。后来，郭玉以老卒于官。

昝殷（797—859），唐代蜀地成都（今四川省成都市）人，我国著名妇产科专家和药物学家。他精通医理，总结 10 年所见妇产科病症及其治疗经验，仿照孙思邈《千金方》体例，于唐宣宗时撰成《经效产宝》（又名《产宝》）。该书共 3 卷，52 篇（今存 41 篇），371 方。上卷记载了妊娠、临产、产后的各种常见疾病与疑难杂症，中、下卷对病因进行了分析探讨，并提出治疗的方法。《经效产宝》以"医效神验"著称，是我国现存最早、流传最广的妇产科专著。该书中不少处方影响广泛而深远，至今仍在沿用，具有文献学和临床学价值。另外还著《产后血晕闷绝方论》《道养方》《食医心监》等传世。《产后血晕闷绝方论》对产后大出血产生休克后到底该如何治疗进行了阐述，至今被有些临床医生所应用。

唐慎微（生卒年不详），字审元，北宋蜀州晋源（今四川省崇州市）人，寄籍成都华阳。唐慎微以医为业，终身不仕。为人治病不分贵贱，患者有求必应，不避寒暑。为读书人治病，不取任何费用，只需他们提供诸经诸史中所载名方秘诀即可，为此他收集了大量的医药秘方。大观二年（1108），他以《嘉祐补注本草》《图经本草》为蓝本，并将各种医学旧本、遗本和诸经史中的有关记载补入，编成《经史证类急备本草》，后宋徽宗为之改名《大观本草》，由官版刻印颁行。该书共 32 卷，收录药物 1558 种，新增前代《本草》所未记载者 628 种。该书对药物形态、真伪、炮制方法、用法做了一定说明，是我国第一部完备的药典。作者将历代《本草》中的正文与图经结合在一起，并在每味药之后，将药物的制作方法、古今所见单方附录于其下，方便人们阅读和学习。政和六年（1116），经曹忠孝等重新修订，改名为《政和本草》。绍兴年间经王继先等再次整理，改名为《绍兴本草》。该书沿用 500 年后，李时珍在考证增补《证类本草》基础上，写成《本草纲目》。

第五节　川茶蜀酒与川味

一、蜀山出好茶

我国是茶文化的故乡，早在《神农本草》中就有关于茶的记载。种茶、制茶与饮茶均先于其他国家。四川盆地多山多浅丘陵，境内河川交织，云雾缭绕，湿度颇大，丘陵山地土质肥润又方便排水，非常适合种植和培育茶树。司马相如《凡将篇》、扬雄《方言》，均有关于蜀茶文化方面的相关记载。常璩《华阳国志》记载得更加清楚与准确，书中有广汉郡"山出好茶"、犍为郡"南安、武阳皆出名茶"等。杨慎在《郡国外夷考》中考订认为，《汉书》中记载的地名"葭萌"，即是古代蜀人对"茶"的称呼。换句话说，"葭萌"（今广元市境内）是蜀中最早以茶得名的地方。四川是世界茶叶文化和饮茶文化的"原产地"，很早就有制作茶的传统。一种是通过以水煮煎后饮其汁，即带苦涩味的"茶"；一种是通过烘焙去其苦味的"茗茶"。有学者认为，"我国饮茶和把茶叶的生产发展成为一个事业，不是北方而仍然是从四川开始的"①。据陆羽《茶经》记载，四川境内，共有彭、绵、眉、邛、雅、泸、蜀、汉八个州种植茶叶，约占全国产区面积的1/4。②《僮约》中关于"武阳买茶"的记载，从一定程度上说明汉代蜀中已有茶叶交易与买卖的市场。

唐代四川茶叶种植面积不断扩大，制茶技术不断提高。人们发明了茶叶烘焙技术，以去掉茶叶的苦味而保留清香味，饮茶成为人们日常生活中的普遍现象。同时，茶叶消费量不断增加，制茶业也随之发展，并呈现出专门化、规模化生产趋势，茶税逐渐成为中央和地方经济收入的重要来源。据《太平广记》记载，四川彭州九陇县的张守珪在仙君山有一处茶园，每年"召采茶人力百余人，男女佣工者杂处园中"③，说明唐代茶叶采集、制作已进入专门化生产阶段，产量较前有了很大突破。有学者估计，唐代四川的茶叶产量可能已达"千万市斤"之巨。唐代四川茶叶主要有饼茶、散茶两种形式，此外青城县还产木茶。据《茶经》记载，唐代四川八个茶叶主产区，以彭州出产的茶叶最好，绵州、蜀州所产次之，眉州、汉州所产茶叶最差，最著名的当数名山之"蒙顶茶"。据唐人李肇在《国史补》中记载："剑南有蒙顶石花，或小方或散芽，号为第一。"④ 可见唐时蒙顶山茶已名满天下，并拥有"全国第一"的称号。可以说，"扬子江中水，蒙顶山上茶"，很早就在蜀中流传。作为茶叶中的精品，"蒙顶茶"独特鲜美的口感与品质，成为四川每年向朝廷进贡的重要贡品，一直延续到清代。因其时间前后长达1000多年，蒙顶山茶因此赢得了"千年贡品""人间第一茶"等美誉。今都江堰市境内的青城山茶也是四川著名的贡茶。陆羽在《茶经》中虽只记载了青城县产的"散茶、贡茶"，但实际上青城山茶的品种颇多。据五代毛文锡在《茶谱》中记载，青城山茶还有"横芽、雀舌、鸟嘴、麦颗"等诸多品种，它们都是取茶的嫩叶制造而成的。此外，峨眉山茶、巴山雀舌、大邑雾山茶也很有名。

除精品茶之外，四川还生产用于外销藏、甘、青等少数民族地区的"边茶""方包茶"。蜀茶作为重要商品，成为唐代兴起的茶马贸易的主角，朝廷据此还

---

① 陈祖槼，朱自振.中国茶叶历史资料选辑［M］.北京：中国农业出版社，1992：9.
② 蒙默，刘琳，唐光沛，等.四川古代史稿［M］.成都：四川人民出版社，1988：194.
③ 李昉.太平广记［M］.北京：中华书局，1961：235.
④ 李肇.（唐）国史补［M］.上海：上海古籍出版社，1979：60.

制定了"以茶治边"的边疆策略，并专门设置茶马司，制定茶马法以负责茶马交易与管理。

到了宋代，随着全国经济中心南移，川茶在全国的地位逐渐被以福建为代表的东南茶所取代，但川茶的数量继续增加，开始在边境地区进行销售。有学者估计，此时的川茶产量已达3000万市斤左右，约占全国总产量的60%，数量仍位居全国之首。通过与边疆民族地区的茶马交易，川茶每年不但可带来一二百万贯的经济收益，还可换取吐蕃等少数民族的战马二三万匹①，有助于解决朝廷加强军备却战马不足这一重要问题。

元明清以后，四川茶叶开始向品质化、个性化方向发展，种茶、制茶技术亦有所提高，如元代就制作出专门销往松潘县的"西番茶"。到了明代，以保宁、夔州、邛雅和叙州所产之茶常被调往西北地区，以作互市之用。据明人高濂在《遵生八笺》中记载，四川发展出以剑南蒙顶石花、峡州碧涧、邛州火井、泸州纳溪梅谷为代表的川茶品牌。这些著名产区出产的名茶，成为四川茶业向高质量方向发展的重要引领力量。

二、蜀酒浓无敌

巴蜀历史上一直有酿酒的传统。《华阳国志·巴志》记载："川崖惟平，其稼多黍。旨酒嘉谷，可以养父。野惟阜丘，彼稷多有。嘉谷旨酒，可以养母。"②说明巴地很早就有用粮食酿酒的传统。据《华阳国志·蜀志》记载，开明九世"始立宗庙，以酒曰醴"。把酒称作"醴"，这是开明氏接受中原礼制与酒文化的证明。从三星堆出土大量的罍、尊、豆、壶等酒器来看，可知蜀人很早就有酿酒、饮酒的习俗与传统。

西汉时，巴蜀酿酒业已有长足发展。司马相如与卓文君在邛崃"买酒舍"开酒肆，当垆卖酒，就是很好的例证。成都市郊出土的《酿酒》《宴饮》等东汉画像砖的图像，再现了东汉时蜀人酿酒的过程以及集会饮酒的生活场景。《史记》还记载了汉代蜀人酿酒、饮酒和卖酒等史事；晋人左思在《蜀都赋》中则描绘了蜀中富豪们聚众饮酒宴乐的习俗与场景，有所谓"若其旧俗，终冬始春，吉日良辰，置酒高堂，以御嘉宾。金罍中坐，肴核四陈。……合樽促席，引满相罚。乐饮今夕，一醉累月"③等详细记载。人们在吉日良辰置酒高堂之上，

① 陈世松. 四川简史［M］. 成都：四川省社会科学院出版社，1986：140.
② 常璩. 华阳国志新校注［M］. 刘琳，校注. 成都：四川大学出版社，2015：9.
③ 左思. 蜀都赋［M］//萧统. 文选. 北京：中华书局，1986：186.

大宴宾客，主客之间相互敬酒，管弦歌舞，满饮为乐，以至于一次畅饮，一醉盈月，可见汉代蜀中饮酒娱乐之风是比较盛行的。

唐代四川社会稳定，经济繁荣，饮酒宴乐之风较汉代更盛。尤其是文人士子倾慕司马相如"涤器之风"，纷纷饮酒为欢，专门开酒肆卖酒，成为巴蜀一时风尚。四川盛产的美酒佳酿，得到李白、杜甫、岑参、李商隐等大诗人的高度赞誉，如诗仙李白就有"斗酒诗百篇""会须一饮三百杯""举杯邀明月，对影成三人""莫使金樽空对月"等关于酒文化的名句；大诗人杜甫亦有"白日放歌须纵酒""潦倒新停浊酒杯""蜀酒浓无敌"等名句。从杜甫"蜀酒浓无敌"，可知唐代蜀酒在酿制技术和品质上较汉代已有很大提升。当时出名的蜀酒，仅杜甫诗歌中提及的就有"鹅儿黄似酒"中的汉州"鹅黄酒"，"酒忆郫筒不用沽"中的"郫筒酒"，"重碧拈春酒"中的戎州（今宜宾）"重碧酒"，"射洪春酒寒仍绿"中的"射洪春酒"，"山瓶乳酒下青云"中的"青城乳酒"，等等。这说明，唐代四川不仅盛产美酒，而且酒的质量较好。特别是在发明火烧酿酒之法后，酒的酒精含量大幅提高，对那些热衷饮酒的人而言可谓新的一大惊喜。如岑参在《酬成少尹骆谷行见呈》中直云："成都春酒香。"[1] 李商隐在《碧瓦》中亦云："酒是蜀城烧。"[2] 雍陶则在《到蜀后记途中经历》中感叹："蜀门去国三千里，巴路登山八十盘。自到成都烧酒熟，不思身更入长安。"[3] 因为蜀中烧酒特别是"剑南烧春"酒质优美，甚至引发了诗人不愿离开成都"更入长安"的念头，可见诗人对蜀中烧酒之喜爱。

宋人继承并发扬了唐人酿造技术。如"郫筒酒""汉州鹅黄"、宜宾的"重碧酒"等，无论是酿造技术还是就酒的品质而言，较前均有大幅提升。宋代蜀酒的品牌不断增加，与之相应的酒课收入也有所增加，蜀酒逐渐成为四川各级政府重要的税赋与经济来源。

宋时，政府对酒实行专卖制度。各府路分别设置酒务，以专门负责酿酒、贩卖和酒税征收等事宜。同时，官府开始允许民户以扑买承包的方式酿酒。官府只规定酒课的课额，酒户向官府缴纳相应的酒税即可自行酿酒。官、民均可酿酒，从一定程度促进了四川境内酿酒业的发展，品牌酒开始不断涌现。据张能臣在《郫乡》《涪江》中记载，宋代称之为天下名酒的有200多种，四川占有

---

① 岑参. 岑参集校注 ［M］. 陈铁民，侯忠义，校注. 上海：上海古籍出版社，1981：308.

② 李商隐. 李商隐诗歌集解：第4册 ［M］. 刘学锴，余恕诚，集解. 北京：中华书局，1988：1718.

③ 雍陶. 到蜀后记途中经历 ［M］//李昉. 文苑英华：第294卷. 北京：中华书局，1966：1499.

18 种。① 除唐代已有的蜀中名酒外，宋代新增的名酒还有"竹叶春""锦城酒""蜀苑酒""玻璃春""绵竹蜜酒""江阳酒"等，可见宋代四川酿酒业的发展与繁荣景象。

据统计，熙宁十年（1077）前，川峡四路各级官府共设有 420 个酒务，年入酒课的课额为 220 多万缗，约占全国酒课收入 1506 万缗的 14%。高宗建炎三年（1129），川陕宣抚处置使张浚委任赵开（1065—1141）为宣抚处置使司随军转运使，任命他总领四川财赋。为增加财赋收入以解决军费支出问题，赵开对过去官府直接参与酿酒的做法进行改革，在蜀中实行"隔槽酒法"。此法规定，官府仅需向酒户提供酒曲、酒槽和酿酒的设备器具，民户可自行"以米赴官自酿"，官府每石米收取酒户酿造钱三千、头子钱二十二，其余则听民自便。

通过改革"酒法"，一方面，使官府身份从酿造经营者转化成专门收取酒课的管理者，大大节省了参与酿造所需的人力与物力，也避免了直接参与酿造可能带来的经营风险，并有助于减轻官府不必要的经营负担，进而稳定官府的酒课收入；另一方面，开放官酿技术、设施有助于激发民户酿酒的热情，同时为民户扩大酿造数量提供必要的工具和技术支撑，有助于民间酒业、酒肆的发展与繁荣。隔槽酒法经川峡四路推行，当年酒课的课额大大增加，据《建炎以来朝野杂记》记载，当年酒课课额"增加至六百九十余万缗"②。到南宋时，四川的酿酒业更加兴旺发达。绍兴末年，全国酒课年收入仅 1400 多万缗，四川的酒税收入就达 690 多万缗，占到全国的 49% 以上，说明四川酿酒业较前有了进一步发展。其中，成都府路一直是酿酒业最发达、酒税收入最多的地区，这与成都人口众多、商业发展、酒品好，以及士民喜好宴乐燕集的风俗是有一定联系的。

元明以后，蒸馏法传入四川，四川酿酒在唐宋酒业基础上继续发展，独领风骚，声名卓著，先后培育了以成都、绵竹、绵阳、泸州、宜宾为代表的中国白酒业重镇，成为拉动四川经济、手工业发展的重要引擎。

三、川味行天下

川菜是对源于巴蜀之地，具有巴蜀风味、个性和特色菜肴的概称。它以用料广泛、烹饪方法多样、调味精妙、善用麻辣闻名于世，是中国特色传统的四

---

① 张在德，唐建军. 中国地域文化通览：四川卷 ［M］. 北京：中华书局，2014：400.
② 上引均见李心传. 建炎以来朝野杂记：甲集：第 14 卷 ［M］//李调元. 函海. 嘉庆六年刻本.

大菜系之一、中国八大菜系之一。

巴蜀之地物产丰富，自古以嘉谷、美酒、美食著称。巴地素有"土植五谷，牲具六畜"① 等记载。另有鱼、茶、蜜、灵龟、巨犀、山鸡、白雉、鲜粉、荔枝、辛蒟、芳蒻、香茗、蜀葵等丰富的本土食材，既可酿造美酒，也可烹制佳肴。从巫山大溪遗址出土鼎、釜、罐、杯、盘、碗、盒、豆、簋、壶等餐饮器具可知，巴人很早就掌握了蒸、煮、煎等烹饪方式。蜀地素有"沃野千里"，自古"水旱从人，不知饥馑"方面的记载，蜀中食材同样丰富多样，特别是杜宇"教民务农"，种植谷物菜蔬，发展农业生产，大大丰富了蜀人的餐饮食物种类。从三星堆遗址出土的罍、尊、盘、罐、豆等精美的饮食器具考察，可知蜀人很早就掌握了蒸、煮、煎、烤等食物烹饪的方法。据扬雄《蜀都赋》记载，西汉时，蜀地已有 70 余种可用于烹饪和制作餐饮的原材料。就植物方面而言，主要有五谷、瓜瓠、荔枝、菌桂、龙须菜、巴菽、巴戟之属等特产；动物则有麋鹿、猪獾、麝、鳝、鲐、脍鲛等多种特产，此外还有江东鲐鱼鲍鱼、陇西的牛羊肉等外来食材。厨师充分利用"附子、巨蒜、木艾、椒蓠"以及生姜、枸酱、蜜、食茱萸等川菜佐料，采用"调夫五味，甘甜之和，芍药之羹"等方法，烹制出独具巴蜀特色的美食与美味，形成了秦汉之际巴蜀人"好辛香，尚滋味"的餐饮习惯与特点。人们在良辰吉日之际，置酒于高堂之上，招待嘉宾贵客，金罍美酒，弦歌佳肴，长袖翩跹，"乐饮今夕，一醉累月"②，沿袭下来，逐渐形成蜀人集餐饮与娱乐为一体的独特饮食文化。

唐宋时期，四川社会稳定，商贸繁荣，餐饮娱乐业空前发展。以成都府路为首的餐饮业逐渐向精细化、美食化方向发展，在文人墨客的诗文中多有美食、美酒的记载。如杜甫在绵州（今绵阳市）时，曾在《观打鱼歌》中刻画了川中厨师"左右挥霜刀"制作"肥美知第一"③ 的鲂鱼的情景。据唐《六典》记载，槐叶冷淘面是宫廷宴会时太仆供给九品以上官员的膳食之一。杜甫在夔州时，曾吃到以槐树嫩叶汁制作的美食冷淘面。他在《槐叶冷淘》中云："青青高槐叶，采掇付中厨。新面来近市，汁滓宛相俱。入鼎资过熟，加餐愁欲无。碧鲜俱照箸，香饭兼苞芦。经齿冷于雪，劝人投此珠。"④ 杜甫在夔州府吃到原来在宫廷宴饮中才能吃到的槐叶冷淘面，说明宫廷美食冷淘面这一美食已在巴蜀

---

① 常璩. 华阳国志新校注：第 1 卷 [M]. 刘琳，校注. 成都：四川大学出版社，2015：8.
② 萧统. 文选：第 1 册 [M]. 张启成，徐达，等译注. 上海：上海古籍出版社，1986：268.
③ 杜甫. 杜甫集校注：第 5 册 [M]. 谢思炜，校注. 上海：上海古籍出版社，2015：769.
④ 仇占鳌. 杜诗详注 [M]. 北京：中华书局，1979：1645-1646.

之地流行。唐代蜀中美食，曾一度让宦游寓居者乐此不疲、流连忘返。如张籍在《成都曲》中云："锦江近西烟水绿，新雨山头荔枝熟。万里桥边多酒家，游人爱向谁家宿。"① 李商隐在《杜工部蜀中离席》中云："座中醉客延醒客，江上晴云杂雨云。美酒成都堪送老，当垆仍是卓文君。"② 从唐代这些大诗人的记述中，可见唐代四川美食与美酒相映成趣的特点。

宋代的成都是富甲天下的大都会。士女溺于逸乐，富贵悠闲，歌咏风流，宴饮游乐之风盛行。淳化间，张咏出知成都府。他在《悼蜀诗》中总结前后蜀灭亡原因时曾云，"烛影逐星沉，歌声和月落。……酒肆夜不扃，花市春渐作"③。认为蜀人留恋于酒肆、茶坊，宴乐通宵达旦，贪图享受，不务正业，没有忧患意识，是造成前、后蜀迅速灭亡的原因之一。男女喜宴乐，好游赏，在宋初成为一时风习。苏轼在《和子由蚕市》中曾说，"蜀人衣食常苦艰，蜀人游乐不知还"④。指出蜀人即使生活艰辛，也始终不改游赏宴乐传统。成都北市、南市、新南市以及大慈寺等地方，可谓成都士女游赏与娱乐的目的地，在节庆末期前往这些地方宴乐观赏，成为人们生活的一部分。皇祐年间，成都知府田况（1005—1063）为此专门写有 21 首有关成都士女在节庆期间游乐宴饮的组诗。如在《成都遨乐诗·寒食出城》中云："郊外融和景，浓于城市中。歌声留客醉，花意尽春红。游人一何乐，归驭莫忽忽。"⑤ 表现了成都官民士女利用节庆出城郊游的情景。尤其是嘉祐年间大学士宋祁（998—1061）出知成都府，因其俗而治其民，把所谓"遨游"作为治蜀的政务与手段，带头参与节庆宴乐游赏，将蜀中宴饮娱乐之风推向高潮。如费著在《岁华纪丽谱》中记载，成都西园寒食节"辟园张乐"时，宋祁大会宾客僚属，前后历时近十天，城中男女老少大多参与到知府倡导的游览宴饮活动中来，园中酒垆、花市、茶坊、餐饮的热闹程度远超蚕市、花市。为获取更加丰厚的利益，酒家还特别向当时的成都府尹申请延长开放西园的时间，即"酒人利于酒息，或请于府展其日，府尹亦许之"⑥，酒家的延期之请竟然得到了府尹的许可，可见太守带头的"遨游"宴乐对成都餐饮业发展确有一定促进作用。

---

① 张籍. 张籍集系年校注［M］. 余恕诚，徐礼节，校注. 北京：中华书局，2015：788.
② 李商隐. 玉溪生诗集笺注［M］. 冯浩，注. 上海：上海古籍出版社，1979：361.
③ 袁说友. 成都文类［M］. 北京：中华书局，2011：32.
④ 苏轼. 苏轼全集校注［M］. 周裕锴，校注. 石家庄：河北人民出版社，2012：276.
⑤ 田况. 成都遨尔诗［M］//丁杨慎. 全蜀艺文志. 刘琳，王小波，点校. 成都：四川大学出版社，2022：213.
⑥ 费著. 岁华纪丽谱［M］//傅崇矩. 成都通览. 成都：成都时代出版社，2006：99.

　　宋代是"川菜"成名的重要时期。不少蜀中文化名人都参与到"川菜"的创制与宣传中来。如苏轼充分利用蜀地鲜美的菜蔬、鱼肉与猪肉等原材料，创新性地创制了著名的"东坡鱼""东坡肘子"等经典川菜，并有意将这些川菜推广到中原、江南和岭南等地区，苏轼可谓川菜"走出去"的早期代表。陆游在其《剑南诗稿》中专门提及"川食"，表明作为菜系的"川菜"已具有一定影响力。宋代川菜开始向特色化、品牌化方向发展，除大家熟知的"东坡鱼""东坡肘子""冷淘面"外，还有唐安薏米、新津韭黄、彭山烧鳖、成都蒸鸡、西川乳糖与狮子糖、新都蔬菜，以及色香味俱全的蒸猪头、以素托荤的魔芋菜，等等。作为大众化的餐饮，"川饭""川茶"在汴梁、临安等地也比较有名。南宋孟元老（生卒年不详）在《东京梦华录》中记载，为满足蜀地官宦与寓居者的餐饮习惯，开封已有人专门经营"川饭店"，主要提供插肉面、大燠面、大小抹肉淘、煎燠肉、杂煎什锦、生熟烧饭等具有巴蜀风味的餐饮。蜀中餐饮流传于中原地带，说明宋代的"川菜"不但走出了四川而且活在"川外"。南宋时，临安的"川饭分茶"与专门经营南方餐饮的"南食"，同是临安著名的面食餐饮店，这说明在两宋时期，川食川菜以其独特的口味与制作方式，开始了在川外之地的推广与发展。

　　明清以后，随着外地移民带来的番薯、辣椒、番茄、土豆、玉米等餐饮新料、佐料和新的烹饪技术，开始了川菜从古典向现代菜系的转型。川菜厨师不仅发明了代表川菜个性的郫县豆瓣、保宁醋、永川豆豉等特色佐料，而且发展出"一菜一格，百菜百味"等数百种特色菜和个性菜。川菜菜品的数量与种类不断扩大，促进了川菜向多样化、个性化和体系化方向发展。特别是文人、官员加入川菜的制作与研发中来，推动了川菜文化的新发展。如有"蜀中三才"之称的李调元及其父李化楠（1713—1769），常年宦游京师、江浙等地，依所见餐饮菜肴制作方法，结合巴蜀食材特性，对川菜制作进行了创新性发展。李调元在其所著的《醒园录》中，记载了上百种川菜烹调的制作方法，涉及从原料选择、制作到烹饪操作的主要过程。其中，有关热菜的烹调方法就有炒、滑、爆、煸、溜、炝、炸、煮、烫等38种；制作冷菜的方法则有拌、卤、熏、腌、腊、冻、酱等十余种，极大地提升了川菜制作的理论与技艺水平。清末傅崇矩（1875—1917）在《成都通览》中，专门有记载"成都之筵宴所"一节，记载了成都城内的丁公祠、贵州馆、海会寺相国祠等11处，城外则有武侯祠、草堂寺、望江楼等10处，可见清末成都餐饮业的繁荣。李劼人在《旧账》中，收录有道光年间一道满汉全席的完整菜单，从中可以考见作为官府菜系的主体用料、菜品构成、体系和烹制特点。除满汉全席菜之类的官府高端宴席外，在巴蜀民间还流传着以九大碗、十大碗为代表的所谓田席。最初的田席，是秋收后人们为了庆祝丰收所举办的乡间宴会，后来发展到婚丧嫁娶、迎春接福等领域。田席以实用、实惠为主，所用食材大多因地制宜或就地取材，制作方法以蒸、煮、烧为主，因其简洁实用而在巴蜀民间广为流传，是川菜谱系的重要组成部分。

近代川菜在充分吸取前人成果的基础上，不断创新发展并最终定型，形成了麻辣鲜香为主的风味与饮食特点，拥有以回锅肉、宫保鸡丁、麻婆豆腐、水煮牛肉、开水白菜为代表的川菜文化品牌，建构了著名菜肴与面点小吃相与为一、互相补充的发展格局体系，为川菜历久弥新、创新占领市场和发扬光大做足了充分准备。

第六节　道教、禅宗与蜀中学术

一、巴蜀道教

巴蜀是"仙源故乡"，在《山海经》《蜀王本纪》等文献中，已有关于"长寿不死之民""神化不死""皆得仙道"等记载。在三星堆遗址出土了大量鹰头杜鹃、飞鸟神树、人形鸟身、鸟首人形等青铜器、金器，金沙遗址出土了十节玉琮羽人、太阳神鸟金箔等考古器件，说明羽化飞仙、羽化成仙是古蜀"仙化思维"的主要特点，也是仙道思想的核心。巴蜀还是道教的发源地，教派众多，大师辈出，鹤鸣山、青城山、峨眉山为代表的道教名山，玉局治、青羊宫、天师洞等宫观扬名海外。

张陵（34—156），又名张道陵，字辅汉，东汉沛国丰邑（今江苏省丰县）人，五斗米道创立者。早年喜欢研读《道德经》及天文、地理、图谶等书籍，后入太学，通达《五经》。汉明帝时，曾任巴郡江州（今重庆市）令。后隐居于江西省贵溪县（今江西省贵溪市）龙虎山，结茅山中，炼丹筑坛，修炼长生之道。东汉顺帝时（126—144），张陵自河洛入蜀，率领弟子王长等修道于鹤鸣山（今四川省大邑县境内）中。张陵奉老子为太上老君，以《老子》五千言为经典，制作《灵宝》《黄书》等道书24篇，创立"正一盟威之道"，正式创立道教。而张陵制作"道书"，则"为后来集成道藏开了先河"①。张陵自称"天师"，所以世人称张陵所创道教为"天师道"。作为教主，张陵制定相应的教义、

---

① 张在德，唐建军. 中国地域文化通览：四川卷［M］. 北京：中华书局，2014：68.

教仪、教规，划分和设置二十四教区（又称二十四治）。二十四治中，有十八治分布在蜀郡、广汉郡和犍为郡，一治在巴郡，其余分别在越巂郡、巴西郡、汉中郡和京都洛阳，表明天师道主要在巴蜀地区流传。每一治都以一座山命名，每山必有山洞，如阳平治、鹿堂治、鹤鸣治等，被道家称作"洞天福地"。其中，道教诞生的鹤鸣山、天师誓鬼的青城山和修仙圣地峨眉山，成为早期道教"三大圣地"。在教区内，张陵设立义舍义仓，为贫困道民提供食宿；以《道德经》教化道民，以符箓、咒语为道民治病，规定有三次过错者需修桥补路，以示惩戒；废除官吏与刑罚，设立祭酒统领道民，建立了"治头大祭酒"、都讲祭酒、祭酒、奸令以及鬼吏统领"鬼卒""鬼兵"等级制度，建立政教合一的社会组织与管理体系。因入道者需纳米五斗，因此又被称为"五斗米道"。张陵死后，其子张衡继承父业，被称为"嗣师"，其孙张鲁又继承父业，被称为"系师"，祖孙三代合称"三师"。"三师"传承体系开创了道教"师宝"传统，延续并发展了巴蜀仙道文化传统。"三师"继承严君平《老子指规》和扬雄《太玄学》思想，著成《老子想尔注》。"通过将《道德经》由人学改造成鬼神之学，实现其神学化和仙学化，并将它变成天师正一道经典，为符箓派的创立建立了理论基础。"①

张陵在巴蜀创立道教，实现了道、经、师三大要素的系统性整合，构建了"道教三宝"的完整体系。道教的创立，是秦汉以来巴蜀最重要的文化现象。巴蜀之所以成为道教形成关键地，是与巴蜀独特的仙化传统、民众信仰密不可分的。与张陵同时，巴郡张修亦以符水为人治病，被治愈者需以五斗米为酬，故号为"五斗米师"，后被张鲁兼并。

继张鲁之后，以犍为郡（治所在今彭山区境内）人陈瑞、涪陵丹兴（今重庆市黔江区）人范长生为首领的天师道在巴蜀继续传播。两晋时期，成为较强的政治势力。如陈瑞自称天师，改革天师道旧规，另立新法，以清静作为教义的中心，制作朱衣、素带，强化宗教的仪式感。据《华阳国志》记载，连时人巴郡太守唐定也成为天师道的信徒。范长生（？—318），别号"蜀才"，本为巴蜀世家大族，作为天师道教主，博学多才，精通天文与象术，兼采今、古文学派之优长，注《道德经》，撰《蜀才易注》，对扬雄太玄学做了进一步的阐释与发挥，在玄学史、易学史上具有一定影响力。巴氏族人李特领导流民起义，得到范长生家族的大力支持；李雄在蜀称王后，以范长生为丞相，加号"四时八节天地太师"，尊其为"范贤"，封西山侯，并免除他的家族徭役赋税，还为他

① 张在德，唐建军. 中国地域文化通览：四川卷 [M]. 北京：中华书局，2014：67.

修建范贤馆，遗址即是现在的伏龙观旧址。

唐朝皇帝因老子姓李，他们遂以老子后裔自居。如太宗声称"老子是朕祖先"，玄宗封老子为"太上玄元皇帝"，亲自注释《道德经》，并搜集道经，汇集成《开元道藏》。朝廷厚待司马承祯、尹愔、张果老等高道，封隐居青城山的赵昱为"赤城王显应侯"。在唐朝皇室的大力推崇下，道教达到了最兴盛时期，高道辈出，各种学派广为流传，巴蜀成为道教的重镇，道教成为巴蜀自汉代以来最具影响力的宗教。如重玄论道，注解《道德经》的蜀人就有六家：眉山道士任太玄作《道德经注》2卷，成都道士黎兴元作《道德经注》4卷，成都道士张惠超作《志玄疏》2卷，峨眉张君相作《道德经集解》4卷，绵竹道士李荣作《道德真经注》4卷，剑南道士文如海作《庄子邈》1卷。或注疏，或集解，融通儒释道，阐释老、庄奥旨，为道教的发展传承贡献巴蜀力量。

李荣，道号任真子，唐绵州巴西（今属绵阳市）人。李荣是唐初道教的领袖级人物，多次代表道教与佛门辩论，是继成玄英之后著名的重玄学大师。重玄学派之名，源于《道德经》首章"玄之又玄，众妙之门"。它以阐释"众妙之门"为主旨，最早可以追溯到魏晋玄学，代表人物有孙登、成玄英、李荣、王玄览、司马承祯、黎兴元等。重玄派主要在蜀中流传，代表了巴蜀道教的主要成就与特征。唐初是重玄学派最兴盛时期，"巴蜀则是重玄学尤为流行的地区"①。《老子》被重玄派奉为经典，李荣作《老子集解》四卷，是《老子》研究的集大成者和发展者。他用佛、儒精神解道，认为三教"一以贯之"的精神就是重玄学的基本内容。《老子集解》则"力纠魏晋玄学虚空之弊而产生的学问，是道教经典的新活力，也是儒、释、道三家都能接受的新学说"②。

绵竹道士王玄览（626—697），又名王鞯，法号玄览，著《遁甲四合图》《老经口诀》《混成奥藏图》讲述长生不老、得道成仙之术。他在《玄珠录》中阐释道与物的关系，对"常道"与"可道"进行区别，是唐代著名的思想家。王玄览是一位典型的援佛入道的学者，是继成玄英、李荣之后的重玄派代表人物，在汲取佛学思想、理论与方法上与成、李基本相似，但比二人更加深入。

处州缙云（今属浙江省）人杜光庭（850—933），字宾圣，号东瀛子，唐末五代时期道门领袖，道教符箓派的代表性人物。唐末，随僖宗避难入蜀，寓居巴蜀。五代时，为前蜀王建父子所推重，官拜谏议大夫、户部侍郎等职，王建尊之为"广成先生"，王衍尊之为"传真大师"，晚年隐居青城山。著有《广成

---

① 张在德，唐建军. 中国地域文化通览：四川卷 [M]. 北京：中华书局，2014：94.
② 张在德，唐建军. 中国地域文化通览：四川卷 [M]. 北京：中华书局，2014：93.

集》八十卷，另著有《道德真经广圣义》《道门科范大全集》《广成集》等道教经典，规范道教科仪，整理修道方术，对道教文化做出了重要历史贡献。杜光庭注重《道德经》研究，在汇集比较六十余家《道德经》注疏基础上，广征博引，融通儒、释、道，阐发"道德"内涵义旨，提出"'体用相资'的哲学思维，将诠释宗旨定位于理身理国之道，以理身为理国之本；进而落脚到'性命双修'的学说上"①，成为道教经典学说的集大成者。

宋代皇室主张"三教"并行不悖。真宗、徽宗特别崇拜道教。真宗封其始祖赵玄朗为"九天司命保生天尊"。大中祥符六年（1013），又赐命张君房主编《大宋天宫宝藏》，收集汉唐以来的道家典籍，共计4565卷。英宗又诏令把《大宋天宫宝藏》官本送往成都天庆观、崇道观等地收藏。徽宗自称是"昊天上帝长子神宵帝君"下凡，册封自己为"教主道君皇帝"，大力扶植道教，巴蜀道教随之不断发展与繁荣。道教自五代以来，内部逐渐发生了分化，内丹、图书、象术、服气大兴，在这一流行思潮中，曾入川寓居的陈抟、张伯端均是承前启后的代表性人物。

陈抟（？—989），字图南，自号扶摇子，宋太宗赐号西夷先生。陈抟家世不详，主要有亳州真源（今属安徽省）人和普州崇龛（今属四川省安岳县）人，但入蜀寓居则是没有问题的。我们倾向于陈抟是普州崇龛人的说法。陈抟早年熟读经史百家，尤其好易，参加科考屡试不第，遂绝意仕途，四处访道。据传，曾师事邛崃天庆观高道何昌一学"锁鼻术"，与谭峭、麻衣道者、吕洞宾相师友，隐居华山，以修炼辟谷服气之术、内丹术为主，尤以"睡功"闻名。陈抟好读《易》，以道家思想为核心阐释易学，主张摆脱周公、孔子之意，返归伏羲氏本旨。他自创新意，推名象术，贯通易理，创立先天易学，著有《易龙图》《麻衣道者正易心法》等。陈抟借助道家图式、数字，推演宇宙、人生的奥秘，建构象术图式体系，著有《无极图》《太极图》《先天图》《河图》《洛书》等以说明易理，开辟了宋代易学、理学的先河，为后世演绎儒学义理之学提供了参考，亦对代表太极之学的周敦颐、代表先天之学的邵雍和代表河洛之学的刘牧思想与学术，产生了重大影响。作为宋代图书象数易学的开山鼻祖，陈抟的学术思想对"宋代易学的发展，对整个宋代学术的发展和宋代理学的产生都起着十分重要的作用"②，均做出了重要贡献。

道教内丹术的兴盛是宋元道教发展中的大事。张伯端（984—1082），字平

---

① 张在德，唐建军. 中国地域文化通览：四川卷 [M]. 北京：中华书局，2014：213.

② 贾大泉. 四川通史：第4卷：五代两宋 [M]//成都：四川人民出版社，2018：412.

叔，宋天台（今属浙江）人，博学多才，于"三教"典籍、天文、地理、医卜、吉凶之术皆有涉猎。治平间随陆诜入蜀，自云熙宁二年（1069）在成都遇见刘海蟾（亦说遇见青城道人），得授"金丹药物火候之诀"，自此悟道，改名"用诚"，号紫阳。熙宁八年（1075），作《悟真篇》，宣传内丹理念，主张以道融合"三教"，阐述"性命双修"的理论，在道教修炼方法上具有承前启后的作用，对宋元道教发展影响深远，"道教中人就把他奉为道教南宗的开山鼻祖"①。

　　唐宋时期，四川著名的道观有青羊宫（在成都市）、玉京观（在射洪市）、玉清宫（在都江堰市）、凝真观（在今重庆市巫山县）、天师洞（在青城山）、老君洞（在今重庆市南岸区）等。而天下闻名的青城山，自古就是道教圣地，也是著名的世界文化遗产。青城山，在四川省都江堰市西南，为道教第五洞天。相传，张陵在青城山后山结茅，传五斗米道，其子张衡、其孙张鲁也嗣法于此。西晋末年，天师道首领、涪陵人范长生"率千余家依青城山"，资给李流军粮。李雄在成都称帝，以范长生为"天地太师"。因青城山在成都以西，故别称"西山"，而李雄因此封范长生为"西山侯"，"拜丞相，尊曰范贤"。范长生病逝后，他的儿子范贲继任丞相。唐末五代时，杜光庭入蜀常住青城山，主持四川道教，并制定道教礼仪。

　　青羊宫，在四川省成都市西浣花溪畔。青羊宫的修建，相传与老子相关。据《蜀本纪》记载，"老子为关令尹喜著《道德经》，临别曰：'子行道千日后，于成都青羊肆寻吾。'今为青羊观是也"。② 于是，后人在此建立庙宇。初名青羊肆，后改名青羊宫。唐代始建，明末损毁，清初重建。现有铜制青羊、铁铸瓶等古物，八角亭、青羊桥等古迹以及《道藏辑要》等文物。

二、巴蜀禅系

　　佛教是世界三大宗教之一。它在亚洲的传播，大致有南传和北传两条路线，四川属于北传一路。

　　一般认为，佛教最迟在东汉晚期已传入四川。在什邡、绵阳、彭山、乐山、宜宾等地，都曾发现过东汉的佛像或菩萨像造型。东晋时，四川已建有佛教寺庙，一些高僧如释道安之徒法和、昙翼等相继由中原、江南地区入蜀弘法。南

---

① 李远国. 四川道教史话 [M]. 成都：四川人民出版社，1985：61.
② 李昉. 太平御览：第2册 [M]. 夏剑钦，王巽斋，校点. 石家庄：河北教育出版社，1994：795.

朝时，涅槃学、三论学、成实学、禅法等相继传入四川，推动了巴蜀佛教的规模化发展。隋唐时期，四川名僧云集，信徒众多，成都作为巴蜀的政治、经济和文化中心，成为仅次于长安和洛阳的全国佛教活动中心，是名副其实的西南佛教重镇。在四川传播的佛教各大宗派中，以禅宗最盛也最为有名。唐宋时期的四川，禅宗兴盛，可谓高僧辈出，如马祖道一、圭峰宗密、德山宣鉴、圆悟克勤等，均是巴蜀禅系中的代表人物。他们不仅形成了巴蜀禅传承法脉体系，而且对佛教的中国化与普及化做出了重要贡献。

巴蜀禅宗最早的传播者，是大唐高僧玄奘法师（602—664）。法师俗姓陈，俗名祎，唐洛州缑氏（今属于河南洛阳市）人。玄奘在蜀学佛 5 年，修持不断精进，为他成为"百科全书式佛学家奠定了基础"①，被称作"佛门千里驹"，于唐武德五年（622）在成都受具足戒。玄奘之学以会通为主要特征，他的佛学体系从形式上说不属于禅宗，但心性实质上通向了禅学。巴蜀禅系的开山师祖智诜（609—702）曾师从玄奘，学习佛法，玄奘因此被认为是"巴蜀禅学的传播者"。可以说，巴蜀佛学由隋代以前的"大小乘各宗到唐代禅学发展，是在玄奘理论即唯识学的基础上实现的"②。这是他在巴蜀禅宗学史上重要而特殊的贡献。就禅宗的法系而言，向有东土五祖之说。五祖弘忍（602—675）心宗一分为五，与巴蜀禅系有直接关联的，分别是六祖慧能（638—713）所创立的南顿禅，智诜所创立的净众保唐禅派。他们都是巴蜀禅系的法脉开创者。

智诜长期在资州（今四川省资中市）德纯寺传法。处寂（694—732）俗姓唐，是智诜弟子。后处寂传达摩祖的衣钵于无相（684—762），无相原为新罗国三王子，因姓金，俗号"金和尚"，在成都净众寺创立净众宗，又名"保唐宗"。无相在蜀地二十余年，曾募建成都大慈寺，开创"引声念佛"的外修方式，以及"无忆""无念""莫妄"的内修法门，"成为蜀地禅宗净众派创始人"③。无相后传法于无住。无住曾住成都保唐寺，开演顿教，促进佛教的民间化发展，世称"保唐无住"。后由净众禅派僧人编著的《历代法宝记》，站在保唐宗的立场，记录巴蜀禅系传法大致经过，其中于无住着墨最多，至今是研究中国禅宗史的重要参考资料。

马祖道一（709—788），俗姓马，唐汉州什邡（今四川成都什邡市）人，世称马祖。马祖"不仅是巴蜀禅系重要的奠基者，而且是弘忍以来中国禅宗生活

---

① 张在德，唐建军. 中国地域文化通览：四川卷［M］. 北京：中华书局，2014：98.

② 谭继和. 唐僧玄奘与巴蜀文化［J］. 西南民族大学学报（人文社科版），2000（5）：107.

③ 张在德，唐建军. 中国地域文化通览：四川卷［M］. 北京：中华书局，2014：99.

化的奠基者"①。马祖 13 岁出家，18 岁时在资州德纯寺智诜的弟子处寂法师处剃度修行，21 岁又到成都净众寺随无相修行，23 岁在渝州（今重庆市）圆律处受具足戒，可见马祖受巴蜀禅系的影响之深。离开巴蜀后，于开元间投于六祖慧能弟子怀让（677—744）门下，习曹溪禅法。从学 10 年，终得怀让密受心法。得法后，初止于建阳之佛迹岭，旋迁临川之南康、龚公二山。大历四年（769），驻锡钟陵（江西进贤）开元寺。大历六年（771），在开元寺创立洪州宗。是时，学者云集，化缘大盛。入室弟子有百丈怀海、南泉普愿、大梅法常等 139 人。禅门甫启时，禅僧皆寄居律院，法制有限，不得别住而龃龉时生，皆以为苦。马祖于是创立"丛林"制度，以安禅侣，由是开创"农禅并重"的修行方式。"丛林"制度的施行，促使宗门益盛，转化无穷，为推动"'佛教中国化'迈出了重要一步"。② 贞元四年（788）二月四日示寂，世寿八十，唐宪宗御赐谥号"大寂禅师"。马祖一派后来发展壮大，被称为"洪州宗"。马祖道一对禅宗的发展有巨大贡献，马祖道一主张"平常心是道""即心是佛"促进了人间佛教的兴起。马祖道一创立丛林（专供禅僧修习的寺院），后经其弟子百丈怀海拟订寺院清规，逐渐发展成为后世寺庙的主流，世称"马祖建丛林，百丈立清规"。

马祖道一在江西开洪州禅后，巴蜀籍高僧圭峰宗密（780—841）承禅宗菏泽系和华严宗衣钵在长安弘法。宗密会通儒、释、道，融通华严宗和菏泽宗，广涉唯识宗、律学、礼忏，整理《禅藏》，成为"唐代巴蜀禅系集大成的人物"③。宗密俗姓何，唐果州西充（今四川省南充市西充县）人，被尊为华严宗五祖。因常住终南山草堂寺南圭峰兰若④，世称"圭峰禅师"，尊称"圭峰大师"。

宗密少通儒书，习举业，曾于元和二年（807）赴京应考。在途经遂州（今四川省遂宁市）时，因听到圆禅师说法，遂绝意仕途随道圆禅师出家。同年，从拯律师受具足戒。宗密先从道圆禅师参悟禅学，后随澄观学习华严宗教义，先后在洛阳、终南山等地传播佛法。大和二年（828），文宗召入内殿，问佛法大义，赐紫衣，敕号大德。朝臣士庶归信者甚多，宰相裴休常从受法要。武宗会昌元年（841），坐灭于兴福寺塔院。宣宗时，追谥"定慧禅师"。

---

① 张在德，唐建军. 中国地域文化通览：四川卷［M］. 北京：中华书局，2014：101.
② 张在德，唐建军. 中国地域文化通览：四川卷［M］. 北京：中华书局，2014：100.
③ 张在德，唐建军. 中国地域文化通览：四川卷［M］. 北京：中华书局，2014：101.
④ 按：兰若：梵语"阿兰若"的省称，指佛教寺院。

宗密初承荷泽宗禅法，精研《圆觉经》，后又从澄观学《华严经》，故主张融会教禅，盛倡"禅教一致"，认为"顿悟资于渐修""师说符于佛意"。又因早年学儒，故亦主张"佛儒一源"，并提出著名的"禅教一致"的理论，"对调和禅宗南北、顿渐之争，有着积极意义"①。吕澂（1896—1989）认为，宗密之思想集隋唐佛学之大成，"代表了中国佛家最高峰的思想"②。宗密的现存著述，主要有《华严经行愿品疏钞》《注华严法界观门》《华严经法界观科文注》《原人论》《华严心要法门注》《中华传心地禅门师资承袭图》等传世。

德山宣鉴（782—865），俗姓周，唐剑南简州（今四川省成都简阳市）人。曾焚毁所带《金刚经疏钞》，决心学禅，最终成为青原系第五世法嗣。德山宣鉴是"呵佛骂祖"的所谓"德山棒"的倡导者，形成了以棒打为教的顿悟方式。大中初年（847）在居留德山古禅院，形成了所谓"德山禅"一派。

两宋时期，三教合流，公案与颂古著作大增，学术禅兴起。四川佛教呈现一派繁荣之态。名僧以雪窦重显、圆悟克勤、佛海慧远、兰溪道隆为代表。

圆悟克勤（1063-1135），俗姓骆，字无著，宋彭州崇宁（今四川省成都市彭州市）人。先于成都等地学经问法，曾四处云游参访善知识，后随法演参学，活动于川、湘、鄂等地区。政和元年（1111），受同乡张商英之邀，曾主持醴州（今属湖南）夹山灵泉院。宣和中，受诏住开封天宁寺，宋徽宗赐号"圆悟克勤"。在院中注释雪窦重显所作《颂古百则》，将流行的公案、颂古和佛教经纶结合在一起，实现了儒释道的融合，被弟子整理成书，名曰《碧岩录》，被称作禅门必读书。他是"禅净双修"的重要推动者。崇宁初（1102）返回蜀地，主持成都昭觉寺。著名弟子有径山宗杲、虎丘绍隆等，二者都是文化造诣颇高的一代名僧。

巴蜀佛教兴盛，佛教典籍丰富，著名的"宋开宝蜀刊本大藏经"即受朝廷之命，雕刻于四川成都。《开宝藏》雕刻历时 12 年，于太宗太平兴国八年（983）完工，计有版 13 万块，5048 卷，俗称《开宝藏》。《开宝藏》是我国历史上的首部官刻藏经，成为后世国内外官私刻本的样本。《开宝藏》雕刻完成，"不仅是四川佛教史上的一件大事，而且也是中国佛教文化史上的一件大事"③。

四川的著名寺庙很多，成都有文殊院、大慈寺、昭觉寺、草堂寺，新都有宝光寺，崇庆有罗汉寺、华岩寺，乐山有乌尤寺、凌云寺，峨眉山有报国寺、

---

① 张在德，唐建军. 中国地域文化通览：四川卷［M］. 北京：中华书局，2014：100.
② 吕澂.《华严原人论》通讲［J］. 社会科学战线，1990（3）：93.
③ 贾大泉. 四川通史：第 4 卷：五代两宋［M］. 成都：四川人民出版社，2018：557.

伏虎寺、万年寺、华藏寺，等等。四川的著名佛像，有乐山大佛、荣县大佛、屏山大佛、彭山大佛、大足卧佛、按月卧佛、阆中大佛、潼南大佛、安岳大佛等，使四川成为名副其实的"大佛之乡"①。四川的峨眉山，是中国四大佛教名山之一。

在石窟佛像方面，四川成就颇多，其中尤以乐山大佛、大足石刻、安岳石刻最为著名：

乐山大佛，修建在四川省乐山市东面的凌云山，位于岷江、大渡河、青衣江三江汇流之处。乐山大佛开凿于唐开元元年（713），竣工于贞元十九年（803），前后历经90年。开凿乐山大佛，是唐代巴蜀禅宗史上的大事。大佛依凌云山山崖开凿而成。大佛为一尊弥勒佛，体型魁伟，端庄慈祥。大佛通高71米，头宽10米，头高14.7米，鼻长5.6米，耳长7米，眉长3.7米，眼长3.3米，嘴长3.3米，颈高3米，肩宽28米，脚背至膝高28米，脚背宽8.5米。大佛坐东朝西，面江而坐；远眺峨眉，近瞰乐山。俗语云："山是一尊佛，佛是一座山。"乐山大佛凿刻的技艺高超，造像气魄雄伟，是中国现存的最高大、最完整的石刻佛像，也是世界最大石刻佛像之一。1982年，乐山大佛被公布为第二批全国重点文物保护单位。1996年12月，峨眉山—乐山大佛被联合国教科文组织列入世界文化与自然遗产名录。

大足石刻，系对大足区境内唐宋及其后的石质雕刻艺术的总称。大足石刻分布于今重庆市大足区境内，共计40多处。比较重要的有北山、南山、宝顶山、石门山、妙高山、舒城岩、石篆山等10多处。其中，又以北山、宝顶山的石刻造像最具代表性。现存造像最早者为唐高宗永徽年间（650—655）开凿，至唐末有了较大发展，经五代至南宋达到鼎盛，明清两代亦续有开凿。其中，宋代造像占总数80%以上。现存石刻造像6万多尊，石刻经文、题记15万多字。大足石刻内容丰富，有道、佛、儒三教造像（以佛教居多，儒、道次之），有反映当时社会生活、习俗的作品。大足石刻雕刻精美，是中国晚期石窟艺术的精品和杰出代表。有各级文物保护单位74处，其中宝顶山摩崖造像、北山摩崖造像为全国重点文物保护单位，另有四川省文物保护单位9处。1999年12月，大足石刻被联合国教科文组织列入世界文化遗产名录。

安岳石刻，是安岳县境内以摩崖造像为主的石刻艺术总称。据安岳县文物管理部门统计数据显示，近236处，多达数万尊，有儒、释、道三教造像（以佛教造像为主），尤以卧佛院、毗卢洞、千佛寨、圆觉洞、华严洞、茗山寺、孔

---

① 袁庭栋.巴蜀文化志［M］.修订本.成都：巴蜀书社，2009：208-214.

雀洞、玄妙观、塔坡 9 处全国重点文物保护单位为代表，体现了其宗教的、历史的、艺术的、文化的、社会的、科学的等多元价值，具有"古多精美"的特色，是中国石刻艺术的重要组成部分。特别是以唐宋时期在公元 8 至 12 世纪为主的摩崖石刻造像，在世界石窟艺术史写下了璀璨的一页。

三、苏氏蜀学

宋代四川政治比较稳定，经济繁荣，学术思想繁荣，人才辈出，代表性人物有陈抟、三苏父子、苏舜钦父祖、范镇、范祖禹、张栻父子、吕陶、魏了翁、李焘、李心传等。其中，尤以三苏父子最为著名，他们在宋代学术史上占有极其重要的地位。

北宋是我国思想、学术与文化的高峰时期，以地域为特征的学派不断涌现，主要有以王安石为代表的新学、以司马光为代表的朔学、以二程为代表的洛学、以张载为代表的关学等。而与此长期抗衡的，则是以三苏父子为代表的蜀学。刘子健在《宋代蜀文辑存·重印小引》中曾说：苏氏蜀学"异军突起，一方面和洛、朔旧学抗衡，一方面和江西新兴的思想竞争"①。充分说明了苏氏蜀学在宋代思想史和学术文化史上的重要地位与影响。《宋元学案》卷 99 曾以《苏氏蜀学略》为题，专门介绍了苏氏蜀学的主要内容，有些研究蜀学的学者甚至认为狭义的蜀学即是指苏氏父子之学，再次说明苏氏父子思想学术在整个蜀学演进史上重要而崇高的地位。

苏洵（1009—1066），字明允，宋眉州（今四川眉山市）人，唐宋八大家之一。苏洵 27 岁始发奋读书，但屡次名落孙山，遂博览儒家经典以及诸子百家之书，专注于古今治乱成败的研究。欧阳修在《故霸州文安县主簿苏君墓志铭》中称其学"大究六经、百家之说，以考质古今治乱成败"②。曾巩在《苏明允哀辞》中评价说："好为策谋""颇喜言兵"。③"有战国纵横之学"④。用苏洵自己的话来说，生平治学"大抵兵谋、权利、机变之言"⑤。苏洵跳出一般科举之路，另辟治学新路，选择以儒为宗，兼收并蓄，于佛、道、兵、法、纵横诸家

---

① 刘子健. 宋代蜀文辑存重印小记 [M] //傅增湘. 宋代蜀文辑存. 香港：龙门书店，1971：卷首 2.

② 欧阳修. 欧阳修全集：第 2 册 [M]. 李逸安，点校. 北京：中华书局，2001：513.

③ 曾巩. 曾巩集：下册 [M]. 陈杏珍，晁继周，点校. 北京：中华书局，1984：561.

④ 邵博. 邵氏闻见后录 [M]. 李剑雄，刘德权，点校. 北京：中华书局，1983：111.

⑤ 苏洵. 嘉祐集·附录：卷上 [M] //纪昀，永瑢，等. 文渊阁四库全书：第 1104 册. 台北：台湾商务印书馆股份有限公司，2008：978.

思想，但凡有补于世之学，皆究心研习，探索治国救民之道、经世致用之学，以阐发治国安邦的真见解。这正是巴蜀人文不循故辙，勇于创新，重实用，不虚妄学风的集中体现。苏洵著有《权书》《衡论》《几策》《六经论》《洪范论》《史论》《六国论》《辨奸论》《御将》《兵制》《田制》等文论，后集结为《嘉祐集》。苏洵文章博古通今，纵横捭阖，气势磅礴，既不乏古文名篇，亦有不少堪称政论经典之作。虽以文名显于世，但主要成就在于他对现实社会、政治、经济和军事改革独特而深沉的思考。他有关政治改革的见解与主张，大多能切中时弊，已然超越了一般书生的见解，是对现实具有一定指导意义的"实用之言"，引起了张方平、欧阳修等大臣的高度重视。欧阳修将苏洵《权书》《衡论》《几策》等篇推荐给宋仁宗，并在《荐布衣苏洵状》中说："辞辩闳伟，博于古而宜于今，实有用之言，非特能文之士也。"[①] 对苏洵有补于世的治学之道进行了客观评价。苏轼、苏辙兄弟继承乃父的学术思想，以儒为宗，并吸收先秦诸子及佛老思想，对儒家经典进行了创新性的阐释，建构了"'儒道结合'的'六经五子'经典体系"[②]。三苏经学是苏氏蜀学的核心，奠定了苏氏蜀学的理论基础，并把苏氏蜀学推向新的高潮。苏轼、苏辙兄弟继承乃父学术思想与治学旨趣，不断丰富了苏氏蜀学的形式、内容。苏轼著《苏氏易传》《东坡书传》《论语说》。《苏氏易传》系父子三人合作完成，但以苏轼出力最多。该书不谈论象术而精研义理，具有"客观唯心主义的宇宙观""丰富的辩证思想""认识论的唯物主义倾向"[③] 等特点，从而奠定了苏氏蜀学的哲理基础。苏辙著《诗集传》《春秋集解》《论语拾遗》《孟子解》《老子解》。父子三人还合著《三苏经说》。苏氏蜀学以其独特的见解，新颖的理论体系，冲破学术壁垒，成为北宋初期的重要学术流派。苏氏蜀学兼收并蓄、不专主某一家的风格特质，与程朱理学所谓"道不同，不相谋"，志在以理学一统天下的理念存在很大的分歧：程朱理学倡导"存天理，去人欲"，与三苏"重人情"的仁义之道相对立，是对程朱理学的最大威胁；理学斥纵横之学为异端，苏学则吸收纵横之术；理学治学目的是求道成圣，苏氏治学的目的是经世致用、安邦治国；理学主张学术思

---

① 欧阳修. 欧阳修全集：第4册［M］. 李逸安，点校. 北京：中华书局，2001：1698.

② 苏洵，苏轼，苏辙. 三苏经解集校：上册［M］. 舒大刚，等校注. 成都：四川大学出版社，2017：前言3.

③ 贾大泉. 四川通史：第4卷：五代两宋［M］. 成都：四川人民出版社，2018：428-429.

想的一元化，苏氏蜀学主张兼收并蓄的学术思想多元化。① 苏氏蜀学因在思想学术上与程朱理学存在严重分歧，遭到了程朱理学思想家们的贬斥与围剿，一度被斥为异端，但在程朱理学成为官方正统学术之后，苏氏蜀学作为民间学术并未消失，反而长期存在，为世人所关注，充分说明了苏氏蜀学在中国思想、学术史上的应有价值与地位。

四、巴蜀理学

理学作为新生学术思潮正式传入巴蜀较晚，但早在北宋时期已与巴蜀有一定联系。"理学鼻祖"陈抟曾在蜀地修道，其图书象数之学对周敦颐、邵雍等人的学术思想产生了重要影响，可见以陈抟为代表的蜀学人对理学的发展具有不可忽略的开源之功。理学开山周敦颐（1017—1073），字茂淑，号廉溪先生，宋道州（今湖南省道县）人，曾于仁宗嘉祐初出任川东合州（今重庆市合川）署签书军事判官厅公事，与成都人吕陶、遂宁人傅耆交往，亦曾同傅耆讨论《易》学、《春秋》学等学术思想，对蜀地学者治学有一定影响。理学的奠基者程颐（1033—1107），字正叔，宋河南府洛阳（今河南省洛阳市）人，世称伊川先生，曾两度入蜀，曾云"易学在蜀"。在涪州编管期间，著《程氏易传》，对四川理学的发展产生了一定影响。

对巴蜀理学传播与发展产生重要而直接影响的，则是张栻和魏了翁。

张栻（1133—1180），字敬夫，号南轩，宋汉州绵竹（今四川省德阳市绵竹市）人。南宋抗金名将张浚之子，著名的理学家和教育家，著有《南轩先生论语解》《南轩先生孟子说》《南轩集》等传世，卒后追谥为"宣"，《宋史》有传。

张栻少承家学，后随南宋理学家胡宏接受二程理学教育。胡宏（1106—1162），字仁仲，号五峰，人称"五峰先生"，宋建宁府崇安（今属福建省武夷山市）人，二程再传弟子，湖湘学派的创始人，对张栻思想学术产生了重要影响。张栻曾随父辗战多地，参与张浚军政幕府筹划工作，以荫补官，颇受孝宗赏识，曾任知严州、袁州，知静江府、经略安抚广南西路、知江陵府等职，后辞官归家。乾道元年（1165），受湖南安抚使刘洪延聘，掌教岳麓书院山长，邀约朱熹等理学名家到岳麓书院会讲，对太极、仁等理学核心思想进行探讨并形成基本一致的共识。围绕《中庸》"中和"观，进行了三天三夜讨论。后朱熹

---

① 贾大泉. 四川通史：第 4 卷：五代两宋［M］. 成都：四川人民出版社，2018：432-436.

基本接受了张栻的观点，世称朱熹此行为"中和旧悟"。朱熹到岳麓书院会讲，促进了湖湘之学与闽学的交流与互动，提升了岳麓书院在全国的影响力，为湖湘学派的发展做出了重要贡献。张栻继承周敦颐和二程观点，认为太极是宇宙的本源，他以理为本而又有心学偏向，表现出与陆九渊心学一致的倾向。他与朱熹"太极只是一个理"① 的观点有所区别，二人长期进行学术交流、辩论，对南宋理学的发展产生了重要影响。张栻曾与吕祖谦进行学术交流。吕祖谦（1137—1181），字伯恭，宋婺州（今浙江金华市）人，南宋著名理学家、文学家。张栻、朱熹与吕祖谦同为南宋理学的一代宗师，他们虽在理学上自成一派，各有所宗，但常相与交流辩论，对理学的发展与丰富做出了贡献，被时人称为理学"三先生"、"东南三贤"。

张栻特别重视讲学，培养人才。据《宋元学案》统计，所列门人共有 63人，被称作"南轩学派"。这些门人后学主要分为两派：一派是以彭龟年、吴猎为代表的岳麓学人，一派是将张栻之学反传入蜀的宇文绍节、范仲黼、陈概等弟子。他们在成都、二江讲论理学，极大地推动了巴蜀理学的发展。清人全祖望在《宋元学案·二江诸儒学案》中评价说："宣公居长沙二水，而蜀中反疏，然自宇文挺臣（绍节）、范文淑（仲黼）、陈平甫（概）传之入蜀，二江之讲舍不下长沙。……蜀学之盛，终出于宣公之绪。"② 通过张栻后学将理学反传入蜀，理学在巴蜀的影响开始逐渐扩大。

魏了翁（1178—1237），字华父，号鹤山，世称鹤山先生，宋邛州浦江（今四川省蒲江县）人。庆元五年（1199）进士及第，长期在朝廷和巴蜀任职，历官剑南、西川节度判官，知嘉州、眉州、泸州，权礼部尚书、同签书枢密院事、资政殿学士等职，终官福建安抚使。魏了翁是南宋后期名臣，著名的理学家和教育家，著有《鹤山先生大全集》《九经要义》《周易集义》等传世，卒后赠太师，谥"文靖"，《宋史》有传。

魏了翁是继朱熹之后的著名理学家，有"南方共宗鹤山老"③ 之誉，与福建著名理学家真德秀同为理学领袖，并称"真魏"。黄宗羲在比较魏了翁与真德秀在理学上的成就时云："两家学术同出考亭，而鹤山识力横绝，真所谓卓荦观群书者；西

---

① 黎靖德. 朱子语类：第 1 册 [M]. 王星贤，点校. 北京：中华书局，1985：2.

② 黄宗羲，全祖望. 宋元学案：第 3 册 [M]. 陈金生，梁运华，点校. 北京：中华书局，1986：2407.

③ 家铉翁. 则堂集 [M] // 纪昀，永瑢，等. 文渊阁四库全书：第 1189 册. 台北：台湾商务印书馆股份有限公司，2008：351.

山则依傍门户，不敢自出一头地，盖默守之而已。"① 充分肯定了魏了翁学术造诣在真德秀之上的事实，凸显了魏了翁在南宋理学界中的突出成就与重要地位。

魏了翁生活在朱熹理学、陆九渊心学和浙东事功学派鼎力交峙的时代，各方学术对魏了翁均产生影响是必然的，但魏了翁并不盲从于某派，而是进行了必要的取舍。他"以理学哲学为本体，又有突出的心学倾向，较重经制事功，对程朱理学进行了一些修正"②。魏了翁继承了朱熹以义理治国的思想，但并不赞成朱熹"存天理，去人欲""饿死事小，失节事大"等有关天理人欲的观点。魏了翁说："民心所同，则天理也。"③ 重视民心，强调民心所向即天理之至，将民心与天理有机联系在一起，突出了天理不能背离民心的观点。他反对把天理与人欲对立起来的观点，强调追求正常人欲的合理性，对程朱理学"存天理，去人欲"的观点进行了重大修正。在认识论上，魏了翁在一定程度上倾向于陆九渊的心学观点，认为心是宇宙本源，主张心外无物，坚持心与理合一，心与理的融合，突出人心向背在维护朝廷存亡中的重要作用。在治学方法上，魏了翁"把陆九渊的'自存本心'和朱熹'格物致知'的方法结合起来，纠正陆学的禅化，克服朱学的烦琐"④，对纠偏朱学陷于烦琐与陆学流于空疏等风均有一定积极作用。

魏了翁在巴蜀推广理学，是与他在各地修建鹤山书院密不可分的。魏了翁辞任嘉州知府后，先是在家乡蒲江白鹤山下修建鹤山书院，后又在邛州、泸州、眉州等地，修建了同为鹤山书院的书院。魏了翁在巴蜀修建书院，开门授徒，主讲程朱理学，培养巴蜀人才，推崇理学的正统地位，并不断增加书院藏书，丰富蜀中典藏，史称："由是蜀人尽知义理之学。"⑤ 对推动理学在四川的发展做出了贡献。此外，魏了翁在嘉州知府任上时，还两次上书朝廷，为被"庆元党禁"所贬斥的周敦颐、张载、程颢、程颐等理学名臣请谥，最终朝廷"如其请"，使理学获得官方"正学"的崇高地位，为理学的传播与发展做出了重要贡献。"魏了翁的崛起及其在四川大力传播理学，最终促使理学在四川的影响力超过苏氏蜀学，从而实现了蜀学格局的重大改变，……魏了翁是'会同蜀洛'的重要人物"⑥。

---

① 黄宗羲，全祖望.宋元学案：第4册 [M].陈金生，梁运华，点校.北京：中华书局，1986：2696.
② 蔡方鹿.魏了翁评传 [M].成都：巴蜀书社，199：162-165.
③ 魏了翁.鹤山集：第52卷 [M] //纪昀，永瑢等.文渊阁四库全书：第1172册.台北：台湾商务印书馆股份有限公司，2008：序585.
④ 贾大泉.四川通史：第4卷：五代两宋 [M].成都：四川人民出版社，2018：447.
⑤ 脱脱，阿鲁图.宋史 [M].北京：中华书局，2000：10110.
⑥ 张在德，唐建军.中国地域文化通览：四川卷 [M].北京：中华书局，2014：164.

第四章

近代化转型中的巴蜀文化

第一节 传统思想学术的"又一重镇"

1840年以来，面对鸦片战争失败后"三千年未有之大变局"，中国社会阶级矛盾、民族矛盾不断激化，革命思潮亦随之不断涌现传播，激起了巴蜀仁人志士以身许国、救亡图存的热忱，身处腹地的四川人文开始了从古典到现代化的转型并谋求新的发展。1875年，侍郎薛焕、四川学政张之洞等人创办省城尊经书院，以"绍先哲，起蜀学"① 相号召，聘请王闿运主讲经史等根柢之学，培养了以廖平、宋育仁、杨锐、吴之英、吴玉章为代表的一大批蜀中"通博之士，致用之才"②，为巴蜀人文的兴盛做出了重要贡献。同为省城书院的锦江书院山长伍肇龄秉持"文翁之教"，以"继石室流风于无穷"为己任，秉持"先经义而后时文，先行谊而后进取"③ 的办院宗旨，主讲性理之学与诗古文辞，培养了刘光第、骆成骧、张森楷、尹昌衡、吴虞等一大批蜀中杰出人才。两大省城书院在思想传播、学术研究、人才培养上的巨大成功，为式微近两百年的蜀学注入了新的活力，"蜀学"被视为继"湘学"后中国传统人文学术的又一"中心"④。

近代巴蜀英才俊杰在反帝反封建、追求民主共和的浪潮中逐步觉醒。他们敢为人先，置身于时代浪潮，无论是维新运动、辛亥革命前奏的保路运动，还是反帝反封建的新文化运动，都有其非同凡响的特异表现，为推动中国社会从

---

① 张之洞. 张之洞全集：第12册［M］. 吴剑杰，周秀鸾，等点校. 武汉：武汉出版社，2008：368.

② 张之洞. 四川省城尊经书院记［M］. 拓印本. 藏四川大学图书馆.

③ 吴省钦. 重建锦江书院讲堂碑记［M］//李承熙. 锦江书院祀略（卷中）. 咸丰八年刻本.

④ 李学勤. 弘扬国学的标志性事业［J］. 西南民族大学学报（人文社科版），2005（9）：1.

古典向近代转型注入巴蜀韵味的活态文化基因，并赋予"敢为天下先"的时代意涵与未来价值。

一、锦江书院

锦江书院是康熙四十三年（1704）四川按察使刘德芳秉承巡抚贝和诺"兴植蜀省人才"，以"继石室流风于无穷"之意，在文翁石室故址创建的省城书院。作为清代四川历时䀹年的最高学府，一直是四川思想、学术、人文和教育的中心，是延续文翁"以儒化蜀"千年精神道脉的主体，是推动清代蜀学从式微到晚清繁盛的主导力量。书院坚持以"继石室流风"培养蜀中人才为己任，践行以"文翁之教"延续巴蜀精神学脉、复兴式微的巴蜀人文的办院宗旨；坚持"绍往哲，以开来学"的办院原则，主动传承巴蜀文宗重经史、擅长文辞、多奇质妙思和勇于开新创造等治学传统。历任山长均由督抚会同学政，遵照省城书院山长"必选经明行修、足为多士模范"①的要求选聘。以易简、郑方城、彭端淑、杨芳灿、李惺、伍肇龄等为代表的著名山长，协同主政者践行文翁之教，按照"先经义而后时文，先行谊而后进取"的治学进路，以身垂范，整躬励行，日与诸生耳提面命，正误指迷，培养书院后进。在具体的教学实践中，既重视经史根柢之学、诗古文辞，也教授参加科考所必需的制艺时文技能技巧，把延续巴蜀精神"学脉"、培养急需的各类蜀学人才视为办院重点，对推动清代蜀学从式微走向繁荣做出了重要贡献。清代四川诸生从康熙初的不足千人上升到乾嘉之际近万人，再到晚清张之洞出任四川学政时"全蜀学生三万人"，是与锦江书院师长们投身四川书院、学校教育，推行"一人学成，教成万人；万人学成，教成三军"②的长期辛苦付出密不可分的。

在院生选拔方面向来严格，择汇英才、严于考课是锦江书院办学的主要特点。"必择乡里秀异、沉潜学问者肄业其中"，是其人才选拔的重要制度。历届入选院生，均是各州县岁、科两试中的优秀人才，确保了院生较高的学力资质水平。锦江书院历史上，先后培养了诸如顾汝修、李调元、张邦伸、李榕、刘光第、骆成骧、张森楷、尹昌衡、吴虞等为代表的一大批杰出院生。他们蹈仁道德，追慕司马相如、三苏、杨慎等巴蜀前贤，以延续巴蜀文化与学术传统精神，致力于振兴乡邦人文学术为己任，既是清代特别是晚清蜀学发展延续的主

---

① 高宗. 训示直省书院师生谕［M］//佚名.（清实录）高宗纯皇帝实录. 北京：中华书局，1986：487.

② 张之洞. 张之洞全集：第12册［M］. 吴剑杰，周秀鸾，等点校. 武汉：武汉出版社，2008：368.

体之一，也是延续"石室流风"当之无愧的参与者与实践者，是巴蜀文化现代转型中推动千年蜀学历久弥新的重要有生力量。

二、尊经书院

面对"三千年未有之大变局"，晚清四川在思想、学术与文化方面开始涌现出崭新的积极因素。1875 年，为与省城锦江书院办院宗旨目标相区别，培养经世致用的现代人才，在侍郎薛焕的倡导下，创办了又一所省城大书院——尊经书院。尊经书院作为四川近代学术、政治、文化、教育由式微到兴起的重要平台，对晚清四川思想、学术与文化的近代转型乃至整个中国社会的现代转型，均产生过巨大的积极推动作用。

尊经书院的创建是时代转型的结果，也是四川地方政治多种因素互相作用的结果。最初参与其事的是清总理衙门大臣薛焕。薛焕（1815—1880），字觐堂，号鹤济，四川兴文（今宜宾市兴文县）人，道光二十四年（1844）举人，历任苏州知府、江苏巡抚，同治二年（1863）授工部右侍郎，任总理各国事务衙门大臣。同治十三年（1874）二月，薛焕到成都谒见总督吴棠、学政张之洞，提议建尊经书院培养急需的社会人才，得到吴棠的首肯。吴棠与张之洞联合上奏清政府，也很快得到允准。光绪元年（1875）春，尊经书院在省城成都南门外建成，院址定在成都文庙西街，首任山长由薛焕出任。1876 年，吴棠病故，薛焕离去，张之洞全权接管书院。张之洞制定了"绍先哲，起蜀学"的办院宗旨，主张"以经史为根柢"，不务制艺时文之学，延聘名师，制定学规章程，购置图书，开设书局，并编写了著名的《书目答问》和《輶轩语》，为办好尊经书院做出了重大贡献。张之洞还慧眼识英才，为四川乃至中国近代发现了杨锐、廖平、宋育仁、吴之英等数位重量级的政治和学术人才。张之洞的这些努力，扭转了四川地区长期以来衰颓的学术风气，为蜀学的迅速崛起奠定了牢固基础。

张之洞离川后，继任四川总督丁宝桢于 1879 年聘请王闿运入川出任尊经书院山长。王闿运（1833—1916），字壬秋，号湘绮，湖南湘潭人，1852 年中举人，后入曾国藩幕府。王闿运担任尊经书院山长，开创了四川近代学术思想的一番新局面、新气象。王闿运认为，书院教育不仅是科举制度的承担者，更是科举制度的矫正者，蜀学不振的根源在于"文翁兴学"这一传统中所暗含的教人以学术为手段、功名为目的的错误教育观念，造成了蜀中士人对功名利禄趋之若鹜而不能潜心研究学问。为纠正此风，王闿运以"湖湘派"的经世学风取代主讲钱保塘、钱宝宣推行的"江浙派"考据学风，使尊经书院的学术发生了一次重大转向。他的教学特点是"博文约礼"，一方面让院生广泛涉猎经、史、辞章，一方面又以礼学规范他们的行为，二者相辅相成。在王闿运精心培养下，尊经书院培养了杨锐、廖平、宋育仁、吴之英、张澜等一大批杰出人物，蜀学名声大噪。

光绪二十四年（1898）维新运动兴起后，刘岳云、宋育仁等继任尊经书院山长，在他们的推动下，四川维新知识分子创办蜀学会、《蜀学报》，以学、会、报一体的方式宣传维新变法思想。此后，一大批西学书籍被带到四川，得到较快传播。尊经书院此时的教学内容引入了大量的西方新理论、新知识，风气发生了更大转变。不过，这一时期尊经书院的许多代表人物，如宋育仁、杨锐、廖平、吴之英等人一方面主张维新，另一方面又认为只需对旧法做修补。如宋育仁就说："天下竞言维新，不必言维新也，复古而已。"① 尽管如此，尊经书院作为近代四川新学传播的重要阵地，无疑是近代文化转型的重要推动力。他们宣扬维新思想，培养了一批政治及思想文化领域的新式杰出人物，对巴蜀文化的近代化发展与转型具有重要意义，在清末至民国时期的四川乃至全国都产生了巨大影响。

晚清著名的今文经学家、思想家廖平（1852—1932），字季平，号四益，晚年号六译，四川井研人。早年入尊经书院学习，为张之洞、王闿运赏识，与张祥龄、杨锐、毛瀚丰、彭毓嵩时称"蜀中五少年"。肄业尊经书院近十年，随王闿运治经学，于谷梁学多所发明，从儒家经典中探寻维新变法的学理依据，形成了一套独特的经学理论体系。廖平"长于《春秋》，善说礼制，为近代推明今古学之大匠"②，一生"经凡六变"，被冯友兰称作"结经学时代之局者"③。廖平《辟刘篇》《知圣篇》为康有为的《新学伪经考》《孔子改制考》提供了思想、学理方面的启迪，是康有为维新思想的一大源头。廖平治经之所以多变、常变、常新，目的在于从多向度、多维度和多层面寻求中国思想、学术文化的时代出路，维护孔子及其儒家思想学术的神圣、威权与优越性，反映了作为传统知识分子高度的文化自觉意识与时代精神。杨锐（1857—1898），字叔峤，四川绵竹人，清末维新变法干将、"戊戌六君子"之一。崇尚名节，慨谈时务，是康有为"强学会"的发起者和骨干之一。在京与刘光第一同成立"蜀学会"，创办"蜀学堂"，致力于维新活动。积极参加康有为"保国会"活动，组织成

---

① 王东杰，陈阳. 中国近代思想家文库：宋育仁卷［M］. 北京：中国人民大学出版社，2014：110.

② 蒙文通. 井研廖师与汉代今古文［M］//蒙文通. 经史抉原. 成都：巴蜀书社，2019：140-141.

③ 冯友兰. 中国哲学史：下［M］. 苏州：古吴轩出版社，2021：386.

立"保川会","将保国、保乡结合起来,使爱国主义更加具体化,更加富有号召力和凝聚力"①。

近代资产阶级民主改良思想家宋育仁(1857—1931),字芸子,晚年号道复,四川富顺(今自贡富顺县)人。肄业尊经书院,为张之洞所赏识,光绪十二年(1886)进士,授翰林院庶吉士,改任检讨。1894年出任英、法、意、比四国公使参赞,是中国早期资产阶级改良主义思想家,维新运动倡导者。他在深入剖析中、西政治文化内涵基础上,融合西方的文明成果与中国的政治体制,认为:"天下竞言维新,不必言维新也,复古而已。"②"创造性提出'复古即维新'的中国政治改良方案。"③他创办《渝报》《蜀学报》,创办"蜀学会","约分伦理、政事、格致为三大门"④,传播西方新进科学技术,宣传维新变法思想与政治主张,"为四川民族资本主义的发展创造了条件,促进了四川人民的思想解放和觉醒"⑤。他因此也被誉为近代四川"睁眼看世界"的第一人。

吴玉章(1878—1966),四川荣县人,同盟会会员。邓小平同志评价说:他是"我国杰出的无产阶级革命家、教育家、历史学家和语言文字学家"⑥。早年随兄吴永锟到成都,入尊经书院求学,与黄芝等院生交往密切。后留学日本,1906年,与东京川籍同盟会会员雷铁崖、邓絜等创办《鹃声》杂志。《鹃声》以蜀人熟悉的"欲效鹃啼"方式,向四川同胞揭露民族危机和清政府的种种专制暴行,具有鲜明的反帝与反清革命的色彩。在以反帝排满为特色的《鹃声》被迫停刊后,无产阶级革命家吴玉章秉持"爱推爱四川以爱中国之义"⑦,遂以四川本省的名义,于1907年在日本创办《四川》杂志,号召四川"忧时志士、爱国名流"撰文,揭露帝国主义的所谓"保全主义",宣传反清革命思想。在《四川》首要篇幅,分别刊载铁崖的《警告全蜀》(第1号)、金沙的《过去之四川》(第1号)、南冥子的《中国与世界之经济问题》(第1号)、思群的《列强协约与中国危机》(第3号),对帝国主义从"瓜分"到"保全"的侵华方式进行精辟分析与无情揭露。《四川》主动承担起四川人民的代言人角色,表现出

---

① 隗瀛涛. 四川近代史稿 [M]. 成都:四川人民出版社,1990:304.
② 宋育仁. 复古即维新论 [J]. 渝报,1897(1):8.
③ 尹易寒. 复古即维新政治哲学研究 [D]. 长沙:中南民族大学,2018:摘要1.
④ 宋育仁,吴之英. 蜀学会章程 [J]. 蜀学报,1898(1):2.
⑤ 隗瀛涛,李有明. 四川近代史 [M]. 成都:四川省社会科学院出版社,1985:237.
⑥ 章玉钧,谭继和. 天府神游 [M]. 成都:巴蜀书社,2003:399.
⑦ 吴玉章. 本社重要广告 [J]. 四川,1907(1):1.

"反对帝国主义的侵略，鲜明地主张反清革命、主张收回利权，发展民族经济"① 三大显著特点，敲响了作为西南半壁的四川的警钟，"激励人民进行反帝反封建革命，破黑暗腐朽的旧世界，创大放光明的新中国家"②。1911 年，吴玉章从香港回荣县后，支持龙鸣剑同志军行动。1911 年 9 月 25 日（农历八月初四），他与同盟会会员王天杰领导荣县起义，宣布荣县独立，建立荣县军政府，成立第一个资产阶级革命县级政权。荣县独立比武昌辛亥革命起义早 15 天，人称"首义实称天下"。荣县独立以后，吴玉章赶赴内江联络新军中的革命党人，以"民族大义"在资州（今内江资阳市）诛杀川汉粤汉铁路大臣端方，铲除又一力图复辟的清政府得力爪牙，加速了清政府的彻底灭亡。

此外，肄业于尊经书院的巴蜀思想学术名流，还有吴之英、蒲殿俊、罗纶、张澜、彭家珍、岳森、刘子雄、胡从简、黄芝、谢无量、林思进、傅增湘、徐炯等一批近代历史与文化名人。

三、创办新式学堂

"庚子事变"后，为挽救危局，清朝政府总结此前的改革经验，推出包括编练新军、倡导商业、制定新法、改革官制、发展新式教育等在内的一系列改良措施，史称"清末新政"。新政在四川产生了较大影响，包括编练新军、创立现代警察制度、创办新式学堂、兴办实业以及设立咨议局等，其中，尤以承办新式学堂、设立咨议局对巴蜀社会与文化的近代化转型影响较大。

四川新式学堂的兴起，是与京师天文馆、京师大学堂的开办密不可分的。1902 年，四川成立学务处以专管全省学堂事宜。1903 年，总督锡良发出饬令，命各府、厅、县赶办学堂。一时紧锣密鼓，新式学堂迅速应运而生。为办好新式学堂，四川地方政府采取了一系列措施促成其事。

创办新式学堂需大批能胜任新式教学任务的教师，当时造就新式学堂师资的最佳途径是派有文化者赴日本学习。1903 年，锡良令各州县集资，并选拔人才，送往日本学习师范速成科。1906 年 5 月，四川第一批赴日师范速成科留学生 160 人东渡日本学习。同年，锡良还下令各地兴办师范传习所，凡从教者，必须经传习所学习。此后，全省普遍兴办初级师范学堂，大量培养初等教育师资。1909 年，四川又对所有私塾教师进行改造，使之快速转化为新式学堂教师。

---

① 隗瀛涛，李有明. 四川近代史 [M]. 成都：四川省社会科学院出版社，1985：419-422.

② 隗瀛涛，李有明. 四川近代史 [M]. 成都：四川省社会科学院出版社，1985：419.

这些措施为四川新式学堂的创办解决了师资不济的问题。

四川兴学之初，以日本为范式。为掌握日本办学经验，1903 年，四川地方政府派四川高等学堂（四川大学前身）总理（校长）胡峻赴日考察学务，考察外国办学方式。在日本数月，胡峻对日本教育行政、学制体制、学科设置详加考察。回国后将考察到的经验参酌应用于办学，发挥了重要作用。1905 年，川省又派人员赴美、日两国广泛考察实业学务及学堂办理办法，取得了更多办学参照标准，为改进办学提供了更丰富的经验。

四川地方政府认为，聘请外国教师，省费且见效快，又可避免派学生留学接受西方"异说"影响，有百利而无一害。基于这一认识，四川省地方政府大力引进外国教师。同时，对聘请外教有严格的规定和程序。在聘请时必须弄清所引者系何国何校毕业，有无毕业文凭，能授何课，有无可靠人士介绍，聘期多长，薪酬多少，然后方可按规定录用。当时，全省高等学校和中小学引进了大批外籍教师，仅四川高等学堂就引进了 20 多名欧美日教师，收效良好。

由于上下重视，措施得力，四川新式学校教育发展很快，包括四川省城高等学堂、四川通省师范学堂、成都中西学堂、川东师范学堂、重庆中西学堂、重庆府中学堂、巴县县立中学堂、川东洋务学堂、江津西文学堂等在内的一批新式学堂纷纷涌现。据统计，1907 年，四川已有各类新式学堂 7775 所，数量仅次于京畿直隶（8300 多所），居全国第二；在校学生 242000 多人，居全国第一。普通教育、师范教育、法政教育、实业教育、女子教育、军事教育都有很大发展，其中，普通教育学堂数最多。1907 年，仅普通小学堂就有 7629 所，在校生233000 人；中等学堂 48 所，在校生 5074 人。

创办新式学堂，培养了大批巴蜀的青年俊杰。他们中的不少人借此学习西方先进的思想、文化与科学技术，成为日后推动中国社会近代化转型的中坚力量。

四、成立四川咨议局

在清末新政的大背景下，四川于 1908 年初组建了四川咨议局筹备处，由当时的布政使王人文（1854—1939，云南大理人）充任总理，提学使方旭（1851—1936，安徽桐城人）、四川籍翰林院编修胡峻（1869—1909，四川成都人）等 4 人为协理。咨议局议员选举是四川历史上民选议员的第一次实践。1909 年 10 月 14 日，当选议员会聚成都开成立大会，总督赵尔巽出席成立大会并致训辞。布政使王人文、提学使赵启霖（1859—1935）、按察使江毓昌，劝业道周善培、盐茶道尹良等，以及成都府尹于宗潼，成都、华阳两县县令全部到会。成立大会投票选举蒲殿俊为议长，罗纶、萧湘为副议长。四川咨议局如期成立，产生议员 127 名，其中同盟会会员仅 4 人。

四川咨议局的成立，在一定程度上促进了近代民主政治的发展。这首先是由于咨议局作为议事机构，本身就负有议决有关事务的权力，对传统的地方政治体系是一种改进。四川咨议局成立后，地方自治得到进一步推广，各地纷设自治局等机构，以促进当地事业。从具体情况看，四川咨议局在改革财政税收、振兴实业、整理川汉铁路公司、促进地方文化教育以及监督官员等方面都发挥了一定作用。除此之外，四川咨议局还大力倡导立宪。1910 年，蒲殿俊召集议员筹划创办《蜀报》，总编辑初聘谢无量，未就，乃聘朱山。《蜀报》自 1910 年 8 月 15 日出刊，到 1911 年 6 月中旬停刊，共发行 12 期。《蜀报》宣传了资产阶级民主立宪思想。总体而言，四川咨议局的产生是清末"新政"环境下，四川地方资产阶级民主力量不断发展的结果，它与四川督府及各级官员的斗争是资产阶级立宪派与封建皇权政治的斗争，四川咨议局的出现对此后四川的革命形势产生了重要影响。

第二节　奇瑰磊落，勇为人先

一、辛亥革命在四川

1911 年 9 月开始的辛亥革命，是中国近代史上的一件大事。随着保路运动形势的不断发展，以蒲殿俊（1876—1935）、杨庶堪（1881—1942）、张培爵（1876—1915）等为代表的一批知识分子与市民一道组成强大的革命力量，开启了一系列武装起义，最终推翻了清政府在四川的统治。四川辛亥革命比武昌起义早一个月，由吴玉章、龙鸣剑领导的荣县独立，开创了我国第一个资产阶级的县级政权。可以说，四川辛亥革命"是全国辛亥革命的导火线。它的许多特点构成了整个辛亥革命丰功伟绩瑰丽夺目的一部分，它留下的宝贵经验教训又成为尔后民主革命向纵深发展不可缺少的一个重要因素"①。

（一）保路运动与武装反清

1. 保路风潮

有鉴于外国侵略者对中国铁路的大肆掠夺，1903 年，四川总督锡良向朝廷

---

① 隗瀛涛，李有明．四川近代史 [M]．成都：四川省社会科学院出版社，1985：510.

奏设川汉铁路公司，"以辟利源而保主权"①。1904 年 1 月，官办川汉铁路公司
在成都正式成立。这是当时全国最早成立的省级铁路公司，不久即为外省兴办
铁路者所效仿。川汉铁路公司成立因种种原因，其集股问题一直未能落实。四
川士绅、义士以及留日四川学生为确保利权，纷纷组织认股，并请川汉铁路公
司改为官商合办，提出改进筹股的办法。1906 年，四川省留日学生蒲殿俊、肖
湘、张智远、李大均、邓镕等三百余人，成立川汉铁路改进会，出版《川汉铁
路改进会报告》，上书锡良，要求川汉铁路公司实行商办。蒲殿俊、邓镕、胡
峻、潇湘、吴虞、邵从恩等 44 名留日学生还联合署名《改良川汉铁路公司议》，
对川汉铁路改为商办提出了格外集中和强烈的意见，有关"急起直追而谋补救
之法"的意见，得到了社会各界的认同，1907 年，在各界的强烈要求下，川汉
铁路公司改为了商办。1909 年，川汉铁路公司在成都召开第一届股东大会，并
成立董事会。同年 12 月 28 日，川汉铁路举行开工典礼，正式动工修筑。

　　1911 年 5 月 8 日，清政府宣布实施铁路干路国有政策，邮传部大臣盛宣怀
代表清政府同英、美、法、德四国签订有关粤汉、川汉铁路的借款合同，借款
600 万英镑，利息 5 厘，允许四国享有投资优先权。川汉铁路的股权性质由此发
生了实质性变化，广大民众的权利受到威胁。此后，内乱外患，不可思议的大
祸，难免由此而生。原因在于："抽租之股"成为川路股款的主要来源，而响应
"抽租之股"的阶层实际上包括各类地主、自耕农、半自耕农、佃农等，具有较
广泛的社会基础。川汉铁路公司依靠封建国家权力征集租股，其历时之长、范
围之广、数额之巨，导致了四川民族资产阶级势力的急剧扩大和保路风潮的迅
猛兴起。② 因此，"铁路国有"政策出台后，四川民众群情激奋，并纷纷指责清
政府将路权拱手让给洋人。

　　1911 年 6 月 17 日，四川保路同志会成立后，明确提出"破约保路"作为中
心任务，各界群众纷纷加入。随后，四川各行业、各地也成立保路同志会或分
会。保路运动初起时，川人主要斗争目标是争回已上缴的铁路股款。然而，由
于清政府倒行逆施，四川保路风潮很快被逼上了罢市、罢课、抗粮、抗捐的高
峰。1911 年 6 月 30 日，四川保路同志会致电各府、厅、州、县，指出："破约
即可保路，为现今独一无二之救亡策，此则敝会同人等所期与我川父老叔伯兄

---

① 锡良. 锡良遗稿 "奏稿"：第 1 册 [M]. 北京：中华书局，1959：340.

② 林增平. 辛亥革命史研究备要 [M]. 长沙：湖南出版社，1991：20—21.

弟，共同一致，以冀达此目的者也。"① 1911 年 7 月 5 日，四川保路同志会致电邮传部称："川人之所极端反对者，不在借款而在借此款丧失国权之款，不在路归国有而在名为国有实则为外国所有。"② 由于川汉铁路的路权涉及的利益广泛，所以四川保路同志会有较深的群众基础，"攘臂一呼，全蜀响应，风潮尤为剧烈"③。

保路运动爆发后，四川革命党人就决定要"激扬民气，导以革命"。他们批驳立宪人士的和平争路主张，"此非根本革命无以拯民，保路云云，要皆枝叶耳"④。1911 年 5 月，也就是保路风潮刚发动时，同盟会重庆支部就派朱之洪（1871—1951）以重庆股东会代表身份到成都，与同盟会会员龙鸣剑、曹笃、方潮珍等在四圣祠法政学堂开会，商讨同盟会如何利用保路运动进行反清的策略。成都会议后，朱之洪回重庆组织力量，准备起义。其他革命党人分赴自贡、青神、荣县、威远、富顺等全省各地进行革命准备。在成都的龙鸣剑等则继续参与保路运动，联络机关、法团以保路之名，行策动革命之实。1911 年 8 月，四川籍同盟会部分成员召集革命人士和全川袍哥首领在资中罗泉镇召开"罗泉井会议"，以袍哥武装为主体成立了保路同志军。由此，革命党人加强了与会党的联合，成立了武装组织，统一了起义指挥和行动计划，做好了起义的准备，这标志着四川保路运动即将转入武装反清起义的新阶段。

2. 四川各地的武装反清斗争

四川各地武装斗争的发展与袍哥组织密不可分。四川同盟会组织成立后，就十分注重联络袍哥。川南义字号袍哥佘英、重庆仁字号袍哥张树三、广安孝义会首领张百祥等被邀请赴日本，与孙中山等人共谋革命大计。四川革命党人为了发展袍哥力量，还主动加入袍哥组织，同时也有包括张百祥、李绍伊、佘竞成、秦载庚、张达三、张捷先、罗子舟、胡郎如、高照林、王天杰等袍哥参加同盟会。⑤ 四川同盟会与袍哥组织的紧密联系，为各地武装斗争的发动提供了条件。

鉴于四川形势日益严峻，清政府一面对四川总督赵尔丰（1845—1911）施

---

① 宓汝成. 中国近代铁路史资料（1863—1911）：第 2 册 [M]. 北京：中华书局，1963：1275.

② 谢青. 四川省图书馆馆藏四川保路运动史料书影汇编 [M]. 成都：四川大学出版社，2014：265.

③ 戴执礼. 四川保路运动史料 [M]. 成都：四川大学出版社，2014：244.

④ 熊克武等. 辛亥革命纪事 [M] // 重庆地方史资料组. 重庆蜀军政府资料选编. 重庆：重庆地方史资料组编印，1981：8.

⑤ 刘延刚，唐兴禄，米运刚. 四川袍哥史稿 [M]. 成都：四川教育出版社，2015：126.

压，一面决定派端方（1861—1911，满洲正白旗人）从湖北领兵查办铁路事宜。1911 年 9 月 7 日，赵尔丰逮捕了蒲殿俊、罗纶、邓孝可、颜楷、张澜、胡嵘、江三乘、叶秉诚、王铭新等四川保路运动的主要发动者。然而，成都市民闻讯，大为愤怒，纷纷请愿要求释放。当部分群众涌入督署衙门时，赵尔丰下令屠杀，同时派出巡防军上街开枪杀害请愿学生和无辜市民，由此酿成"成都血案"。血案发生后，革命党人获得了发动武装起义的充分理由。同盟会会员龙鸣剑等将大量木片投入锦江顺流而下，上书"赵尔丰先捕蒲、罗，后剿四川，各地同志，速起自保自救"，形成"水电报"。从 9 月 8 日开始，四川同盟会和保路同志会组织同志军发动起义，渐成燎原之势。最初，成都以西的温江、郫县、灌县，以南的华阳、新津、双流等十余县及成都城郊各地同志军蜂拥而起，有的县数千人，有的县上万人，不到 3 日，各路起义军向成都发起进攻的人数已有 10 万之众。几天之内与清军发生了武侯祠之战、红牌楼之战、犀浦之战以及温江、崇庆间的三渡水之战等大小战斗上百次。

四川保路同志军大规模武装起义，清政府大为恐慌，急调湖北、湖南、云南、贵州军队入川镇压。在成都，由于赵尔丰据城固守，保路同志军久攻不下，各首领经协商决定暂弃成都之围，分兵攻略各州县，形成对成都的大包围。随后，在新津、雅安、自流井、犍为、嘉定，以及川东、川北各地都爆发了保路同志军与清军的战斗。革命烽火不仅在内地州县遍地燃烧，而且很快蔓延到四川少数民族地区，全川同志军的起义呈现出清政府前所未有的天下大乱和迅速走向灭亡的历史面貌。

（二）建立资产阶级革命政权

1. 荣县独立

荣县位于川南地区，当时经济并不发达。1906 年，同盟会会员井研县人熊克武（1885—1970）等人以荣县为据点在川南一带进行革命活动，荣县人王天杰经熊克武介绍加入同盟会。在王天杰的联络下，荣县革命力量迅速壮大。保路运动兴起后，王天杰与其他革命党人开始筹划起事。此时，他被选为荣县团练所督办，有更便利的身份组织革命的武装力量。保路运动进入罢市、罢课阶段，王天杰在荣县发动罢市、罢课的同时，以民团训练所督办名义，召集徒众千余人。1911 年 9 月 15 日，王天杰与龙鸣剑又招纳民团千余人，托名保路布告起义。在围攻成都不下后，荣县同志军与华阳同志军秦载庚部会师双流籍田镇，组建东路同志军总部，指挥东线同志军再攻成都，与清军激战二十余次。由于再攻成都仍然无果，东路同志军决定分兵攻占州县。王天杰、龙鸣剑领导的一支同志军进攻嘉定、叙府，途中，龙鸣剑身患重病，嘱王天杰转回荣县扩大队伍，准备再战。10 月 6 日，龙鸣剑在宜宾病故，王天杰率部回到荣县。此时，同盟会会员吴玉章早已受革命党派遣回到荣县。他不仅为前线同志军筹集粮草，还集合各乡民团，加紧训练，并开办一个军事训练班，为同志军培养领导者。此时，荣县独立基础业已奠定。

1911 年 9 月下旬，王天杰率部回到荣县，清政府知县等仓皇逃走。9 月 28 日，吴玉章、王天杰等在县城召开各界人士会议，吴玉章在会上发表演说，宣布荣县独立，成立荣县军政府，并提议由蒲洵主持县政。① 各界一致赞成，同盟会领导建立的第一个县级资产阶级政权应运而生。

荣县革命政权的建立为各地同志军树立了一个典范。自此，四川各地同志军推翻当地清政府政权后，也纷纷建立起革命的军政府。在这一阶段，四川先后建立的地方军政府有大汉四川军政府、内江军政府、涪陵军政府等。

2. 重庆蜀军政府成立

重庆作为同盟会在中国国内设立的五个支部所在地之一，革命力量得到迅速发展。1911 年 11 月，全国武装反清起义已成汹涌澎湃之势，各省纷纷宣布独立，重庆独立时机已经成熟。11 月 5 日，任新军第 17 镇排长的同盟会会员夏之时在成都龙泉驿率新军 230 多人起义。义旗举起之后，队伍直下重庆，沿途有清军加入起义队伍，逼近重庆时，义军已有 500 多人。与此呼应，杨庶堪、张培爵等同盟会领导人立即在城内发动起义，率敢死队、城防游击队、商勇 3 队、川东巡防营、水道巡警及炮队等革命党控制的武装冲向清政府重庆地方政府衙门，逮捕了重庆知府钮传善、巴县知县段荣嘉及其他大小清朝官员。随后，起义者在朝天观召开宣布独立大会，杨庶堪为大会主席，他向与会革命者和广大民众宣布了蜀军政府组织大纲及维持治安新法。重庆就此脱离清政府统治，建立了革命政权。蜀军政府设于重庆巡警总署，选张培爵为都督，夏之时为副都督。次日，在重庆革命党组织下，民众涌上街头，举行了欢迎夏之时所部义军入城仪式。夏之时率领义军到重庆，对推翻重庆封建政权具有重要作用。蜀军政府各部、处、院、局、厅组成人员共 30 多人，除林绍泉、李湛阳为起义清军军官外，绝大多数为同盟会会员，是一个以资产阶级革命派为主体的新政府。新政权成立后，立即通电各独立省区政府，得到各省区的热烈祝贺，并被正式承认为四川的政治中枢，四川人民的代表。

蜀军政府成立后，设立蜀军总司令、参谋部、总务处、秘书院、审计院、

---

① 吴玉章. 荣县独立记［M］//四川省政协文史资料委员会. 四川文史资料集粹：第 1 卷：政治军事. 成都：四川人民出版社，1996：219.

监察院、军政部、行政部、财政部、军需部、司法部、外交部、交通部、礼贤馆、警视厅、厘金总局以及大汉银行等机构。蜀军政府广泛宣传同盟会纲领和自己的革命宗旨和目标，明确宣告以自由、平等、博爱为基本政治准则，"力谋中华民国之统一和廓清全川"①，号召全川人民将反清革命进行到底。蜀军政府为巩固政权，发布了一系列通告和宣言，但仍有少数人趁机混迹于革命阵营，伺机发动叛乱。起初是川江巡警提调吴克勤等人"暗招兵勇"②，密谋破坏革命，后被擒获处以死刑。不久又出现了林绍泉的叛乱问题。林绍泉原为清军军官，勉强参加夏之时领导的起义，蜀军政府成立时被委以蜀军总司令要职。但他仍不满足，私下与汤维烈、舒伯渊等军官结成团伙。1911 年 12 月 17 日，林在军政府议事厅借端发难，拔刀劈毁支队长印章，以手枪威胁正副都督张培爵、夏之时。幸得众人阻拦，方未酿成大事。次日，吴玉章主持召开军事裁判会，揭露林绍泉等人的反叛事实，当场将合谋者汤维烈、舒伯渊等 4 犯枪决。林绍泉则因张培爵、夏之时念其曾有立功，力保不杀。军政府只削去其总司令职，遣送回湖北原籍。平定叛乱后，蜀军政府的政权得到巩固。

在蜀军政府成立前后，川东一带革命形势迅速发展。南川、长寿、江北、綦江、璧山、永川、荣昌、铜梁、合川、江津、万县、夔州（今重庆奉节）、云阳、开县、达县、岳池、邻水、酉阳、秀山、泸州等地共计 57 个州县均宣布独立，表示接受蜀军政府的领导。

3. 大汉四川军政府成立

在成都，随着革命形势的发展，赵尔丰被迫释放了蒲殿俊、罗纶等人，并要求他们解散同志军。蒲、罗二人很快发现清政府已失去对全国的控制，进而鼓动推翻以赵尔丰为首的清政府四川地方政府。清政府为缓和局势，试图以撤掉赵尔丰来平息事端。赵尔丰见势，主动决定把政权交给相对温和的立宪派。1911 年 11 月 24 日，赵尔丰与四川咨议局蒲殿俊等达成四川独立自治协议，签署了《四川独立条约》30 条。《四川独立条约》体现了四川立宪人士与清政府四川当局达成妥协、实现和平独立的意愿。1911 年 11 月 27 日上午 7 时，赵尔丰发布《宣示四川地方自治文》称："全省事务，暂交四川咨议局自治。"③ 同日，大汉四川军政府成立，蒲殿俊任都督，朱庆澜任副都督。大汉四川军政府

① 蜀军政府政纲［M］//重庆地方史资料组. 重庆蜀军政府资料选编. 重庆：重庆地方史资料组编印，1981：63.

② 周勇. 重庆辛亥革命史［M］. 重庆：重庆出版社，2011：230.

③ 谢青，等. 四川省图书馆馆藏四川保路运动史料书影汇编［M］. 成都：四川大学出版社，2014：750.

设于成都市中心原明朝藩王宫内。四川独立庆典在皇城举行，军政府全体成员，各局、所及街坊代表出席庆典，部分外国人也应邀出席观礼。庆祝仪式上的鼓乐正式向中外宣告，清政府在四川200多年的统治从此结束了。

在大汉四川军政府成立的当天凌晨，清政府派往四川镇压起义的新任总督端方在四川资州被所带湖北新军斩杀。这对大汉四川军政府无疑是一个大好的消息，来自外界的巨大威胁可谓自行解除。

4. 尹昌衡稳定成都政局

大汉四川军政府成立后，蒲殿俊并不能控制政权，反而处处受制于旧势力。加之大汉四川军政府由立宪派与封建旧军官联合组成，并不是一个真正的民主共和政权，因此也遭到革命党人的反对。此时的蒲殿俊势单力薄，新政权面临着极大危机。大汉四川军政府由立宪派掌权，不稳定有其必然性。

1911年12月7日，朱庆澜提议在成都东校场搞"都督点兵"，以"收束军心"。都督蒲殿俊意识不到这是件风险极大之事。阅兵式刚点完名，场内巡防军即起哄闹，枪声四起，全场哗变。这就是四川辛亥年的"成都兵变"。兵变之际，尹昌衡率部分川籍军官逃出城去。回到凤凰山军营后，与65标（团）周骏等商定平叛事宜，当即率军入城。同时，各路同志军也入城平叛，枪毙土匪数人，动乱方停止。8日晚，部分军政领导人、同盟会会员、地方名流在军政府开会，一致决定重组军政府，选尹昌衡为都督，罗纶（1876—1930）为副都督，同盟会会员董修武为总政务处总理，同时选出了各部、处、厅主政者。新组建的军政府组成人员6/10为同盟会会员，已成为较为完整的资产阶级新政权。

尹昌衡平定"成都兵变"后重组军政府，城内外仍有不少赵尔丰残余势力，形势很不稳定。12月21日，尹昌衡召开军事会议，部署抓捕赵尔丰的计划，先利用袍哥关系，分化赵的卫队。12月22日晨，尹派陶泽焜（？—1913，四川省苍溪县人）率队前往总督府捉拿赵尔丰，随后执行斩首。与此同时，新的四川军政府还对清政府新军、巡防军、同志军等进行整编，强化了军队管理。另外，尹昌衡等还积极采取措施消除成都满人的对立情绪，使得成都将军玉崑（生卒年不详，满洲镶红旗人）下令旗兵放下武器，从而和平解决了成都的旗民问题。

5. 成、渝军政府合并

1911年12月29日，大汉四川军政府致电重庆蜀军政府，提出两政府合并建议及初步的合并原则。重庆蜀军政府收电后，对两政府合并表示无异议，但对以成都为政治中枢和合并后谁任都督有不同意见。不过，经过双方多次协商，两个政权的合并细节均达成一致。重庆的张培爵（1876—1915）力推尹昌衡为正都督，并称："正都督一职，非雄才大略者，不能胜任。培爵已推尹昌衡为蜀军正都督，培爵随尹君之后为副都督，勉尽国民之责。"① 1912 年 1 月 27 日，双方代表拟成《成都四川军政府重庆蜀军政府协议合并条约》。1912 年 2 月 17 日，四川军政府致电孙中山等，报告两军政府合并经过，得到南京临时政府的承认。3 月 9 日，重庆蜀军政府都督张培爵到达成都，11 日，尹昌衡、张培爵就任正副都督，罗纶任军事参议院院长，夏之时任重庆镇抚府总长。同日，军政府再致电孙中山等，报告四川政权正式统一，新政府称"中华民国四川都督府"。成渝两地军政府的合并是辛亥革命在四川发展的结果，它对形成川内统一的革命政权有其重要作用。

在传播民主革命思想，宣传反清革命，唤醒四川民众新觉醒，推翻清朝封建统治，建立民国的近代化过程中，邹容、彭家珍、谢奉琦、龙鸣剑、王天杰等一批四川的仁人志士英烈勇于反抗，英勇斗争，不惜为此付出了生命的代价。

邹容（1885—1905），原名桂文，四川巴县（今属重庆市巴南区）人，留学日本时改名邹容，近代著名资产阶级革命宣传家、演说家。1902 年赴日本，入东京同文书院，开始撰写《革命军》初稿。1903 年返回上海，结识章太炎（1869—1936），结为莫逆之交，发起组织中国学生同盟会。"苏报案"发生后，被囚禁于租界狱中，历经折磨，于 1905 年死于狱中。邹容自愿充当"革命军中马前卒"，以雷霆万钧之声，公开批判封建专制主义，大力宣传反清革命。邹容在《革命军》中大声疾呼，"以宣布革命之旨于天下"②，发出"中国为中国人之中国""中华共和国为自由独立之国"③ 等振聋发聩的呐喊，"震撼了当时中国的思想界，给祖国和故乡的革命运动带来了不可磨灭的贡献"④，被喻为"今日国民教育之一的教科书也"⑤。《革命军》规划了在中国建立资产阶级民主共和国的 25 条建国纲领，定国名为"中华共和国"⑥。从此，"共和"之声深入人心，发展成中华民族文化共识，"建立共和国已成为历史的定论"⑦。

卞萧（1872—1908），字小吾，重庆江津（今重庆市江津区）人，四川资产阶级民主革命先驱者。"戊戌政变"后，立志反清。1902 年入京，目睹清政府腐败无能后转游上海，与章士钊、谢无量等畅谈革命，"苏报案"发生后，他三

① 周勇. 张培爵集 [M]. 重庆：重庆出版社，2011：22.
② 邹容. 革命军 [M]. 冯小琴，评注. 北京：华夏出版社，2002：8.
③ 邹容. 革命军 [M]. 冯小琴，评注. 北京：华夏出版社，2002：56-57.
④ 隗瀛涛，李有明. 四川近代史 [M]. 成都：四川省社会科学院出版社，1985：393.
⑤ 章士钊. 读革命军 [N]. 苏报，1903-06-09.
⑥ 邹容. 革命军 [M]. 冯小琴，评注. 北京：华夏出版社，2002：57.
⑦ 隗瀛涛，李有明. 四川近代史 [M]. 成都：四川省社会科学院出版社，1985：401.

次前往狱中探望邹容。为了推动革命在四川的发展，他变卖家产，奔赴上海购买数百份《革命军》《警世钟》《苏报案纪事》等革命读物带回重庆，广泛传播北京、上海的思想与革命情形，有力促进了四川革命思潮的发展。受卞焘思想的影响，1903 年，杨庶堪、朱之洪等筹办《广益丛报》，大力宣传资产阶级民主主义。1904 年，为了倡导新文化，传播新进的知识，卞焘尽数变卖家产，创办了四川第一家日报——《重庆日报》，"专事鼓吹革命"，宣传反清革命思想，受到知识界和群众的欢迎。"《重庆日报》成为资产阶级革命派在四川宣传革命的重要舆论阵地。"① 1905 年，卞焘被捕入狱，1908 年经赵尔丰授意，被残害于狱中。

彭家珍（1888—1912），字席儒，清四川金堂（今四川青白江区）人，同盟会会员，早年留学日本，中国近代民主革命家。彭家珍赞同孙中山倡导的民主革命。在保路运动兴起之时，他已经预计到推翻清政府的革命风暴即将爆发。武昌起义后，出现了南京的民国政府与北京的清政府对峙的局面，清宗社党党首良弼仇视革命，并不甘心失败，准备重整兵马与革命军决一死战。彭家珍义愤填膺，抱定"共和成，虽死亦荣。共和不成，虽生亦辱。与其生受辱，不如死得荣"② 的必死之心，以身相殉，只身炸死良弼，献出年轻的生命。清政府在良弼死后十余天宣布退位，两千多年的封建帝制从此终结，共和制随之起而代之。孙中山高度称赞彭家珍此举，认为具有"诛除大憝，以收统一速效之功"。1912 年 3 月 29 日，南京临时政府大总统孙中山颁布令示：

　　四川前后起义者死难者甚众，以邹容、谢奉琦、喻培伦、彭家珍四烈士功绩最为卓著，请照陆军大将军阵亡例赐恤，并请崇祀忠烈（祠）。案查邹容当国民醉生梦死之时，犹能著书立说，激发人心。喻培伦则阐明利器，以充发难军实。彭家珍则歼除大憝，以收统一速效。民国今日奏功，实倚赖之。所请赐恤崇祀各节，着即照准。③

充分肯定了四人为革命做出的卓著贡献。

龙鸣剑（1877—1911），原名骨珊，别号雪眉，四川荣县人，中国近代民主

① 隗瀛涛 . 四川近代史稿［M］. 成都：四川人民出版社，1990：506.
② 中华英烈事迹读本编写组 . 中华英烈事迹读本［M］. 北京：新华出版社，2019：13-15.
③ 南京临时政府 . 大总统令陆军部抚恤邹谢喻彭四烈士文［N］. 临时政府公报，1912-03-29.

革命家。1907年留学日本早稻田大学，攻读法政学，加入同盟会。回川后任咨议局议员。在有"屠夫"之称的川督赵尔丰制造"成都血案"后，他以"水电报"的方式向全川同志军发出"速起自保自救"警讯。返回老家荣县，立即与同盟会会员王天杰组织四川保路同志军，发动武装起义，率领同志军进攻成都。他在出荣县北门时誓言："不杀赵尔丰，决不入此门。"① 与秦载赓部攻打成都失利，转攻嘉定（今乐山市）、叙府（今宜宾市）。1911年11月，在进军叙府途中，身染重疾，仍不忘为王天杰"策划了求贤、筹饷、练兵、造械、保民、慎行六大计"②。不久，病逝于宜宾乡下。吴玉章称赞他："是辛亥革命真正的英雄。"③

由保路运动引发的"成都血案"，为同盟会进入四川利用"血案"发动武装起义提供了有利条件。四川各地同志军的起义规模浩大，起义最早而独立最晚，是结束封建帝制的导火索，是导致清政府覆灭的重要因素，为推翻帝制建立共和做出了重大贡献。孙中山先生评价说："若没有四川保路同志会的起义，武昌革命或者要迟一年半载的。"④

二、新民主主义革命在四川

辛亥革命没有从根本上改变四川的社会面貌，相反，因为革命的不彻底以及各方势力的争斗，使得四川社会进入了一个较为混乱的时期。于是，人们开始寻求新的革命道路。

（一）新文化运动、五四运动在四川

1. 新文化运动在四川的影响

进入民国后，思想文化领域求"新"的趋向更加明显。1915年9月，《青年杂志》（后更名为《新青年》）在上海创刊，标志着新文化运动的兴起。此后以该杂志为重要载体，一批知识青年发表了一系列反对封建专制、旧礼教、旧文学，提倡民主与科学的文章，掀起全国性的思想解放运动。四川地处中国内陆腹地，但在民国初年思想文化的解放上并不落后。这一时期，徐炯、尹昌衡、胡景伊、宋育仁等提倡"尊孔"，不同程度地鼓吹封建文化。以吴虞、李劼

---

① 沈文管. 龙鸣剑事略［M］//四川省政协文史资料委员会编. 四川文史资料集萃：第一卷：政治军事编. 成都：四川人民出版社，1996：213.
② 沈文管. 龙鸣剑事略［M］// 四川省政协文史资料委员会编. 四川文史资料集萃：第一卷：政治军事编. 成都：四川人民出版社，1996：213.
③ 吴玉章. 吴玉章回忆录［M］. 北京：中国青年出版社，1978：71.
④ 冯玉祥. 我所认识的蒋介石［M］. 哈尔滨：黑龙江人民出版社，1980：182.

人、王光祈等为代表的一批新青年知识分子对此进行了激烈斗争，他们把问题集中在反对封建宗法专制、促进文学革命、提倡男女平等几个方面。

在反对封建宗法专制上，四川新青年知识分子主张打破"纲常名教"，反对封建道德学说。1915年，吴虞撰写了《家族制度与专制主义之关系》《李卓吾别传》等文，在思想界产生了较大影响。吴虞"主张宗教革命、家庭革命"①，在1912年就公开发文赞同孙中山、章太炎的思想。1917年，《新青年》连续刊载吴虞《家族制度为专制主义之根据》《读荀子书后》《消极革命之老庄》《礼论》《儒家主张阶级制度之害》《儒家大同之义本于老子说》等著述，引起巨大反响。吴虞是四川新文化运动中影响最大的人物，被胡适称为"只手打倒孔家店的老英雄"②。这一时期，在北京的王光祈（1892—1936）目睹时局变化，将一些新的文章和报道寄给成都的李劼人（1891—1962），在《群报》上刊发。王光祈和周太玄（1895—1968）同在《京华日报》工作，两人志同道合，要"联合同辈，杀出一条道路，把这个古老腐朽、呻吟垂绝的被压迫、被剥削的国家改变为一个青春年少、独立富强的国家"③。

在文学革命上，四川新青年知识分子主张"白话文""国民文学""写实文学"。1912年，罗纶创办《进化白话报》，提倡用白话代替旧文体。吴虞与妻子曾兰也主张用白话写作、教学，说："今语在教育上方便得多，能够使教育容易普及，使一国的人但能识字的，皆可读书、看报、写信、增长知识，而且好图生计，这就是大有益于国家社会了。"④ 这一时期，李劼人创作了《游园会》等白话小说100多篇，对白话文在四川的传播发挥了重要作用。1919—1921年期间，郭沫若用白话文集中创作了大量新体诗，并编辑成《女神》出版，产生巨大反响。

在妇女问题上，四川新青年知识分子主张男女平等。1917年，吴虞撰写《女权平议》，并以其妻子曾兰名义发表，称："吾国女子二千年来受儒教之毒，压抑束缚，蔽聪塞明，无学问，无能力，现在不可与欧美并论"，并倡导"女权革命"。⑤ 1920年，李劼人等主导创办的《星期日》杂志出版"妇女问题号"专刊，刊文号召妇女解放，主张在"待遇""教育""自由""婚姻"等方面追

① 中国革命博物馆整理.吴虞日记（上）[M].成都：四川人民出版社，1984：118.
② 胡适.吴虞文录序[M]//吴虞.吴虞文录：卷上.民国二十五年（1935）成都吴氏爱智庐刊本.
③ 韩立文，毕兴.王光祈年谱[M].北京：人民音乐出版社，1987：21.
④ 吴虞.吴虞集[M].赵清，郑城，编辑.成都：四川人民出版社，1985：418.
⑤ 吴虞.吴虞文录[M].民国二十五年（1935）成都吴氏爱智庐刊本.

求平等。除《星期日》外，这一时期的《四川学生潮》《半月报》等刊物都针对妇女解放问题出专号，宣传男女平等、铲除缠足、取消纳妾、婚姻自由等思想。

经一大批新青年知识分子的努力，四川的思想风气得到一定改善。李劼人认为："成都真是全中国新文化运动的三个重点之一（其余二个自然是北京和上海。北京比如是中枢神经，上海与成都恰像两只最能起反映作用的眼睛）。"①这也足见当时四川在新文化运动中的重要而独特的作用。

2. 五四运动在四川的发展

从 1919 年 5 月 4 日开始，以北京为中心，全国各地迅速响应，爆发了由学生发起，广大群众共同参与的反帝反封建爱国运动。北京等地学生和其他进步阶层举行游行、示威、罢工的消息传到四川后，立即引起巨大震动。张秀熟（1895—1994）读书时代积极参加五四运动，被选为学生会理事长。

这一时期，《川报》《国民公报》等对五四运动做了大量报道。张秀熟受四川马克思主义运动先驱者王右木（1887—1924）的影响，开始接受马克思主义。1919 年五四时期，被选为四川省学生联合会执行部理事长，成为四川爱国学生运动的领袖。5 月 17 日，成都高等师范等 30 多所学校的数千学生聚集在成都皇城至公堂筹备成立"学界外交后援会"。5 月 20 日，川东师范学校、重庆联中等学校代表聚集在重庆爱德堂，声援北京学生。24 日，川东学生救国团在重庆正式成立。27 日，重庆二女师发起组织川东女子救国联合会。五四运动在四川的展开，是四川青年学生第一次在革命运动中组织起来，而且成为五四运动最坚强的核心。张秀熟在这次运动中，担任了重要的组织角色，得到了锻炼，积累了斗争经验。

进入 6 月，四川的学生爱国运动发展成广大群众参与的罢工、罢课等游行示威活动。6 月 3 日，重庆各界在打枪坝集会，广发传单，并在万寿宫、夫子池、两路口等地游行。在开展各种爱国运动的同时，四川的学生注重与外界的联系，形成广为呼应之势。6 月 9 日，北京学生联合会代表熊浚、张杰、程鸿经、何恩枢四人到重庆活动。6 月 15 日，重庆商学界联合召开会议，欢迎北京学生代表。双方互动交流，进一步宣传了爱国主张。6 月 28 日，川东学生救国团更名为川东学生联合会，同日举行大会欢迎留日学生代表，提出要将爱国运动持久开展。这一时期，四川各界的爱国运动迅速向各县发展。全川发起近百个学生联合会、救国团等组织，形成一股强大的爱国力量。

---

① 李劼人. 李劼人全集（散文）：第 7 卷［M］. 成都：四川文艺出版社，2011：47.

与此同时，随着五四运动在四川的推进，社会各界的爱国斗争逐步向经济领域拓展。1919 年 5 月 25 日，成都学界在少城公园召开外交后援会，号召抵制日货。之后，成都的药材、匹纱、山货等行业通电沪、渝两地，停购日货。6 月 8 日，成都各界数万人聚会，决定成立商学联合会，统一抵制日货。在重庆，购买洋货的人被视为"亡国奴"，商学界与购买日货者进行了坚决斗争。1919 年 11 月，重庆警察厅厅长郑贤书购买日货后，川东师范、重庆联中等学校 1000 多名学生到警察厅示威，要求其交出日货，最终爱国学生强取日货进行销毁。这次事件，得到社会各界广泛支持，四川省政府不得不撤掉郑贤书重庆警察厅厅长职务。在成都、重庆两地影响下，四川万县、秀山、江油、荣县、彭县、泸县、江津、绵阳等地的学商界纷纷组织起来抵制日货，有的地方持续 3 年之久。

在四川各地的五四爱国运动中，以青年学生为主、社会各阶层广泛参与的斗争不断发展。这次爱国运动，"四川青年学生第一次在革命运动中组织起来，而且成为五四运动最坚强的核心。"① 五四爱国运动，促进了四川人民的觉醒，为四川新的革命力量登上历史舞台揭开了序幕。

（二）马克思主义的传播与四川建党

1. 马克思主义在四川的传播

辛亥革命前，马克思主义已经传播到四川。1903 年邹容被捕后在庭审中就直陈，《革命军》已属过去，自己已对社会主义有所向往。1906—1908 年期间，《广益丛报》刊载的一些文章，也常提到社会主义，并介绍马克思的有关学说。② 民国初年，随着新文化运动的兴起，特别是十月革命和五四运动后，马克思主义在四川得到进一步传播。

这一时期，不仅《新青年》《星期评论》等刊物已在四川广为流传，李劼人等创办的《星期日》也先后刊载《俄国革命后的觉悟》《波尔雪勿党的教育计划》《社会主义的劳动问题》等文章，介绍马克思主义。李劼人的好友王光祈于 1917 年在北京结识了李大钊，他与李大钊、周太玄常常交流思想，直至"深夜两三点钟"③。1919 年，王光祈在讨论社会主义时说："欲达国家社会主义目的，不是一样容易的事情，非经大改革不可。大改革便是革命，关于社会的大

---

① 张秀熟．五四运动在四川的回忆［M］//中国社会科学院近代史研究所《近代史资料》编译室．五四运动回忆录．北京：知识产权出版社，2013：130.

② 温贤美，邓寿民．五四运动与四川建党［M］．成都：四川人民出版社，1985：38.

③ 韩立文，毕兴．王光祈年谱［M］．北京：人民音乐出版社，1987：22.

改革，便是社会革命了。"① 1919 年 10 月底，吴玉章回到四川，他感慨时局变化，也觉得自身的思想在这一时期发生了巨大转折。吴玉章说：

> 十月革命和五四运动的发生给我启示了一个新的方向和新的途径。我渴望了解苏联革命的经验，《过激派》这本书，恰恰满足了我的需要，我反复地阅读它，结合着自己过去的经历，深深地思索，把以往自己的思想和行动做了一次详细的批判和总结。……我开始接受马克思主义。②

1920 年夏，成都高等师范学堂学监王右木组织成立了马克思读书会，它是"一个以研究和宣传马克思主义为主要任务的群众革命组织"③。类似的读书会也在四川其他地区的学校纷纷建立，广大教师、学生成为马克思主义传播的重要力量。1922 年 2 月，王右木还在成都创办了《人声》报，该报是四川第一张专门宣传马克思主义的报纸。这一时期，邓中夏、恽代英、萧楚女等来到四川，在重庆、万县、泸州等地开展活动，他们举办演讲会、暑期班，进一步推动了马克思主义在四川的广泛传播。1921 年，陈愚生等发起创办的《新蜀报》成为此时四川马克思主义传播的主要阵地。该报由周钦岳担任总编辑，邀请陈毅、萧楚女、漆南薰等作为主笔，刊载了大量宣扬共产主义的文章。

1918—1921 年期间，四川兴起留法勤工俭学运动，一大批青年学生在法国接受了马克思主义。据不完全统计，当时四川留法勤工俭学的人数多达 492 人。邓小平、赵世炎、刘伯坚、陈毅、聂荣臻、冉钧、穆青、肖树域、林修杰、李季达、李鹤林、帅立木、杨道榕、范易、程秉渊、傅钟、陈炎、周钦岳、夏时烁、李畅英等都是其中的代表，形成了四川马克思主义早期传播的海外群体。法国的夏莱特是中国勤工俭学学生比较集中的地方。邓小平于 1922 年 2 月开始到该市哈金森橡胶厂制鞋车间做工，在这里结识了赵世炎、王若飞等大批中国青年。他们阅读进步书刊，思想转变很快。邓小平回忆说：

> 我自觉那时是有进步的。因为我起初在看关于社会主义的书报了。最使我受影响的是《新青年》第八、九两卷及社会主义讨论集。我做工的环

---

① 四川音乐学院，成都市温江区人民政府．王光祈文集：时政文化卷［M］．成都：巴蜀书社，2009 年：14.

② 吴玉章．回忆五四前后我的思想转变［M］//中国社会科学院近代史研究所《近代史资料》编译室．五四运动回忆录．北京：知识产权出版社，2013：1-10.

③ 中共四川省委党史研究室．四川党史人物传［M］．成都：四川人民出版社，2016：8.

境使我益于陈独秀们所说的话是对的，因此，我每每听到人与人相争辩时，我总是站在社会主义这边的。①

2. 四川党组织的建立

随着阶级力量的壮大和思想准备的逐渐成熟，四川早期共产主义组织开始出现。1920 年 3 月 12 日，重庆建立了由马克思主义研究会改组的共产主义组织。之后，成都、叙府、雅州、顺庆等地也建立了共产主义组织。② 1921 年 7 月，中国共产党诞生，中国革命面貌从此焕然一新。在全国各地形势的影响下，四川新的革命活动以更加迅猛的速度发展，成为中国共产党领导下进行地方革命探索不可或缺的一部分。

由于共产主义组织的建立和逐步发展，这一时期四川的革命形势出现了新的变化。首先是一些具有共产主义思想的知识分子，将马克思主义与工人运动结合起来，推动了四川反帝反封建斗争的深入开展。1922 年，王右木、吴玉章等派学生深入成都的工厂，组织工会，发动罢工。1922 年春夏之际，成都马克思读书会骨干成员童庸生、钟善铺、郭祖劼等组织成立了四川社会主义青年团。同年 10 月，王右木与童庸生、郭祖劼、傅双无、张治国、吕式宪、刘度、杨诵、钟善辅、杨辅国、詹沐臣、熊廷杰、邓平澜 13 人在成都开会，选举童庸生、郭祖劼、傅双无、吕式宪、张治国为四川社会主义青年团成都地方执行委员，童庸生为书记部主任。③ 这一时期，泸州、重庆、成都等地方社会主义青年团组织纷纷成立，进一步壮大了四川早期共产主义组织。1923 年 5 月 1 日，在王右木领导下成立成都劳工联合会，不久任"四川民权运动大同盟"文书股主任。同年秋，创建中共成都支部任书记。1923 年，萧楚女、童庸生、罗世文、杨闇公等在重庆工人群体中广泛开展活动，并在 1924 年领导工人建立"平民学社支部""劳动互助社"等组织，同时还开办夜校，宣传革命思想。在共产主义组织的影响下，四川工人进一步觉醒，他们通过各种形式，反对剥削，要求保障工人权利。与此同时，四川工人还积极投入到反对英国侵占云南片马、废除"二十一条"等反侵略抗争中。这一时期，旅欧的四川籍青年进一步觉醒，积极加入旅欧中国少年共产党、旅欧社会主义青年团等组织。对此，赵世炎说："在

---

① 中共中央文献研究室. 邓小平年谱 [M]. 北京：中央文献出版社，2009：15.

② 中央档案馆编. 中国共产党第一次代表大会档案资料 [M]. 北京：人民出版社，1982：22-27.

③ 共青团四川省委青年运动史研究室. 共青团四川省委志 [M]. 成都：成都科技大学出版社，1996：5.

旅法的中国青年中，形成无产阶级的队伍的，自然要算勤工俭学生和华工了。"① 种种迹象表明，四川建立党组织的条件逐步成熟。

1922 年，杨闇公（1898—1927）在成都加入中国社会主义青年团，通过成都留日学友读书会，他认识了成都高师校长吴玉章，并通过吴玉章先后认识了共产党员恽代英，刘伯承等人，并引为知己，常在一起谈论时事，抨击时弊。1924 年 1 月，吴玉章、杨闇公等在成都建立了"中国 YC 团"，即中国青年共产党。这一组织还筹组了"赤心评论社"，创办《赤心评论》，作为机关宣传刊物。同年 9 月，社会主义青年团重庆地方执行委员会改组，杨闇公任书记。1926 年 1 月，根据中共中央指示，吴玉章、杨闇公、童庸生、冉钧、周贡植等在重庆成立了以冉钧为书记的中共重庆支部；同时，邹进贤、陈翰屏、霍步青、危直士等在綦江成立了以邹进贤为书记的中共綦江支部。2 月底 3 月初，吴玉章、杨闇公、童庸生等按照中共中央批准四川建党的指示，召集党员正式成立了中国共产党重庆地方执行委员会，由杨闇公任书记，冉钧任组织委员，吴玉章任宣传委员。中共重庆地方执行委员会是中共中央领导的省级地方组织，领导四川各地支部活动。

第三节 "国难为先"的抗日民族精神

一、川军走向抗日主战场

1931 年"九一八"事变后，举国掀起救亡运动热潮，四川民众抗日救亡的呼声也日益高涨。1932 年，"一·二八"淞沪抗战后，四川人民除采取通电、请愿等形式外，还以"四川省抗日救国大会"为阵地，组织发动成都八万余民众举行出兵大游行，要求川军出川抗日，支援上海前线。不过，这一时期的川军将领，总体上忙于内部争斗和"围剿"红军，并没有过多的军力和财力投入抗日救亡运动中。

1937 年卢沟桥事变后，四川军民的抗日热情不断高涨。成都、重庆、南充、叙永等地的抗日救亡群众组织纷纷集会，进行抗日宣传，并电请四川军政当局，要求川军出川抗战，全川人民誓为后盾。朱叔痴、夏之时、向楚、唐宗尧等 46

---

① 赵世炎. 赵世炎选集［M］. 成都：四川人民出版社，1984：79.

名四川的老国民党人，也致电国民党中央，要求声援华北，并请川军出川抗日。国民党中央军校成都分校陈执功等 23 名学员联名向学校当局呈请北上杀敌。川军昔日 "内战内行，外战外行" 的形象也有所改变。川军将领刘湘、邓锡侯、潘文华、李家钰等也先后电呈蒋介石请缨抗战。7 月 14 日，刘湘又通电省军政首长："日军侵略，非一省一部之问题，主张全国总动员，拼与一决；望全国上下，同德一心，在全国整个计划之下，共赴国难。"① 1937 年 8 月 7 日，国民政府在南京召开最高国防会议。刘湘当日下午从四川乘飞机赶到南京，晚间参加会议并发表演讲。其发言的主要内容是：

> 要抗战才能救亡图存，才能深得民心，要先攘外才能安内。日本的军事力量虽然较我军为优，但它必须利用交通线，才能展其所长，它的军队离开了交通线，不但军队运动困难，而且给养补充也不容易解决。我们的军队只要采取正规战与游击战相互配合，在交通线的两侧及其前后，与它尽力周旋，就可以作持久战。就国际形势来说，日、德、意三个法西斯国家，想独霸世界，英、美、法、苏不会坐视不理，由中日战争的发展，演变成国际战争，是可能的。抗战的最后胜利，必然是属于我国。……抗战，四川可出兵 30 万，供给壮丁 500 万，供给粮食若干万石。②

刘湘关于抗战的演说，在四川引起了巨大的反响，成都各界抗敌后援会立即举行了十万余人的市民大会，声援川军出川抗日的壮举。

中共中央在以往长期进行统战工作的基础上，进一步加强了对四川实力派的统战工作，努力推动和促成川军出川抗战。8 月，党中央先后派张曙时、罗世文、邹风平等到成都，他们分别带去了毛泽东、朱德、刘伯承等八路军高级将领给刘湘、刘文辉、邓锡侯、潘文华、杨森等川军将领的信件，向他们阐明我党的抗日主张，动员他们加入抗日民族统一战线，早日出川抗战。张曙时以中共中央特派员身份与刘湘接触；不久，中共中央代表罗世文与刘湘取得联系，并被刘湘聘为顾问。③ 此间，刘湘也先后派出代表叶雨苍、王干青前往延安会见毛泽东，共同商谈抗日事宜。在中国共产党的努力以及全川人民抗日救亡运动影响下，以刘湘为代表的四川实力派，逐渐改变了固有的内战思想与政治态

---

① 佚名. 刘主席通电抗日 [N]. 新新新闻, 1937-07-15.

② 政协黔西南州文史资料委员会. 贵州省黔西南州文史资料（邓汉祥文集）：第 7 辑 [M]. 贵阳：政协黔西南州文史资料委员会编印, 1988：103.

③ 马宣伟. 川军出川抗战纪事 [M]. 成都：四川社会科学院出版社, 1986：7.

度，走向支持统一抗日的道路。

1937 年 8 月 26 日，刘湘在告四川各界人士书中声称："四川七千万人民所应担荷之责任，较其他各省尤为重大。我各军将士，应即加紧训练，厉兵秣马，奉令即开赴前方，留卫则力固后防。"[1] 随后，川军出川奔赴抗日战场。川军将士分别在淞沪会战、太原会战、南京保卫战、徐州会战、长衡会战、独山战役等战役中发挥了重要作用。他们的足迹北达陕西、山西、河南等 13 个省市区。抗战后期，四川军人还驰援印缅战场，为阻击日本从印缅方向入侵做出了重要贡献。在各大战役中，川军英勇抗敌，李家钰、王铭章、饶国华、赵渭滨、许国璋等大批川籍将领战死沙场，为国捐躯。

1937 年 12 月，中共四川省工作委员会建立后，进一步加强了对四川上层的统战工作，并取得了显著成效。推动川军出川抗战，正是在党中央领导下四川党组织开展上层统战工作和群众性抗日救亡运动推动的结果，再加之川军广大将士出于对日本帝国主义侵略的民族义愤并由此激发出的爱国热忱，使出川抗战的川军成为中国抗日战场的一支重要力量。

二、四川人民的伟大贡献

抗战全面爆发后，国民政府很快就选择了西迁，并移驻重庆；1938 年 12 月，国民政府军事委员会也辗转迁至重庆。这一时期，大量机关、厂矿企业、经济组织和社会团体纷纷迁至四川，四川军民同仇敌忾，出钱出力，为伟大的抗日战争的最后胜利无私奉献，并做出了史无前例的巨大牺牲。

（一）政治保障

抗日民族统一战线在四川巩固和发展是四川人民团结抗战并取得最终胜利的政治保障。1938 年 10 月，《新华日报》《群众》周刊迁至重庆。1939 年 1 月，中共中央南方局在重庆成立，周恩来为书记，正式设立八路军驻重庆办事处。作为直接领导长江以南国统区和沦陷区、港澳地区及海外党组织的中央派出机构，南方局贯彻中共中央"坚持抗战，反对投降；坚持团结，反对分裂；坚持进步，反对倒退"的方针，在国内外两个战场广泛开展统一战线工作，有力地维护了团结抗战的大局。国共关系成为抗日民族统一战线中最为重要的关系。针对国民党内部的亲日和投降势力，中共中央南方局、《新华日报》、中共四川各级党组织和社会各界，广泛开展了反对投降的斗争，在重庆、成都、泸州、

---

[1] 佚名. 为民族救亡抗战告四川各界人士［M］//成都文史资料委员会. 成都文史资料选辑：第 10 辑. 成都：四川人民出版社，1985：59.

自贡、宜宾、乐山、合川等地都形成了声势浩大的"讨汪运动"。针对国民党五届五中全会后实施的"溶共、防共、限共、反共"政策，南方局按照中共中央"有理、有利、有节"的策略，坚持在斗争中求团结，击退了国民党顽固派掀起的多次反共高潮。1941 年 1 月"皖南事变"发生后，周恩来、叶剑英等多次同国民党交涉，提出善后处理办法，并利用国民参政会和《新华日报》等阵地积极宣传事件真相。这引发了国内外进步力量对"皖南事变"的关注，他们纷纷谴责以蒋介石为首的国民党破坏团结，于抗战不利。针对国民党"左"派，中共中央南方局积极主动开展联络工作，同他们交换意见，共同反对蒋介石的独裁统治。于右任、冯玉祥、李济深等同周恩来、董必武等建立了深厚友谊，宋庆龄、何香凝、柳亚子等则成为中国共产党的好朋友。

中国共产党还广泛团结在川的民主进步力量。1938 年，董必武、林伯渠在成都与刘文辉交换了有关抗战的看法。1939 年后，中共中央南方局更加重视同四川地方实力派的交往，激发刘文辉、邓锡侯、潘文华等的爱国热情，使他们对抗战胜利的信心更加坚定。与此同时，周恩来、董必武还广泛与中华民族解放行动委员会的黄琪翔、章伯钧，全国各界救国会的邹韬奋、沈钧儒，中国青年党的左舜生、李璜，乡村建设派的晏阳初、梁漱溟，中华职教社的黄炎培，教育界的张伯苓等，实业界的吴蕴初、胡子昂、胡厥文、刘鸿生、胡西园、颜耀秋、卢作孚、康心之、鲜英等广泛接触，并帮助他们发展组织、开展宣传、推动生产以及开展各种民主活动。抗战时期，中间党派的力量得到发展和壮大，积极参与掀起民主宪政运动，逐渐丢掉了对国民党顽固派的幻想，接受了中国共产党团结抗日、民主建国的主张。

（二）经济支撑

为了支撑抗战危局，支援前线，四川人民克服困难，积极生产，保障军需民用。抗战时期，川粮为解决大量内迁人口和前线军人的吃饭问题做出了极为重要的贡献。据国民政府的粮食部长徐堪统计："四川出粮最多，计自 30 年度起，至 34 年度止，5 年之间共征获稻谷 82285990 市石，占全国征起稻谷总量 38.5%，即就全国征起谷麦总量比较，亦占 31.63%。"① 除粮食外，四川在抗战时期是重要的产盐大省。特别是自贡，1938 年产盐 456.8 万担，占全川的 53.45%，占全国的 19.67%。之后，自贡食盐产出量进一步增加，1939 年达

---

① 政协四川省文史资料研究委员会. 四川文史资料选辑：第 11 辑［M］. 成都：四川人民出版社，1964：125.

510.9 万担，1940 年达 518.9 万担，1941 年则创造最高纪录达 526.9 万担。① 抗战时期，自贡"市虽狭，以产盐雄于西南，而贡献于国家与地方者举国惊甚宏伟"②。在工业方面，受内迁影响，四川的工厂数量激增，成为大后方的工业核心区域。工矿调整处工业司司长吴承洛就此指出："七七抗战，厂矿内迁，见诸事实，多以重庆及其附近为集中地点，而沱江与岷江流域之工业，亦在勃然兴起，……而四川新工业之迅速发展，已居领导之地位。"③ 各迁川工厂纷纷抓紧复工，到 1939 年时，"机器是日夜不停地转动，工人也不停地工作着，出品供不应求，后方的生产事业正表现得蓬勃的发展。"④ 在交通运输方面，四川人民征调民工 250 多万人，抢修了川陕、川黔、川滇、川湘等公路干线，新建扩建空军基地 33 处。⑤ 同时，国民政府调集扬子江水利委员会、华北水利委员会、导淮委员会、江汉工程局等水利机构，对长江、嘉陵江等航道进行了大规模整治。对重庆、万县、涪陵、宜宾等港口进行了改建，增添了设施，改善了航运条件，为战时物资运输提供了保障。

（三）提供兵员

四川为抗日战场提供了大量兵员，以至于有"无川不成军"之说。据何应钦的《八年抗战之经过》载，四川征兵数量 1937 年为 103837 人，1938 年为 174145 人，1939 年为 296341 人，1940 年为 266373 人，1941 年为 344601 人，1942 年为 366625 人，1943 年为 352681 人，1944 年为 391112 人，1945 年为 283086 人。同一时期，全国征兵配额为 16641802 人，实征额为 14050521 人。抗战全面爆发后，四川的征兵配额为 3193807 人，实征额为 2578810 人。四川征兵配额和实征额数量，均占全国总额的约 1/5。⑥ 这些川军几乎参加了正面战场的所有重大战役，伤亡和失踪人数总计超过 64 万人。从 1944 年 10 月至 1945 年 2 月，四川 129 个县市 29157 名知识青年还组成了远征军，飞赴印度对日作战。正是四川源源不断的兵员和川军的英勇作战，才更加有力地支撑了中国正面战场，才为抗日战争的最后胜利奠定了厚实的军力基础。

---

① 自贡市盐务管理局. 自贡盐业志 [M]. 成都：四川人民出版社，1995：14.
② 佚名. 自贡市政概况 [M] // 黄健. 抗战时期的中国盐业. 成都：巴蜀书社，2011：卷首序 258.
③ 吴承洛. 战后工业建设区位之研究 [J]. 新经济，1942（1）：7.
④ 黄佩兰. 改善重庆纺织女工生活增加战时生产的一点意见 [J]. 妇女新运，1939（3）：5.
⑤ 贾大泉、陈世松. 四川通史：第 7 卷：民国 [M]. 成都：四川人民出版社，2010：204.
⑥ 刘一民. 论抗战时期四川农民对兵源和后勤的贡献 [M] // 李仕根. 四川抗战档案研究. 成都：西南交通大学出版社，2005：108.

迁川兵工企业坚持生产，为抗日战场提供了大量武器，为前线将士提供了包括步枪、轻机枪、重机枪、迫击炮、防御炮、手榴弹、地雷、炸药、防毒靴、军用皮件、特质钢材以及各种规格的子弹、炮弹等在内的大量武器弹药。有些武器全部由在川兵工厂生产，如马克沁重机枪全部由兵工署第21工厂生产，6厘米迫击炮弹全部由兵工署第10、50工厂生产，12厘米迫击炮和炮弹则全部由兵工署第21工厂生产。

四川人民克服巨大困难，积极支援空中战场。抗战时期，中国空军在苏、美两国空军支援下，与日本空军展开激战。相持阶段进入尾声后，对日空中战场逐渐转入反攻。为配合空中战场的需要，数十万四川民众在成都、重庆附近持续奋战，完成了机场建设的壮举。四川早期投入使用的机场主要有成都凤凰山机场、成都双桂寺机场、重庆广阳坝机场、重庆珊瑚坝机场、重庆白市驿机场、重庆九龙坡机场、梁山机场、新津机场等，这些机场在抗战时期得到不同程度的改扩建。1943年，中美两国决定在成都附近新津、邛崃、彭山、广汉修建4个可供B-29轰炸机起降的机场，以供中美空军实施对日本的战略轰炸。这一任务被命名为"特种工程"。1944年1月，成都、华阳、简阳、温江、新都等29县的民工20多万人投入到机场修建中。[1] 因无机械工具，机场修建主要依靠四川民众的双手。1944年5月，工程顺利完工。同年6月16日，美国的B-29轰炸机68架从成都起飞，轰炸了日本本土。四川人民抢修"特种工程"，有力地支援了空中对日作战，为实现从空中给予日本沉重打击创造了条件。

（四）民众拥护

1938年，在中国共产党的领导和推动下，中华全国文艺界抗敌协会、中华全国戏剧界抗敌协会等全国性团体陆续迁至重庆。与此同时，四川这一时期还成立了成都各界抗敌后援会、重庆各界抗敌后援会、重庆市文化界救亡协会等抗日救亡组织。不同类型的救亡组织根据自身特点，开展文艺创作、演出、展示、传播等活动，产生了重要影响。

抗战时期，四川省政府颁布了《四川省抗战救亡宣传纲要》，提出要"利用日报及壁报""利用标语及图表"等方式宣传，还要开展"学校教职员及学生讲演""各剧院、茶楼戏剧演唱歌曲"等形式的宣传，要使用"幻灯、影片、模型等宣传"。[2] 由于大量救亡组织和文化精英迁至四川，四川实际上成为广泛

---

① 成都市地方志编纂委员会. 成都市志（大事记）[M]. 北京：方志出版社，2010：695.
② 四川省档案局. 抗战时期的四川：档案史料汇编（中）[M]. 重庆：重庆出版社，2014：492-493.

开展抗日救亡宣传文化活动的重要阵地。成都的华西坝和重庆的沙坪坝、夏坝、白沙坝是战时有名的文化四坝，宜宾李庄也是战时重要的文化重镇。这一时期，重庆的雾季公演影响较大。《大地回春》《天国春秋》《屈原》《桃花扇》《清明前后》等100多部大型话剧在重庆演出，盛况空前。

抗战时期，四川各界积极响应，广泛发起和参与慰劳前线将士、捐款捐物的运动。四川省各界抗敌后援会多次发起缝制和募捐寒衣行动，得到全川积极响应。《新华日报》、重庆市各界义卖委员会、四川出钱劳军竞赛委员会、四川省慰劳抗战将士委员会等也纷纷组织义卖献金活动。1943—1944年，冯玉祥等人在成都、重庆、内江、自贡等地发起节约献金运动，得到当地民众响应。与此同时，中国航空建设协会等向各界发出了"一元献机"运动，制定《各地分会发动一元献机运动纲要》《一元献机运动实施大纲》等措施。重庆、合川、璧山、江津、綦江、丰都、涪陵、荣昌、铜梁、北碚、广安等地民众积极参与，以实际行动征购、捐献飞机。

总之，四川是中国抗战大后方的重要基地，接纳了来自各沦陷区和不同战区的机关、团体、组织和民众，是中国人民抗日战争的重要兵员地，为中国人民抗日战争提供了重要的经济支撑和人力、物力保障。抗战时期，四川人民全力支持抗战，为战争的最终胜利做出了巨大贡献。1945年10月8日，《新华日报》发表社论称："四川人民对于正面战场，是尽了最大最重要的责任的。"抗战时期，四川人民表现出了精忠报国、毁家纾难的爱国精神，视死如归、血战到底的英雄气概，同仇敌忾、前赴后继的战斗精神，慷慨无私、扶危济困的奉献精神。

三、四川抗战所体现的民族文化精神

中国人民的伟大抗日战争总计经历了艰苦漫长的14年。这场由日本侵略者强加在中国人民身上的浩劫，充满了罪恶、恐怖，是灭绝人性、不折不扣的法西斯战争，也是世界上所有爱好和平、自由的人们坚决反对，必须铭记于心、时刻警惕的历史教训。

中国人民的抗日战争是中国近代历史上反对外敌入侵、取得完全胜利的首次战争，是中华民族近百年一洗雪耻的伟大胜利，更是整个民族由衰而盛的历史转折点。中华民族赢得的这场伟大胜利，不仅真实地再现了中华民族富贵不能淫、贫贱不能移、威武不能屈的民族精神，在生死存亡的民族大义面前团结一心、共御外辱、坚不可摧的民族精神意志，而且生动地诠释了中华民族何以源远流长、共克时艰并永葆生机与活力的民族特性与历史原因。

作为全民族抗日大后方的堡垒，四川各族人民与全国人民一道，以最坚强的意志、最伟大的牺牲和无私的奉献精神，为抗战胜利做出了重要而巨大的贡献。四川人民在艰苦卓绝的抗战环境中所体现出来的天下兴亡、匹夫有责、抵御外辱、保家卫国的民族精神，威武不屈、勇于战斗的牺牲精神，万众一心、舍我其谁的奉献精神，不屈不挠、抗日到底的坚强意志，既是中华民族精神特质的重要组成部分，也是巴蜀地域文化精神的核心内涵。不仅诠释了中华民族源远流长、历久弥新、屹立不倒、充满生机活力的根本原因，而且凸显了巴蜀文化的精神特质与价值内涵。

（一）保家卫国的民族精神

巴蜀本天府之土，物产丰富，人们生活富足，自古就有"水旱从人，不知饥馑"、富甲天下之说。但由于四境封闭，对外联系殊为困难，亦较多地受到盆地文化和意识的束缚与影响，不思进取、得过且过、贪图享乐等消极行为亦不乏其例，以至于给外省人留下诸如"贪祸好乱""天下未乱蜀先乱，天下已治蜀未治"以及"内战内行，外战外行"等诸多不好的印象。特别是自辛亥革命后到1933年的20多年间，以刘湘、刘文辉叔侄领头的大小军阀，打着"统一川政"的旗号，相互倾轧、相互拉拢又互相长期混战，给四川人民带来了深重的灾难。据统计，这一时期四川境内总共进行了大小"470多次"① 战争。在内战连连的状况下，整个社会处于一种不思进取、不求个人进步的混沌状态，以至于被外省人称之为"异国他乡"，曾经的天府之土已被战争破坏成民生凋敝、百业萧条、哀鸿遍野的"别一世界"。

日本发动全面侵华战争，使中国的形势从根本上发生了惊天巨变。"平津危急！华北危急！中华民族危急！只有全民族实行抗战，才是我们的出路！"② 国破家亡之祸、亡国灭种之害瞬间成为摆在全体中国人面前最直接的现实。所有中国人必须团结抗日，团结一切力量共同对付民族共同的敌人很快成为民族共识。"地无分南北，年无分老幼，无论何人，皆有守土抗战之责，皆应抱定牺牲一切之决心"③，成为中国各党派、各阶层和军民唯一而必然的选择。

天下兴亡、匹夫有责，这是中国历史上各个时期各个时代前贤英烈、仁人

---

① 中国人民政治协商会议四川省委员会，四川省省志编辑委员会. 四川文史资料选辑：第5辑［M］. 内部发行，1962：27.

② 彭明，武月星，杨若荷. 中国现代史资料选辑（第五册）（1937—1945）上［M］. 北京：中国人民大学出版社，1989：23.

③ 彭明，武月星，杨若荷. 中国现代史资料选辑（第五册）（1937—1945）上［M］. 北京：中国人民大学出版社，1989：28.

志士的共识。而为国家民族利益舍生取义、杀身成仁的民族英雄亦层出不穷、代不乏人。在抗日战争全面爆发之际，四川人民充分发扬并用具体行动践行了这种爱国主义的历史传统，虽然从地理位置上说远离前线阵地，但广大四川人民居安思危，发扬有国才有家、家国一体的精神，为抗击日本法西斯挺身而出，与全国人民一道，义无反顾地投身到保家卫国的战斗中来。

各界代表积极宣传抗日，想方设法鼓励川军出川抗日、杀敌报国。如当时四川大学的师生赠送旗帜 16 面、毛巾 2000 条，激励出川抗日官兵，妇女会赠送手巾 250 打，甚至连年仅 10 岁的小学生也真情相送。话剧团结合抗战现实演出的话剧《保卫卢沟桥》，感人至深，极大地鼓舞了川军的抗日激情。川军东出路经重庆，重庆的自强读书会、民众歌咏会热情欢送，激励其杀敌之勇气。一些县区的欢送会也很热烈，对增强川军的抗战意识，对推动各地的抗日救亡运动，发挥了重要作用。如有安县王者成，在欢送其儿子出川抗日时，赠送一面"死"字旗，鼓励儿子说："赐旗一面，时刻随身。伤时拭血，死后裹身。勇往直前，勿忘本分。"①

四川人民的抗日宣传与激励行动，激发了军心、凝聚了人心，有力地促进了四川社会的团结和进步，有力地支援了前线的抗战。

川军虽然是地方军阀的军队，但是，在日寇发起的侵略战争面前，川军将士爆发出了前所未有的抵御外辱、杀敌报国的爱国情怀。在七七事变后，川军各部很快达成停止内讧的协议，宣誓愿意做抗日的民族英雄，完全同意调转枪口一致对外，团结一心抗击日本侵略者。爱国主义、民族主义瞬间成为高于一切集团利益、个人利益的最高行动准则。广大的四川官兵开始意识到：作为军人，必须放弃个人恩怨，担负起保家卫国、守土为民的神圣职责，誓与日本侵略者血拼到底。

作为四川军政长官的刘湘，曾经影响四川几十年，他的言行对四川军民抗日行动的影响向来很大。"七七"事变发生后，他曾多次声明："过去在省内打了多年的内战，脸面上很不光彩，今日枪口向外，正好乘时为国效命，借以洗刷自身污垢。"②

"八一三"淞沪会战爆发后，亡国灭种的危机愈演愈烈。8 月 26 日，刘湘即在《告川康军民书》中说："中国民族为谋巩固自己之生存，对日本之确立暴

---

① 陈廷湘，徐学初，张力开，等. 中国抗日战争全景录：四川卷［M］. 成都：四川人民出版社，2015：31.

② 宋君良. 奔赴江南战场［M］//中国人民政治协商会议四川省永川市委员会文史资料委员会. 永川文史资料选辑：第 11 辑. 永川：永川文史资料委员会办公室，1995：96.

行，不能不积极抵抗。此盖我全国民众蕴蓄已久不可动摇之认识。"① 他从民族独立、民族危机的高度，肯定了四川军民投身抗日洪流的必要性和重要性。又说："中日双方均为生死关头，而我国人所必须历尽艰辛，从尸山血海中以求得者，厥为最后之胜利。"② 指出只有不惜牺牲一切生命、财产代价，与民族敌人斗争到底、血战到底，才能真正争取我们民族和国家的独立，才能避免亡国灭种之祸害。为了让更广大的官兵及民众认识到日军侵华的狼子野心，刘湘还通电各省军政首长，指出："日军侵略绝非一省一部之问题，主张全国总动员，拼与一决。望全国上下同德一心，在全国整个计划之下，共赴国难。"③ 明确指出抗日绝非一城一地或某一团体、个人的职责，强调团结一心、举国之力抗拒日寇的重要性与艰巨性。

经过蜀中各界奔走、宣传，很快在四川营造出军民一心、上下共济、共赴国难的民族精神气象。一切以民族大义为重，务必全心全力，务必将抗日进行到底，坚信抗日必胜、中国决不会灭亡等思想、信念，迅速深入川民之心。

为了激励川军各路将士出川抗日，打"国仗"，增进川军出川抗日的战斗力，8 月 27 日，刘湘在召集唐式遵、王瓒绪、潘文华以及第七战区参谋长傅常会商后，还召集邓锡侯、孙震、刘文辉、李家钰等川军将领会商出川抗战的相关具体措施。力求做到最大程度的团结与合作，在抗战中向全国人民、全川人民展示川军将士誓死抵御外辱、卫国保家、为国牺牲的决心与勇气，重塑川军官兵的形象。为了及早奔赴抗日救亡前线，经川康绥靖公署共同决议：出川抗战部队，限于 9 月 5 日以前开拔在川军官兵酝酿出征的同时，四川各界民众也要求川军各部立即停止内讧，团结一致，出川抗日。自 8 月 7 日以后，成都市民多次举行了有 10 万人参加的大规模集会，向国民政府请愿，提出"发动全民抗战，保全领土，收复失地，肃清汉奸"④ 等要求。自 8 月中旬淞沪会战以来，许多学生、市民自动到川军各部示威游行，要求川军迅速出川抗日，将日寇赶出国境。四川广大父老乡亲的呼吁与期望，成为激励川军奔赴战场，杀敌报国的又一积极因素。9 月 5 日，四川各界民众分别在成都少城公园、大光明电影院举行欢送川军出川抗日大会。川军总司令刘湘，副总司令邓锡侯，唐式遵、杨

---

① 刘湘. 川康绥靖公署主任刘湘为民族救去抗战告川康军民书［M］//四川省地方志工作办公室. 四川抗战历史文献：少数民族卷. 成都：四川大学出版社，2021：13.
② 刘湘. 川康绥靖公署主任刘湘为民族救去抗战告川康军民书［M］//四川省地方志工作办公室. 四川抗战历史文献：少数民族卷. 成都：四川大学出版社，2021：13.
③ 何天谷. 四川抗战历史文献［M］. 成都：四川大学出版社，2018：11.
④ 周勇. 中国共产党抗战大后方历史［M］. 重庆：重庆出版社，2017：375.

森、许国璋等各军、师、旅及各界代表5万多人到会。川军出川抗日将领唐式遵、潘文华以及一些军人代表做了抗战救国、抗战到底方面的发言，向川中父老乡亲表达了出川抗日收复失地、保家卫国的决心与信心。

邓锡侯豪情满怀地说："川军出川抗战，战而胜，凯旋而归；战如不胜，决心裹尸以还。"① 表达了带领川军将土加倍努力抗战，以死报国，争取最后胜利的信心。李家钰亲书誓言，曰："男儿欲报国恩重，死到疆场是善终。"② 表达自己以身报国、死而无憾的勇气与坚定信念。

许国璋师长在出川抗战前向妻儿告别时说："我出川抗战，身已许国。你们在后方，妻要勤俭过生活，儿要努力读书。我每月除以应得薪金寄助外，要你们自己努力。至于我，望你们不要惦念。"③ 王铭章在家信中表示要编练好部队，"以期达到枕戈待战，朝令夕发共赴国难"④。饶国华将军在誓师大会上慷慨陈词："此次奉命出川抗战，誓竭股肱之力，继之以坚贞，用尽军人天职。……决心率所部效命疆场，不驱逐倭寇誓不还乡。"⑤ 他那豪情、慷慨、英勇、沉毅的精神感染了每一个将士。

受长官抗日思想言行的激励，川军将士们无不士气高昂，为抗击日寇为国捐躯、效命疆场的呼声深入人心。川军整体形象也在国难当头之际为之大变。会后，川军各路在第七战区总司令刘湘统帅下，分水路、陆路开赴抗日主战场，践行他们抗日救国、誓死保家卫国的诺言。整个欢送会气氛浓烈，充分表现了国共两党及社会各界团结一致，军民一心，誓与日寇决战到底的坚强意志。在中、日生死决战的关键时刻，川军主动积极出川抗战的原因固然是多方面的，但是中国共产党审时度势、顺应历史潮流，在民族统一战线基础上，"坚持抗战，反对投降；坚持团结，反对分裂；坚持进步，反对倒退，而关键在于坚持民主，反对独裁"⑥，以及"坚持团结、抗战，反对分裂、妥协"等抗日积极主张，对刘湘、刘文辉、潘文华和邓锡侯等川军将领及其官兵的统战工作，对激励川军出川抗日、英勇杀敌报国起到了明显的促进作用，无疑是助推川军保家卫国、出川抗日的重要原因。

---

① 田飞，李果．寻城记·成都［M］．北京：商务印书馆，2014：120.
② 曾国杰．战名丛刊第十二种之抗战军人忠烈录：第1辑［M］．南京：国际部史政局，1948：2.
③ 王跃，马骥，雷文景．成都百年百人［M］．成都：四川人民出版社，2008：299.
④ 王道鸿，王道义．缅怀先父王铭章［M］//中国人民政治协商会议山东省委员会文史资料委员会．山东文史资料选辑：第30辑．济南：山东人民出版社，1991：42.
⑤ 党德信，杨玉文．抗日战争国民党阵亡将领录［M］．北京：解放军出版社，1987：95.
⑥ 罗正楷．中国共产党大典［M］．北京：红旗出版社，1996：376.

站在爱国民族统一战线的立场，实事求是，团结一切可以团结的力量，通过对潘文华部等军人的统战工作，对川军将士出川抗日起到了不可低估的作用。比如周恩来同志曾就如何做好川军将士抗日思想工作时曾说：

> 四川是抗战的大后方，要加强川康大团结的工作。要利用"武德励进促进会"的影响开展工作。很多旧军人，用一大套政治理论去宣传，作用不大，要用爱国主义去启发，激励他们的爱国心，使他们坚持抗战立场。要尽力鼓励四川人团结，广泛利用各种关系开展工作，这是对四川工作的总方针。①

从川康团结一致的重要性到具体如何做一般军人的统战工作，南方局均做了细致周到的指导。南方局还针对潘文华部所面临的现实问题，进一步指出，"川军要自存，本身要加强团结，还必须高举抗战到底的旗帜，才能赢得人心，否则自身就站不住"②。

此外，川陕苏区革命精神和红军气魄也是影响川军各部认识军人历史责任与使命的因素之一。在四川正当"二刘"为争夺领导权混战正酣之际，1932年底，红四方面军由陕南推进川北，迅速解放了通江、南江和巴中等地区，建立了第二大苏区川陕革命根据地。英勇无畏的红四方面军和根据地人民在粉碎了军阀田颂尧发动的"三路围攻"之后，又在1934年9月打破了刘湘发动的"六路围攻"。红四方面军以革命实际行动，一方面极大地巩固和发展了革命根据地，另一方面宣传了我党的革命主张，彰显了红军为了民族的自由和解放，不怕牺牲、英勇无畏的革命英雄主义。对长期疲惫于内战、屡败于红军的川军将领来说，红军的这些革命主张和英勇精神，无疑对启发他们如何正确看待和履行军人有关民族、国家职责产生了积极影响。

（二）以身许国的牺牲精神

关心社稷民生，维护民族独立，为报国而献身的崇高精神品格，一直是植根于中华民族灵魂与血液里最优秀的民族基因与精神传统。四川人民舍小家为大家，为国效力不顾个人安危、不惜牺牲自身利益的精神品质，正是中华民族敢于为国捐躯、为国效力等精神传统在抗日特定环境下真实而生动的再延续、再发展和时代觉醒。

---

① 潘夕潮. 抗日爱国名将潘文华将军传 [M]. 成都：巴蜀书社，2007：246.
② 何盛明. 抗战史论集 [M]. 内部资料，2005：136.

为了挽救民族危亡，保家卫国，川军将士共 6 个集团军另加 2 个军、1 个独立旅，总计兵力 40 多万人，在川军总司令刘湘、副总司令邓锡侯统领下出川抗日。第一纵队沿川陕公路北上，经西安再东行至许昌集结；第二纵队沿长江东下，经武汉北行至许昌集结，直接奔赴抗日最前线。川军舍我其谁、出川抗日、舍身救国的抗日行动正式拉开序幕。

八年抗战中，他们转战于山西、山东、河南、江苏、浙江、江西、湖北、福建、湖南、广西和贵州等省区，直接参与了淞沪保卫战、太原会战、徐州会战、武汉会战、长沙会战等大小战役 28 个，成为中华民族抗日军队的重要组成部分，以至于当时前线有"无川不成军"之说。在八年艰苦卓绝的抗战历程中，广大的川军发扬四川人吃苦耐劳，不畏艰险，不畏强暴，勇于为国捐躯的奉献精神和忠勇精神，与日寇殊死搏斗，义无反顾、以身许国，为抗战胜利付出了巨大牺牲。

川军将士恪尽职守，坚持战斗在抗日最前线，用自己的血肉之躯，坚强的民族意志，抗击了敌人的疯狂进攻。他们不仅要忍受着经年累月背井离乡、与家人亲友音讯不通以及水土不服等身体和心理的煎熬，而且时刻面临为国捐躯、生离死别的人生考验。特别需要指出的是，在川军乃至整个西南各省军队中，出现了大量死志将军，没有一个投降的将军，也没有出现伪军，这是何等的英烈与难能可贵！八年抗战中，四川军民同仇敌忾、团结一心，生动而真实地再现了中华民族不可欺不可辱，中华儿女誓与侵略者抗争到底、战斗到底的坚强意志与精神气节。

1937 年 9 月，在共产党领导的成都各界救亡联合会基础上，国共两党组成了"四川省抗敌后援会"，共同承担起组织、宣传抗日的历史重任。受此影响，全省各地纷纷成立了诸如四川省各界抗敌后援会、成都各界抗敌后援会、重庆各界抗敌后援会、四川学生救国联合会、四川青年救国会、自贡话剧歌咏会等 22 家抗日救亡团体。四川各阶层、各行业纷纷成立抗日救亡社团，参与抗日宣传组织活动，他们组织歌咏队、戏剧队、演讲队，深入街道、工厂、学校、农村，或宣传抗日救国、保家卫国的道理，或宣传抗日民族统一战线的思想主张，或揭露日本帝国主义灭亡中国、奴役中华儿女的罪恶，或创办刊物进行抗日理论与实践方面的宣传，或组织开展对日经济绝交委员会、检举仇（日）货委员会等组织，多层次、多线索地动员广大民众积极投身到抗日救国的实践中，形成全民一致抗日的精神堡垒与重要力量。抗日救亡组织、团队的不断涌现，显示了四川人民抗日救国热情的空前高涨。

忠于职守，以身许国，成就了川军抗日的历史英名。"八一三"淞沪会战打响后，奉命驰援上海的第 43 军 26 师刘雨卿部官兵脚穿草鞋，身着单薄军装，携带落后的川制步枪，从贵州都均、独山出发，徒步行军，翻山越岭，驰援上海，奉命镇守日军主力猛攻的大场镇阵地。

在形势极端不利的情况下，川军将士抱定"有敌无我，有我无敌"的牺牲精神，以视死如归的英勇气概与日军殊死搏斗，依靠步枪与刺刀，凭借短兵相接的白刃战，屡进屡退，坚持鏖战七天七夜，阻挡了日本现代化精锐部队的疯狂进攻。全师在战斗中付出了惨重代价，团长解固基阵亡，营长伤亡 11 名，下级军官及士兵伤亡达 70%。这次战斗川军不仅完成了上级交派的战斗任务，而且展示了中国军人英勇顽强，誓与顽敌血战到底的不屈意志。

徐州会战，122 师师长王铭章临危受命，"以川军薄弱的兵力和窳败的武装，担当津浦线上保卫徐州的第一线的重大任务，力量已不够是不言而喻的"[1]，但是作为军人，王铭章认为为国牺牲乃其军人天职，为了完成任务虽消亡殆尽，不剩一兵一卒也无怨无悔。如果不这样，"则无以对国家，更不足以赎 20 年川军内战之罪愆了！"[2] 以军人为国牺牲为最高使命，抱定以死报国的决心参战，真实再现了川军为国捐躯的忠勇精神。同时，这也有打赢"国仗"，雪洗 20 年来打内战的罪恶的自觉。1938 年 3 月 16 日拂晓，日军 1 万多人向守卫界河第 45 军驻守的主阵地发动全线进攻，并配备 10 多门山炮、10 多架飞机向守军阵地狂轰滥炸，以掩护其步兵向东关猛攻。川军严翎营官兵将成捆的手榴弹一起投向战壕缺口的日军敢死队，炸得敌人魂飞魄散，死伤遍地，迫使其停止攻击。下午 5 时，日军发动第三次攻击，集中 30 多门大炮，10 多架次飞机轮番助战，攻击藤县东大门。团长张宣武组织手下开展夜战，一边向近在咫尺的日军猛投手榴弹，一边手持大刀冲向敌群，展开白刃血战，将冲锋的日军 40 多人全部消灭，夺回了东关。17 日上午 8 时，日军调集第 10 师团精锐在飞机大炮掩护下再次向东关发动攻击，川军 124 师 739 团团长王麟率两营官兵死守阵地，与日军进行近距离反复肉搏战，团长负伤后仍"督师死力堵塞"，毙敌甚多。[3] 727 团 3 连在连长张荃馨带领下，手举大刀向敌人猛砍，将冲入阵地的日军四五十人全部歼灭。全连 150 人仅 40 多人生还，张连长等 100 多人牺牲。

川军用鲜血和生命再次捍卫了藤县阵地的安全。17 日晚，在没有援军的情

---

① 四川省地方志编纂委员会．四川省志：人物志：上 [M]．成都：四川人民出版社，2001：157.

② 四川省地方志编纂委员会．四川省志：人物志上 [M]．成都：四川人民出版社，2001：157.

③ 滕州市政协文史资料研究委员会．滕州文史资料：第 4 辑 [M]．内部资料，1988：73.

况下，敌人大部队冲入藤县城中。师长王铭章亲临县城中心十字街口指挥战斗，并高喊："我们要坚持到最后一分钟，要拼到最后一滴血！"① 在腹部中弹倒地后仍不断疾呼，"杀敌！杀敌！不要管我，我死在这里痛快"②。再次负伤后遂高呼"杀敌杀敌！""抗战到底！"③ 后自杀身亡，为国捐躯。城内身受重伤的300多名士兵受此精神鼓舞，不愿受日军残杀，饮弹自尽，以身许国。藤县城内剩下的零星川军士兵五六百人，在统帅阵亡后仍然自动集合与日军展开巷战，抵抗日军进攻。

自3月16日至17日，川军困守藤县坚持战斗36小时。师长王铭章、师参谋长邹绍孟等川军将士2000多人牺牲（仅500多人得以生还）。他们奋战孤城，视死如归，决心歼灭强敌，不惜牺牲自我，成功阻击了日军精锐的疯狂进攻，并取得了毙伤日军4000多人的骄人战绩。川军英烈的鲜血没有白流，他们的英勇事迹得到了抗日军民的高度赞扬。第五战区司令长官李宗仁评价说："若无滕县之苦守，焉有台儿庄之大捷？台儿庄之结果，实滕县先烈所造成也！"④ 并说："滕县一战，川军以寡敌众，不惜重大牺牲，阻敌南下，完成战斗任务，写出了川军抗战史上最光荣的一页。"⑤ 充分肯定心系祖国安危，置自我生死于不顾，拼死抗争的战斗精神与民族气概。

在八年抗日战争的艰难时期，本来远离战场第一线、处于相对安稳区域的川军却主动请缨到前线抗战，以粗劣的装备对抗现代化装备的、全面武装的民族敌人。战场从南至北，从北至南，哪里有恶战，哪里就有川军的身影。他们用自己的青春、生命和鲜血，无怨无悔地捍卫了民族的尊严，打破了日本帝国主义灭亡中国的幻想；他们在抗日民族统一战线旗帜下，尽释前嫌，团结一致与民族敌人进行最后的搏斗，一点点地消耗并拖住敌人的进攻，用极大的牺牲换来了一个个胜利，并最终为战胜日本帝国主义争取民族解放做出了不可磨灭的巨大贡献；他们敢于战斗，勇于为国牺牲，舍小家为大家，以身报国的忠勇行动，建立了卓越不凡的历史功勋。真实地再现了深明大义、爱国爱家、以身

---

① 中国人民政治协商会议四川省新都县委员会文史资料委员会．新都文史：第9辑［M］．内部资料，1993：55.

② 穆成林，程举林．毛泽东眼中的英雄们 毛泽东亲题挽联挽诗及所记英雄纪实［M］．广州：广东人民出版社，1999：95.

③ 邓滕生，胡小林．枣庄文化通览［M］．济南：山东人民出版社，2012：241.

④ 中国人民政治协商会议西南地区文史资料协作会议．西南民众对抗战的贡献［M］．贵阳：贵州人民出版社，1992：5-6.

⑤ 中国人民政治协商会议西南地区文史资料协作会议．西南民众对抗战的贡献［M］．贵阳：贵州人民出版社，1992：5-6.

许国的"家国"情怀，重塑了四川人不屈不挠、忠公体国的精神特质，铸就了为国牺牲、英勇无畏的中国军魂，奠定了川军在抗日战争中非同寻常的重要地位。

（三）共克时艰的团结精神

中华文化源远流长，素有深厚的民族凝聚力和强大的民族向心力。"血浓于水""兄弟阋于墙，外御其侮"，这是中华儿女对民族感情至高无上的生动表达。在中华民族发展的历史长河中，每当出现外敌入侵时，万众一心，同仇敌忾，抵御外辱便构成了中华大地最令人荡气回肠的场景。"起来，不愿做奴隶的人们！""大刀向鬼子们的头上砍去""用我们的血肉筑成我们新的长城"，成为抗日救亡之际全民族对敌人的一致怒吼。

四川人民与全国各族人民一道，充分发扬并践行了这种民族团结精神。他们积极投身到抗日救国的洪流中，为全民族抗日的最后胜利付出了巨大的牺牲。特别是四川确定为全国抗战大后方和民族复兴基地后，四川的抗日救亡运动逐渐从精神层面唤醒了民众的爱国、抗战意识，进而转变为宣传动员民众为抗战出钱、出力、出粮的实际行动。重庆市作为战时的陪都，成为全国政治、军事、经济、文化的中心，成为抗日物资兵源的最大后方根据地。

作为战时陪都的重庆及四川省各市县，成为接纳大批长江中下游及东南沿海省份广大难民的主要区域。大量难民的涌入对于自身发展欠缺的四川而言，无疑增加了太多的重压与负担。不仅要想方设法安置好大批难民同胞以及各种随迁机关、工厂、学校的人员，还必须切实担负起全国、全民族抗战的各种物资、粮食供应等职责。为争取抗日战争的最后胜利，四川人民为之付出了巨大的生命和财产代价，做出了巨大的历史性贡献。

难民涌入造成的物价飞涨，直接给四川广大民众带来了巨大的压力。但是，广大四川民众始终站在民族和国家兴亡的高度，不惜忍饥挨饿，遭受缺衣少食的煎熬，始终以宽广质朴的情怀接受大量的难民同胞，无怨无悔地救助他们，并与他们一同建设抗日根据地。四川人民主动热情地接纳这些内迁难民，无私地帮助支持他们恢复生产和学习，为广大难民做出了巨大的自我牺牲。充分展示了国难之际四川人民在抗日民族统一战线思想指导下，发挥主人公精神，主动与内迁人员同舟共济的无私情怀。这种大爱精神也给抗战内迁人员留下美好而深刻的印象。

抗战之际，参军入伍成为广大四川热血青年的重要人生选择。在国共合作、全国总动员和抗日民族统一战线思想引领下，四川成都、重庆、自贡等很多地方出现青壮年积极参军的热潮，自愿参军，妻送夫、父母送儿当兵的事例层出不穷、不胜枚举。比如，中央军校成都分校陈执功等 23 名学员，积极向学校递交北上杀敌呈请，以最大的诚意和热情，表达了急切奔赴前线，杀敌报国的决心与勇气。不少普通青年也自愿舍身报国，入伍当兵以报效国家，表现了响应救国号召，主动"抛妻"别母，舍小家为大家的爱国主义情怀。如新津县的爱国模范，72 岁高龄的高尚奇十分痛恨日本侵略者，他将自己 4 个儿子中的 3 个送去抗日前线。长子高光祖、次子高光文在湖北前线杀敌，四子高光大 15 岁就考入装甲兵团，转战湘桂各地战场。他仅留三儿子高光田在家做小生意，以维持一家剩余几口人的生活。在 1943 年战事最吃紧的艰苦阶段，也是为了早日打败日本法西斯，广大知识青年高扬爱国主义旗帜，掀起"十万青年十万军"知识青年从军高潮。两期知识青年从军活动，全国约有 15 万人登记报名，仅四川就有 4 万人以上，其中第一期仅成都一地就有 8000 人，占到总数的 1/4，为抗战提供了优秀充足的兵源，为抗击日寇做足了充分的准备。

抗日战争期间，一方面是经济来源大省的相继陷落，资金来源渠道受损；另一方面本就贫困的湖南、湖北、贵州、云南、广西正与顽敌酣战。整个经济来源不断减少而战争费用的支出却在不断增加。在抗战最困难的时期，一般估计四川负担了国家总支出的 50% 以上，真正成为抗日战争的主要经济负担者。以八年抗战总经费支出计算，国家共支出 14640 多亿元（法币），四川就负担了 1/3，约为 4400 亿元。可以说，四川人民成为抗日经费的最主要承担者一点也不为过。除了财政负担，四川人民成为前方将士和后方城市人民所需粮食的主要生产者和供应者。从 1941 年到 1945 年的 5 年间，共征缴稻谷 82285990 市石。此外，每年还要承担供给西康、云南、贵州人民所需粮食的 30% 以上的任务，满足本省 5000 万人口的粮食需求。四川之所以能提供如此海量的粮食，与四川人民一心爱国，精耕细作，努力生产，厉行节约等行为密不可分。巨大的粮食负担使天府之国的四川人民不得不"实行一日两餐"，甚至忍饥挨饿，从侧面说明了广大四川民众对抗日救国、抗日保家的高度认可与自觉支持。

在抗日战争的艰难历程中，四川男女老少节衣缩食，主动为抗战救国踊跃捐献，总计两次献金活动，募集了总额高达 6 亿至 7 亿元巨款，用于购买前方急需的飞机、大炮和坦克，提升官兵抗日武器装备；230 多万人承担起赶修川陕、川黔、川湘、川滇公路和新津机场等任务，为稳定并巩固抗日大后方的根据地作用、核心作用，做出了不懈努力。四川人民克服重重困难，积极捐献军粮，为确保抗日胜利做出了巨大的牺牲和历史性贡献。

正如 1945 年 10 月中共《新华日报》发表社论《感谢四川人民》所评价的那样：

四川人民对于正面战场，是尽了最大最重要的责任：直到抗战终止，四川的征兵额达到 3025000 多人。四川为完成特种工程，服工役的人民总数在 300 万以上。粮食是抗战中主要的物质条件之一，而四川供给的粮食，征粮购粮借粮总额在 8000 万石以上；历年来四川贡献于抗战的粮食占全国征粮总额的 1/3，而后征购与征借亦自四川始。此外各种捐税捐献，其最大的一部分也是由四川人民所负担……仅从这些简略的统计，就可以知道四川人民对于正面战场送出了多少血肉、多少血汗、多少血泪！①

社论高度评价赞扬四川是"历史上最大规模的民族战争之大后方的主要基地"②，分别从人力、粮食和财力等方面，充分肯定了四川人民为抗日救国付出的巨大牺牲，做出的无私奉献。

（四）不屈不挠的英雄气概

中华文化悠久灿烂，中华民族也曾历经沧桑，饱受磨难，但始终保持了旺盛的生命力和创造力，没有被困难吓倒，也没有被困难打倒。中华文明作为世界上唯一没有被中断的文明，是与中华民族生生不息、坚忍不拔和历久弥新的民族精神紧密联系在一起的。中国历史上尽管并不缺乏朝代更替，不乏战争与分裂，但在中华文化旗帜下始终保持了主体的统一、主流文化的传承与弘扬。当日本侵略者发动占领我国领土、独霸亚洲、致力于灭亡我中华文明的罪恶时，"这种民族自信心与自尊心，化为全国人民保家卫国的共同意志，铸成全国人民抵御强敌的铁壁铜墙"③，成为有力抵抗日本法西斯最坚强的精神力量。

全面抗战开始后，中国东部地区大部分国土沦陷，作为地理条件、经济基础、交通要素、人口数量较有优势的四川，很快成为抗日大后方的核心基地。重庆作为战时陪都，既是大后方的中心，也是正面战场的指挥中心和抗日最重要的后防基地。

就战略地位而言，重庆成为中华民族坚强不屈、毅然抗战的精神归宿地与战斗意志堡垒。日本法西斯为了瓦解国民政府和中国军民抗日必胜的坚定信念，实现日本法西斯"政治诱降"的战略，进而早日结束对华战争，以便抽调出兵力实行"南进"的战略部署，从 1938 年春开始，日军加强对陪都重庆、成都等

① 中共成都市委党史研究室. 八年抗战在蓉城 [M]. 成都：成都出版社，1994：653-654.
② 中共成都市委党史研究室. 八年抗战在蓉城 [M]. 成都：成都出版社，1994：653.
③ 董秋英，王瑛，李光辉. 脊梁 [M]. 长沙：国防科技大学出版社，2015：7.

四川重要城市的大轰炸力度，给四川广大无辜民众造成了极其惨重的损失，犯下不可饶恕的滔天罪行。

据《民国28年（1939）四川省各地空袭损害统计表》统计，日本多次对重庆、成都、新都、万县、梁山、奉节、涪陵、自贡等23个四川城市进行轰炸。全年出动日机126批次，913架次，投弹5743枚，炸死无辜居民7960人，炸伤7333人，炸毁房屋24662间，造成了空前惨重的灾难。这一年的5月3日、4日两天，日军对重庆市进行了疯狂轰炸。5月3日出动4批次36架中型轰炸机，在人口稠密、商业繁华的市中区投下大量炸弹和燃烧弹，炸死居民673人，炸伤350人，毁坏房屋1068间，大梁子、陕西路等17条主要街道大火日夜不熄，残肢断臂随处可见，建筑、街道统统被夷为平地。5月4日，日军再次出动3批次27架飞机轰炸重庆，炸死居民3318人，炸伤1973人，炸毁房屋3803间。都邮街、小梁子、七星岗一带昔日繁华的街道被烧成火海，房屋倒塌，死尸横陈，一片焦土。一天造成死伤达5291人，成为"当时全世界空袭史上创纪录的惨案"①。由于战争期间，物价上涨，加之日机不断轰炸重庆等地，成都、重庆等地民众大多陷入贫病交加的生存困境。特别是那些背井离乡的难民更是度日如年。他们有时为了凑些饭钱，不得不变卖自己所带的衣物财产，为了一家不至于饿死病死，甚至当街叫卖自己的子女。如此人间惨剧，无不与日本侵略者的疯狂轰炸相关。

日本侵略者企图通过对重庆的疯狂轰炸，摧毁抗日大后方军民抗战到底的坚强意志与决心，达到"毕其功于一役"的罪恶目的。因此，侵略者采取了残酷轰炸、"疲劳轰炸"、轮番轰炸等野蛮轰炸方式，给四川军民带来持续不断的伤害、灾难与恐怖。但这并没有吓倒英勇无畏、决心抗战到底的四川军民，也没有摧毁军民抗日到底、抗日必胜的坚定意志，反而增加了对日寇的仇恨，激发了全体军民团结一心、动员一切力量减少轰炸损失，积极生产自救、报仇雪恨的信念和勇气。他们中有人虽然接连遭遇失去亲人、朋友的巨大悲痛，有人平白无故地蒙受着人财两空、血本无归甚至倾家荡产的巨大损失，有人长期不断地遭受连续轰炸带来的巨大精神恐惧与折磨，但在长达5年半的时间内，广大军民强忍悲痛与愤怒，忍辱负重，用血肉之躯抗击日寇的野蛮轰炸。他们没有屈服，也绝不颓废，反而增强了抗日必胜的信心。特别是重庆、成都、南充、宜宾、自贡、泸州等县市，在共产党员的帮助下各种救亡团体纷纷成立，积极

---

① 温贤美. 日机对重庆的"战略轰炸"和重庆的反空袭斗争［J］. 天府新论, 1994（4）: 78.

投身到反轰炸、稳定后方根据地的工作上来。如成都重庆相继组成以各界救国联合会为基础的各界抗敌后援会，广泛发动、团结群众，宣传抗日，使声势浩大的抗日宣传活动深入人心，成为凝聚民族的重要力量。进步报刊大量涌现，如《国难三日刊》《星芒周报》《救亡周刊》《妇女呼声》以及《四川日报》等，都是重要的抗战舆论阵地。学生们成为抗日急先锋，他们到成都春熙路大舞台进行宣传，到电影院、街头去宣传，去谴责日寇的罪恶与暴行，激发民众团结一心，与日寇决战到底的信心与勇气。

　　四川军民万众一心，不屈不挠的抗日举措，创造了"二战"史上军民团结一心以弱敌强、以柔弱克强敌的成功范例。四川军民不断奉献、自立自救，极大地减少了日寇野蛮侵略与轰炸造成的生命与财产损失，捍卫了抗日大后方的安全，粉碎了敌人妄图靠摧毁重庆胁迫中国政府投降的罪恶企图。四川大后方特别是陪都重庆等地的安稳，成为凝聚民族精神力量；坚定抗日到底、抗战必胜的民族信心的历史重地，成为助推中华民族不断发展繁荣的精神动力，并在血与火中铸就了四川军民的坚强性格与伟大精神。

第五章

巴蜀文化"活在当下"的时代思考

第一节 文化与科技融合推动巴蜀文化创新发展

一、文化与科技的历史联系

英国学者泰勒认为,文化具有非强制性的影响力,涉及知识、信仰、艺术、道德、风俗,以及人类在社会中所获得的一切能力与习惯。文化是民族的血脉、人民的精神家园,塑造并规定着一国人民的精神气质与思维方式,是一个国家或民族的历史、地理、风土人情、传统习俗、生活方式、文学艺术、行为规范、思维方式、价值观念等的总和,承载着引导社会进步与提升文明程度的重要作用与功能。科学技术是人类关于自然、社会、思维的知识体系及其实践。科学技术为人类创造了巨大的物质财富和精神财富,它无论是作为生产力的要素,还是作为文化的要素,都极大地推动了人类进步。科学技术作为推动社会进步的关键力量、人类文化的重要组成部分,以多种方式作用于文化的发展;同时文化作为一种内在价值和外在环境,也会有形或无形地反映着、引导着科技的发展。文化与科技作为人化自然取得的最具影响和成效的成果,是人类文明的共有结晶,二者相伴始终,贯穿于人类社会发展的各个阶段、领域,成为影响社会发展演变重要而关键的力量。

文化与科技在不同的历史阶段包含着不同的内容,二者一道经历了同生共长、互相影响、休戚与共的漫长发展演变过程,共同服务于社会、经济的进步与发展。古代科技尽管原始落后,但作为推动当时社会经济、政治、文化发展的重要力量,仍然深刻影响和制约着当时社会、经济的发展进程,成为古代文化艺术发生演变的重要源泉。如在我国古代典籍《诗经》《尚书》《左传》《礼记》等经典中,收录了大量相关的天文、历法、采集和耕种技术方面的记载,充分反映了科技在古代中国生产文化中的重要作用与影响。自18世纪以来,科技成为影响文化的重要因素,一系列的近代产业革命风暴不断在政治、经济、文化、军事等领域产生着重要影响，彰显了科技在近代社会进程中的主导地位。比如蒸汽机、内燃机的发明，为人类社会的近代化发展提供了所需要的动力；飞机、轮船、汽车的发明，拉近了人们之间的距离。特别是 20 世纪人类在生物技术、信息技术和人工智能方面的创造发明，在使人类征服自然的能力空前增强的同时，也使世界各国能够迅速地交往，加速了不同文化之间的交流与传播，培育了区别于传统农业社会的新型文化形态，孕育并造就了都市文化，并使之逐步成为文明社会的主流文化，进而为传统文化的内容与形式带来了根本性的改变甚至转向。可以说，现代科技向文化活动领域渗透得越多，它对文化的推动作用也就越强，与此相应，文化对科技发展的价值"导航"作用也更加明显。在现代社会、经济不断发展的背景下，科技与文化的相互作用、影响与渗透，变得愈加密切了。近代化以来，科技迅速超越文化成为社会的主导力量，从最初马克思论证的"生产力中也包括科学"，到邓小平指出的"科学技术是第一生产力"等著名论断，充分说明科技已经成为现代社会中最具影响力和支配力的根本力量。

二、文化与科技的相需互动关系

科技与文化互相依存，相需互动。科技成为推动现代文化建设发展的第一动力。科技创新能够引领、支撑文化创新，它在文化创意产业中的作用是多层次、多维度的；没有科技支撑，很多文化创作只能是海市蜃楼，难以形成有市场的文化创意产品。不少高端的文化创意业态，正是由科技推动和创造的，有关动漫、网游、数字出版等文化创意产业核心竞争力的形成过程，更是如此。科技不仅为现代文化建设提供重要的思维模式与先进的手段，还充实了现代文化的内涵，推动着文化产业的发展与进步，成为推动现代文化建设发展的第一动力。如数字化、信息化、网络化和人工智能等科技新成就，空前地增加了现代文化产品的科技含量，不断地影响着人们的文化生活方式，成为推动文化推陈出新、走向世界、走向现代化、实现产业化的基础。尤其是现代科技文化所蕴含的科学精神、科学思想、科学方法、科学知识，既是社会文化、人文文化、历史文化构成中的核心要素，也是现代文化的重要组成部分、基石和先导，可以说，科技与文化互融日趋紧密。

必须看到，文化是科技进步重要而关键的引导因素，不断为科技发展提供精神动力和智力支持。文化的发展为科技发展提供了良好的环境与氛围，是科技进步创新的思想基础，成为主导科学家的价值取向、激发他们创新力、提高他们思维水平的关键力量。从某种意义上说，科技与宗教、文学、艺术一样，都是人类文化的重要组成部分,科技研究及其集结的成果本身就包含在文化的范围内。

文化与科技融合发展,不断催生新型的文化业态。一方面,通过智慧和创意,运用信息技术提升和扩大文化服务水平和空间,增强和提高文化服务效果和品质,推动文化产品数字化、网络化传播;另一方面,开发和引进高新技术,加快文化与科技的相互渗透,培育具有自主知识产权的核心技术,提升文化和文化产业的竞争力。但是,必须认识到先进技术与先进文化之间并不存在完全的对应关系,决不能将二者画等号。因为,先进文化的本质是精神文明,是思想的升华和道德的提升,是人的心灵的净化,是理想、信念、意志、道德等的高度凝聚与典型体现。没有文化的底蕴,任何科技产品都只是一副机械零件的堆积,得不到消费者的认同,形不成巨大的品牌影响力。

在新时代背景下,为了促进文化与科技融合发展,必须重视以下几个方面的内容:

首先,必须厘清文化与科技功能、属性之间的关系,把握文化与科技融合的必然性、紧迫性。现代科技作为文化发展必不可少的加速器,它的每一次重大进步,都会以各种方式、在不同方面促进文化事业及其产业的发展。依托于现代科技的新发现、新发明,文化的影响力必定会得以不断增强,更加丰富和具有活力。人们说"知识就是力量",将知识置于自身中的文化无疑也是一种力量。文化的力量从根本上说来自文化内在的非强制性,来自它作为人类的外部环境并进而内化为人的无意识行为,所以凡是有其深厚社会基础并且能够与时偕行的文化就有强大的力量。同时,文化如果能够吸纳其他方面的营养成分,就必然更加完善自身结构,更加富有力量。传统社会中,文化的功能地位在很大程度上是依靠行政权力和世俗的力量得以强化的。现代社会中,科技日益成为社会的主导力量,成为扩大文化力量的主要因素。因此,在中华文化的伟大复兴过程中,只有依靠科技力量的帮助,借助科技力量的平台,中华优秀文化才能够长久保存、迅速扩散、广泛传播,进而向高质量、最优化方向发展,才能在实现伟大中国梦的进程中发挥重要的推动作用。

其次,把握文化与科技融合的现实可能性。时代的多元性发展趋势决定了多元性发展必将是未来文化与科技融合发展的重要趋向。在多元文化并存、开放的时代,任何以单一、独立和绝对纯粹为标榜的发展目标,势必遭遇来自内、外两方面的发展阻力。作为产生于文化土壤,又在后天的成长中吸取众多文化传统与合理元素中发展起来的科学技术,本身是一个多元文化的集合体,与其他文化传统长期共存于现实社会中。它既有科技自身的多元功能、特性,也有众多非科技的文化活态基因和基本要素。这就决定了未来科技要不断发展繁荣，就必须与非科学的文化传统同生共长、取长补短，以丰富完善自身功能。在未来的社会发展中，科技与宗教、文学、艺术等文化形态一样，享有同样的生存与发展的权利。除保有自身内部的开放性外，科技必须走下科学的神坛，破除科学至上主义的壁垒，并不断走向普通民众的现实生活，向大众化的科学普及方向转化，并主动与其他各种文化相互融合，展开对话与合作，在开放式的批评中实现彼此的进步与发展。如果仅仅囿于自身，孤芳自赏，显然不足以彰显科技广泛作用于世界，实现科技服务于人类的自身要旨，也不利于科技在开放的世界中得到更好的发展。如果缺乏了与社会经济发展、人文历史、自然生态的联系，科技存在的重要价值意义也必然大打折扣，甚至因长期自我封闭而陷入自我设置的"为了科学而科学"的陷阱，成为人类文明进步的羁绊甚至沦为祸害人类文明史的"异类"。因此，在未来的发展中，科技必然会与社会精神文化主动融合、深度融合与普遍联系，以更加开阔的视野和宽容的态度，开创更加灿烂的人类文明成就。这也是科技适应今天多元化的社会发展潮流的必然选择。

党的十八大报告对科技与文化融合提出了要求，强调"促进文化和科技融合，发展新型文化业态，提高文化产业规模化、集约化、专业化水平"①。如果说科技创新是文化发展的重要动力，科技对文化有巨大的促进作用，那么文化与科技融合则是增强文化产业核心竞争力的不二选择。在实践中，文化与科技融合就是文化提出问题科技来回答，就是要组织文化领域技术攻关，提升文化自身的科技含量，推动科技成果在文化创意产业中的转化应用。企业具有追逐利润的天然动机，其有生存发展的自我激励机制，所以企业是文化创新与科技创新的主体，做大做强一批科技含量高的文化企业是文化与科技融合，发展文化创意产业的最好方式。另外，参照高新技术企业认定办法对文化产业支撑技术进行认定，搭建文化与科技互动研发及交易平台，是推动文创产业发展的基本保障。

总之，科技作为先进生产力，代表着文化发展的未来方向；文化和文化产业的科技含量和科技进步，在一定程度上决定着文化和文化产业的国际竞争力。当代中国，正在深入实施建设创新型国家战略，推动我国各项事业走上创新驱动的轨道。因此，抓住科技第一生产力发展进步的难得机遇，契合文化大发展

① 胡锦涛. 坚定不移沿着中国特色社会主义道路前进为全面建成小康社会而奋斗 [M]. 北京：人民出版社，2012：33.

大繁荣的时代呼声，促进文化与科技的融合，既是实现伟大中国梦的应有之义，也是建设文化强国的必然要求，推进巴蜀文化发展繁荣再上新台阶的重要举措。

三、文化与科技融合发展的现代趋势

在经济全球化和文化多元化的时代背景下，文化与科技从最初关切自身的发展与完善演进到经济发展、社会需求和民生需求融合发展的阶段。在市场经济潮流助推下，科技主动融合文化推进文化产业化；文化吸取现代科技成果改进传统文化的表现形式、传播手段以提升文化的影响力与竞争力；坚守传统文化底线确保文化安全，成为文化与科技融合发展的焦点与重点，并在科技服务于社会、经济发展的共同目标上，二者彼此渗透、相互促进、交叉发展成为二者的共同趋向。

现代科技在知识经济中的广泛应用与显著地位，创造了新的文化生产形式和文化生活模式。如现代经济活动采用先进的生产设备、工艺与人工智能技术，使工厂生产从机械化、自动化向智能化提升，由此催生出新型的管理文化、企业文化与生产文化，即是明证。如数字技术的不断发展，使文化的科技含量空前增大，文化创造和文化产品的内容与形式不断改变着传统文化，文化的休闲作用日渐突出。如云计算、大数据等数字技术提供的丰富多彩的各种文化产品和服务，使人们有条件从追求物质享受转向满足文化需求，把物质消费方面的支出更多地用于文化消费和精神消费。"数字化文化"的快捷便利，扩大了人们享受文化活动的范围，形式也得到了前所未有的拓展和丰富。如在网络虚拟空间构成的文化场中，人们可以进入"虚拟教室""虚拟社会"，体验"虚拟生存"，甚至缔结"虚拟婚姻"，等等。现代科技强化了文化与科技的融合程度。在科技飞速发展的当下，现代文化不能独善其身，已经无法摆脱高科技的吸引力，进而催生了很多文化形式，如电影、电视、手机视频、云端会等，本身就是科技发展的产物。现代科技空前提高了文化产品的生产速度和效率，极大地促进了书籍报刊业的发展，扩大了文化传播的时空范围，实现了文化资源的共建共享。

四、巴蜀文化与科技融合发展的主要方向

作为一个具有悠久文明的国家，我国的传统文化确有值得自豪的丰富内涵，中华优秀传统文化更是我们不断提升综合竞争力的关键因素之一，但这并不是说中国文化就一定优于西方文化，并不是说在逻辑上就必然会成为引领世界的主流文化，更不等于中国传统文化已臻于完美而不需要吸纳科技文化。恰恰相

反，建立在近现代科技基础之上的科技文化，其精神和内核无疑是中国传统文化长期所缺乏的重要元素，必须像钙、锌一样补充到中国传统文化的骨骼之中，增强中华传统文化的强度和力度。不容否认，中国古代科技成就辉煌，但中国在科技文化理念方面认识的不足甚至匮乏导致近现代科技的落后也是一个不争的事实。可以说，如果没有科技文化的渗入，我们的近代民族文化很难跟上现代科技的步伐，也就不能很好地通过开发利用厚重的文化资源来提升我们的综合国力、国际竞争力。因此，为了推进先进文化建设的需要，讲好中国故事，传播中国声音，我们必须吸纳科技文化。客观地说，我国目前还存在着产业结构不合理、经济效益不高、劳动生产率偏低、人力资源质量低下、社会综合发展总体滞后等问题；文化的影响力也明显落后于经济影响力和政治影响力。因此，加强文化与科技的融合，充分发挥科技进步在文化发展繁荣中的助推作用，对实现文化大发展大繁荣，提升我国的综合国力，维护我国文化安全，将是必要而不可或缺的重要使命。

巴蜀文化作为中华文化共同体中重要而独特的地域文化，自身经历了长期积累、发展与对外交流、融合的历程。不仅有自身的文化根脉与特质，而且具有以天数历算、百工技艺、冶炼钻探为主要特点的科技成就。推进巴蜀文化与科技融合发展，可以说是渊源有自、顺势而为的事情。

就加强巴蜀文化与科技的融合而言，根本在于提高文化专业化、集约化、智能化、产业化的规模与水平，积极吸收借鉴国内外优秀文化成果，提高传播能力，发展新型智能文化业态。在空间布局上，要与国家区域发展战略"成渝双城经济圈建设"有效配合；在时间进程上，要把握好分步骤推动和系统化建设的关系；在社会、经济效益上，要把社会效益、文化自身发展放在首位，要把重点放在提升产业能级，推动文化产业专业化、智能化、规模化、集约化发展上来。归根结底，实现巴蜀文化与科技的融合，要推进巴蜀文化的品质化发展与特色化发展，增强巴蜀文化的整体实力和内在竞争力，确保我国的文化安全，加速推进中国文化的"走出去"与"引进来"战略的全面实施；要丰富拓展巴蜀文化的价值、内涵，创新巴蜀文化的表现与传播形式，提升巴蜀文化的凝聚力和国际影响力；要争取中华文化在世界文化发展中的主导权和话语权，抢占新一轮文化产业转型升级的滩头阵地，助推川渝两地乃至西部地区、长江流域上游社会、经济和文化的综合发展，又快又好发展，最大程度满足人们不断增长的文化需求，促进民族文化的大发展和大繁荣，建构具有中国特色社会主义的现代化巴蜀文化价值理论体系。具体而言，必须做好以下工作：

（一）拓展巴蜀文化与科技融合的广度与深度

高新技术是改造并提升传统文化产业、培育新型文化形态、增强文化产品竞争力和市场吸引力的重要手段，必须致力于把最新的科技成果贯穿到巴蜀文化事业与文化产业研发、生产、销售的各个方面，集成资源、集聚优势，提升文化与科技融合的集约化、专业化水平，高标准地建设一批特色突出、产业链完备的文化与科技融合创新公司集团，培育一批拥有自主知识产权、具有核心竞争力的文化与科技融合的示范品牌，引领文化产业化发展的时代潮流，建成具有中国特色文化基因、巴蜀文化根脉特质的世界级文化与科技融合中心基地。通过走产、学、研、政有机结合，互利双赢的合作化、集团化与品质化发展之路，抢占文化与科技融合发展的辐射源与时代制高点。进一步加强基础性、原创性研发，努力提高巴蜀文化的自主创新能力。围绕"两办"文件精神的要求和共建"巴蜀文旅走廊"这一未来发展目标，可先行确定巴蜀优秀传统文化传承创新工程的主体、目标及原则。必须在强调"坚守中华文化立场、传播继承中华文化基因，继其精华、去其糟粕，扬弃继承、转化创新，赋予新的时代内涵和现代表达方式"的基础上，结合巴蜀优秀传统文化资源情况，推进"四川民间文化与民间文献研究""巴蜀文化图像收集整理工程""蜀道文化"等史料文献整理与研究工作；推进"孝道与巴蜀家风家规家训研究""巴蜀红色文化、革命文化研究""巴蜀文化大家大师研究""巴蜀历代思想家、文学家、科技大家研究""巴蜀武术文化研究与传播""三国文化研究""巴蜀新乡贤文化与乡土社会研究"等传承类的研究；推进"巴蜀文化系列读本"等普及类读物的编撰；启动"中华老字号传统企业文化研究""国家巴蜀文化公园论证研究""国家藏羌彝文化走廊公园"论证研究等转化类的研究。着力于对巴蜀文化资源的现代转化方面开展积极的探索和尝试，为促进巴蜀文化资源的活态传承与创造性转化、创新性发展方面，做出积极贡献。此外，在大数据背景下，加快构建现代巴蜀文化传播体系，积极推进广电网、电信网、互联网融合发展，提升文化传播的网络化水平，保障信息传播的高效快捷和安全有序，形成与我国国际地位相称的文化传播能力和世界影响力。

（二）提升科技对巴蜀文化的赋能作用

通过科技与文化融合，创新驱动，赋能巴蜀文化产业，促进巴蜀文化高质量发展再上新台阶，以支撑和保障实现文化大省向文化强省转换的宏伟目标。在文化与科技融合的具体过程中，必须遵循二者自身发展的规律和特性，实事求是，面向未来。既要充分尊重科技创新对巴蜀文化发展的带动作用，也必须重视巴蜀文化对科技创新产业的精神、价值和特性的导向作用。坚守住巴蜀文化的精神根脉与特质，传承巴蜀精神文化的特质、内涵和基因，防止巴蜀文化的低俗化、媚外化和异化走向，确保巴蜀文化根脉特质的延续传递与发展繁荣。在复杂、多重的社会参照系和各式各样的文化时代潮流中，主动增强文化自信力，重视巴蜀文化与科技融合的目的性和实效性，积极发挥巴蜀文化自身优势特色与科技深度融合所形成的创新作用、引领作用、吸纳作用和转化作用，增强巴蜀文化的凝聚力、内生力和影响力，推进"成渝双城经济圈建设"再上新台阶。

（三）建立融合发展的现代化机制与体制

巴蜀文化本来学脉相连，同源同根。当前亟须打破川渝两地各自的行业鸿沟和行政界限，"一盘棋"式地加强顶层设计和系统规划，深入研究制定巴蜀文化与科技融合互促、联合行动方面的规划，找准融合的重点对象和范围，开辟新的发展路径，推动巴蜀文化与科技融合发展的主动性、能动性。重视人才培养，强化文化与科技融合创新规律的探索研究，强化文化与科技基础性方面的合作研究，加快高新技术在文化建设领域的应用转化研究，拓展科技、文化与产业公司的合作力度与范围，建立文化与科技融合发展的有效机制。此外，还须加快资源配置和项目投入，从根本上解决制约文化与科技融合发展过程中资金不足，合作渠道不通，市场占有度低下以及产业化效益低下、产品竞争乏力等实际困难。

（四）坚持科技对文化产业的创新推动作用

科技作为第一生产力，代表着文化发展的未来方向。这对提升巴蜀文化和文化产业的创新力、影响力、表现力、传播力和吸引力均具有重要而直接的意义。科技创新、进步引发的文化体制与机制的创新和改革，直接赋予了文化发展繁荣及其产业化崭新的内容、形式和动力。如以人工智能、大数据、云计算为核心的现代文化传播方式，为传统精神、思维信仰、世界观和价值观念的传播提供了前所未有的便捷和速度。文化与科技融合的创新与进步程度，决定着文化和文化产业的活力与现代竞争力，这对巴蜀文化的现代化发展繁荣而言，亦是如此。因此，主动把握现代技术传播和产业升级的主动权和引导权，加强巴蜀文化与科技的融合发展合作渠道、路径建设，不断创新产业化手段，开发具有市场竞争力的文化产品，必将是巴蜀文化产业创新发展的主要内容和重点方向。

第二节 巴蜀历史文化资源的"活态"保护与创新性利用

一、历史名人文化资源创新利用

（一）巴蜀历史名人概况

巴蜀是长江上游古文明的起源地和中心，是巴蜀文脉永恒发展的故乡。四川之地，本《禹贡》之谓梁州。其境"介南北之间，折文质之中，抗三方而屹屹，独完气于鸿蒙"。剑门关之雄奇，夔门之激越，江汉之炳灵，岷峨之俊秀，山川之雄险幽秀，江河之激越奔腾，内则封闭，外则开敞活跃的结构形态，形成了有别于中原之地的自然、地理与物候特点，故被陆游视为"天下之绝观"，深刻影响着巴蜀人的思维方式、生活方式以及人文士习，孕育了奇幻浪漫的巴蜀人文士风。可以说，巴蜀人文自古气脉相连，神韵相通，人才辈出、代不乏人。西汉之际，文翁"以儒化蜀"倡其前，相如、扬雄接其武，而严君平继其后，"蜀学比于齐鲁焉"。由汉而唐，风华浩荡，百家争鸣。陈子昂"念天地之悠悠"，高举革新大旗，提倡汉魏风骨，扫齐梁之绮靡，奠盛唐之雄风；赵蕤长短，宗密会通，故"言蜀者不可不知禅，言禅者尤不可不知蜀"，故谓"禅宗在蜀"；"李杜文章在，光焰万丈长"，诗仙与诗圣，浪漫与现实，雄视百代，造就文坛"古今之绝观"；女皇帝威仪，天下皆知。两宋之际，"三苏"挺世，"一门父子三大家，三苏文章天下传"，文章"冠天下而垂于无穷"；陈抟于道教之功，张栻、魏了翁于儒学阐发，天数推衍、史学华光、画院首倡、印刷先驱，可谓异军突起，造就一代高峰。明清及近代，升庵科第文章甲天下，百科《函海》李调元、"性灵"诗人张问陶、"最后的经学大师"廖季平，红色文豪郭沫若，学脉相传，代不乏人，表仪一方，蔚为壮观。四川历史名人数量多、影响大，是巴蜀文化的瑰宝，是四川亮丽的名片。四川历史名人不仅有其内在产出规律及特征，更有其独特的历史价值、精神价值和当代价值。究其内在规律和特征来说，四川历史名人具有开拓创新、后来居上的精神特质。四川人向有大胆开拓、继承性创新的精神与气魄，展示了巴蜀先贤不断贡献新质、新思的非凡创造力。由于自然地理环境造成的封闭，四川历代人文学术具有每每滞后于外的现象。但是一旦有特见独立之士为之先导，必然会后来居上，甚至取得"跨越式"的发展奇效。如张之洞创办尊经书院，以王闿运为之师，"以实学课诸生"，四川人文蔚起。四川借此成为李学勤所谓"湖湘之后中国思想、学术与人才的又一个重镇"。四川民众和精英主动顺应社会结构转型和更新的超前性、冒险的精神，成为四川人文精神最主要特征与重要标志。巴蜀历代历史名人，无疑是千百年来推动巴蜀文化甚至中华文明转型的重要力量。

四川历史名人有其重要而特殊的精神价值，主要有四：

一是历史价值。人是历史的主体，历史归根结底是人的历史。作为历史中最活跃的主体，名人的事迹和经历更是历史的缩影。古人有云："以古为镜，可以知兴替；以人为镜，可以明得失。"后人读其书、凭吊其遗迹而想见其人，思接千载，视通万里，吸取教训，获得启迪，涤荡心胸，磨砺意志。

二是思想价值。文化的中心是思想、学术，举凡政治、历史、文艺等无一不受其影响。文学、史学、宗教之类，无一不具有鲜明的思想性。西汉扬雄模仿《易经》的结构，以"玄"为中心构筑宇宙生成图式、探索事物发展规律；南宋张栻、魏了翁从"心"的概念出发，努力发掘人的价值。四川历代思想家的实践，代表了古人在探究宇宙、社会、人生根本问题上曾经达到的高度和深度，堪称人类求索真理之路上的丰碑。

三是精神价值。四川历史名人或立德，或立功，或立言，同立于不朽之域。诸葛亮以其"鞠躬尽瘁，死而后已"的牺牲精神，激励一代又一代仁人志士为了理想而奋斗。李白"天生我材必有用，千金散尽还复来"的自信洒脱，"安能摧眉折腰事权贵，使我不得开心颜"的独立人格，将中国人的个性解放与精神自由推向前所未有的高度。杜甫"穷年忧黎元，叹息肠内热"的淑世情怀，"安得广厦千万间，大庇天下寒士俱欢颜"的仁者精神，千载之下仍有震撼人心的力量。苏轼"一蓑烟雨任平生"的旷达、"此心安处是吾乡"的乐观，则让身处逆境中的人们得到心灵的慰藉。他们的言行不但赋予有限的个体生命以永恒的意义，也为后人树立了精神的标杆。

四是当代价值。历史名人文化资源是联系历史与当下的纽带。通过对名人文化资源的挖掘，把优秀传统文化连接到当今时代，弘扬并传播开去，有利于当前文化建设的健康发展，有利于当下社会生态的改善，有利于文化自信的树立，有利于社会主义核心价值观的培育。

（二）推进人文始祖文化资源的创新利用

大禹名曰文命，生于西羌。他是黄帝之玄孙，颛顼之孙，鲧之子。作为华夏民族的人文初祖，大禹公而忘私、舍我其谁、攻坚克难，三过家门而不入，治水在外十三年，不仅实现了变水患为水利、治水兴农的伟大人生目标，而且在治水利水的过程中，奠定了华夏民族大一统的国家基础，形成了协和万邦、民为邦本的华夏民族共识，为中华民族继往开来、永续发展注入了强大的文化生命活力与动力。大禹治水是从岷江开始的，是当之无愧的中华农耕文明初祖。为此，大禹也被推举为首批四川历史名人文化工程建设的重点对象。大禹有关"岷山导江，东别为沱"的治水利水理念与实践，为巴蜀之地摆脱水患而发展兴旺奠定了基础。这不仅意味着大禹对岷江治水利水经验的高度浓缩与提炼，而且蕴含着"德惟善政，政在养民"，家国一体，共克时艰等伟大民族精神内涵，孕育并形成了如何治水利水、兴农立家、治国理政等民族文化基因，对新时代如何保护与充分利用大禹文化旅游资源提供了坚定的历史支撑与丰富的智慧启迪。

首先，必须在深度提炼的基础上进行有效整合。

一是系统梳理，进行有效提炼与有效筛选。通过梳理历史文献记载，从大量的信息中理清大禹治水文化的历史脉络、文化要素与文化基因，总结提炼其中特有的文化内涵、文化特点与旅游价值资源。尤为重要的是，必须核定其中最具有可开发价值的资源类型，评价其可能产生的经济、社会、文化与旅游方面的价值与社会效益。一方面，需要历史学、考古学、经济学、文化学和旅游学等专业研究者的专业指导，有助于在具体实践中充分发掘资源的独特价值，切中资源开发的核心与命脉；另一方面，还需要从全局的角度进行系统分析，综合评估，整合形成资源体系库。此外，还需要通过考古、田野调查与口述史调研的方法，从既有的遗迹、遗址、民俗、传说中总结、概括出最具有时代价值的、独特性的文化旅游要素，并根据开发、利用的时代需要，从有助于价值产出的角度进行合理分类与测评，为深度开发利用提供理论方面的参考。"工欲善其事，必先利其器。"对于大禹文化旅游资源的创新性开发与利用，既做到摸清家底、"胸中有数"，也须明白资源开发利用的进路与方向，在具体实践中才能打造出具有鲜明时代特色吸引力、地域特色和民族特色的文化旅游景观与产品，才能在激烈的文化旅游市场竞争中脱颖而出。

二是走规模化利用与品质化发展之路。大禹治水文化旅游资源的存量既包括以物质状态存在的禹王宫、禹王庙、禹穴等历史遗存、遗迹，也包括大禹治水的经验、传说、故事等意识形态类遗产，以及具有大禹文化特性的非物质文化遗产。这些历史资源文化存量历经历史积淀、叠加与发展演变，并不断吸收所在地民族文化中的积极因素，形成具有民族化、地域性和特色性的珍贵资源。在现代化进程中，不少这样的民族文化资源迅速消失，一些也因为现代化潮流的冲刷而淡出人们的视线，至今留存的几乎都可以被称作可开发利用的良品。对至今保留的这类文化旅游资源存量，必须珍视和重点保护。同时，还须主动设法激活被隐藏或者覆盖了的历史文化基因，通过创新存量使之向外延增量转化。因地制宜，采取灵活的方式进行开发利用，使之成为文化产业和创意产业的内生动力与源头活水。具体而言，必须紧扣大禹治水历史文化资源这一核心，结合地域、民族和旅游发展的现实需要，通过对岷江流域各民族文化价值资源的科学化、多样化的提炼与创造性开发，建构"文化为魂"、"多态"发展的新型民族特色创意产品。

对于水脉文化遗迹、遗址、建筑、街区等固态的历史文化资源，必须遵循优先保护存量的理念，力争全面保护其原始形态、式样、色彩和规模，留住其历史的根和魂。在充分保护好存量的基础上，以创意的方式强化文化增量与规模，并有效激活文化资源的产出能力，形成具有市场竞争力、高文化附加值的产品，推动文化资源存量向文化增量的递加，扩大文化价值的产出总量。就汶川大禹故里文化资源的保护利用而言，可通过对天赦山、刳儿坪等历史文化资源的原真性保护，留住大禹故里文化的根基。再通过创意性文化内涵的解读，展示岷江水脉的历史文化内涵与价值灵魂，打造流淌着大禹精神文化基因的巴蜀水脉文明旅游体验景观以及走向世界的水脉文化金字名片。

三是重视大禹文化资源与藏、羌民族历史文化资源的多赢发展。岷江流域各民族文化资源具有原真性、完整性和唯一性等诸多特点。必须在保护其历史与民族文化真实形态的基础上，提炼出具有民族特色的大禹文化产品，在保持原貌的基础上充分利用，但不可以改变原貌环境进行开发。如汶川大禹祭坛、大禹农庄的打造，就是大禹文化资源与民族文化资源综合利用的成功典型。设计者在提炼汶川大禹作为人文始祖的历史根脉、文化价值的基础上，紧密结合汶川灾后业态创建的现实需要，将历史文化传承与现代旅游景观建设有机结合在一起，借助大禹治水所反映的中华民族"岷山导江，东别为沱"的治水救灾精神，通过文化创意的方式，创造性地为传说中的大禹出生地汶川打造了一个集文化旅游体验、民族团结进步展示和文化精神传承为一体的新型 4A 级景区，最大程度地开发利用汶川作为人文始祖大禹故里的人文价值与旅游价值。

其次，创意建构开发与综合利用特色体系。

岷江上游各种遗址、遗迹、遗物等物化的各类文化资源中，民族文化互相交融相互影响尤为明显。如汶川县古城坪出土的新石器遗存器物，既与黄河中上游甘、青地区仰韶文化晚期遗址、马家窑类型遗址所出同类型器物在形制、类型上关系密切，又与古蜀文明等考古遗址群在文化序列上同属一系。岷江上游的石棺葬文化还与滇文化、滇西青铜文化之间有相互联系。由此可见，岷江上游作为以大禹文化为标志的早期人类文化聚集地与辐射地的重要历史地位与主要特征。岷江上游地区儒、释、道文化长期并存，无论从目前保存的众多佛教、本教、道教、释比泛神教等的内容还是表现形式考察，都体现出诸教交融、诸教合一的取向，这就从另一个角度说明了岷江上游民族文化多元一体、互相影响兼容的民族文化历史特性。一方面，他们保持着本民族的基本民俗风情与民族文化特性；另一方面，由于多民族的长期交往融合，又使各民族间具有广泛的兼容性和认同性，在生活方式、精神习尚方面，容易使之具有"亲如故乡"的感觉。因此，岷江流域少数民族文化资源具有双重人文的显著特点。大禹乃中华民族人文始祖是一直存在于斯的重要文化共识，并在其民族传统文化节庆中有充分的体现。就这方面的文化资源开发而言，一是建构大禹文化水脉旅游圈。岷江上游汶山地区古羌之地是孕育中华文化的一大源头。大禹总结出"岷山导江，东别为沱"的治水经验，形成了以疏代堵的治水经验、方法。这些经验与智慧，为华夏各部族因势利导除去长期困扰他们的水患提供了有益的镜鉴。后世不少古圣贤哲，还从大禹治水的精神智慧中提炼并总结出建构中华大一统的国家思想。这些独特文化资源，有助于我们立足中华文化多元一体、源远流长的视角，破除地域文化、民族文化的狭隘局限。通过延展、植入和整合等多种手段，建构以岷江上游羌人集聚的茂县、理县和汶川为原始基点的、体现中华民族文化团结一心共治水患的中华治水文明体验旅游圈。二是借助大禹"西兴东渐"的历史脉络，建构大禹"治九州"，"随山刊木"，"斩木通道"，通关山险阻，除水患、治平陆，兴农业，开荒拓土，共建西羌故地→河洛古都→东迁南巢→兴盛江南→归葬会稽的中华水脉历史文化体验旅游线路。三是以大禹治水兴农的文化资源，串联岷江、大渡河、长江沿线水脉文化资源开发，跨空间整合茂县、汶川、都江堰的导江文化，大渡河、乐山离堆文化，重庆三峡水陆码头，武汉水运文化遗迹，绍兴会稽大禹陵墓等文化旅游线路，建构以大禹决川浚浍、导江分流，治水兴族的航运文化体验旅游线路。

再次，"多态"融合创新发展模式。

岷江上游的各州、县通过错位发展、特色发展的模式，建设大禹文化故里文化旅游景区非常重要而且很必要，但从长远发展的角度考察，走民族融合发展、"多态融合"的体系发展之路，对创新岷江水脉文化多赢局面、推进岷江上游藏羌文化旅游资源的现代化开发与综合利用再上新台阶，具有重要参考价值与意义。对于岷江水脉文化资源，根本在于通过对特殊性、标志性元素的提炼，创造性地形成可资地域文化、民族文化表达、宣传的文化标示性符号。文化符号之所以具有吸引力、震撼力和创造性，其根本在于自身所特有的文化内涵的特殊性、不可替代性价值意义。熊猫、大禹、太阳神鸟等巴蜀历史文化资源，之所以成为代表巴蜀文明历史成就的独特性、标志性文化符号，正是基于文化标志性符号特有的文化认同作用与民族精神文化历久弥新的永续生命力。对于大禹治水文化资源的发掘与提炼，完全可以借鉴这一思维模式和发展思路。对于岷江流域富有独特文化价值意义的禹穴、剟儿坪、天禁山、天赦山、禹王宫等历史文化遗迹遗址资源，可以因地制宜，结合遗址资源所在地的其他资源，提炼独特的民族化、地域性价值的文化符号，并通过文化创意的方式，打造城市地标文化标识、民族风风情标识和地域文化宣传标识地标。结合新时代爱国主义教育宣传，将大禹治水精神、兴农治水除害、舍小家为大家等精神文化活态传承下去，以符合现代人心理的方式传播出去，宣扬开来。

对大禹治水精神文化价值与历史经验智慧，可采取"文态+"的模式，通过文态、生态、业态、形态的"四态融合"，突出大禹治水精神文化在形成民族共识、民族团结与民族发展中的灵魂作用与价值导向作用。文态建设就是把大禹治水的精神文化符号通过价值展示的方式固定成物，将留存在人们精神世界里的文化价值观和文化心理中的共有价值进行创意性固化，并以物的形式展示出来。这需要以大禹文化遗迹遗址境内的特色街区、历史建筑物、标志性文创产品为媒介或者平台，通过永久性的地域标志物进行传播与展现，最终形成文化共识，在广大民众中自然传继与传播。就岷江水态文化自身挖掘利用与发展角度而言，大禹治水文化资源的综合性利用，必须重点关注以下三个方面的内容。

一是充分展示大禹舍我其谁治水以利万世精神特质在形成华夏大一统民族文化中的突出地位。把岷江水域范围内的民族地域文化的发展、传承提升到民族大团结和国家统一的高度来考量，充分发挥中华民族文化在各民族团结中的凝聚力，在国家统一中的向心力作用。

二是展现巴蜀文化中大禹精神的历史根脉，实现巴蜀文化与藏羌彝等兄弟民族文化在现代化背景下的不断融合、不断借鉴与共同发展。既要突出各地域文化、各民族文化之间的吸纳作用，也要反映他们之间的互动功能。

三是突出大禹治水利水精神智慧在近代民族文化发展进步中的带动和指引作用。就巴蜀水文化与现代业态融合而言，主要是水文化与旅游的融合，水文化与商业的融合，水态建设与地方产业发展之间的融合。可充分借助现代"互联网+"的技术形式，宣传具有水态文化符号价值的地方特色产业、产品，用文化的魅力为商业、旅游业和地方产业"提质增效"。文态、水态、业态与生态结合，打造既能满足人精神世界需求的文化产品，又能满足人们回归自然、追求身心放松的闲适生理需求的生态产品。这对于以大禹治水为核心的岷江水脉文化遗产资源的开发而言，需要在水利工程技术建设中美化生态、传播水文化精髓、增强水脉业态的功能，要在水利建设中赋予生态保护的强烈符号与文化意涵，有效实现水生态保护与水文化价值教育宣传叠加提质的多赢效应，创造更加广大的经济、文化、生态与社会价值财富。

最后，借助大禹作为人文始祖的文化价值品牌，科学组建水脉文化旅游体验线路。具体而言，通过禹羌文化纽带，主动融入重庆、武汉、浙江等地的长江水脉航运文化、码头文化旅游圈，延长自身的产业发展链条；也可以在禹羌文化的现代开发与利用中借力长江沿岸水资源文化、航运物流文化的经验、智慧与资金，推进自身文化产业的品质化发展，多角度、多层级、多方式展示禹羌文化的内涵与魅力，实现羌族文化走出汶川、走向全国乃至世界的战略，助推羌族特色文化的现代化、产业化发展。

总之，对于大禹治水兴万世的文化资源的开发与综合利用，必须坚持开发文化资源固有的系统性原则；必须综合考虑资源的价值品性、地域特色以及可开发性和可转化利用率等因素；把资源放在民族认同和国家认同的历史高度，从民族自身建设发展、多民族融合发展的历史维度和地域性、现代性等高度考量。坚持从整体和局部、宏观和微观、有用性和现实性相结合的角度，判明文化资源的核心价值点、独特吸引力和产业引爆点，判明文化资源保护、利用与开发的重点方向、重点对象和重点价值。为未来的文旅融合开发、文化符号提炼、地方特色景观塑造和创意文化产业建设，提供直接而现实的参考，推进实现文化资源向文化资本的转换，以变文化资源为文化资金。

（三）加强清白廉政文化名人宣传普及

2013 年 4 月 20 日，习近平总书记在中共中央政治局第五次集体学习时强调指出，"研究我国反腐倡廉历史，了解我国古代廉政文化，考察我国历史上反腐倡廉的成败得失，可以给人以深刻启迪，有利于我们运用历史智慧推进反腐倡廉建设"。以"铁面御史"赵抃为代表的清白廉政的历史文化资源，具有建设四川清白廉政示范基地样板所需要的现实基础与优越条件，充分挖掘利用赵抃清白廉政的文化资源，加强清白廉政的研究、教育与传播，使之活在当下，既是推进"四个全面"战略布局实施的题中应有之义，也是加强廉政建设、助推治蜀兴川再上新台阶的应有举措与重要保障。

赵抃曾四次入蜀做官，两知成都府，在治蜀兴川历史上占有显著地位。赵抃（1008—1084），字阅道，号知非子，北宋衢州西安（今浙江省衢州市柯城区人）。他是我国清白廉政文化史上的杰出代表，历代清官中廉洁自律、清白一生的楷模。赵抃曾历仕仁宗、英宗与神宗三朝，先后担任殿中侍御史、右司谏、知御史杂事、右谏议大夫等台谏要职，多次出知钦州、成都、越州、杭州等府路，累官至参知政事，以太子少保致仕，谥号"清献"。赵抃为人清白，为官廉洁，为国尽忠，在谏官任上，惩贪治腐，"弹劾不避权倖"，是宋代与包拯齐名的大清官。作为我国"清白文化"历史传统的生动实践者，是历代四川清官廉官的典型代表，为治蜀兴蜀做出了杰出贡献。赵抃在经过湔江时曾发誓说："吾志如此江清白，虽万类混涌其中，不少浊也。"①人们为了纪念这件事，就把这段湔江取名为"清白江"，为成都留下了一个体现"清白文化"独一无二的地标遗产。可惜的是，20世纪60年代在上报国务院建区区名时有人把"清"字错写作"青"字，"清白江区"之名也就因此误成了"青白江区"。但赵抃以江的一清二白明其志，一心为民，虽万类混杂也绝不同流合污的精神，则被载入史册，传承了下来。

首先，诗书继世，孝德传家的家风熏陶。赵氏一家素以建功立业、翰墨清白传家。始祖赵植在唐德宗时因平叛有功，曾官至岭南节度使，是一代忠君爱国名将；祖父赵湘，字叔灵，乃北宋淳化三年（992）进士。一生崇德行，喜清淡隐逸，有文才，尤工于诗。赵抃生性淡泊名利，随时处中，重视心性修养。赵湘曾官庐州庐江尉，遂定居在浙江衢州城北门外。父亲赵亚才，性主孝，重视德行，曾任海南主簿，卒后封荣国公。赵抃曾在《信笔示诸弟侄子孙》中说："进欲安舒退欲恬，要将高行与文兼。吾门自昔传清白，圣世于今重孝廉。"②总结了赵家德行修养与文行并重的子孙教养之法，特别强调以传承清白孝廉为特征的家风的重要性和必要性。赵抃为人长厚清修、淡泊名利，为政简易平和、慈良简重，为官清白廉洁守法度、明规矩的优秀品格，被北宋名相韩琦称作"世人标表"，是那个时代的楷模。而忠孝传家，感恩孝亲，在赵抃身上体现得尤为明显。赵抃少年时，父亲与生母先后早亡。养育赵抃成才的，一是继母徐氏，一是长兄赵振。赵抃进士及第，出仕为官，始终不忘感恩敬亲之心。赵抃在宜州（今广西宜山）任通判时，继母徐老夫人突然病逝。赵抃主动放弃官途仕进的大好机会，立即辞官归家，为继母丁忧守丧，并为继母举行了隆重的葬礼，以尽为人之子的本分。他在继母的墓旁，建草庐守丧三年，以回报继母对自己的养育大恩。赵抃孝母的事迹在家乡故里传为佳话，赵抃故乡的县令于是将赵抃故里称为"孝悌里"，有一位处士孙侔还专门为此作有《孝子传》，以表彰赵抃的孝母行为。赵抃在任屯田员外郎和通判泗州期间，为官清正，政绩突出，根据朝廷考核的结果，赵抃应当得到奖赏并被提拔重用。面对这样的殊誉

---

① 彭大翼. 山堂四考：第20卷［M］//纪昀，永瑢，等. 文渊阁四库全书：第974册. 台北：台湾商务印书馆股份有限公司，2008：330.

② 傅璇琮. 全宋诗［M］. 北京：北京大学出版社，1992：4206.

与机会，赵抃首先想到的不是加官晋爵，而是故去多年的长兄赵振，他在上书朝廷的《乞将合转官资回赠兄状》的奏章中表示，希望朝廷将给自己的荣誉转赠给死去多年的赵振，以报答故兄的养育大恩，充分体现了他重亲情、重孝悌的家风与传统。赵抃以身作则，奉行孝悌之举，对他的子孙产生了重要影响。赵抃年迈，他的次子赵屼不愿远任为官，而是坚持留在赵抃身边照顾父亲。赵抃病逝后，赵屼披麻戴孝，为父亲服丧，史称赵屼的真切之情感动了上天，乃至于有甘露降于父亲墓旁的树木之上。而赵屼卒后，他的儿子赵云因哀丧过度而死，所以世人都称赵抃家为"世孝之家"。

其次，焚香告天，冰霜其操。在宋代的官场，要做到清廉自守，清白为官，出淤泥而不染，极为不易。对如何克服官场中人"近朱者赤，近墨者黑"等人性弱点，赵抃发明了一套自省以正、防微杜渐，保持清白廉洁的特殊方法。明人高濂在《遵生八笺》中就此云："公（赵抃）平生日所为事，夜必衣冠露香，拜首告天。若不可告者，不敢为也。"① 通过在夜晚焚香、拜首告天等特殊仪式，对白天的所作所为进行自我反省与检视，一方面有助于自我警醒、改过自新，另一方面表明敬畏之心对保持"不少浊也"思想行为的特殊作用。赵抃"拜首告天"式的道德自警自省行为，对我们今天加强自身拒腐抗腐能力具有一定的借鉴意义。赵抃一生重清白，守节义，志行高洁。他在《益州路转运使到任谢表》中说："冰霜其操，松柏其心。"② 指出为官立政者的德品须像冰霜一样纯洁高尚，心灵须像松柏一样清正无邪、万古长青。这既是赵抃为人做官的道德标准，也是他扎牢清白廉洁防线的思想基础，更是他不断自我审视、自我净化的人生镜鉴。赵抃离任成都时，蜀民心怀感激之情，父老千余人向朝廷上书，希望赵抃继续留任成都。在《英宗赐赵抃父老借留奖谕诏》中，英宗在评价赵抃治理蜀地的功绩时说："卿在蜀甫逾踰年，而使者以其治绩尤异上于朝廷。夫吏所以治民也，能尽其治，民赖之，岂不汝嘉乎？"③ 对赵抃清白以率下、廉洁以治蜀所取得的治绩，做了高度而积极的评价。赵抃重视官员德行品格的高洁、心灵的纯正，为我们今天加强公民思想道德素质教育、强化自我道德养成提供了重要参考。

最后，清白廉洁文化的价值与内涵。一方面，为官者当以何品德行政。清清白白为官，清清白白做人，是中华传统道德自律和廉政处事的践行准则和理

---

① 高濂. 遵生八笺［M］. 兰州：甘肃文化出版社，2004：624.

② 赵抃. 赵清献公集［M］//曾枣庄. 全宋文：第41册. 上海：上海辞书出版社，2006：262.

③ 杨慎. 全蜀艺文志［M］. 刘琳，王小波，点校. 成都：四川大学出版社，2022：342.

想，是历代廉政建设中一种重要的文化现象，是为人做官的核心价值观的体现。赵抃清白做人，廉洁为官，惩贪治腐，从理论、实践与制度的角度，为我们提供了加强廉政建设的丰富经验与智慧。赵抃清白为人，清廉自守，重视以孝德为核心的家教家规。他曾在《信笔示诸弟侄子孙》中说："吾门自昔传清白，圣世于今重孝廉。"① 指出为官须重清白孝节，不忘修身养性。不蓄私财，甘于淡泊，绝不做以权谋私的非分之想。赵抃在《座右铭》中云："依本分，莫妄想。……得便宜处莫再去，怕人知事莫萌心。"② 赵抃固守本分，廉洁自律，"冰霜其操，松柏其心"，不为私利所诱惑，不为名利财富所累的"琴鹤精神"，成为后人为官与做人、修德与蓄财的重要参考。另一方面，为官者当以何理念执政行政。为官者当有铁面无私、"通方亮直"的秉性，关心民生疾苦，为民分忧解难。赵抃"以惠利百姓为本"，坚决从思想上扎牢贪渎邪念的篱笆，绝不允许有营私妄为之想。对白天所为之事，所理之政，每到晚上都要端正衣冠，焚香庭前，告之于天。如有不可告于上天的事，就肯定是对不起老百姓的事，也就坚决不做、坚决改正。这种自我检讨、自我反思的内省方式，成为赵抃坚守廉洁自律、廉洁行政的重要心理约束机制。赵抃还提倡为官者当有忧患意识，提倡无论官民均要有"知耻"之心。主张舆论监督，讲究"众议"口碑。对官员的奖惩升降都必须有严格的规矩，提倡按规矩办事，按朝纲行政。此外，还须重视采取何方式反贪治腐，维护社会健康与稳定。赵抃强调惩贪反腐，正风祛邪，根本在于维护国家、社会的稳定。在选官、任官方面，他认为贪浊不公，奸佞私邪者不得执掌国家权柄；贪渎失职，"有失国家权重"者必须严惩；结交权贵，巴结上司，卖官鬻爵如同商人者不得提拔重用；阿谀奉承、欺上瞒下，关碍情说，妖言惑众者必须严查。但是，对于冤假错案或处理失当的案件一定要纠正处理，还以公道。赵抃特别重视对谏官御史评议官（类似今日之纪检官）的选拔培养，认为担任纪检官员者当是"天下第一流"的"清强官"。所谓"清强官"，是指为人做官清正廉洁，具有较强行政和执政能力的官员，用今天的话说，就是德才兼备的干部。选用"清强官"是政通人和、平治天下、避免冤狱的重要途径，因此选拔"清强官"，须通过"公议""公举"（众人评议）的程序，以举荐这方面真正的人才。

清白廉政文化是治蜀兴川根本大计的有机组成部分。历史的经验表明，历

---

① 傅璇琮. 全宋诗［M］. 北京：北京大学出版社，1992：4206.

② 陶宗仪. 说郛：第69卷［M］. 上海：上海商务印书馆，民国十六年（1927）函芬楼刊本.

史上治蜀兴川开拓出新局面之时，往往就是吏治清明，执政者清廉自矢、身正令行，"鞠躬尽瘁，死而后已"之日。赵抃入蜀为官时在湔江（今成都市青白江区境内）立下的"吾志如此江清白，虽万类混淆其中，不少浊也"的一清二白廉政誓言，成为继承发扬具有巴蜀特色的传统廉政文化的重要历史基础，青白江成为建设四川廉政教育基地的重要目的地。为此，主要提出以下三个方面的建议：一是充分挖掘青白江历史文化资源，建设"两个基地"。以具有廉政文化历史优势又具备现实条件的青白江区为示范实验区，把青白江区建设成为四川省廉政文化教育基地、四川省反腐倡廉教育培训基地，扎实有效地推进四川省廉政文化建设。二是加强"铁面御史"赵抃清白廉政文化的研究与宣传，编辑出版四川廉政文化丛书。挖掘巴蜀清官历史资源和廉政文化资源，打造具有巴蜀特色的廉洁文化精品和教育精品，着力构建"以廉为荣，以贪为耻，以节为荣，以奢为耻"的廉洁文化风尚。充分挖掘利用赵抃"一清二白"做官为人的文化价值意涵，打造体现大禹、李冰、文翁、诸葛亮、范成大、张咏、赵抃和牛树梅等为代表的历代治蜀兴川、清正廉洁传统名人精神纪念馆；建构以张思德、黄继光等为代表，体现四川人忠于职守、克己奉公、为人民服务精神的现代精神展览馆。加强四川廉洁历史文化宣传，编辑出版巴蜀廉政文化故事丛书，彰显新时代四川人勇于奉献、严于律己的精神风貌。三是积极借鉴学习赵抃故里浙江廉政文化建设的经验智慧，特别是"枫桥经验"，增进巴蜀文化与两浙廉政文化的交流与互动，推动巴蜀廉政文化建设"干在实处，走在前列"，取得治蜀兴川实效。

二、巴蜀文庙书院资源活化利用

文庙是中国传统文化的集中体现，两千多年主流文化发展的重要载体。文庙又称为孔庙，是用以祭祀儒家学派创始人孔子的纪念性建筑。在其历史发展过程中，它从最初单纯用以祭祀孔子，到后来"庙学合一"制度，再到名儒名贤被请进文庙加以祀奉褒扬，其所包含的文化内涵广大，价值独特，影响深远。作为儒学风教的核心聚集场所，它在发展文化、移风易俗、地方治理和传承儒家精神文化方面，产生了重要影响。文庙作为传统文化重要的物质形态遗存、文化符号和重要的文化载体，凝聚了各个历史时期上层统治者对孔子思想及儒家学说的认同、推崇和褒扬，同时又浓缩地体现了文庙发展在各个历史时期的社会政治、经济和文化发展状况，是物质财富和精神财富的复合载体，体现了一种源远流长的人文传统。对提高我国软实力，增强我国国际影响力，增强民族自信心、自豪感，弘扬传统文化、增强社会主义核心价值观，具有重要而特殊的价值与意义。

（一）巴蜀文庙概况

巴蜀之地有着丰富的文庙遗址与资源，深刻反映了巴蜀历代先贤"以儒化蜀""礼师儒""重风教"的治蜀理念和实践，蕴含着丰富的价值意涵、独特的文化精神与特征。巴蜀文庙具有以下两个方面的特点。

一是"县必有学，学必有庙"。四川文庙自汉代文翁创立石室开始，即形成了庙堂和学馆相结合的布局。"庙学合一"的格局对后世中国从中央到地方的学校建制影响甚大，对历史上的教育制度、礼乐制度以及地方文化建设，曾起到过重要推动作用。"庙学合一"是四川文庙有别于其他地区的重大文化特征。唐代以后，"县必有学，学必有庙"渐成天下定式。其天下首倡之功，在中国文化史上具有开创意义。四川文庙与学官（后世或称学宫、讲堂和精舍）布局的关系相当密切，形成了具有巴蜀风格的以下五种特点。

第一，左庙右学，如清代的成都县、岳池县、洪雅县、纳溪县、安县、安岳县等。第二，"巴出将，蜀出相"。崇文尚武是巴蜀重要的文化特色。因此，在古代四川境内，文庙与武庙毗邻而建，如德阳、青白江区至今保存着这种结构形态。正是这种风尚的历史见证。第三，庙居中，两翼为学署，如江安文庙旧在东关外，康熙年间改迁为南关外学署，在左右。咸丰九年乱后于城内西南重建，两旁仍以学署翼之。第四，前庙后学，如夹江县文庙。第五，文庙、学署、文昌宫集于一地，文庙居中，左右分别为文昌宫、学署，如清代冕宁县的文庙东侧为学署、西侧为文昌宫。

巴蜀地区的文庙总体上突出文庙在人才培养、文化风教方面的引领作用。同时，高度重视对孔子及其地方先贤的表彰宣扬，注重因地制宜开展学术活动、春秋祭祀孔子等活动。而文庙与武庙合建，反映了巴蜀崇文与尚武、文武兼备的文化精神与根脉传统。

二是文庙遗存丰富，地域广泛。巴蜀之地现存文庙以清代遗存为主。近百年来，但因人祸、天灾导致损毁程度极其严重。目前，四川境内尚存文庙遗址遗迹共37处，具体如下表所述。

表1　四川省现有文庙遗址遗存数量与分布

序号	名称	地理位置	时代	备注
1	成都文庙	大科甲巷	清	迁至金堂县赵镇十里大道北侧

续表

序号	名称	地理位置	时代	备注
2	崇庆文庙	崇州市崇阳镇文庙街罨画池公园内	清	与罨画池一起申报
3	金堂文庙	青白江区城厢镇下北街	清	位于今青白江区境内
4	灌县文庙（都江堰文庙）	都江堰市灌口镇都江堰中学内	清	
5	温江文庙	温江区文庙街	清	大成殿毁于火，1987年恢复
6	郫县文庙（唐昌文庙）	唐昌镇西街唐昌中学内	清	
7	蒲江文庙	鹤山镇大北街	清	
8	富顺文庙	城关镇解放街大南门	清	
9	德阳文庙	旌阳区文庙街133号	清	
10	汉州文庙	广汉市雒城镇房湖公园内	清	
11	中江文庙	凯江镇下南街	清	
12	三台文庙	潼川镇三台外国语实验学校内	清	
13	剑州文庙	剑阁县普安镇剑阁中学校园内	明	
14	射洪文庙	金华镇金华中学内	清	
15	资州文庙	资中县重龙镇文庙街1号	清迁建	
16	安岳文庙	岳阳镇海慧路紫竹公园前	清	
17	嘉定府文庙	乐山市市中区田家炳实验中学内	清	
18	犍为文庙	玉津镇南街	清	
19	夹江文庙	千佛村千佛崖	清	迁建
20	洪雅文庙	洪川镇洪雅教师进修学校内	清	大成殿迁至苦竹岗村三组

续表

序号	名称	地理位置	时代	备注
21	青神文庙	瑞峰镇中岩	清	1988 年迁今址
22	仪陇文庙	金城镇县粮食局	清	
23	西充文庙	晋城镇纪信广场侧	清	迁建今址，大成殿形制有改变
24	蓬州文庙	蓬安县锦屏镇蓬安监狱内	清	
25	南部文庙	南充市县委大院西侧、蓓蕾幼儿园内	清	照墙迁移大成殿侧
26	南江文庙	南江镇县委党校内	清	
27	叙州府文庙	宜宾市翠屏区宜宾八中内	清	
28	长宁文庙	双河镇中心小学内	清	
29	建武厅文庙	兴文县九丝城镇龙泉村十一组	明、清重修	仅存棂星门为明代遗物
30	屏山文庙	中都镇笑和村二组	清	故马湖府文庙
31	名山文庙	蒙阳镇北名山中学	清道光重建	
32	广安文庙	广安区浓洄镇西	清	
33	岳池文庙	九龙镇中南街	清	
34	武胜文庙	中心镇	清	
35	通江文庙	诺江镇广场	清	
36	渠县文庙	渠江镇文庙街	清	戟门新建
37	清溪文庙	汉源县清溪镇新黎村	清	崇圣祠已不存

　　从统计调查的情况看，目前四川文庙资源丰富、遗迹遗址较多。一些地方政府对文庙资源的保护和利用有一定的认识，如犍为县文庙、德阳市文庙、崇州市崇庆文庙和青白江城厢镇的文庙等，已被文管部门列为重点保护、进一步开发利用的文化资源。但从总体现状来看，还存在以下不尽如人意之处：一方

面,对其文化价值作用认识不够、使用错位。多数文庙被作为茶馆、老年活动中心甚至出租给居民做杂货铺,使其在地方文化建设中的重要价值没有被发挥出来;另一方面,因资金匮乏或归属定位不准确,保护力度不够,很多文庙资源正遭遇城市扩建的侵蚀,被肢解甚至遭遇新的破坏。此外,就文庙在传承和发扬优秀传统文化中的功能没有被有效激活,造成宝贵资源的大量浪费。

(二)推进文庙资源的活化利用

第一,充分挖掘利用文庙资源,助推四川历史名人文化传承工程建设。文庙是四川历史文化名人尊师重道、传播文化的重要文化符号和物质形态。尊师重道离不开对万世之师孔子的尊崇与祭祀,而修建文庙则是表现尊师重道的最直接、最重要的方法。就目前现存的四川"四大文庙"而言,均系地方长官与当地名人为此目的而建。如汉文翁创石室、汉高眹重建周公礼殿、宋范成大、清何绍基等修缮文庙,皆是如此。四川历代历史文化名人如地方郡守、儒学名人无不高度重视对文庙资源的充分利用。如汉郡守文翁、东汉郡守高眹、唐益州刺史齐国公宇文宪、宋成都知府蒋堂、宋成都知府田况、宋成都知府宋祁、明成都府提学耿定力、清四川巡抚佟凤彩、清四川巡抚张德地、清四川按察使刘德芳、清四川总督岑春煊等,多对修建文庙,祭祀孔子,传承儒学、教育培养人才,做出了重要贡献。现在遗存的文庙,是四川历代历史名人在当地发展文教、领风气之先的集中展现。同时,不少治蜀先贤、文化名人因其对一地文化风教的重大影响又被奉祀文庙,如秦李冰、汉文翁、汉高眹等,文庙成为展现四川历史文化名人历史影响当之无愧的重要场所。可以说,对四川历代历史名人的研究、对四川历史名人文化的传承,是与文庙资源的保护、利用分不开的。高度重视和充分利用文庙资源也是深入推进四川历史名人传承工程的必要举措。

第二,整合文翁石室文化资源,打造四川文化教育发展新地标。加强文庙资源的文化地标建设,是深入推进传统文化在全社会发挥积极作用的重要途径。"文翁石室"是汉景帝、汉武帝时期,庐江人文党守蜀时在成都所开学官。文翁石室乃"文翁化蜀"最为重要的举措,是天下儒学大兴之倡始。文翁以一地长吏而创文庙,庙学合一,开启了地方长官在地方修建文庙以化风教的先河,被誉为"循吏之首"而入史册。在巴蜀两千余年的历史长河中,石室学官一直是成都的最高学府,继绝存亡,延续教化,重兴礼乐,弦诵之声不绝,大雅文章屡见,成就了历代"蜀学"之学术大宗地位,被誉为"天下第一学宫"。可惜石室在20世纪80年代末,因为石室中学扩修校舍被最后撤除,这一见证四川历史文化历经千年凝聚成的文化建筑地标虽然从形态上消失了,但作为文化根基和文化承载地的历史地位依然存在，活在现代的四川人民心中。因此，在原址重新修复被撤除的文翁石室，复建文庙，构建以文翁石室为核心的文化新地标，对弘扬优秀传统文化，增强社会主义核心价值观，引领四川文化发展"再出发"，具有重要价值意义。

第三，发挥文庙在传承优秀传统文化中的作用。文庙作为重要的历史文化资源，具有重大的文化价值。四川文庙现存数量较多，除了富顺、犍为、渠县、德阳外，其余多有损毁，亟须进一步保护。文庙资源的修复、重建对于当地乃至全省文化教育都有着重要意义。以富顺文庙在当地的影响为例，"四川郡、县学百有三十余处，而人才之多，风化之盛，未有过于富顺者"。自宋庆历四年（1044）创立以来，宋、元、明、清各代，先后修葺、扩建多达二十一次，成为富顺文教兴盛、重视人才培养的集中体现。明代时期，富顺被称作"才子之乡"，是与历代官师重视文庙建设密不可分的。以文物保护为本，发掘其在城建、文化活动、教育、旅游等方面价值，重塑文庙影响力，恢复文庙在社会教化中的灵魂地位，对推动全民认知文庙、走进文庙、感悟文庙精神具有重要意义。

第四，借助文庙建设文化教育传承中心。文庙作为传统文化中的核心构成，其重要的文化地标意义不言而喻。文庙资源与学校及文化科研院所互动，有助于吸引学者、学生进文庙，促进年轻一代感受文庙魅力。有条件地区由政府拨款，以事业单位标准维持文庙运转，推动文庙免费面向社会开放，定期举办文庙宣传、文化交流、访问访学、祭孔等文化活动，将其打造成重要的文化交流中心。

第五，利用文庙资源，促进当地文化旅游高质量发展。文庙资源，不仅是重要的历史文化资源，更是重要的旅游资源。文庙本身作为古建筑极富特色，而其自身蕴含的文化历史更是赋予它独一无二的品质。四川文庙分布地域广，特色鲜明，可以大力开发以文庙为核心的内涵式文化旅游，塑造四川独一无二的文庙旅游品牌。

三、"江口沉银"活态保护与创新利用

（一）"江口沉银"的独特价值意涵

"江口沉银"遗址位于眉山市彭山区江口镇。经 2017 年至 2019 年三个年度的围堰考古，先后出水文物 5.2 万多件，重要文物 1.6 万多件。其中，"蜀王金宝""蜀世子宝"等文物均属国内首次发现，堪称世所罕见。"江口沉银"遗址考古发掘的历史文物，具有数量多、等级高、种类丰富、时代跨度大、地域范

围广等显著特点。"江口沉银"考古遗址先后荣获"2017年度全国十大考古新发现""四川十大文化旅游品牌"两大称号。"江口沉银"考古遗址发掘，发掘出了以"蜀世子宝"为代表的一大批珍贵文物，为我们认识明清以来的巴蜀社会、历史和文化提供了丰富的文物证据，具有独特的价值与意涵。如何"活态"保护"江口沉银"遗址及其珍贵文物，如何创新利用与开发这些珍贵的文物资源，如何整合巴蜀考古文化资源，推进巴蜀文旅融合发展建设，值得我们进一步思考。一方面，文物综合保护利用是一个系统工程，各地方政府应该以高度的文化自觉和使命感、责任感抓好抓实。特别需要以"补位"思维主动参与到考古工作之外的延链、补链与强链工作中，主动担当起守护者、传承者的责任，推动在重大考古方向取得重大成果，产生重大影响。特别注意以博物馆建设和遗址保护为抓手，实现保护和综合利用的双丰收。另一方面，文物和文化研究是做好文物保护利用的基础工作，应当集智集力，深度挖掘整理。文化遗产是城市发展的宝贵财富，是见山望水的乡愁记忆和追思先贤的人文精神，也是文化得以传承发展的生命力所在。在深度挖掘江口明末古战场遗址及其出水文物的学术、经济、文化和社会价值的基础上，对"江口沉银"遗址及其出水文物进行合理利用，探索出一条将文化遗产保护与城市振兴结合起来的文化强市之路，意义重大，影响深远。此外，打造强大文化IP是推动文化传承发展的有益实践，应将文化创意产业作为实现文物活化、文旅融合的创新路径。眉山以打造"江口沉银"为核心的文化IP为起点，打通"产、学、研、用"四个环节，让地域文化通过更多的途径，更符合时代审美、现代需求的方式呈现在世人眼前，让优秀传统文化"活起来"。

（二）加快"江口沉银"文化资源的活化利用

着力抓好"江口沉银"文物的活态保护利用和历史文化的传承发展，不断创新开放与合作平台，推进文旅深度融合，有助于建构以江口沉银遗址为核心的巴蜀文旅融合时代新体系，打造考古遗址活态利用与发展传承新地标。具体而言，需要做好以下五个方面的工作：

一是健全工作机制。秉持对历史文物的敬畏之心，强化"保护文物也是政绩"的科学理念。首先，完善领导机制。考古伊始，四川省便成立了"江口沉银"考古专项工作领导小组，眉山市也将"江口沉银"遗址综合保护利用工作作为文化立市的"头号工程"。为此，尚须进一步推动形成国家文物局指导→省委宣传部主导→省文化和旅游厅（文物局）监督实施→眉山市、区保障的四级联动格局。其次，健全推进机制。坚持重大事项集体决策，通过召开专题会议的形式，明确下一步的工作重点，专注疏通"堵点"，解决"难点"。亟须组建发掘组、物探组、文保组等方面的工作小组，制定考古发掘、文物保护、疫情防控等方面的工作方案，确保财政专项经费投入，确保考古发掘、文物保护和研究展陈同步推进，有序进行。最后，形成咨询机制。可邀请中国社会科学院、北京大学专家会同巴蜀本土专家，组建"江口沉银"专家组，组织召开文物和历史研究专家论证会，为文物利用和展陈奠定基础，集思广益、博采众长，科学严谨推进文物文化研究和场馆规划设计工作。

二是强化科学发掘与活态保护。"江口沉银"工作组必须立足科学考古与发掘，坚持"保护性发掘、可持续发掘"原则，强化高效配合和整体联动，确保考古发掘取得重大成果。主动创新"江口沉银"考古探测发掘新模式。做到科学定义保护，通过与考古工作队共同决策，在全国乃至全世界首创"水下围堰考古"方式考古，并引入全息数字化手段，创新建立遗址发掘数据管理系统，通过应用 RTK 技术精准记录每件文物的出土位置，最大程度复原遗址原貌。组织高水平的"文物医生"对新出土文物进行初步保护；联合西北大学、南方科技大学、北京科技大学等高校科研机构，对文物进行修复，最大程度还原文物原貌。

三是守护文物安全。实施"江口沉银"遗址出土文物数字建模和确权工程，为 5.2 万多件出土文物逐一颁发"身份证明"；在江口汉崖墓博物馆设立文物库房，设置监控探头，实行特勤 24 小时专人值守，落实技防、物防、人防三重保障，确保国家宝藏安全。

四是强化资金保障。水下考古技术含量高、施工难度大、不可控因素多，为保工期、抢进度，市、区两级政府必须主动作为，千方百计保障考古工作按期推进。坚持"世界眼光、国际标准、四川特色"原则，面向全球招标"江口沉银"博物馆及遗址公园规划设计方案。确定博物馆定位一级馆，建筑面积不低于 2.5 万平方米，遗址公园面积不少于 13.3 公顷，列入四川省重点储备项目。通过建立高标准博物馆，切实保护好这批国家级宝藏。

五是讲好"江口沉银"故事。让文物说话、让历史说话、让文化说话，是文物保护与利用的关键一环。目前，"江口沉银"遗址文物先后亮相国家博物馆（专展）、上海博物馆（特展）、广东省博物馆（联展）等，展出文物 2500 多件次，吸引游客 450 多万人次。先后面向全国招募考古专业志愿者三批次 30 多人，举行遗址开放日活动 5 场次。"江口沉银"还走进北京大学、厦门大学等全国各大知名高校 30 多场次，考古负责人先后多次登上央视《考古公开课》等专题节目，公众考古的魅力尽情释放。借助新闻发布会的聚合力量和中央电视台的权威力量，在重要时间节点设置不同侧面的"江口沉银"宣传主题。据统计，三期考古发掘以来，累计发布江口沉银新闻报道 1000 多篇次，阅读量、浏览量逾百亿人次，推出专题片、纪录片 10 多集，20 多次登上央视。《国内动态清样》《内部参考》先后编发"江口沉银"专报，时任国务院副总理刘延东在全国文物普查工作总结会上专门为"江口沉银"点赞，并做出肯定性批示。此外，新华社还用法、西、俄、阿、葡五种语言对全世界播发了相关新闻。其中，对外英文通稿被泰晤士报等海外媒体采用。深挖"江口沉银"文化价值，用活沉银文化，精心编制文创方案，高水平打造文化 IP，推出以"西王赏功"等系列摆件、首饰等文创产品。支持创作"江口沉银"系列历史小说、动漫图书、电影电视、实景演出等，出版发行《江口沉银》画报、《江口沉宝》图录、《古蜀密码》网络连载小说等。

第三节　巴蜀文旅融合高质量发展的基本方略

巴蜀文化有其独立的始源、共有的传承体系与根脉。四川和重庆并不因为行政区划的分离导致川渝之间的文化割裂、对抗与恶性竞争，反而为巴蜀文化融合发展、巴蜀文旅创新发展提供了新的机遇。特别是 2021 年 10 月 20 日中共中央、国务院印发《成渝地区双城经济圈建设规划纲要》（以下简称《纲要》），做出了关于"推动成渝地区双城经济圈建设、打造高质量发展重要增长极的重大决策部署"，为未来一段时期巴蜀文旅融合高质量发展提供了根本遵循和重要指引。《纲要》在第七章"打造富有巴蜀特色的国际消费目的地"中，明确提出川渝两地"共建巴蜀文旅走廊"。这一规划，为川渝两省市加强文旅合作、促进文旅融合发展提供了方向指引和实施路径。

对于"共建巴蜀文旅走廊"，《纲要》明确指出：一是"充分挖掘文化旅游资源，以文促旅、以旅彰文，讲好巴蜀故事，打造国际范、中国味、巴蜀韵的世界级休闲旅游胜地"。明确在充分挖掘整合资源的基础上，推动巴蜀文、旅互动，相得益彰，通过讲好"巴蜀故事"的独特形式，打造具有国际范、中国味、巴蜀韵味的"世界级休闲旅游胜地"这一伟大奋斗目标。二是提出通过整合巴蜀文化遗产、生态遗产，采取遗产探秘和遗产体验的方式，打造"一批精品旅游线路"，扩大长江三峡、九寨沟、武隆喀斯特、都江堰—青城山、峨眉山—乐山大佛、三星堆—金沙、三国文化、大足石刻、自贡彩灯等独具巴蜀特色的国际旅游品牌的影响力。三是充分挖掘巴蜀境内的红色文化资源，规划建设长征国家文化公园（重庆段、四川段）。四是结合川渝乡村振兴建设，打造绵竹熊猫谷和玫瑰谷，探索川西林盘、巴渝村寨保护性开发，并依托特色自然风光、民俗风情、农事活动等遗产，发展巴蜀乡村旅游，提升乡村旅游在乡村振兴中的引领权重。五是做好川渝毗邻区文旅融合发展，推动黔江与周边区县文旅融合发展，"建设文化产业和旅游产业融合发展示范区"。

四川与重庆作为巴蜀文化圈的两大主体构成，集聚了丰富而独特的文化旅游资源，可以说，川渝两地都是文化旅游资源大省，要实现文化旅游大省向文化旅游强省的转换，必须推动文化旅游产业的高质量发展，必须加强文化资源整合，深入研究和制定新的发展战略，树立品牌意识、精品意识。这是提升巴蜀文化旅游的品质效能，实现巴蜀文化旅游经济高质量发展的应有举措，而集团化、规模化、品质化、个性化发展就是它发展的必然路径。其中，集团化、规模化依赖两个基本要素：一是文旅资源有效地不断整合、互补和提高，重在做大数量级；二是补齐短板，形成有效产业链与价值链，不断延伸产业链，提高价值链，从而达到规模效益和价值效益。而个性化与品质化发展，突出巴蜀文化的根脉与特质，激发巴蜀人文、山水与自然资源的独特魅力与吸引力。凸显巴蜀风韵与个性、做好顶层设计，则是巴蜀文旅融合高质量发展的必由之路。

一、重点引领，全面发展

（一）政府主导战略

川渝两地各级党委、政府必须站在"一盘棋"的视角，对巴蜀文化旅游走廊建设各项重点事项进行系统性谋划、通盘考虑和部署。建立共推巴蜀文化旅游走廊建设的专项工作组、联合办公、协调会议和信息报送等机制，制定实施深化四川、重庆合作推动巴蜀文化旅游走廊建设工作方案和年度重点工作要点；川渝两地共同争取国家发展改革委、文化和旅游部共同牵头编制《巴蜀文化旅游走廊建设规划》，规划一批具有标志性、示范性、引领性、全域性重大项目，推进川渝文旅一体化发展、高质量发展；适时召开巴蜀文化旅游走廊建设专项工作组联席会或领导小组，统一协调解决共建巴蜀文化走廊发展中的重大问题。相关部门，特别是公安、交通、文化、文物、宗教等部门，要主动配合文旅部门，共同搞好文化旅游资源的综合开发、利用和管理。

（二）精品制胜战略

发展文化旅游产业，必须突出重点，走差异化发展之路，特别重视强化品质引领。为此考虑在峨眉山—乐山、九寨沟—黄龙寺、大足石刻景区、中国南方喀斯特等"世界遗产"的基础上，整合两地5A级、4A级景区，不断拓展建设新的世界级、中国范和巴蜀风韵的文化旅游"精品"，如以邓小平、朱德、刘伯承、陈毅、聂荣臻为代表的红色伟人英杰故里；以司马相如、扬雄、陈子昂、李白、"三苏"、杨慎、郭沫若为代表的巴蜀文宗研学精品线路；以大香格里拉、酉阳桃花源、石海洞乡（苗僰文化）为代表的民族文旅精品；以诸葛智慧为代表的三国文化；以金牛道、米仓道、五尺道、巴峡水脉航运为代表的大蜀道遗址；以三星堆遗址、金沙遗址和罗家坝巴人文化遗址为代表的古巴蜀文明遗址等文化旅游精品。

（三）突出产业化发展战略

不断加大对文化旅游发展的政策支持力度，文化旅游发展要与文化产业发展紧密结合，挖掘文化旅游发展的潜力；要以企业为主体，增强文化旅游企业的核心竞争力；要以市场为导向，增强文化旅游发展的内在驱动力；要以塑造品牌为核心，增强文化旅游的外在吸引力；要以延长产业链条为重点，加大对相关产业的关联带动力；要以招商引资为突破口，增强资本运作对文化旅游发展的财政支撑力；要以科技为引领，提升文化旅游的智能化水平，加速云端旅游推介、体验，扩大其范围，提升其层次。

二、"金线"串联，整合聚集

（一）古巴蜀文明"金线"串联

巴蜀独立的文化始源形成了从古及今4500年历史的文明体系。通过整合宝墩文化遗址、广汉三星堆遗址及博物馆、成都金沙遗址及博物馆公园、商业街战国船棺葬遗址博物馆、十二桥文化博物馆以及"罗家坝巴人文化遗址""城坝巴人文化遗址"等，建构古巴蜀文明大遗址公园体验游、研学游品牌。

（二）文脉"金线"串联

巴蜀文化上下5000年，有其连续不断的发展历程。四川文化资源的特点是魅力独特，点多面广，类型多样，有如"满盆金珠"。但缺点是分布零散，缺乏"金线"穿珠。"文宗自古出巴蜀"，巴蜀是中国文坛英豪的孕育与养成地。汉代出现了"文章冠天下"的赋圣司马相如与"西道孔子"扬雄。之后，从唐代的陈子昂、李白、杜甫到宋代的"三苏"父子、陆游，明代的杨慎、清代的李调元、张问陶，再到现代文豪郭沫若、巴金等文学大家，这些巴蜀文宗是川渝两地最宝贵的精神财富。以文宗文化为节点，足以串联形成彰显巴蜀精神风貌的文宗文化研学、体验文化公园大系。

（三）水脉"金线"串联

巴蜀文化是伴水而生的文化，从纵向空间发展脉络看，它以江源文明为主线，以岷江、金沙江、沱江、涪江、嘉陵江等水系为文化走廊，先在四川境内形成扇形辐射状文化通道，然后汇入长江，再形成冲出夔门、奔向东海的水脉航运文化大动脉。通过水脉航运文化串联，可以形成长江上游水脉珍珠项链，增强巴蜀水文化、水文明的吸引力和影响力。

三、打造高质量文旅发展龙头

"成渝经济圈"建设为成渝两地因地制宜，各显身手，分别打造国内一流和世界著名的文化旅游精品提供了政策支撑。文旅融合，以文彰旅，通过巴蜀文旅走廊建设，立足成渝双城文化"双子星座"，重在建设具有巴蜀风韵气度的高品质、大容量的文化旅游吸引地标，构建集旅游服务中心、信息中心、购物中心、美食中心、娱乐中心、会展商务中心和都市旅游为一体的重要目的地。推进现代商贸会展中心、文化博览中心、科技博览中心、体育竞技中心、音乐文化中心、市政园林广场及各种小游园建设。借助青城山、峨眉山、大足石刻等精品旅游区的带动引领作用，整合成渝两地禅宗文化与仙道文化，打造休闲养生长寿旅游精品。建设以武侯祠、白帝城为依托，整合成、渝两地三国文化资源，在成都打造三国文化城、客创园，在奉节打造"水八阵"体验区。完成城区及主要景区（点）多语种标识体系建设，把成都建设成四川旅游便捷的中转口岸、中国最佳旅居城市，把重庆建成长江上游江湾中心城市、空港航运地标城市。

四、创意文旅融合发展模式

自英国政府于1998年第一个成立"创意产业特别工作组"发展英国创意产业以来，目前创意产业的发展已经成为普及于欧、美、亚、大洋洲国家的世界性潮流。简单地说，创意产业就是着重于头脑"风暴"的市场开发产业，是心灵和智力开发的产业，是有利于广大文化工作者勇于创新，使全社会的文化创造力和想象力充分释放，全社会成员文化心灵容易得到幸福满足感的产业，因此，也被人称为"幸福产业"。

巴蜀创意产业在文化产业、旅游产业、传媒动漫数字信息等方面颇有成效，但在如何激发全社会创造性的想象力，培育创意人才，提升"头脑的市场开发"的素质，满足"心灵开发"的需求，打造以巴蜀文化为特色与品牌、属性与核心的创意产业，值得探讨。

（一）组建"创意"产业集团

从川渝两地的实际情况，创意产业应以城乡形态建设、旅游产业和文化产业三大领域为重点,组建或壮大以"创意"为主的产业大集团,为巴蜀文旅融合发展注入取之不尽用之不竭的强大精神动力和智力支持。

（二）创意引领"核心层"发展

文化产业主要由"核心层"（包括新闻出版发行和版权服务、广电服务、文化艺术服务）、"外围层"（网络文化服务、旅游娱乐休闲服务、广告会展、商务代理等文化服务）和"相关层"（文化用品、产品、设备的生产销售）三部分组成。因此,巴蜀文旅产业集团化、规模化的发展,须以"核心层"来引领,顶层来带动,通过创意的方式加快整合资源,圈定不同圈层的突破点,解决如何在新时代做强做大文旅产业的问题。

（三）创意发展的主要模式

1. 文化板块创意发展模式。未来文化竞争主要是文化板块的竞争,是创意的竞争。深挖文化板块的文化内涵,做足"板块"创意文章,是未来竞争的需要。西安曲江新区三大板块的建设是好经验。依照其经验,目前成都市正以东区为板块,深挖东区板块的文化底蕴,做好"东区新城大文化板块"这篇"创意"大文章。

2. 传统文化与都市时尚文化对接的发展模式。传统蜀文化与现代时尚都市文化对接,是创意产业园区需要探索的模式。

3. 传统文化内涵持续提升、外延持续扩大的可持续发展的"创意"商业化模式。如成都通过天府广场景观文化创意研究,提出蜀文化十二大体系,并以此作为未来成都文化产业的发展战略构架。这都是好的做法。四川现在需要把传统产业架构通过新区建设,改造整合为成规模的智力开发的商业化文化产业链条,盘活传统产业存量,使传统文化直接商业化,由传统文化"搭台"的配角地位,直接转变为传统文化"唱戏"、经济搭台的主角地位,从而发展新型的创意产业。

4. 本土文化资源与外来文化资源对接的发展模式。巴蜀文化本身就具有开放兼容的性质。因此,"引进来"战略颇为重要。创意产业也可采取本土资源与外来资源兼容发展的模式。本土资源可自主开发,外来资源亦可在与巴蜀文化风貌协调兼容原则下引进（包括知识产权）,为我所用。

五、加强对外传播,讲好巴蜀故事

习近平总书记指出:"中华文化源远流长,积淀着中华民族最深层的精神追求,代表着中华民族独特的精神标识,为中华民族生生不息、发展壮大提供了丰厚滋养。"① 巴蜀文化作为中华文化的重要组成部分，积淀形成了丰富的历史文化资源与独具特色的经验智慧，是新时代提高四川文化软实力最深厚的基础、最重要的精神沃土，是不断继承创新、自我超越与提升的滑跃起飞平台。

站在新的时代起点，抚昔思今，展望未来，只有与时俱进，不断继承创新，赋予巴蜀文化时代精神与时代魅力，激活其携带的活态基因，创新打造巴蜀文化经典品牌，讲好巴蜀文化故事并使之与当代文化发展相适应、与现代生活相协调，采取人们喜闻乐见的方式推广开来、传播出去，使之真正走出历史，步入当代，"活在当下"。就巴蜀文化创新性实践而言，有必要率先做好以下几个方面工作并做进一步的尝试与探索：

（一）选好故事脚本

要想讲好巴蜀文化这一大故事，必须选好故事的脚本。巴蜀数千年的历史，积累形成了丰富而优质的文化资源。如何从海量的资源中选出最具巴蜀特色、最有开发潜质、最具时代价值与魅力的文化资源，"让那些收藏在禁宫里的文物、陈列在广阔大地上的遗产、书写在古籍里的文字都活起来"、亮出来，把那些跨越时空、超越国度、富有永恒魅力、具有当代精神的文化精神弘扬起来、传承下来和利用起来，绝非心想口说可得，非源于系统梳理、科学甄别与论证不可。从巴蜀文化发展传承必须尊重植根于巴蜀历史文化根脉、血液与灵魂的原则出发，结合现代研发利用与现代传承传播实际，可从以下六个方面着手进行选择、浓缩与提炼：一是滋养巴蜀大地的不朽的历史工程，如都江堰水利工程、自贡井盐工程等永利千载的工程技术以及治水、用水的经验智慧；二是对巴蜀历史发展发挥重要推动作用与做出历史贡献的历史名人；三是最代表古蜀历史成就的古蜀文明，如宝墩文化遗迹、三星堆遗址和金沙遗址；四是代表巴蜀智慧与创造创新历史水平的精湛技艺，如蜀茶、蜀锦蜀绣、蜀版雕刻技艺等；五是代表巴蜀人思维和人文精神特质的文化艺术，巴蜀古琴、巴蜀武术和川剧等；六是农耕城市文化与生态文明，前者如成都田园城市文明，后者如以恐龙、大熊猫为代表的生态文明。它们是继承创新，打造现代巴蜀气质、巴蜀基因文化产品最重要的母本与母题，是讲好巴蜀故事不可或缺的历史脚本。

（二）强化巴蜀表达

巴蜀文化有着独立的始源和独立发展的时空，历史地形成了独立不迁的鲜明个性与地域色彩。正如晋人葛洪所说的那样，巴蜀人文具有"控引天地，错

---

① 中共中央政治局进行第十三次集体学习　习近平主持［EB/OL］.中国政府网，2014-02-25.

综古今，忽然如睡，焕然而兴，几百日而成，……苞括宇宙，总览人物，斯乃得之于内，不可得而传"① 等显著特征。"控引天地"，就是以舍我其谁的担当精神，挺立潮头，引领潮流走向，在天地之间自由驰骋翱翔，建功立业。"错综古今"，就是赋新思于旧事，从时代需求出发审视和观照历史人物事件，促进历史与现实的交相辉映；"焕然而兴"，就是不循固辙，勇于开拓创新，老树新芽，延续文脉、激活文化基因，使之古为今用，为我所用；"苞括宇宙"，就是上知天宇星空，下明人世将来，体现出探索宇宙未来的深广见识与眼界。"总览人物"，就是心怀历史，关注民生百态，学贯百家，博通古今，汲取其之所长，自铸新词，赋予新思新意，即所谓"风流文采皆多慰时望，文胆文心无不重在民生"的价值追求。总而言之，巴蜀人的追求在于大视野、大眼界和大胸怀，从内而生形之于外，行随心动，超然勃发，发挥神思浪漫之想象与自立自主之精神，追寻仰望星空的高远境界与自由浪漫、自然洒脱的人生理想。从文化根源、根系的角度而言，巴蜀奇幻浪漫、赋予想象力的思维定式与想象力源于古老的"仙道"文化，3500 年前的三星堆、金沙时期古蜀人的羽化飞仙梦想，正是特定时空环境下蜀人思维的历史见证。绮丽多思、仙幻浪漫的文化趋向与文化基因，影响了一代又一代的巴蜀人民，历史地凝结成具有巴蜀人文风格的文化精神与特质。这对我们从巴蜀文化的优秀传统中吸取营养，结合时代的需求强化巴蜀表达具有重要而特殊的价值与意义。

（三）打造蜀味品牌

巴蜀文化艺术经过近代转型发展，目前在古琴技术、川剧表演艺术、巴蜀武术等领域，已经取得了一定成就，积攒了一定的时代知名度，也产生了一定的文化影响力。但是，从总体上看，还缺乏大品牌支撑、优质创意品牌产品引领和经典性产品的标举。为此，必须建立巴蜀文化未来 5 年、10 年和 20 年品牌发展战略，制定落实巴蜀文化未来发展的重点方向、进路和步骤，作为未来发展的指导性纲领；必须圈定重点打造、特色发展的"项目树"与项目库，循序渐进，逐一实施，构建巴蜀文化品牌体系；率先打造巴蜀文化继承创新的时代性标志产品，重点需要画就一套蓝图，培养一批专业人才，突破一个点，建好一个地标、制作一首歌曲、编演一台剧作、创作一部电影，创新巴蜀文化标志性表达的符号。

（四）构建"放射型"传播体系

根据巴蜀文旅宣传促销的基本经验和客源市场发展规律，在 5 到 10 年内，

---

① 葛洪 . 西京杂记校注［M］. 周天游，校注 . 北京：中华书局，2021：88-89.

川渝国际国内旅游重点客源市场呈现出由内而外的放射状趋势。其中在国内旅游重点客源市场中，分为两类：一类是周边省份国内短程市场，如重庆、陕西、云南、贵州、西藏、湖北等；另一类是东部城市和沿海地区，如北京、上海、天津、广东、江苏、浙江、山东等。国际客源目标市场则应分为四类：一类大力巩固港澳台市场和日本市场；二类是大力发展东南亚诸国和韩国市场；三类是积极推进俄罗斯及欧洲诸国市场；四类是进一步发展澳大利亚、美国、南非、中东等新兴市场。此外，还需组建境外"巴蜀旅游宣传志愿队"，广泛动员川籍境外人士和其他境外社会人士组成志愿队，灵活持久地开发巴蜀旅游的境外宣传。

（五）优化传播模式

习近平总书记指出："把继承传统优秀文化又弘扬时代精神、立足本国又面向世界的当代中国文化创新成果传播出去。"为巴蜀文化的现代传承与发展、巴蜀文化走出去发展战略指明了方向，提供了新的思路。必须紧紧扣住巴蜀文化传承发展这一核心，立足巴蜀文化的本色与本底，瞄准文化发展的现代潮流。一是坚定文化自信，固守文化的本土话语权，从羽化飞仙、浪漫新奇和神秘悠久的角度创意，讲好古蜀故事，阐扬巴蜀精神，推动巴蜀文化走向全国、走向世界；二是充分利用"一带一路"，顺势而为，通过互信、互鉴的交流合作方式，助推巴蜀文化走出去战略；三是通过文化互补的方式，促进不同地域文化现代传播，"引进来"与"走出去"并举，实现巴蜀文化"走出去"战略；四是充分利用现代影视传媒技术，创新巴蜀文化表达，优化巴蜀故事情节，制作现代人所乐见的作品，提高巴蜀文化的吸引力和市场竞争力。

后　记

　　《新思与新质：巴蜀文化在中华文明转型中的作用研究》①，是我主持的四川省哲学社会科学研究"十三五"规划中华文化单列重大项目的最终成果。在课题以鉴定优秀结项、即将付梓之际，我对四川省哲学社会科学规划办公室领导、我曾就职的四川省社会科学院领导、现任职的成都师范学院领导的支持与帮助，对立项评审、结项鉴定过程中匿名专家对本项目的肯定表示由衷的感谢，正是你们客观公正的评判，才使拙作得以最终面世！

　　从项目最初的申报到结项鉴定结果出炉，虽然只有两三年时间，但是本成果的内容，却是10多年来研究巴蜀文化心得的一次大集结。完成这个项目，我经历了一段过山车式的悲喜"炼狱"历程，这里不妨概括为"两惊喜一焦虑"。

　　意想不到的惊喜——获准立项。当招标公告最初向社会公布时，出于对巴蜀文化研究的长期付出与浓厚兴趣，也曾对指南中拟定的两三个子项目有过心动，但考虑到项目的级别高，完成的难度大，参与竞争者众且多为学界"大咖"，对这一重大课题的申报并没有采取任何实际行动。在申报日期终止前5天，并没有动手填写哪怕半个字的申报书内容。但就在这天的中午时分，我在四川省社会科学院科研楼大门口，巧遇了当时主管科研的副院长姚乐野教授。他当时笑着问我，有没有在申报这个课题。我在述说了自己才学、资历不够亮眼，申报很可能只能陪跑等诸多疑虑后，他对我说："你在巴蜀文化研究领域已经有那么长时间的积累，要珍惜这个机会，参与这次公平竞争！"有了他的鼓励，我连夜填写申报书，并在最后期限提交了它。申报书递交转眼过了小半年时光，对于是否获准立项并没有抱多少希望，也没有多少念想。2020年8月22日下午，科研处的同志突然通知我，说我的申报获准正式立项。得知这一消息，心里不免一阵又一阵的激动，这真是一个大惊喜：一方面，从2010年6月获得博士学位招考进入四川省社会科学院从事科研工作以来，10年时间内主要从事

---

　　① 按：根据出版社的建议，此书名较课题申报时的名称、结项鉴定时的名称做了适当的修改调整，但书中内容没做变动。

的工作就是研究巴蜀文化。其间，虽曾取得过一些成果，但毕竟属于个案性质的研究。这次课题获准立项，为从系统、宏观的角度审视巴蜀文化提供了重要契机；另一方面，作为一名普通的研究员，能够在一大批强劲的竞争者中胜出，感觉自己特别幸运，也意识到前期投入大量精力从事巴蜀文化的学习与研究，是值得的，学界同人对自己研究的方式方法是认可的。

　　深度焦虑——开始怀疑自己的研究能力。课题获准立项后，接下来是紧张而繁忙的资料搜集、提纲论证细化和集中精力写出样章征询意见等刚性工作。从工作精力和时间分配上说，对于专门的科研岗位工作人员，同时开展一两个项目并不是特别难，也是常有的事情，但问题在于：当时我还主持着一个国家社科基金项目，带着一批投师于我的研究生，每周还得给本科生上12节课。常常是顾了这头顾不了那头，几乎天天早出晚归，晚睡早醒，时间紧张得要命。但主要的精力还是投入在这个项目上。为此，主持的国家社科基金项目一年多都没有实质性进展。有关巴蜀文化根脉、内涵、特征与"活态"传承与创新性利用方面的研究，不仅要在阅览室查验海量的各式文献、从事烦琐的考据和做宏深的义理探究等工作，还要在新冠疫情肆虐的风险下花大力气跑田野、做接地气的走访与实地考察。有关巴蜀文化系统研究，涉及上下4500余年的时间，范围多达30万平方千米，包含历史、地理、哲学、文化学、民族学等人文领域，涉及数学、物理学、化学、医学以及工程技术方面的知识。这对任何一个研究者而言，无疑都是一大挑战。经过高强度的连续奋战与知识恶补，历经1年4个月，终于提交了18万字、自认为颇有心得的中期研究报告。然而，出乎意料的是，评审专家们给出了两种不同的意见：批评者认为，已有研究成果在巴蜀文化研究领域并没有新意，照这样下去不可能取得多大的突破与收获；肯定者则认为，本研究成果在概念界定、评判标准、研究思路与框架设计方面有不少可取之处，项目研究值得继续进行下去。特别是在总结先贤成果基础上进行集成创新，对推动巴蜀文化研究的进阶式发展是有益的。面对付出巨大精力时间却大出意外的中期评审，作为项目负责人，一时掉进了焦虑的深坑。反复责问自己：怎么会这样！自身才识真不足以当此重任？既有研究成果是否有真理性方面的价值？是否有现实价值与意义？项目还有没有必要继续进行下去？这些问题一直在脑海中盘旋，焦躁、反思、检讨、挣扎……一波又一波地袭来，甚至担心自己是否真有能力、心力与智力完成这一课题，说"开始怀疑人生"也并不为过。

　　意料之外的惊喜——成果鉴定为优秀。在新冠疫情中，围绕是沿着既有思路继续坚持下去，还是果断放弃等着被撤项处理，内心进行了千百次的痛苦挣扎。在学界朋友们有关"批判者或许就是在学术炫酷""不是也有支持意见的嘛"等提醒下，我最终爬出了深度焦虑的陷阱，并下定决心：无论付出多大代价，无论以后鉴定结果如何（毕竟成果落入反对者手中不是没有可能），都要按照既有思路、框架与研究范式把课题完成。对我而言，真的努力了，就不后悔！自 2023 年 3 月 24 日提交最终成果报告后的众多日子里，对于最终的鉴定结果是什么样子，虽然心里也有点底气，但免不了常戚戚焉。8 月 24 日，突然获悉课题结项鉴定等级为优秀，悬着的心一下落地了。此前的焦虑、忐忑、郁闷与懊恼随之一扫而空。坚信天道酬勤始终在线！快哉！快哉！

拙作从项目申报到付梓，可谓"一路从泥泞走到了美景"。

特别感谢谭继和师十数年如一日的谆谆教导、悉心指授和一路帮扶！是他老人家把我引上巴蜀文化学的正途，教会了我从系统、宏观和"融通"的视角研究巴蜀文化的方法与眼界。他在和我探讨巴蜀文化学诸多关键问题时，针对我的学力与智识多次告诫："要破执""要出新思""要重视形式逻辑"。巴蜀文化大家祁和晖教授曾对我说："平中呀，学生借用老师的学术观点甚至学术成果是可以的，但还是要出新智与新质才行哟！"这些话虽然已经过去了七八年，但句句言犹在耳，常听常新！课题能以优秀等级结项并获得光明社科文库资助出版，是对谭老、祁老夫妇十数年来以心血浇灌愚生的一点回报，也算是对自己孜孜以求十余年持续研究巴蜀文化的一个交代！更是平添了在现有基础上满血复活、"再出发"的莫大勇力。

感谢父母含辛茹苦的养育之恩！家父母虽然因时代原因终生务农，但书香继世、负耒横经的家族遗规，却不曾忘记。"人无恒而不可做巫医""学不可以已""泰山崩于前而色不变"……不孝虽已逾天命之年，然不曾须臾忘记幼承之庭训！家父即将寿登九秩，然每天不忘翻阅《史记》《三国志》《左传》之类的经史著作，并不时给他的曾孙们唱读《论语》《孟子》篇句。拙作的出版，权当送给一生喜好读书的家父迟来的生日礼物！

感谢帮助、支持我完成此项研究课题的各位同人与朋友，特别是四川大学彭华教授、中共四川省委党校李后卿研究员、中国重庆三峡博物馆艾智科研究馆员、成都师范学院马克思主义学院石攀峰院长、四川师范大学郑伟博士在课题研究中的鼎力相助；感谢四川大学博士生文建刚同学，我的研究生王莉、刘紫月、苟宁在研究工作中的付出；感谢拙荆邹晓姮女士在研究工作和生活上的照顾，在此一并致谢！

由于本人学识有限，拙著虽屡次修改，仍然免不了有一些错误与不尽如人意之处，敬请读者批评指正！

刘平中
2023 年 9 月 18 日凌晨于青秀城

参考文献

一、文献典籍

1. 班固. 汉书 [M]. 北京：中华书局，2000.

2. 曹学佺. 蜀中广记 [M]. 杨世文，校点. 上海：上海古籍出版社，2021.

3. 常明，杨芳灿. 嘉庆四川通志 [M]. 嘉庆二十一年刻本.

4. 常璩. 华阳国志新校注 [M]. 刘琳，校注. 成都：四川大学出版社，2015.

5. 陈梦雷. 古今图书集成 [M]. 北京：中华书局，1985.

6. 陈寿. 三国志 [M]. 北京：中华书局，2000.

7. 杜甫. 杜甫集校注 [M]. 谢思炜，校注. 上海：上海古籍出版社，2015.

8. 黄庭坚. 黄庭坚全集 [M]. 刘琳，等点校. 北京：中华书局，2021.

9. 李承熙. 锦江书院纪略 [M]. 咸丰八年刻本.

10. 李昉. 太平御览 [M]. 北京：中华书局，1960.

11. 李吉甫. 元和郡县图志 [M]. 北京：中华书局，1983.

12. 李心传. 建炎以来朝野杂记 [M]. 徐规，点校. 北京：中华书局，2000.

13. 郦道元. 水经注校证 [M]. 陈桥驿，校证. 北京：中华书局，2007.

14. 刘昫. 旧唐书 [M]. 北京：中华书局，2000.

15. 陆游. 剑南诗稿校注 [M]. 钱仲联，校注. 上海：上海古籍出版社，1985.

16. 陆游. 老学庵笔记 [M]. 李剑雄，刘德权，点校. 北京：中华书局，1979.

17. 欧阳修，宋祁. 新唐书 [M]. 北京：中华书局，2000.

18. 司马迁. 史记 [M]. 北京：中华书局，2000.

19. 苏轼. 苏轼全集校注 [M]. 周裕锴，校注. 石家庄：河北人民出版社，2012.

20. 脱脱，阿鲁图．宋史［M］．北京：中华书局，2000.

21. 荀况．荀子［M］．杨琼，注．上海：上海古籍出版社，2016.

22. 严可均．全汉文［M］．成都：四川省图书馆藏本．

23. 佚名．清史列传［M］．北京：中华书局，1987.

24. 永瑢．四库全书总目［M］．北京：中华书局，1965.

25. 袁说友．成都文类［M］．北京：中华书局，2011.

26. 曾枣庄，刘琳．全宋文［M］．上海：上海辞书出版社，2006.

27. 张邦伸．锦里新编［M］．嘉庆五年敦彝堂刻本．

28. 张廷玉．明史［M］．北京：中华书局，2000.

二、今人著述

1. 蔡方鹿．魏了翁评传［M］．成都：巴蜀书社，1993.

2. 陈世松．四川简史［M］．成都：四川省社会科学院出版社，1986.

3. 戴执礼．四川保路运动史料［M］．成都：四川大学出版社，2014.

4. 邓小平．邓小平文选［M］．北京：人民出版社，1993.

5. 冯友兰．中国哲学史［M］．苏州：古吴轩出版社，2021.

6. 何一民．中国城市史［M］．武汉：武汉大学出版社，2012.

7. 胡昭曦，刘复生，粟品孝．宋代蜀学研究［M］．成都：巴蜀书社，1997.

8. 梁启超．梁启超文集［M］．陈书良，编．北京：北京燕山出版社，1997.

9. 吕平登．四川农村经济［M］．北京：商务印书馆，1936.

10. 宓汝成．中国近代铁路史资料（1863—1911）［M］．北京：中华书局，1963.

11. 四川省文史馆．成都城坊古迹考［M］．成都：四川人民出版社，1987.

12. 谭继和．巴蜀文脉［M］．成都：巴蜀书社，2006.

13. 隗瀛涛，李有明．四川近代史［M］．成都：四川省社会科学院出版社，1985.

14. 吴虞．吴虞文录［M］．民国二十五年（1936）成都吴氏爱智庐刊本．

15. 吴玉章．辛亥革命［M］．北京：人民出版社，1969.

16. 徐中舒．论巴蜀文化［M］．成都：四川人民出版社，1981.

17. 杨世明．巴蜀文学史［M］．成都：巴蜀书社，2003.

18. 张在德，唐建军．中国地域文化通览：四川卷［M］．北京：中华书局，2014.

　19. 章开沅，林增平. 辛亥革命史［M］. 北京：人民出版社，1980.

　20. 周勇. 重庆通史·近代史（上）［M］. 重庆：重庆出版社，2002.

三、期刊文章

1. 李学勤. 论新都出土的蜀国青铜器［J］. 文物，1982（1）.

2. 刘平中. 锦江书院历任山长考［D］. 成都：四川大学，2007.

3. 刘湘. 四川省府主席刘湘就职宣言［J］. 中央周报，1935（350）.

4. 彭华. 苏东坡的养生之道［J］. 华夏文化，1996（4）.

5. 孙文周. 再论吴虞在新文化运动中的作用及其意义［J］. 学术研究，2018（8）.

6. 谭继和. 唐玄奘与巴蜀文化［J］. 西南民族大学学报（人文社会科学版），2000（5）.

7. 谭洛非. 简论开展巴蜀文化研究的意义、内容及方法［J］. 社会科学研究，1991（5）.

8. 王仁湘. 中子铺：细石器文化南进的路标：写在四川广元中子铺遗址发现三十周年之际［J］. 南方文物，2019（1）.

9. 吴承洛. 战后工业建设区位之研究［J］. 新经济，1942（1）.

10. 赵殿增. 三星堆神权古国研究［J］. 四川文物，2019（1）.

11. 郑万耕. 扬雄《太玄》中的宇宙形成论［J］. 社会科学研究，1983（8）.

四、外文文献

1. SARTON G. Introduction to the History of Science［M］. Baltimore：Williams & Wilkins，1947.